Plato

The Protagoras of Plato

Plato

The Protagoras of Plato

ISBN/EAN: 9783743372993

Manufactured in Europe, USA, Canada, Australia, Japa

Cover: Foto ©ninafisch / pixelio.de

Manufactured and distributed by brebook publishing software (www.brebook.com)

Plato

The Protagoras of Plato

THE
PROTAGORAS OF PLATO

EDITED BY

B. D. TURNER, M.A.

SOMETIME FELLOW OF JESUS COLLEGE, CAMBRIDGE, AND
ASSISTANT-MASTER AT MARLBOROUGH COLLEGE

London
PERCIVAL AND CO.
1891

ἐπιστήμας ᾤετ' εἶναι πάσας τὰς ἀρετάς, ὥσθ' ἅμα συμβαίνειν εἰδέναι τε τὴν δικαιοσύνην καὶ εἶναι δίκαιον.

ΑΡΙΣΤΟΤΕΛΟΥΣ ΗΘ. ΕΥΔ. α.

ὁ λέγων, ἔγνωκα αὐτόν, καὶ τὰς ἐντολὰς αὐτοῦ μὴ τηρῶν, ψεύστης ἐστί, καὶ ἐν τούτῳ ἡ ἀλήθεια οὐκ ἔστιν.

ΙΩΑΝΝΟΥ ΕΠ. ΚΑΘ. α.

PREFACE

THE production of another English edition of Plato's *Protagoras* hardly, it is believed, needs apology. Mr. Wayte's edition is in itself an excellent one, and has also put within easy reach of any student the results of the labour expended by Heindorf upon the dialogue. But it professes to be in the main a "grammatical commentary," and to pay less attention to the subject matter.

Abroad, and especially in Germany, the dialogue has received far more attention, and the object of the present edition is partly to present the results to the English reader.

The *Protagoras* is one of the most attractive of the Platonic dialogues, and one specially suited to younger scholars. Heindorf remarks, *ab hoc potissimum (dialogo) incipiendam tironibus Platonicorum librorum lectionem iudico*: Bonitz says, "es für ein Unrecht ansehen würde, dies Meisterwerk Platons den Schülern des Gymnasiums vorzuenthalten": Westermayer refers to it as "ein solches Kleinod der Literatur dass ich sie jedem jungen

Manne als ein Vademecum auf den Weg des Lebens mitgeben möchte."

As one of the "Socratic" dialogues of Plato, it aims especially at giving the "torpedo shock," which breaks up the lifeless deposits of convention, and stirs the mind to rouse itself and to shake off the fatal effects of intellectual slumber. Now, as then, few exercises are better adapted for restoring or developing the mental activity than the careful analysis of the value of the terms which form the currency of our speech.

The books to which I have been most indebted in preparing the present edition are Grote's *Plato*; the translations, with introduction, of Schleiermacher, Steinhart and Müller, and Jowett, the prolegomena of Steinhart being especially valuable; and the editions of Heindorf, Stallbaum, Hermann Sauppe, Kroschel, Deuschle and Cron, and Wayte. Sauppe's edition, which has been translated, with some modifications, in America, is almost a model of what a school edition should be. I have also found the monographs of Schöne (*Ueber Platons Protagoras*) and Westermayer (*Der Protagoras des Plato*) suggestive.

In the text I have had the advantage of Schanz's recensus, and I have added to the Introduction a short account of the MSS. of Plato, so far as they apply to our dialogue, drawn mainly from his *Studien zur Geschichte des Platonischen Textes* and his *Novae Commentationes Platonicae*. Wherever I have dissented from his reading, and I have always done so with a feeling of presumption, it has been to return to the best supported text.

In dealing with grammatical difficulties I have mostly added references to the grammars consulted. No apology is needed for referring the learner to Jelf or Riddell, or to Mr. Thompson, whose *Syntax* is now a standard one. It may seem useless to have referred to Krueger's work, *Griechische Sprachlehre*; but it is cheap and has a most minute index, and its stores are available to any one possessing a very slight acquaintance with the German language. I regret that the enlarged edition of Goodwin's *Greek Moods and Tenses* came into my hands too late to be used throughout.

It will be found that a somewhat full Index has been provided. It is hoped that it may be of use in illustrating Platonic idioms apart from special reference to this dialogue. References have been verified in nearly every case, but undetected errors must exist, and the Editor will feel grateful to those who will be at pains to point them out.

B. D. TURNER.

MARLBOROUGH, *May* 1891.

CONTENTS

INTRODUCTION—

	PAGE
1. Protagoras	1
2. Object of the Dialogue	4
3. Analysis of the Dialogue	23
4. The Date of the Action	32
5. The Identification of ἡδύ and ἀγαθόν	35
6. The Actual Date of Composition	45
7. The Poem of Simonides	46
8. On the Text	50
THE TEXT	57
NOTES	125
INDICES	215

INTRODUCTION

§ 1. Protagoras

Few particulars of Protagoras' life are recoverable, and these are mostly the subjects of considerable discussion. He was born in Abdera, a town consisting largely of immigrants from Teos, who deserted their town to escape servitude to Persia, of a Tean family, his father's name being Artemon or Maeandrus. He spent a large portion of his life in travelling, "giving himself out to the whole of Greece as a Sophist" (349A). His excursions reached as far as Sicily. He appears to have paid his first visit to Athens in 451 B.C., where he became the friend of Pericles. In 445 or 443 B.C. he was commissioned by him to draw up a code of laws for the newly-founded settlement of Thurii. He was in Athens again before the outbreak of the Peloponnesian war, and the only considerable fragment of his writings extant is one preserved by Plutarch,[1] in which he commends the fortitude displayed by Pericles after the death of his two sons in the Great Plague. He was probably in Athens also in 422 B.C., for Eupolis (in the Κόλακες) alludes to him in a line quoted by Diog. Laert. ix. 54: ἔνδοθι μέν ἐστι

[1] *Moral.* p. 118 E.

Πρωταγόρας ὁ Τήϊος. Being accused of impiety under the Four Hundred, on account of a passage[1] at the beginning of one of his works which acknowledged doubts as to the existence of the gods, he attempted to escape to Sicily, and was drowned on the voyage. He was seventy years of age at his death, and had been ἐν τῇ τέχνῃ forty years. The date ordinarily assigned to his death is 411 B.C., because (Diog. Laert. ix. 54) his accuser Pythodorus is said to have been "one of the Four Hundred," and this would put his birth-year at 481 B.C. Many authorities,[2] however, in view of the passage (317 C) in which he says that he is old enough to be the father of any one present (Socrates himself was born 468 B.C.) antedate his birth to 485 B.C. or earlier, in which case his death falls in 415 B.C. at the latest. Sauppe argues that the passage from Diogenes does not explicitly state that Pythodorus at the time was one of the Four Hundred, and that in 415 B.C. the Athenians were so excited by the mutilation of the Hermae as to be ready for an intolerant prosecution. But it would appear safer to take such definite statements in the natural meaning of the words, and rather to suppose that Plato has used an artist's license in widening the gap between the ages of Socrates and Protagoras.

His teaching.

Protagoras[3] held similar views to those of Heracleitus, with whom Plato couples him in the *Theaetetus* (152 E), upon the constant change to which all things

---

[1] Diog. Laert. ix. 50.
[2] Schanz, 420-417 B.C., Cron, Sauppe.
[3] Plato himself is our chief authority for Protagoras' opinions, and we cannot judge how far they have been modified by transmission through this medium. The passages quoted in the succeeding statement are all to be found in Ritter and Preller's invaluable collection.

are subject, and the consequent impossibility of knowledge. The only knowledge, such as it is, possible consisted of the information supplied by the senses, so that for each man things were what they seemed to him at any given time, and under any given circumstances to be. Thus about anything diametrically opposite opinions could be advanced, and every proposition was equally true or equally false. This being Protagoras' view, it is difficult to see how he could maintain the benefits or even the possibility of teaching. But a means for deserting a position which is repugnant to common sense was found in the somewhat illogical evasion, that although it is impossible to make any one's perceptions *truer* for him, he can be brought from a state of sickness to health, in which his perceptions (apparently as judged by the standard of convention) will be good and beneficial instead of the reverse.[1] This conversion Protagoras proposed to effect more particularly in reference to social and political life, offering to teach ἡ πολιτικὴ τέχνη, "how a man would best administer his own household, and how in the affairs of the city he would be most capable of acting and speaking."[2]

It was thus that rhetoric[3] with its handmaid, grammar, was one of the chief subjects in which he gave instruction; and it was a natural sequel to his convictions that he should have elaborated a system of treating propositions indifferently from either side,[4] a process which could not fail to render him liable to the charge of "making the worse argument appear the better" (τὸν ἥττω λόγον κρείττω ποιεῖν).[5] He was one

<small>Attention paid to rhetoric.</small>

---

[1] Plato, *Theaetet.* 166 D, E.   [2] Plato, *Protag.* 318 E.
[3] *Ibid.* 312 D, 334 E.   [4] Diog. Laert. ix. 53.   [5] Aristot. *Rhet.* ii. 24, 11.

of the first to teach for pay, and seems to have amassed a considerable fortune. Plato[1] at all events estimates him as a richer man than Pheidias. The original arrangement, however, by which he[2] left it to his pupil to fix his remuneration is sufficient to prove his honesty.

§ 2. Object of the Dialogue

Title and object of the dialogue. The title of the dialogue given in full is Πρωταγόρας ἢ σοφισταί, to which is added, after Thrasyllus,[3] ἐνδεικτικός or "probative." It need hardly be said that few critics believe such alternative titles to have come from the pen of Plato himself.[4] In all probability they merely reflect the opinion which a grammarian held as to the subjects of the dialogues to which they are prefixed, as the *Republic* is entitled Πολιτεία ἢ περὶ δικαίου. The secondary title, σοφισταί, accordingly would, even if it were less vague, be of little value in determining the object of the present dialogue. What Plato's aim was in composing the *Protagoras*, is a question which a multitude of critics have answered in almost as many different ways, and a comparison of their views is instructive, though Schleiermacher[5] complains that more have eulogised than have correctly explained the work.

Schleiermacher's view Schleiermacher will, in the eyes of most modern scholars, fall under his own condemnation. He regards the *Protagoras* as exhibiting the external manifestation of the internal process described in the *Phaedros*, and

---

[1] *Meno*, 91 D.   [2] *Protag.* 328 B.
[3] Grote's *Plato* (cabinet ed.), vol. i. p. 365.
[4] BT however add ἢ σοφισταί.
[5] *Platons Werke*, vol. I. i. p. 150 (3 Aufl.)

maintains that its object is to proclaim the Socratic dialectic as the proper form of true philosophic communication, the illustrations being drawn from that division of philosophy with which Socrates almost exclusively concerned himself—Ethics. The declamatory style of the Sophists is shown to be always ready to leave the actual subject under discussion and to serve rather to confuse than to clear the mind of the hearer: indeed the want of acuteness attributed to the representative Sophist is explicable only on the grounds of the falsity of his method, while the true method of discovering truth is exhibited in action. The Sophist in fact wants the philosophic craving which is shown to be indispensable in the *Phaedros*.

The connection which Schleiermacher discovers between the various sections is thus rather one of form than of contents. The dialogue which follows the long discourse of Protagoras is regarded more as offering a contrast to it in form than as intended to correct the theories advanced. The elucidation by Socrates of the poem of Simonides is viewed rather as demonstrating the futility of such deductions from the words of poets than as being germane to the question under discussion. To those who hold that the dialogue investigates the questions, Is virtue teachable? Is virtue one? Schleiermacher points out with emphasis that it ends with a confession that such questions have not been answered. It is a necessary corollary to his arbitrary view of the position which the dialogue holds in the development of the Platonic system,[1] that he discovers in it distinct traces of the ideal theory.

[1] See criticism by Steinhart, *Einleit. zur Müller'schen Uebersetzung*, p. 419.

Schöne's view.

Schöne,[1] like Schleiermacher, regards the *Protagoras* as subsequent to the *Phaedros*. This latter he regards as the dialogue which inaugurates his period of teaching at the Academy. To all subsequent compositions he aimed at giving an artistic and dramatic form,[2] renouncing any real dialectical object. In connection with this it is noticeable that he rejects the contents of the different dialogues as an indication of their order of composition, maintaining that an estimate of their form and style is the only trustworthy method of arriving at a conclusion upon the question, and that tried by both these tests the *Protagoras* falls after the *Phaedros*.[3] A further result of his point of view is that he sees more significance in the vindication of the Socratic method and the reprobation of the Sophists, developed in the course of the work, than in the inquiry into the nature of Virtue. What importance there is in the latter, consists, he thinks, in the fact that the *Protagoras* aims at supplementing the Socratic ethics. Many of the statements in Protagoras' mouth are Platonic, and the victory of Socrates over Protagoras is one of method rather than of doctrine, formal rather than real. In the elucidation of the poem of Simonides, Platonic views are over and over again propounded by Socrates himself.

Grote's view.

Grote is at one with Schöne in considerably depreciating the importance to be attached to the dialogues as embodying Plato's actual teaching.[4] "His writings," he says, "are altogether dramatic. All

---

[1] *Ueber Platons Protagoras* (Leipz. 1862).   [2] P. 82.
[3] For further difficulties connected with an earlier position for the *Protag.*, see Schöne, pp. 72 ff., and Grote's *Plato*, vol. i. pp. 326 ff.
[4] Grote, vol. i. p. 355; compare Jowett, vol. i. p. 114.

opinions on philosophy are enunciated through one or other of his spokesmen." And he points to the negative value assigned by Plato himself to all written exposition, seeing that they cannot discharge the living functions of a master skilled in eliciting truth by question and answer.[1] What the dialogues could effect, however, was to test, examine, refute,—at the least to sweep away the conceit of knowledge which, apart from such an operation, is inveterate. For this purpose the continuous discourses of the Sophists were useless, and in the antithesis between them and the cross-questioning of Socrates, Grote is inclined, with Schleiermacher, to see [2] "at least one main purpose of Plato, if it be not even *the* purpose in this memorable dialogue." Further, he says, "It is this antithesis between the eloquent popular lecturer and the analytical inquirer and cross-examiner which the dialogue seems mainly intended to set forth."[3] On the other hand, Grote[4] admits that the ethical theory which the Platonic Socrates lays down in it "is positive and distinct, to a degree very unusual with Plato," and he maintains that the identification of the Pleasurable and the Good is to be regarded as seriously intended, pointing out that "throughout all the Platonic compositions, there is nowhere to be found any train of argument more direct, more serious, and more elaborate."[5]

Bonitz,[6] who writes to modify the position main- Bonitz's view.

---

[1] It is suggested that herein we have an explanation of the fact that Aristotle's account of Plato's philosophy does not square with that hitherto extracted from the extant dialogues, special information being reserved for oral communication. Later researches, however, tend to show that the difficulty may be explained without such an hypothesis.
[2] Vol. ii. p. 277.   [3] Vol. ii. p. 303.   [4] Vol. ii. p. 308.
[5] Vol. ii. p. 314.   [6] *Platonische Studien*, 3 Aufl., p. 255.

tained by Meinardus,[1] that the *Protagoras* shows how the great teacher of virtue met with or rather brought failure on himself, argues in the first place that the publication of the dialogue falls too long after Protagoras' death for it to be regarded as an attack upon his personal activity as a teacher; while, on the other hand, his specific teaching is not handled. Further, the introductory episode rather directs attention to the fact that it is the Sophists in general that are aimed at, two of whom are besides associated with Protagoras in the discussion, and finally involved in his admissions and silenced at his defeat. The object of the dialogue in effect is to show, in the person of the first recognised Sophist, how the class failed as teachers of virtue. Nor is it only negative: it positively vindicates the Socratic method. Throughout there runs a definite train of thought which constitutes its ethical teaching. The remarks of Socrates on the reversal of position of himself and Protagoras, though coupled with a promise of future inquiry, are practically an admission that the problem is solved. In fine, Bonitz gives it as his verdict, that whilst the dialogue may be employed for acquiring a knowledge of Plato's ethics, not this but the intention of showing the failure of the Sophists is the dominant idea.[2]

Sauppe[3] similarly decides that the "polemical and

[1] *Wie ist Platons Protagoras aufzufassen?* Oldenburg, 1865.
[2] Susemihl objects, Bonitz, *Plat. Stud.* p. 269 *n.*, that in all such cases where the Socratico-Platonic ethics are treated in combination with a discomfiture of the Sophists, the latter is to be regarded as subsidiary. But Bonitz remarks that, however reasonable this may be as a general proposition, the true answer in any given case can only be supplied by a careful investigation applied to the particular dialogue.
[3] Pp. 24 ff. of his edition of the *Protagoras* (4 Aufl.)

negative" side of the dialogue is the most important. The exposition and refutation of the vain and false teaching of virtue by Protagoras, in method and substance, is the expression in which he sums up the aim of the dialogue, while he admits that much in it has reference to the Sophists in general. The view which would ascribe to the dialogue a positive aim in the scientific treatment of virtue he hesitates to adopt, in consideration of the disproportionate space assigned to the exhibition of the sophistical method, and the emphasis laid upon the fact that it aims more at dazzling the intellect than enforcing conviction. Certainly the negation of the sophistic system demands in turn the substitution of a more perfect one, which Socrates is ready to provide: but the adequate discussion of it is postponed to a subsequent occasion.

Such a diversity of opinion amongst authorities is really no small testimony to the skill which has so harmoniously combined different themes in one composition. Yet there are some positive statements pointing to a leading motive. In challenging Socrates to an examination of the lines from Simonides, Protagoras explicitly says (339 A) that the subject will still be that which they have been discussing, virtue, the venue being merely changed to the regions of poetry; and in the course of the examination we are constantly kept in touch with the view that virtue is knowledge (see especially 345 A, B). A very similar statement is made by Socrates towards the close of the dialogue (360 E foll.), where he says that the sole reason for the questions which he has been putting to Protagoras is that he may find out how the parts of virtue are related to one another, and what the nature

Indications of its aim from the dialogue itself.

of virtue is, for if that discovery is made, the solution to the problem—is virtue or is it not communicable by teaching?—will be apparent. With this may be compared the passage in which Socrates (349 B) sums up the precedent discussion as being directed to determining the unity of virtue. Finally, the very admission at the close of the dialogue that virtue requires further analysis, so far from being an opposite indication, as Schöne takes it to be, seems convincing evidence that this is the subject mainly dealt with. Bonitz indeed sees in the admission a hint that the Platonic Socrates considers the main position to be secured, and merely to require further strengthening.[1]

The number of less definite indications may be multiplied almost at will. In the introductory scenes of the dialogue it early becomes manifest that it is the Sophist as a teacher of something which forms the subject of discussion, not so much as a master of a certain method. As elsewhere, indeed, we find the two views naturally, nay necessarily, incapable of absolute separation, but the question, after being raised (312 C) in a more general reference, finally in 312 E narrows itself to the definite interrogation, τί δή ἐστι τοῦτο, περὶ οὗ αὐτός τε ἐπιστήμων ἐστὶν ὁ σοφιστὴς καὶ τὸν μαθητὴν ποιεῖ; In connection with which it may be noticed (1) that Socrates bids Hippocrates (313 A) beware how he misuses or neglects the soul, which is far more precious than the body, and from

[1] *Platonische Studien*, 3 Aufl., pp. 263, 264. Steinhart, *Einleit.* p. 417, takes a similar view, comparing Plato's habit in other dialogues. See Westermayer, *Der Protagoras des Plato, u.s.w.* pp. 194, 196: he supposes Plato to be speaking at the conclusion in his own person, the wish for a renewal of the discussion signifying that in his opinion some of the conclusions require modification.

which moral guidance proceeds; (2) that Protagoras (319 A) distinctly avows that his profession is the teaching of ἡ πολιτικὴ τέχνη,[1] and that he undertakes to make men good citizens, and to dissipate Socrates' misgivings, as the possibility of teaching virtue throws his beliefs upon its nature into the form of a myth.

The most varied opinions have been expressed about the discourse put into the mouth of Protagoras. Schleiermacher and Stallbaum have little but adverse criticism for the views contained in it, but this is rather because they proceed from a Sophist, than for any more substantial reason. Grote[2] seems to be more just and more true in remarking that "it is one of the best parts of the Platonic writings, as an exposition of the growth and propagation of common sense," and that "it seems full of matter and argument, exceedingly free from superfluous rhetoric." Steinhart[3] considers that the fable constitutes a very solid contribution to the cycle of thought in the dialogue, the interpretation of it put in Protagoras' mouth being very worthy of Plato, and originating from him. If his opinion be adopted, and, in view of the very marked consideration with which Protagoras is treated by Socrates throughout, it appears the most reasonable one, the chief reason for introducing the discourse can

The discourse of Protagoras mainly introduced as a contribution towards fixing the nature of virtue.

---

[1] The identification of the teaching of ἀρετή simply with this teaching of ἡ πολιτικὴ τέχνη is first seen in Socrates' words, 319 E, ἀλλὰ ἰδίᾳ ἡμῖν οἱ σοφώτατοι καὶ ἄριστοι τῶν πολιτῶν ταύτην τὴν ἀρετὴν ἣν ἔχουσιν οὐχ οἷοί τε ἄλλοις παραδιδόναι, and more distinctly still in 320 B, ἐγὼ οὖν, ὦ Πρωταγόρα, εἰς ταῦτα ἀποβλέπων οὐχ ἡγοῦμαι διδακτὸν εἶναι ἀρετήν. The existence of the two descriptions of virtue, the common or "civil," and the scientific, supplies the clue to the general denial by Socrates of the teachableness of virtue. It is true of the first, not true of the second, from the philosophical point of view.

[2] Vol. ii. p. 274.   [3] *Einleitung*, p. 422.

hardly be found in a wish to discredit Protagoras' method. Rather it is a device in part for regarding virtue from another standpoint, the importance of which is abundantly recognised by the characteristic procedure of Socrates when he approaches the task of obtaining any generalised conception.[1]

The interpretation of the poem of Simonides is treated from the same standpoint. The avowed object with which Protagoras proposes the poem of Simonides for elucidation by Socrates has been alluded to above. It is further to be noticed how, immediately the poem has been despatched, Socrates, with a depreciatory remark upon such interruptions to true intercourse, recurs to the charge, and presses (347 C) the previous form of the question, with a discussion of which the remainder of the dialogue is occupied.

While the question as to the nature of virtue is thus prominently handled, it cannot be denied that *Protagoras and the two other Sophists take, however, a prominent part.* the figure of Protagoras occupies a large amount of our attention as we read the dialogue. Nor is it Protagoras alone. Prodicus and Hippias, as Bonitz[2] has pointed out, are associated with him in the closing scenes, alike in his replies and in the silence which acknowledges defeat. We cannot fail either to note the significance of the opening scenes, which introduce us into the circle of Sophists and their disciples in the house of a man who has notoriously spent[3] his substance upon their entertainment. We hear too, in Hippocrates' words, an echo of the interest excited in the Athenian world of culture by the news of Protagoras' arrival. Even the bluntness of the doorkeeper

---

[1] Cp. Grote's *History of Greece* (cabinet ed.), vol. viii. p. 147, where he quotes Plato, *Parmenides*, pp. 135, 136.
[2] *Plat. Stud.* p. 259.   [3] Plato, *Apol.* 20 A.

betrays to us how Callias' guests have attracted many other visitors as persistent, it may be, as Socrates and his young companion in their determination to hear the great itinerant professors. The unrivalled play of only half-veiled sarcasm with which Socrates describes the scene to his friend emphasises the personality of the Sophists in the dialogue, and that at its very outset. In the interlude, where there is danger lest the discussion should be broken off owing to the incompatibility of the two methods of Protagoras and Socrates, the attention of the reader is again diverted temporarily from the arguments which have been left incomplete to a consideration of the company which significantly divides itself into a Socratic and Protagorean camp. Here, too, the Sophists, Prodicus and Hippias, no longer remain "dumb characters," but each gives utterance to a characteristic speech, which, though wide of the subject under discussion, is none the less favourably received by the audience. This cannot be done without the intention of making a side thrust at the Sophists, and, from its other side, the elucidation by Socrates of Simonides' poem serves the same purpose. The Sophists laid great stress upon such exegesis of the poets, Protagoras being even said to take money for it: while their exegesis was of the extravagant kind, here travestied, which rather imposes a foreign than extracts a natural sense. Indeed, the mock heroic account of the history of the Sophists with which Socrates prefaces his commentary is sufficient to mark how, in this section of the dialogue, attention is again directed to them. In the concluding portion of the dialogue reference is made to the Sophists only in direct connection with what is assumed to be the main subject. Socrates has shown how, being "overcome by pleasure," to commit a wrong act is a mistaken way of describing what is really a failure in knowledge. He concludes, addressing the holders of the vulgar view (357 E), "but you, holding that it is something different from ignorance, neither go yourselves nor send your sons to the Sophists here who teach these subjects (the sciences which make a right moral choice possible), thinking the thing cannot be taught: but keeping your money in your pockets and not offering it to them, you fail to prosper as individuals and as a state."

<small>Constant reference to the Sophists necessary as teachers of "virtue."</small> It is, perhaps, in this passage that we see most clearly how impossible any discussion of the nature of virtue, especially if it be examined as a subject for communication by teaching, is, without constant and intimate reference to the Sophists. Plato has shown how Sophists may be viewed apart from a distinctly ethical discussion in other dialogues: and had he wished to treat Protagoras in such a way as to gibbet him as a representative of sophistic teaching, nothing would have been easier or more effective than to exhibit him as maintaining, in the face of the Socratic engine of criticism, the famous apophthegm, πάντων χρημάτων μέτρον ἄνθρωπος, afterwards discussed in the *Theaetetus*. As it is, Socrates treats Protagoras throughout with a deference which he does not always show to his interlocutors, and which can hardly be explained upon the supposition that the aim of the dialogue is mainly to discredit his method. It will suffice to take one passage in evidence: "I," says Socrates (348 D), "on this account like to talk with you more than with any one else, because I imagine

that you would have the clearest view not only on all subjects where it is to be expected that the reasonable man should, but especially on virtue."

In fact, it is as teachers of virtue that Socrates has to do with Protagoras and the Sophists. They appear to have held in their hands at this time at Athens all the higher education which was attainable. In the long discourse of Protagoras, an account of the ordinary curriculum of Athenian education is given (325 D—326 E) with some detail. It appears that the course was not such as would satisfy a youth of any genius or originality. Nor was it adapted to provide any one with the special weapons requisite for forcing his way to the front in political life.[1] Thus the speculative and practical minds were alike impelled to look elsewhere for satisfaction, and it was to supply the demand that Sophists came forward. How far, in meeting the want, they proved destructive to the conventional morality of their times has been freely debated.[2] It is sufficient for our immediate purpose that it should be recognised that the Sophists alone professed to give instruction in subjects not touched, or at least not adequately treated, by the elementary education of the time. Education, it must be remembered, ceased at a much earlier age at Athens than is the custom with our middle and upper classes, and, there being little or

[1] P. 318 E; *Meno*, p. 91 A; cp. *Rep.* x. 600 C; so in Xen. *Mem.* i. 2, 12, we find Critias and Alcibiades coming to Socrates himself for the same purpose. Cp. the Deuschle-Cron edition (1884), pp. 2, 3. Many of the Sophists professed to teach *rhetoric*, of course for the same end.

[2] See the sixty-seventh chapter of Grote's *History of Greece*; Cope's Essay in *Journal of Class. and Sacred Philology*, No. 2; the introduction to his translation of the *Gorgias*, pp. xxiv., xxv. Mill's Review of Grote's *Plato* (*Dissertations and Discussions*, iii. 308 ff.), extracts from which are given in Wayte's edition, pp. viii.-xi.

no demand, there had been no supply of men professing to continue it in its higher branches. But the vast strides which the prosperity of the state made after the Persian victories created new aims and new ambitions, and withal a freshness of intellectual life capable of satisfying them.[1] The new teachers devoted a large share of their attention to ethical or ethico-political problems. To readers of Plato, the person of Gorgias will suggest itself as a striking type of the class of men who professed to qualify their pupils for taking a foremost part in public life. The dialogue named after him has several points of contact with the *Protagoras*,[2] and in it ethical disputation is a very prominent feature.

Dealing then with the very kernel of ethics—the nature of virtue—Plato could hardly have in any way dispensed with mention of the Sophists. Treating the subject dramatically, it was an artistic necessity that those who to the mass of the people represented the "new learning" should here take part in the discussion: treating it in the Socratic manner, it was indispensable for the many-sided investigation which he insisted upon that the opposite theories should be duly impersonated in the dialogue.[3]

Dramatic necessity for introduction of Sophists.

To be dramatic was inborn in Plato. We may possibly read a part of Plato's own intellectual history in the account which the Socrates of the *Phaedo*[4] gives of his early impulse to the writing of poetry. It is a difficult question how far we may assume the autobiographical statements of the Platonic Socrates to

[1] The Renaissance of thought in Elizabeth's time is a singular parallel. [2] Grote's *Plato* (cabinet ed. 1858), vol. ii. pp. 345 ff.
[3] Westermayer, pp. 185, 186, shows that Protagoras was chosen as their chief representative because he emphasised the *ethical* side of the sophistic teaching, cp. 348 E. [4] 60 D ff.

be the reflection of Plato's own experience. The poetical nature of Plato's genius, however, is a fact independent of such ambiguous testimony. The arrangement of the Platonic dialogues by the Alexandrine [1] grammarians in trilogies, an arrangement modified by Thrasyllus,[2] is an early recognition of their likeness to dramatic compositions. Grote [3] quotes Aristotle's estimate of Plato's style, and remarks, "We find occasionally an amount of dramatic vivacity, and of artistic antithesis between the speakers introduced, which might have enabled Plato, had he composed for the drama as a profession, to contend with success for the prizes at the Dionysiac festivals."

Plato was able to create his characters of flesh and blood: to set them living and breathing on his stage in their due surroundings: to endow them with a personality which must needs enlist the sympathy of the reader: out of the natural play of varied thought and expression to exhibit a result gradually unfolding itself and taking shape as though in obedience to an internal vitality. In no dialogue does Plato personally interfere. He stands apart and seems to let his characters contend with one another, assured that once he has set them in action, the life which is in them will not spend itself to no purpose. In all his dialogues opinions are *personified* and shown in close conflict with others, that from such friction may spring the living fire. This desire to imitate his master in educing the true resultant of opposing forces, and to lay open for inspection the

---

[1] Grote's *Plato*, vol. i. p. 286.
[2] *Ibid.* p. 295, note 1.   [3] *Ibid.* p. 334.

process by which it is arrived at, must be duly estimated if we wish to appreciate the true tendency of the Platonic compositions, and to understand why the dialogue form was especially selected. We need not indeed deny the co-operation of other influences. Schöne,[1] for instance, points out that the form may have been suggested to Plato by existing literature, and adopted partly on account of the opportunity it afforded for isolating the compositions more completely from the personality of the author than if the same thoughts were embodied in a treatise. And Grote[2] remarks that "the borrowed names under which he wrote, and the veil of dramatic fiction, gave him greater freedom as to the thoughts enunciated, and were adopted for the express purpose of acquiring greater freedom." But it will be generally agreed that these were subsidiary considerations.

The dramatic nature of the Protagoras.

In the *Protagoras* we see Plato's dramatic power at its strongest. Hardly any one who has treated of the dialogue has failed to pay it the highest tribute of praise. Schleiermacher[3] calls it a richly adorned dialogue. Steinhart[4] says, "The masterly construction and arrangement of the dialogue, and the rich and varied but symmetrical combination of its parts, the luxuriant fulness of dramatic ornament, the plastic power of its presentation, the lifelike characterisation not only of the chief interlocutors but also of the persons introduced to enliven the dialogue, and the perfect unity of the action which advances with rapid and lively movement, lastly, the harmony which reigns

---

[1] *Ueber Platons Protagoras*, pp. 76 ff. See Westermayer, *Der Protagoras des Plato*, pp. 183, 184.
[2] Vol. i. p. 360.   [3] P. 147.   [4] *Einleit.* p. 399.

INTRODUCTION

over the whole, and the result which, if not actually conclusive, provides a happy reconciliation, rank this work amongst the most perfect works of art of any time." Schöne[1] calls it one of the most eminent and most purely dramatic works of Plato.[2] Stallbaum[3] remarks that it is a dialogue which exhibits the most consummate art, and that no one not devoid of all taste can read it without unalloyed pleasure. Bonitz[4] attributes to its artistic excellences, "before which weapons of attack sink to the ground," the fact that its genuineness has always remained unimpeached even "by the sophistical misrepresentation of pretended criticism." With Jowett[5] it is "a great dramatic work." Grote has almost as high an opinion of it. Hermann Sauppe[6] gives as his verdict, that "in few dialogues is the dramatic form so artistically maintained."

To point out in detail all there is in the dialogue which calls for praise, would be to forestall the reader, if not to blunt his appreciation. And its beauty, as Steinhart remarks, will strike the most careless observer. But it may be serviceable to direct attention to the skill with which the introductory episodes are adapted to excite our curiosity about Protagoras; how appropriate is the *mise en scène* in the house of Callias; how consistent the delineation of character both in the principal and subordinate parts; how unrivalled the light play of the Socratic irony; how each touch, each incident, while it prevents the interest from flagging,

---

[1] P. 23.
[2] So Socher, *Ueber Platon*, p. 226. "Als ästhetische Kunstwerk ist der Dialog Protagoras das meisterhafteste unter den Werken Platon's."
[3] P. 31.   [4] *Plat. Stud.* 3 Aufl. p. 255.
[5] Vol. i. p. 118; cp. p. 114.   [6] P. 16 of his Introduction.

substantially contributes to the whole effect and could be ill dispensed with.

The elaboration of the dialogue implies the importance of the subject.

The care bestowed on the composition of the dialogue is in itself an indication that it deals with an important subject, such as the question of the nature of virtue would necessarily be especially in a "Socratic" dialogue. The teaching of Socrates, if he can be said positively to have taught anything, was eminently practical. If we open at random the pages of Xenophon's interesting memoirs of the man, we find him at one time [1] advising Critobulos how to choose his friends and how to keep them, at another [2] discussing the nature of pleasure, now [3] reproving a friend for shirking political duties, now [4] demonstrating how nature punishes any violation of her laws. Yet if we consider rightly, we shall see that no discussion has any but a moral end. The Socratic dialectic devoted itself to obtaining general conceptions mostly on subjects connected with the conduct of life. Socrates went up and down the Athens of his day, using the engine of his dialectical method to convince men of ignorance and to set them on the straightest and best road to knowledge. But the general conceptions which he was most concerned to obtain were of such common terms as piety, justice, wisdom, the Good, the Beautiful, courage, self-control, an accurate and complete comprehension of which he regarded as an essential condition of that conscious morality which it was his mission to advocate.

The inseparability of virtue from knowledge, the central point of Socrates' ethics.

The inseparability [5] of virtue and knowledge, nay the actual identification of the two, was the central point of his ethical convictions,

---

[1] Xen. *Mem.* II. 6. [2] I. 6. [3] III. 7.
[4] IV. 4, 23. [5] III. 9, 5.

as it is the central point in the positive teaching of the *Protagoras*. If, even when Plato's transcendental philosophy passed into regions more remote from practical matters, and his ethical was subordinated to his metaphysical teaching, the former still, as in the *Philebus*, receives a fair share of his attention, it is no wonder that in one of his earlier dialogues, where the influence of Socrates is still strong upon him, we find him devoting all his powers to supply an appropriate setting for the discussion of the central doctrine of his master's ethics.

Both Stallbaum and Steinhart take in the main the same view of the object of the *Protagoras*. The former places it in connection with the *Laches, Charmides*, and *Euthyphro*, in which an examination of single virtues is first essayed, and with the *Meno* and *Euthydemus*, in which preliminary excursions against the Sophists are made, though in view of its artistic excellence it may not have been actually published till later. The object of the *Protagoras* is, Stallbaum thinks, to demonstrate the absolute worthlessness of that teaching of "virtue" which was in most repute, and with this purpose it is shown (1) that the views of the Sophists about virtue are false; (2) that their system is useless for the discovery of truth. By implication it is proved that Socrates alone is qualified to teach, though the views actually put in his mouth are not necessarily held by him. *Stallbaum's view of the object of the Protagoras.*

Steinhart, in his introduction, agrees with Stallbaum in considering the *Protagoras* as closely connected with such minor Socratic dialogues as the *Ion, Hippias, Alcibiades, Lysis*, and *Charmides*. In these "fragmentary studies" single virtues had been examined, and the *Steinhart's view.*

contrast between the teaching of the Sophists and their want of fixed notions in the sphere of morals and politics, and the Socratic method had been emphasised. In the *Protagoras* Plato undertakes to present as a connected whole the main points of Socrates' theory of Virtue,[1] and to defend it against its opponents; to give an answer, in fine, to the question which was the problem of Socrates' life, what is Virtue? This answer is found in the truth that "Virtue is knowledge." But the method adopted is as instructive as the result; for while a masterly illustration of the Socratic dialectic is given, the false methods of the Sophists indicate the ease with which an investigator, who has not the true guiding principle, may strike into bypaths which lead no whither. If virtue is a form of knowledge (1) its conception must be a definite one; (2) it must be communicable by teaching. When Socrates objects to admitting the latter, he merely intends to maintain that, as conceived by Protagoras, virtue, being capable of no scientific analysis, cannot be taught. The position that "no one sins willingly" is in this light capable of demonstration, and in his elucidation of the Simonidean poem, Socrates, amidst much light play of fancy, proceeds to substantiate the proposition. Steinhart holds, that as the sum total of the dialogue four truths emerge: (1) Each virtue is a knowledge, and thus teachable, wrongdoing being a defect of knowledge; (2) the conception of Virtue is simple and undivided:

[1] Compare Westermayer, *op. cit.* pp. 185 ff., especially p. 194. "Die sokratische Tugend, nach ihrer materialen und formalen Seite, ist der einheitliche Gedanke der Schrift, der Gegensatz der sophistischen Tugend nach ihrer materialen und formalen Seite nur als Folie dieses Grundgedankens so dargestellt, dass sich dieser am Widerspruche gegen die sophistische Tugendauffassung entwickelt."

all virtues are included in each single one, the knowledge of the good underlying each; (3) it is the aim of men to order their lives morally in accordance with a true estimate of what is right; (4) God alone is the eternal absolute Good: man belonging to the world of Becoming and change, his moral state oscillates between good and bad.

The final and positive outcome of our dialogue is to be found in the position Virtue is knowledge, though the precise subject of this knowledge is left undefined. In its widest interpretation the truth requires the completest subordination of the appetites to Reason, the realisation of which may be opposed to experience, but is not on the face of it an impossibility.[1] Nowadays, indeed, this truth is publicly recognised by a system of state education whose demonstrable effect is to diminish crime. But it is only in the highest system of morality which has ever been revealed to man that the practical and speculative aspects of the truth have been reconciled.[2]

Outcome of the dialogue.

§ 3. Analysis of the Dialogue

Introduction

309 A-310 A.

Socrates meets a friend in some place of public resort, and is induced by him to tell the story of his interview with Protagoras.

---

[1] Socrates must have known that experience denied his teaching, but, like other great teachers who have used paradox, he saw that the activity of a truth is impaired by qualification.

[2] Schöne, *Ueber Platons Protagoras*, p. 59. Jowett (vol. i. p. 120) looks to some "metaphysic of the future" to reconcile the divided elements of human nature.

310 A–314 C. *Socrates' Narration—Preliminary Conversation with Hippocrates*

Hippocrates, a young Athenian of good birth and much enthusiasm, knocks violently at Socrates' door one morning before sunrise. He has heard that Protagoras is in the town, and wishes to be introduced to him. As it is too early to go at once, the two walk in the courtyard till daylight. Socrates finds that Hippocrates has no clear idea of what it is that Protagoras will do for him; but one thing becomes clear after some talk—that he is going to Protagoras, not to be made a Sophist, but to be *taught* something which a Sophist knows. What this is, however, Hippocrates cannot tell. Here Socrates points out how rash it is to accept teaching without being an expert in detecting its quality. No one would buy food or drink, or take them, without possessing knowledge or obtaining advice as to their wholesomeness. And the danger is so much the greater in the present case, inasmuch as the teaching of a Sophist cannot be carried away in a vessel and reserved for future examination, but must be there and then assimilated by the hearer. Still, as Hippocrates has set his heart upon it, Socrates consents to take him to Protagoras.

314 C–316 A. *The Scene at Callias' House*

The two take their way to Callias' house, where the Sophists Protagoras, Hippias, and Prodicus are staying, and after some altercation with the porter, who does not approve of his young master's lavish entertainment of such guests, enter. They halt a few

INTRODUCTION 25

minutes at the end of the passage leading into the court to take in the scene, which is described with much humour, before advancing to Protagoras, who was walking with Callias.

Introduction to Protagoras, and Arrangement of Preliminaries 316 A-317 E.

Hippocrates is introduced to Protagoras, who delivers himself of a pompous speech regarding his profession, which *he* has no occasion, like others, to cloak. He agrees to answer publicly the question as to what Hippocrates, who wishes to be ἐλλόγιμος ἐν τῇ πόλει, will gain by coming to him. Seats are arranged for the purpose, and Prodicus and Hippias join the circle.

Protagoras teaches ἡ πολιτικὴ τέχνη or ἀρετή— 317 E-320 C.
Socrates doubts whether it can be taught

Protagoras, in answer to Socrates, says that he guarantees to make Hippocrates better (βελτίων) every day. Better in what, Socrates would know; and Protagoras further defines it as "better in the administration of house and city;" he proposes to teach ἡ πολιτικὴ τέχνη. Socrates objects that he has always understood that this, which he calls ἀρετή simply, is not capable of communication by teaching. He gives two reasons for his belief: (1) On subjects, such as shipbuilding, which admit of technical knowledge, no one is listened to in the ecclesia who does not possess that knowledge, whereas in questions of state the tinker is heard as readily as the tailor; (2) Able statesmen like Pericles appear unable to impart their knowledge to their sons. To remove his doubts Protagoras is ready to give a disquisition upon virtue and its origin.

320 C–328 D. *Protagoras' μῦθος and λόγος*

He explains by the aid of a myth the universal distribution of the πολιτικὴ τέχνη. By the mistake of Epimetheus, who had been too generous to the other animals, man on the eve of his appearance in the world was but ill equipped for the struggle of life. Prometheus, called in by his brother, partially supplied the defect by the gift of fire and the arts. But as they still wanted the πολιτικὴ τέχνη, which would have gathered them into cities for mutual protection, they went near to be exterminated by the wild beasts, till Zeus sent this to them by Hermes in the shape of δίκη καὶ αἰδώς, instructing him to assign some to every one without distinction. And now if a man proclaims his deficiency in those qualities, they count him for a madman, for he thereby confesses that he has no place among mankind.

Yet there is proof that this virtue is not considered to come naturally or spontaneously, but in any one man is the result of careful training. For, whereas for natural defects that cannot be corrected, such as deformity and ill-health, men are only pitied, injustice and impiety, and all that is the opposite of virtue, meet with blame and punishment, which punishment, rightly viewed, is not retributive or vindictive, but corrective, having in view the offender's improvement.

As to Socrates' objection (1) that the sons of statesmen are taught everything else but the very virtue for which their fathers are eminent; and (2) that they are no better in this than other people's sons, he is under a misconception. For (1) the whole course of Athenian education is really directed to the teaching of virtue, and the very laws provide models for conduct: and (2) if all were taught flute-playing as an essential, it is likely that the son of a famous flutist would no more excel others in this, than the son of a statesman does in virtue, though both would show well among people who knew nothing of either.

Lastly, just as it would be difficult to find any one with special knowledge of the Greek language, though all know it, so it is hard to find a professor of virtue. Socrates must be content if he can find a man capable in ever so little degree of giving higher instruction in the subject, and not quarrel where a fee is demanded, for payment is purely by result.

Conversation between Socrates and Protagoras 328 D–334 C.

Socrates describes how for a time he was silent, entranced by the speech. On one point alone does he still feel uncertainty; but Protagoras, who knows how to answer a question,—unlike the ordinary orator on whom a question has the same effect as a finger laid on a sounding vessel,—will quickly dissipate it. Many terms were made use of, justice, temperance, holiness, as though they were all " virtue ": Is Virtue one? and are justice, temperance, etc., parts of it? or are these merely different ways of speaking of one and the same thing? Protagoras answers that they are parts of it, differing in their properties, qualitatively, like the parts of one face, no one being like another. Justice, however, he admits, after considerable discussion, to be somewhat like holiness, just as white is in a way like black, and hard like soft, and one feature of the face like another; but he will not agree that because justice is holy and holiness is just, therefore it is fair to say that justice and holiness are identical.

Seeing that Protagoras is annoyed, Socrates attacks the subject from another side. Are temperance (σω-φροσύνη) and wisdom (σοφία) different? Both are opposites of ἀφροσύνη, and on the ground that a thing can only have one opposite are identified. It only remains to identify temperance and justice, and all the virtues will be proved to be one. Protagoras, however, who had been growing more and more disinclined to answer the later questions of Socrates, goes off at a tangent when asked to admit that good things are beneficial, arguing vehemently that some things which are called good are not beneficial, or only beneficial to classes and not universally.

334 C–338 E. *Interlude*

Protagoras' speech is much applauded by the company, but Socrates, ironically complaining that he has not himself the memory requisite for dealing with continuous discourse, requires that he shall confine himself to simple question and answer. Protagoras in return asks Socrates how he thinks he would have made himself a name if he had shaped the discussion as an opponent desired. Socrates replies that Protagoras professes to be expert in both methods, and if he will adopt the shorter, well and good: otherwise he has an engagement and must be going. As he rises to do so, Callias catches hold of his hand and begs him not to interrupt the discussion, but Socrates is still obstinate. Here Alcibiades interferes, suggesting that if Protagoras confesses himself inferior in this species of discussion, he ought to admit the fact; if not, let him resume without his long digressions. Critias follows, deprecating the partiality of the last two speakers; and Prodicus in a ridiculous speech, marked by pedantic distinctions in the terms he employs, repeats his wish for a fair hearing. Hippias, in an equally absurd speech, in which "he apprehends a world of figures," and drags in a commonplace about nature and convention, suggests that a compromise should be effected by the audience selecting a "moderator." Socrates demurs to this as irrational, though it meets favour with all, including Callias, and proposes that if Protagoras objects to being questioned, he shall be the questioner, and Socrates the respondent, till Protagoras has had enough, when Socrates shall resume, the company in general seeing fair play.

Elucidation of a Poem of Simonides 338 E–349 C.

Protagoras is to begin, and the power to criticise poetry being the prime mark of culture, he proposes to Socrates the elucidation of a poem by Simonides, which has direct reference to the main subject of the discussion—virtue. Simonides, according to Protagoras, says, addressing Scopas, that it is hard to become good, and yet blames Pittacus for saying that it is hard to be good. Socrates calls in the aid of Prodicus with his distinction of terms, and at first suggests that, as Hesiod says, the ascent to virtue is hard, but when the summit is reached, it is an easy task to continue there. Protagoras objects that it is in worse contradiction to general belief to say this. In consequence, Prodicus' aid is again invoked, and Socrates, Prodicus approving, explains that Simonides understood Pittacus to mean " bad " when he said " difficult," and so rightly blamed him. Having implicated Prodicus in maintaining so ridiculous a position, however, Socrates himself abandons it, pointing out that it is inconsistent with what follows, and proceeds to his own interpretation. Parodying Protagoras' previous account of the Sophists, he shows that the wisdom of old times was embodied in short aphorisms such as the Lacedaemonians, who, despite appearances, were the true philosophers of antiquity, were fond of. Simonides has set himself to combat such a saying as that of Pittacus, " It is hard to be good," thinking by overthrowing it to make himself famous. He aims at proving that to be good is not difficult but impossible, a prerogative of the gods: man is only able to become for a time good. This view Socrates only supports by doing considerable violence to the grammar. He discovers for his own part in other sections of the poem confirmation of his conviction that virtue is knowledge of the good: vice a defect of knowledge. Hippias concurs and wishes to produce a disquisition of his own, but this Alcibiades postpones indefinitely, reminding him that if Protagoras is satisfied, Socrates should resume the character of questioner. Socrates takes occasion to depreciate literary criticism as an unworthy adjunct to feasts of reason, and expresses his readiness to recur to the original discussion with the simple object of eliciting the truth.

Second Conversation between Protagoras and Socrates   349 D–360 E.

Protagoras restates his position in answer to Socrates, in a slightly modified form. Of the five virtues, Justice, Temperance, Wisdom, Holiness are moderately alike one another, but Courage is quite different, for men may fail to possess any one of the former and still be courageous. Socrates, rejoining, shows (1) that Confidence ($θάρσος$) is an essential component of Courage, considered as $καλόν\ τι$; (2) that Confidence is a direct result of knowledge; and therefore that Wisdom and true Courage are identical. To this Protagoras objects that, though he has admitted that the courageous are confident, he has not admitted that all the confident are courageous, which is the form the proposition must take before the above conclusion can be drawn; on the contrary, he considers that some men are confident from training or from the effects of anger or madness.

Socrates, without troubling to point out that those confident people only, whose confidence results from knowledge, have been identified with the courageous, adopts a different method of proof. He asks Protagoras whether all pleasant things are not good, and all unpleasant things evil. Protagoras refuses his absolute assent to this statement, and proposes that the question shall be considered at length. What does Protagoras then think of knowledge? Is it not supreme in the direction of actions? Yet the majority talk of people, though they know what is best, doing something else, "overcome by pleasure." What do they mean by the phrase "overcome by pleasure"? They cannot produce any other standard of actions good and bad than the amount of pleasure or pain ultimately resulting. Consequently "to be overcome by pleasure," so as not to do what is best, is the unthinking method of expressing a mistake in estimating the amount of pleasure to be derived from two different courses of action. In other words, this being overcome by pleasure is ignorance in its worst form. Just so ignorance of what ought to be the object of honest fear is cowardice. When the coward does not choose what is good, death in honourable fight, but what is evil, safety by dishonourable flight, this is a case of ignorance. True courage consists in a knowledge of what is and what is not to be feared: and in this conclusion Protagoras when pressed concurs.

Conclusion

In conclusion Socrates reflects upon the reversal of their positions produced by the discussion. He, who denied the possibility of imparting virtue by teaching, is now maintaining it against Protagoras, who in the beginning asserted it. In view of this, Socrates expresses a desire for a further inquiry into the nature of virtue, but Protagoras, complimenting Socrates, and prophesying great things of him, is compelled to keep another engagement.

§ 4. THE DATE OF THE ACTION

The indications of date in the dialogue are numerous, but their inconsistency troubled critics as early as the time of Athenaeus.[1]

[1] V. p. 218 ; xi. p. 505.

We have first of all allusions to Pericles and his sons as still living, *e.g.* 319 E, where Socrates complains that Pericles, ὁ τουτωνὶ τῶν νεανίσκων πατήρ, does not instruct them in what he knows himself. Now Pericles died of the plague in 429 B.C., a year after his two sons. Thus there is direct evidence that the imaginary date must be earlier than 430 B.C. Indirect evidence pointing in the same direction is to be found in the fact that Socrates (born 468 B.C.) is represented as still a young man; ἡμεῖς γάρ, he says to Hippocrates in 314 B, ἔτι νέοι ὥστε τοσοῦτον πρᾶγμα διελέσθαι. Alcibiades, who was born perhaps in 451 B.C., is still only ὑπηνήτης (309 B), and Agathon, who was born in 448 or 447 B.C., is νέον ἔτι μειράκιον (315 D). Plutarch[1] too implies that Protagoras was at Athens in 430 B.C., though little weight is possibly to be attached to this statement[2] for our purpose.[3]

On the other hand, we have as exact an indication of a considerably later date. The Ἄγριοι of Pherecrates is mentioned (327 D) as having been produced the previous year, while according to Athenaeus it was produced in 421 B.C. In this case the date of the action will be 420 B.C. In support of this can be adduced the circumstance that Callias has apparently succeeded as heir to his father Hipponicus, who died in 424 B.C. at the battle of Delium. The suppositions that he was abroad or living in another house in the Piraeus are as superfluous as they are ungrounded, for if this difficulty is removed, that raised by the mention

Indications of a later date.

---

[1] *Consol. ad Apoll.* c. 38.   [2] Kroschel, *Prolegg.* p. 29.
[3] Add the argument from mention of Crison as δρομεὺς ἀκμάζων, and of Pheidias as still living, Kroschel, *Prolegg.* p. 28.

of the Ἄγριοι still remains, and is as little surmounted by the suggestion that an earlier representation is alluded to, or that, as Stallbaum hints, the reader is hereby put in possession of the date of composition.[1]

Now it is quite inconceivable that a writer should so openly disregard chronology as to allude to a person so famous as Pericles as still living nearly a decade after his death, the occasion of which, by its connection with the Great Plague and the opening scenes of the Peloponnesian war, could not fail to be only too well known to his readers. It is far more conceivable that matters of less public interest should be intentionally displaced if any definite purpose could be served thereby.[2] We can, indeed, see little to gain by the mention of the Ἄγριοι; but on the other hand, among the multiplicity of dramas yearly produced at Athens, an error in the precise date of one of them would easily pass undetected, and for the purpose in hand would be quite immaterial. It is, however, quite different in the other case. Hipponicus seems to have been entirely unlike his son, who was notoriously extravagant in his hospitality to the Sophists. In the time of the father there would have been an impropriety in depicting the house as crowded with these personages; under Callias no better house could have been chosen for the scene than this, the most splendid and luxurious house in Athens,[3] the owner of which was connected with Pericles and Alcibiades, and known as an ardent and generous patron of Sophists.[4]

[1] *Praefat.* p. 37 (ed. 1840): cp. Schleiermacher, *Einleit.* p. 149.

[2] Schleiermacher, *Einleit.* p. 150, suggests that anything coming under this description was "als Verzierung vielleicht bewusstlos eingemischt."

[3] Schleiermacher, p. 147. [4] Heindorf, *ad Protag.* p. 311 A.

The balance of evidence is thus all in favour of a date at least previous to 430 B.C. It is perhaps better with Sauppe[1] to set it still farther back to 432 or 433 B.C. After the outbreak of the Peloponnesian war, locomotion would be neither so easy nor so safe as it was, and the attention of most men would presumably be directed to observing the fortunes of their country. The earlier date too brings us more closely to the period when these Sophists were at the height of their celebrity, and when the circle of young men with their thirst for knowledge was not yet occupied in affairs military and political. In his dialogues, Plato aims rather at an internal artistic unity which essentially represents the truth, than at historic accuracy of detail.

The earlier date preferable.

§ 5. The Identification of ἡδύ and ἀγαθόν

One of the main difficulties connected with the subject-matter of the *Protagoras* lies in the fact that Socrates in it identifies or seems to identify Good and Pleasurable. The passage concerned extends from 351 B to 358 E. It follows upon the discussion of the relations between Courage and the other virtues, and is introduced as affording a more complete answer to the objection of Protagoras, that many brave men are at the same time unjust, impious, uncontrolled in the extreme.

Socrates requires Protagoras to admit that a man would have lived well if he died after a pleasant life (ἡδέως βιούς). Thus, says Socrates, τὸ ἡδέως ζῆν is ἀγαθόν. Protagoras attempts to qualify this by adding

Statement of the position in the Protagoras, 351 B–358 E.

---

[1] Sauppe, *Einleit.* pp. 10, 11.

εἴπερ τοῖς καλοῖς ζῴη ἡδόμενος, and when Socrates urges that all pleasurable things *qua* pleasurable (καθ' ὃ ἡδέα ἐστίν) are good, that is, that all pleasure is good, still maintains that some pleasurable things are not good.

For deciding the point a wider question must be opened. Ἐπιστήμη, as both Socrates and Protagoras agree in opposition to common opinion, is the ruling power (οἷον ἄρχειν τοῦ ἀνθρώπου), and if a man *knows* what is good, he will never be persuaded to act in contradiction to that knowledge. Others (οἱ πολλοὶ τῶν ἀνθρώπων) however do not admit this, but hold that many, knowing what is best, are not willing to do it, being overcome by pleasure (ὑπὸ ἡδονῆς ἡττώμενοι). An instance is accordingly examined: a man drinks because he is ὑπὸ ποτοῦ κρατούμενος, though he knows that it is bad for him. But such things are accounted bad only because εἰς ἀνίας τε ἀποτελευτᾷ καὶ ἄλλων ἡδονῶν ἀποστερεῖ, while conversely painful things are good only when they procure ultimate pleasure. In fact, men seek pleasure as a good, avoid pain as an evil. To this Protagoras assents and agrees that ἡδύ and ἀγαθόν are convertible terms. Hereupon Socrates requires him to substitute the one for the other in such vulgar statements as that "often a man, knowing things to be evil, does them because of the immediate pleasure, overcome by the pleasure," and shows the absurd results obtained.

The truth is, that when a man pleads that he was ὑπὸ ἡδονῆς ἡττώμενος, he pleads guilty to ignorance in its gravest form—ignorance of what is good or pleasurable. The whole determination of our conduct depends upon estimating the proportions between the pleasures and pains involved in any given action, and as the problem is complicated by such considerations as the nearness and distance of the pleasures and pains, it is obvious that a special science (ἐπιστήμη) is required for the purpose. Still ἡδύ and ἀγαθόν are ultimately identical, and it is admitted that all men act primarily on this supposition.

The scattered statements of the Xenophontic Socrates on the same subject are broadly in harmony with the view thus advanced in the *Protagoras*. In *Mem.* ii. 1, 19 he points out that for motives of self-interest men πονεῖν ἡδέως καὶ ζῆν εὐφραινομένους. In Prodicus' *Choice of Hercules*, which Socrates subsequently relates with approval, Virtue says she will not deceive Hercules προοιμίοις ἡδονῆς, but if he obeys her the *pleasures* of eating, of sleeping, of recollection, will be greater, and he will reach τὴν μακαριστοτάτην εὐδαιμονίαν. In *Mem.* iv. 5, 9 it is said that there is more *pleasure* in self-control than in indulgence (ἡ ἐγκράτεια πάντων μάλιστα ἥδεσθαι ποιεῖ); with which may be compared the further statement that τοῖς ἐγκρατέσι μόνοις ἔξεστι σκοπεῖν τὰ κράτιστα τῶν πραγμάτων, καὶ, ἔργῳ καὶ λόγῳ διαλέγοντας κατὰ γένη, τὰ μὲν ἀγαθὰ προαιρεῖσθαι, τῶν δὲ κακῶν ἀπέχεσθαι. In iii. 9, 4 we are told that no one deserved the name of temperate who was acting in opposition to his conviction, that, in fact, as each man chose τὰ συμφορώτατα, it was impossible for the case to occur. From iii. 8, 1-3 and iv. 2, 31 we see that Socrates held that there was no absolute good. So far as he recognised any fixed end for action, it was utility; "the immediate utility of the individual thus becomes the measure of conduct and the foundation of

Socrates' views in the Memorabilia agree.

all moral rule and legal enactment. Accordingly each precept of which Socrates delivers himself is recommended on the ground that obedience to it will promote the pleasure, the comfort, the advancement, the well-being of the individual."[1]

The teaching of the Gorgias, 491 E–500 D.

There are two other dialogues besides the *Protagoras*, in which Plato has discussed at length the relation of Pleasure to the Good. In the *Gorgias*, 491 E— 500 D, Socrates is represented as combating the opinion of Callicles that the man who would live correctly must allow his desires to be as great as possible, and be able to satisfy them (δεῖ τὸν ὀρθῶς βιωσόμενον τὰς μὲν ἐπιθυμίας τὰς ἑαυτοῦ ἐᾶν ὡς μεγίστας εἶναι καὶ μὴ κολάζειν, ταύταις δὲ ὡς μεγίσταις οὔσαις ἱκανὸν εἶναι ὑπηρετεῖν δι' ἀνδρείαν καὶ φρόνησιν καὶ ἀποπιμπλάναι ὧν ἂν ἀεὶ ἡ ἐπιθυμία γίγνηται). Callicles believes in a constant condition, *e.g.* of being thirsty and having the power to satisfy the thirst, of itching and being able to supply the antidote of scratching, and is not convinced by Socrates' similes of the sieve and leaky jars. Socrates, therefore, (1) argues that some pleasures are bad, and that, therefore, ἡδύ and ἀγαθόν cannot be identical. Callicles maintaining, however, that there is no distinction between good and bad pleasures, (2) a second argument is brought to bear upon him. Οἱ εὖ πράττοντες are the opposite to οἱ κακῶς πράττοντες, and, in general, good and evil cannot coexist in the same subject. But thirst, like all craving, is painful (ἀνιαρόν), while drinking when thirsty is pleasant, and a man who drinks when he is thirsty consequently feels pain and

[1] Dr. H. Jackson in the *Encyclopaedia Britannica* (9th ed.), article "Socrates."

pleasure at once; and, as it is impossible κακῶς and εὖ πράττειν at once, τὸ ἡδύ is different from τὸ ἀγαθόν. Also we part with our thirst and the pleasure of slaking it at one and the same time—that is, we lose pleasure and pain at once; thus again pleasure is not convertible with the good, for we cannot get rid of good and evil at once. Moreover, (3) the good are good by the presence of what is good, but inasmuch as the cowardly, who are bad, feel as much pleasure, for instance, when the enemy retires, as the good, then if pleasure and "good" are identical, the cowards have as much good in them—that is, are as good—as the good themselves. Hereupon (499 B) Callicles gives way and says, "As if, Socrates, you think that I, or any other man does not believe some pleasures to be better, some worse." "Then there are really good and bad pleasures?" "Yes; the good pleasures are the beneficial (ὠφέλιμοι) ones, such as those of eating and drinking when productive of health and strength; the bad pleasures those that are injurious (βλαβεραί)." Finally, as all our actions must be directed to the good, we must choose the good, that is, the beneficial, pleasures, and for this choice a specialist (τεχνικός) is required.

In the *Philebus* a large share of the discussion is devoted to determining whether Intelligence or Pleasure is more akin to the Good; and the examination of Pleasure is undertaken in order more definitely to settle its claims. (1) Pleasures in the body arise when the disturbed harmony of its constitution is restored; as the disturbance of the harmony which is called hunger is a pain, the restoration of the harmony by eating is a pleasure. The most intense pleasures of this kind are preceded by the most intense desires.

The Philebus.

(2) There are pleasures entirely of the soul as expectation, and pains as apprehension. These depend upon memory (μνήμη), which is a preservation of sensation (σωτηρία αἰσθήσεως). It is remarked that desires also, where the subject desires the opposite of his present state, are dependent upon memory, and so of the soul only. (3) There are states in which a man may be in pain in body, but, remembering the pleasures which would relieve the pain, may feel in his soul an additional pleasure or pain, according to the greater or less probability of obtaining such relief. Now (*a*) the pleasures and pains in the soul may be true or false, for opinions upon which the pleasures and pains depend are true and false, and consequently the pleasures and pains themselves may be true or false; (β) just as we are apt to be mistaken about the size of objects seen at a distance, so the present pleasures or pains are likely to appear greater than those at a distance, and the excess over the true amount is a false pleasure or pain; (γ) the so-called pleasure which is a mere cessation of pain is a false pleasure; such pleasures then are false and impure, the true and the pure pleasures are the intellectual pleasures, which involve no conscious antecedent or simultaneous pain, and the pleasures caused by colours, shapes, smells, in their most refined forms.

Three other considerations suggest themselves: (1) Pleasure is a γένεσις not an οὐσία; consequently subordinate to some οὐσία and incapable of being the ἀγαθόν; (2) if we make pleasure the good, we must wish for what produces it; pleasure is caused by the relief of pains which are a διάλυσις or φθορά; (3) if pleasure is the only good, courage and temperance are not goods, and the more pleasure a man has, the more virtuous he is.[1]

Comparison of the above positions.
Looking at the general results arrived at in the different discussions on the subject, it seems that while in the *Protagoras* Plato represents his Socrates, in a somewhat similar fashion to Xenophon's Socrates, as holding the opinion that Pleasure is the Good, in the *Gorgias* and *Philebus* he is shown to us in the act of refuting it, and in the *Republic* as taking for granted its falsity.

Various explanations of their incongruity.
To explain this contradiction, it has been held by Platonists of repute that the identification of Pleasure and the Good is not here advanced as the Platonic Socrates' real teaching. Schleiermacher[2] remarks that this "entirely unsocratic and unplatonic" position is adopted to involve in absurdities those whose knowledge of the good is incomplete. Stallbaum[3] doubts whether the view is not put forward to hold it up to ridicule. Bonitz[4] interprets it as merely denoting that the knowledge of what is worth striving for is the sole condition of all certainty of moral conduct. Steinhart[5] wishes it to be noticed how Socrates never admits to Protagoras that he himself believes in the received identification, how the measuring science is treated with unmistakable irony, how, in consequence of no adequate account of the good, a knowledge of which constitutes virtue, having been given, the dialogue ends with a promise of further investigation. Plato, he thinks, in order more completely to subvert his antagonists, meets them on grounds of their own

[1] In *Rep.* ix. 583 B—586 C, the views adopted are almost the same.
[2] *Einleit.* p. 157.   [3] *Praefat. ad Protag.* (1840), p. 33.
[4] *Plat. Stud.* p. 264, 3 Aufl.   [5] *Einleit.* p. 419.

choosing. At the same time he admits that the views held by the Socrates of the dialogue are little to be distinguished from those of the Xenophontic Socrates, and this fact seems a fatal objection to adopting such a method of reconciliation.

Schöne[1] finds the ethical teaching of the *Protagoras*, on the contrary, more advanced upon this point than that in the *Gorgias*. In the latter dialogue Plato has expressly said, he argues, that ἀγαθόν is ὠφέλιμον, whence it is to be inferred that the Good is not indeed to be identified with "the ordinary transient pleasure"; but τὸ ἡδύ in a higher sense, or "permanent pleasure," can still scarcely be disjoined from the Good, and so we find it in the *Protagoras*. This fining down of the ordinary sense of τὸ ἡδύ, in itself a comprehensive term, is however too desperate a resource to be adopted if any more reasonable explanation presents itself.

The position in the Protagoras is that held by Plato while under Socratic influence. And it seems less open to objections to suppose that the views in the *Protagoras* were those held by Plato while still under the immediate influence of his master,[2] the discussions in the *Gorgias* and *Philebus* marking his departure from this original position. If it be thought unworthy of Plato ever to have held views so base, it may be argued that the hedonistic basis of conduct, in the absence of moral obligation, is far the most obvious and logical one.[3] The ethics of Plato

---

[1] *Ueber Platons Protagoras*, p. 88.

[2] In Westermayer's opinion (*Der Protagoras des Plato*, p. 174) Plato during Socrates' life was merely the exponent of his master's views.

[3] Dr. Martineau, *Types of Ethical Theory*, vol. ii. p. 304 (3d ed.), says "The theory upon this subject which in this country has played, and still plays, the leading part against every doctrine of intuitive morals, is that which, started by Hobbes, and descending with various enrichments and some qualifications, through Hartley, Bentham, the two

advanced in correspondence with the rest of his philosophical teaching. Out of the Socratic concepts he had developed his theory of ideas. In doing this he appears to have at first adhered too closely to his model, teaching that an idea existed wherever a class-name could be used.[1] At the same time he proclaimed the idea of the Good to be the sole source of existence; everything existed only so far as it was good; the formal and final cause were one and the same.[2] Subsequently the difficulty of holding that ideas of things evil derived their existence from the idea of good, and other embarrassments, caused Plato to considerably modify his theory,[3] and the *Philebus* is one dialogue in which this modification is seen in course of development, and the final identification of νοῦς and the Good foreshadowed. It is here consequently that we see the new relation in which the "pleasurable" must necessarily stand to the Good, for among the ingredients which tend to make the μικτὸς βίος good, it is found that even the purest pleasures take the lowest place. If then—and Plato never abandoned this position[4]— virtue is still to be regarded as a knowledge of the Good, it follows that the earlier hedonistic view had

Necessity for abandoning it.

Mills, and Austin, reappears in Bain, and in its ethical aspect is popularly known as *Utilitarianism*; while, in its psychological, it is generally (though not necessarily) identified in the schools with *Hedonism*." For a statement of the modern types, see *ibid.* pp. 304 ff.   [1] *Rep.* x. 596 A.
  [2] See H. Sidgwick, *Encyclopaedia Britannica* (9th ed.), vol. viii. pp. 579 ff.
  [3] See Henry Jackson on "Plato's Later Theory of Ideas," *Journal of Philology*, vol. x. pp. 253 ff.; and Archer Hind's *Introduction to the Timaeus*.
  [4] The *ad interim* recognition of a "civic" virtue is no abandonment of the principle.

definitely to be given up. The contradiction, in fine, between the views of the *Protagoras* and those of later dialogues is a necessary result of Plato's philosophical development.

Supporters of this opinion.

Powerful supporters of this opinion are found in Professor Jowett, Henry Sidgwick, and Hermann Sauppe. The last indeed argues,[1] from the Socratic views on the relation of the good and pleasurable, that the *Protagoras* is one of Plato's earliest writings, "since later the conception of the good was more fully defined." K. F. Hermann[2] considers the dialogue to contain the early opinions of Plato himself, and Zeller[3] regards the position taken up in the *Gorgias* as an advance in the development of his ethics, not so much in contrast as in scientific elaboration. That the *Protagoras* provides no final teaching is hinted at in 351 D, 353 E, 354 E, and in the promise of a renewal at some future time of the whole discussion.

The Protagoras one of the "Socratic" dialogues.

There is indeed a large consensus of opinion which believes the dialogue, as one of the group of so-called "Socratic" dialogues, to have been composed earlier than the *Gorgias, Philebus,* and *Republic.* Schöne, indeed, who considers both the *Philebus*[4] and the *Meno*[5] anterior, falls out of line with the other critics, but

---

[1] *Einleitung,* p. 26.
[2] *Gesch. und Syst. der Plat. Phil.* pp. 462, 463.
[3] *Plato and the Older Academy* (Eng. trans.), p. 188, note.
[4] *Ueber Platons Protagoras,* p. 78.
[5] Pp. 95 ff. On the difficult question of the position of the *Meno* amongst the Platonic dialogues, see Grote's *Plato,* especially vol. ii. p. 246, note 3. The subject of the dialogue is treated so much less earnestly in the *Meno* than in our dialogue that I cannot imagine it to give the answer to the problem propounded in the latter. Schleierm. vol. II. i. pp. 228, 229.

the majority[1] regard the *Protagoras* as one of Plato's earlier compositions, ranking it, for the most part, most closely with the *Hippias Maior*, the *Lysis*, the *Alcibiades I.*, the *Charmides*, the *Laches*,[2] which may be regarded as "fragmentarische Vorstudien."[3]

With the position thus fixed agrees the absence of all reference to the theory of ideas upon which all discussions in later dialogues are based. The fact that the virtues are still five,[4] and not, as in the *Republic* and subsequently, the four "cardinal" virtues, is a less decisive indication, but one which should not be neglected; and it is to be remarked that the virtue based on ἐπιστήμη is alone recognised, and not the "vulgar" sort dependent upon δόξα ἀληθής.

§ 6. The Actual Date of Composition

Upon this there is little agreement. Grote holds with Schöne (*Ueber Platons Protag.*, p. 72 foll.) that the difficulties attending the assumption that any dialogues were published before Socrates' death in 399 B.C. are insuperable, but is unable to assign any definite date, though admitting that the *Protagoras* is a work of Plato's full maturity. Ast pronounces for about 408, Schleiermacher for between 406 and 404

---

[1] Schleiermacher, Ast, Steinhart, Munk, Susemihl, Ueberweg, Stallbaum, Kroschel, besides those already mentioned.

[2] Kroschel thinks this was posterior, *Prolegomena*, p. 26.

[3] Steinhart, *Einleitung*, pp. 399, 431; cp. Westermayer, *Der Protagoras*, p. 184.

[4] Bonitz, however (*Plat. Stud.* pp. 234, 235), thinks that where Plato is looking at the popular view of the virtues, as in this dialogue, he regards them as five; where he himself divides them, they are only four, ὁσιότης disappearing as a distinct virtue and being merged in δικαιοσύνη; see Martineau, *Types of Ethical Theory*, vol. i. pp. 72 ff.

B.C., Steinhart sets it at about 404 B.C., K. F. Hermann, Susemihl, and Ueberweg agree that it was composed before 399 B.C., Socher, Kroschel, Zeller, and Cron that it was after; Munk even places it as late as 386.

§ 7. The Poem of Simonides

Schleiermacher,[1] contesting Heyne's views, was the first to separate the remains of the poem from Plato's text, where they lay embedded, and it was on his lines that G. Hermann, at Heindorf's [2] request, attempted to reconstruct the poem. He made it consist of three strophes,—στροφὴ α' imperfect, στρ. β' beginning at οὐδέ μοι, an ἐπῳδός beginning ἔμοιγ' ἐξαρκεῖ, στρ. γ' beginning τοὔνεκεν οὔ ποτ' ἐγώ. In the main Schneidewin, in his *Delectus poesis Graecorum*, has followed him, but he calls στροφὴ β' the ἀντιστροφή, and regards the poem as incomplete. His version is subjoined—

Στροφὴ α'.

Ἄνδρ' ἀγαθὸν μὲν ἀλαθέως γενέσθαι χαλεπόν,
χερσίν τε καὶ ποσὶ καὶ νόῳ τετράγωνον, ἄνευ ψόγου τετυγμένον.

(Desunt quinque versus.)

Ἀντιστρ. α'.

Οὐδέ μοι ἐμμελέως τὸ Πιττάκειον νέμεται,
καίτοι σοφοῦ παρὰ φωτὸς εἰρημένον· χαλεπὸν φάτ' ἐσθλὸν ἔμμεναι.
Θεὸς ἂν μόνος τοῦτ' ἔχοι γέρας· ἄνδρα δ' οὐκ ἔστι μὴ οὐ κακὸν ἔμμεναι,
ὃν ἀμάχανος συμφορὰ καθέλῃ.

---

[1] Vol. I. i. p. 270 (3 Aufl.) [2] See note on p. 598 of his edition.

Πράξαις γὰρ εὖ πᾶς ἀνὴρ ἀγαθός,
κακὸς δ' εἰ κακῶς, καὶ
τοὐπιπλεῖστον ἄριστοι, τούς κε θεοὶ φιλέωσιν.

Ἐπῳδὸς α'.

Ἔμοιγ' ἐξαρκεῖ,
ὃς ἂν μὴ κακὸς ᾖ
μηδ' ἄγαν ἀπάλαμνος, εἰδώς γ' ὀνασίπολιν δίκαν, ὑγιὴς ἀνήρ.
Οὔ μιν ἐγὼ μωμάσομαι·
οὐ γὰρ ἐγὼ φιλόμωμος·
τῶν γὰρ ἀλιθίων ἀπείρων γενέθλα.
Πάντα τοι καλά, τοῖσί τ' αἰσχρὰ μὴ μέμικται.

Στροφὴ β'.

Τοὔνεκεν οὔ ποτ' ἐγὼ τὸ μὴ γενέσθαι δυνατόν
διζήμενος κενεὰν ἐς ἄπρακτον ἐλπίδα μοῖραν αἰῶνος βαλέω,
πανάμωμον ἄνθρωπον, εὐρυεδοῦς ὅσοι καρπὸν αἰνύμεθα
    χθονός·
ἐπί τ' ὔμμιν εὑρὼν ἀπαγγελέω.
Πάντας δ' ἐπαίνημι καὶ φιλέω,
ἑκὼν ὅστις ἔρδῃ
μηδὲν αἰσχρόν· ἀνάγκᾳ δ' οὐδὲ θεοὶ μάχονται.

Bergk's arrangement is monostrophic, and differs in important particulars—

Στροφὴ α'.

Ἄνδρ' ἀγαθὸν μὲν ἀλαθέως γένεσθαι
χαλεπὸν χερσίν τε καὶ ποσὶ καὶ νόῳ τετράγωνον, ἄνευ
    ψόγου τετυγμένον.
ὃς ἂν ᾖ κακὸς μηδ' ἄγαν ἀπάλαμνος, εἰδώς γ' ὀνασίπολιν
    δίκαν
ὑγιὴς ἀνήρ· οὐδὲ μή μιν ἐγώ
μωμάσομαι· τῶν γὰρ ἀλιθίων
ἀπείρων γενέθλα.
πάντα τοι καλά, τοῖσί τ' αἰσχρὰ μὴ μέμικται.

Στροφὴ β'.

Οὐδέ μοι ἐμμελέως τὸ Πιττάκειον

νέμεται, καίτοι σοφοῦ παρὰ φωτὸς εἰρημένον· χαλεπὸν
  φάτ' ἐσθλὸν ἔμμεναι.
θεὸς ἂν μόνος τοῦτ' ἔχοι γέρας· ἄνδρα δ' οὐκ ἔστι μὴ οὐ
  κακὸν ἔμμεναι,
ὃν ἀμάχανος συμφορὰ καθέλῃ.
πράξαις γὰρ εὖ πᾶς ἀνὴρ ἀγαθός,
κακὸς δ' εἰ κακῶς (τι)·
καὶ τὸ πλεῖστον ἄριστοι, τοὺς θεοὶ φιλέωντι.

Στροφὴ γ'.

Τοὔνεκεν οὔποτ' ἐγὼ τὸ μὴ γενέσθαι
δυνατὸν διζήμενος, κενεὰν ἐς ἄπρακτον ἐλπίδα μοῖραν
  αἰῶνος βαλέω,
πανάμωμον ἄνθρωπον, εὐρυεδοῦς ὅσοι καρπὸν αἰνύμεθα
  χθονός.
ἐπί τ' ὔμμιν εὑρὼν ἀπαγγελέω,
πάντας δ' ἐπαίνημι καὶ φιλέω.
ἑκὼν ὅστις ἔρδῃ
μηδὲν αἰσχρόν, ἀνάγκᾳ δ' οὐδὲ θεοὶ μάχονται.

It will be seen that he omits ἔμοιγ' ἐξαρκεῖ, as the words of Plato, and utilises the "epode" to complete στροφὴ α', for which purpose he reads ὃς ἂν ᾖ κακός for ὃς ἂν μὴ κακὸς ᾖ, and οὐδὲ μή μιν ἐγώ for οὔ μιν ἐγώ, rejecting further οὐ γὰρ ἐγὼ φιλόμωμος.

Blass[1] writes the poem in four strophes—

(1) Incomplete; the omitted parts containing the address to Scopas, and a further description of the perfect man.

(2) Incomplete; the first two lines being condensed by Plato into the words ἔμοιγ' ἐξαρκεῖ.

(3) Beginning with οὐδέ μοι.

(4) Beginning with τοὔνεκεν οὔ ποτ' ἐγώ.

With the exceptions mentioned, he considers the poem complete, and to have been a skolion, the train of thought being: (1) It is hard to be perfect; (2) I am

[1] See Cron, *Einl.* p. 21, note.

content with a moderate standard; (3) Pittacus is especially wrong in saying a permanently virtuous state is indeed hard but possible; (4) therefore I shall never expect to find a perfectly virtuous man.

Sauppe[1] rejects this arrangement of Blass (1) because of the "extinction" of two lines and the other necessary alterations; (2) because Socrates, 346 C, states that the words ὃς ἂν μὴ κακὸς ᾖ κ.τ.ἑ. are said with direct reference to Pittacus, who will not have been yet mentioned; (3) Schleiermacher has shown that in 346 D Socrates passes directly from the line πάντα τοι καλά, τοῖσί τ' αἰσχρὰ μὴ μέμικται to οὐ ζητῶ πανάμωμον ἄνθρωπον, whereby the sequence of Hermann and Schneidewin's versions is established. At the same time the use of the word ἐπιόντα in 344 A shows that no reliance can be placed on its occurrence in 345 C; (4) because 344 A, B, implies that the poem is given by Plato as not complete.

It has before (p. 9) been noticed how the elucidation of the poem directly connects itself with the general subject of the dialogue. The justification of its insertion here is found in the fact that upon such exegesis of the poets the Sophists laid particular stress.[2] Indeed, Protagoras is said to have himself taken money for the explanation of Simonides' writings,[3] and in our dialogue is represented as proposing the capacity for criticism as a test of culture. It is a part of Plato's artistic dexterity, that he makes the treatment serve two ends. He allows Socrates to educe from the poem a confirmation of his own convictions on the subject of virtue

---

[1] *Einleit.* p. 21, note.
[2] Cron, pp. 19, 20, §§ 29, 30; Sauppe, *Einl.* pp. 19, 20; see notes below on 338 E.   [3] Stallbaum, *Praefat.* p. 27.

as essentially dependent upon knowledge,[1] and subsequently takes advantage of the •general assent accorded to this reading of the poem. And here it must not be left unnoticed that common opinion regarded the poets, and in particular Homer, Hesiod, and Simonides, as supplying the canon of morality. At the same time, by an intentional employment of arbitrary interpretation,[2] he demonstrates how unscientific an instrument of education this was that the Sophists set such store by, how untrustworthy for the communication of real truth. Doubtless the very poem from which Socrates is exhibited as extracting support for his own views had, as one with which people were commonly acquainted, been cited as evidence for the truth of teaching diametrically opposed, and herein lies the point of its present application.

§ 8. ON THE TEXT

The text is that of Schanz's edition (1880). The variations are noted below.

Professor Schanz, in his *Studien zur Geschichte des Platonischen Textes* (Würzburg, 1874), makes a new estimate of the MSS. in Bekker's *Apparatus Criticus*. He supposes an Archetypus, or exemplar of all existing MSS., in two volumes, the first containing the first seven tetralogies of Thrasyllus,[3] the second the eighth

The Archetypus.

---

[1] Schöne, pp. 39, 42 ; Steinhart, p. 414 ; Bonitz, p. 263 ; Sauppe, pp. 23, 24.

[2] See especially Bonitz, p. 263. Kroschel (p. 16), on the other hand, and Schleiermacher, vol. I. i. p. 158 (3 Aufl.), regard the interpretation as defensible.

[3] Grote's *Plato*, ch. vi. ; Schanz, *Studien u.s.w.*, pp. 12, 24.

INTRODUCTION

and ninth tetralogies, the *Definitions*, and seven spurious dialogues.

He confines himself to an examination of the first part.

The Archetypus appears, from the fact that it had interpolations in passages quoted correctly by later writers, such as Theodoret and Eusebius,[1] to have been made not earlier than 400 A.D.

Of its first volume two copies were made, one, an incomplete one, and another, a complete one.[2]

The incomplete form is seen in the codex Clarkianus[3] or Oxoniensis or Bodleianus, written in 896 A.D.,[4] which is wanting in the seventh tetralogy (*Hippias Maior* and *Minor, Io, Menexenus*), and a passage in the *Theaetetus*, 208 D—209 A; and in the codices Vaticanus Δ,[5] and Venetus II (both twelfth century), which exhibit the same lacuna in the *Theaetetus*. These, with the codex Tubingensis, Schanz regards as forming the first class of Platonic MSS. All the other MSS. (which show the complete form) he relegates to the second class. Their numerous interpolations and the variations arbitrarily introduced by their copyists make them quite untrustworthy, and they are only employed when absolutely necessary for supplying omissions in the source of the good MSS. *MSS. of the first class.*

Now an interesting fact shows that Vat. Δ is a copy of Clarkianus, either directly or indirectly.[6] The

---

[1] Schanz, *op. cit.* pp. 32, 45.   [2] *Ibid.* p. 46.
[3] Bekker's 𝔄, denoted in Schanz's edition by B; *b* being the second hand.
[4] Schanz's *Novae Commentationes Platonicae*, p. 114; *ibid.*, pp. 105 ff., an interesting account of the discovery and characteristics of the MS. is given.
[5] *I.e.* the first part of Vat. ΔΘ.   [6] Schanz, pp. 53, 54.

Clarkianus suffered from damp, the effect of which has been to render illegible whole pages, the ink of one having come off on the one opposite. Fortunately, in the *Protagoras* the damage is chiefly confined to the few first lines of the page, but the result is that the copyist of Vat. Δ, or of the MS. that intervened between it and the Clarkianus, has often been unable to decipher his exemplar, and has been obliged to leave gaps.[1] Thus the readings of Vat. Δ[2] may practically be neglected. Venetus II and Tubingensis do not contain the *Protagoras*. Consequently, the codex Clarkianus is the sole representative of the first class of importance for our dialogue.[3]

Characteristics of the codex Clarkianus.

Its characteristics, which are also those of the Archetypus, are as follows—

(1) Verbal errors arise in the main from the incorrect combination or separation of letters, *e.g.*—

In 321 B. Schanz reads ὑποδῶν, Clarkianus ὑπὸ ποδῶν.
324 C. Schanz reads οἱ σοί, Clarkianus οἷς οἱ.
327 C. Schanz reads ἐν ἐννόμοις, Clarkianus ἐν νόμοις.
346 C. Schanz reads τ' ὀνησίπολιν, Clarkianus γε ὀνήσει πόλιν.
348 D. Schanz reads περιιών, Clarkianus περὶ ὧν.

(2) Interpolations are very numerous, *e.g.*—

314 A. Schanz brackets παρὰ τοῦ καπήλου καὶ ἐμπόρου of Clarkianus.
329 D. Schanz brackets τὰ ἕτερα τῶν ἑτέρων of Clarkianus.
332 A. Schanz brackets εἰ . . . ἔπραττον of Clarkianus.
355 B. Schanz brackets λέγετε of Clarkianus.
358 B. Schanz brackets καὶ ὠφέλιμοι of Clarkianus.

---

[1] A considerable number of instances are given by Schanz, p. 54.
[2] V in Schanz's edition.
[3] Schanz, *Prolegg. ad Euthydemum* (1873), follows it as the sole authority upon *iota adscriptum* and ν ἐφελκυστικόν.

And a very large number more are detected by Schanz, though, with other editors, I have not always been able to agree.

(3) Omission of letters, syllables, and words, in consequence of the vicinity of similar letters, etc., is frequent; but whole sentences are not omitted, *e.g.*—

312 A. Schanz reads οἷαπερ ἡ παρά, Clarkianus οἷα περί.
316 C. Schanz reads μάλιστ' ἂν γενέσθαι, Clarkianus μάλιστα γενέσθαι.
354 C. Schanz reads ἀλλ' ἢ ἡδονάς, Clarkianus ἀλλ' ἡδονάς.
356 C. Schanz reads αἱ φωναὶ αἱ ἴσαι, Clarkianus αἱ φωναὶ ἴσαι.

(4) Transpositions are infrequent. I have noticed none in the *Protagoras*.

It has been stated already how little value Schanz attaches to the MSS. of the second class. He regards Bekker's ‡ (Venetus, append., class 4, cod. 1), which he denotes by T, as the original of them all.

MSS. of the second class.

He mentions only one passage in our dialogue, where T has escaped an interpolation found in B (Clarkianus). This is 332 E, where he reads πότερον οὖν, with T, instead of the πρότερον οὐκοῦν of B. In several places, however, he prefers the reading of T to that of B, but only assigns to it the same authority that a happy conjecture would have.[1] To take the first few pages, we find Schanz reading

309 B. αὑτοῦ T for αὐτοῦ B.
312 A. οἷαπερ ἡ παρά T for οἷα περί B.
312 D. ἡ ἀπόκρισις T for ἡ ἀποκρίσεως B.
313 B. αὐτῷ T for αὑτῷ B.
313 B. διείλεξαι T for διήλεξαι B.
313 C. μαθήμασι T for μάθησιν B.

---

[1] Compare his remarks, *Prolegg. ad Euthyd.* (1873), p. x.

It should, however, be noticed that Kroschel[1] thinks that the words of Plato are given with fewer errors by this MS. as being of purer descent than the Clarkianus, and "has not hesitated in a difference of readings, provided both readings could stand, to follow it."

Below will be found the variations of this edition from that of Schanz (1880). They are nearly all in the direction of a return to the MSS. reading. The differences between Schanz's and the received orthography of certain words are not noticed.

309 C. σοφώτατον for σοφώτερον.
311 A. ἐκεῖσε [ἴωμεν] for [ἐκεῖσε ἴωμεν].
311 D. μοι, for μοι.
312 B. παιδοτρίβου· for παιδοτρίβου;
313 C. φαίνεται γὰρ ἔμοιγε τοιοῦτός τις, attributed to Socrates; by Schanz to Hippocrates.
315 B. Brackets round ἔφη Ὅμηρος removed.
315 C. Brackets round ἀστρονομικά removed.
316 B. μόνοι deleted.
316 C. μάλιστα γενέσθαι for μάλιστ' ἂν γενέσθαι.
317 D. αὐτοί τε for αὐτοί.
319 A. κέκτησαι for ἔκτησαι.
319 C. ἐξαίρωνται for ἐξάρωνται.
319 D. περὶ [τῶν] τῆς πόλεως διοικήσεως for περὶ τῶν τῆς πόλεως [διοικήσεως].
320 C. διεξελθών for διεξέλθω.
320 D. νείμαντος δέ μου for νείμαντος δ' ἐμοῦ.
322 A. Brackets round δι' Ἐπιμηθέα removed.
322 A. Brackets round διὰ τὴν τοῦ θεοῦ συγγένειαν removed.
325 D. ὅπως ὡς for ὅπως.
327 C. ἐν νόμοις καί for ἐν ἐννόμοις.
328 A. διδάξειεν, for διδάξειεν ;
329 A. τούτου deleted.
329 B. δολιχόν for δόλιχον.

---

[1] *Prolegg. ad Protag.* pp. 35, 36 ; and see Sauppe, p. 143.

INTRODUCTION 55

329 D. Brackets round τὰ ἕτερα τῶν ἑτέρων removed, and ἀλλήλων deleted.
331 E. Brackets round τὸ ὁμοῖον removed.
333 B. πλείοσι for πλείω.
333 D. Brackets round ὅτι ἀδικοῦσιν removed.
333 E. παρατετάχθαι for παρατετάσθαι.
334 A. οὐδενί for οὐδέσι.
335 E. Brackets round δρομεῖ ἀκμάζοντι removed.
338 A. ὧς for ὡς.
338 A. πείθεσθε for πίθεσθε.
340 C. ἔλεγεν τὸ χαλεπόν, γενέσθαι for ἔλεγεν χαλεπόν, τὸ γενέσθαι.
343 B. εἰρημένα· for εἰρημέν' ἅ.
347 D. καὶ πεπαιδευμένοι for [πεπαιδευμένοι].
349 D. Brackets round διαφερόντως removed.
353 D. ὅ τι μαθόντα for ὅτι παθόντα.
355 B. Brackets round λέγετε removed.
356 A. ἀναξία for δὴ ἀξία.

ΠΡΩΤΑΓΟΡΑΣ

ἢ σοφισταί· [ἐνδεικτικός]

TA TOY ΔΙΑΛΟΓΟΥ ΠΡΟΣΩΠΑ

ΕΤΑΙΡΟΣ, ΣΩΚΡΑΤΗΣ, ΙΠΠΟΚΡΑΤΗΣ, ΠΡΩΤΑΓΟΡΑΣ,
ΑΛΚΙΒΙΑΔΗΣ, ΚΑΛΛΙΑΣ, ΚΡΙΤΙΑΣ, ΠΡΟΔΙΚΟΣ,
ΙΠΠΙΑΣ.

Πόθεν, ὦ Σώκρατες, φαίνει; ἢ δῆλα δὴ ὅτι ἀπὸ St. I. p. 309*
κυνηγεσίου τοῦ περὶ τὴν Ἀλκιβιάδου ὥραν; καὶ
μήν μοι καὶ πρῴην ἰδόντι καλὸς μὲν ἐφαίνετο ἀνὴρ
ἔτι, ἀνὴρ μέντοι, ὦ Σώκρατες, ὥς γ' ἐν αὑτοῖς ἡμῖν
εἰρῆσθαι, καὶ πώγωνος ἤδη ὑποπιμπλάμενος.

ΣΩ. Εἶτα τί τοῦτο; οὐ σὺ μέντοι Ὁμήρου ἐπαινέτης εἶ, ὃς ἔφη χαριεστάτην ἥβην εἶναι τοῦ ὑπηνήτου,
ἣν νῦν Ἀλκιβιάδης ἔχει;

ΕΤ. Τί οὖν τὰ νῦν; ἢ παρ' ἐκείνου φαίνει; καὶ
πῶς πρὸς σὲ ὁ νεανίας διάκειται;

ΣΩ. Εὖ, ἔμοιγε ἔδοξεν, οὐχ ἥκιστα δὲ καὶ τῇ νῦν
ἡμέρᾳ· καὶ γὰρ πολλὰ ὑπὲρ ἐμοῦ εἶπε, βοηθῶν ἐμοί,
καὶ οὖν καὶ ἄρτι ἀπ' ἐκείνου ἔρχομαι. ἄτοπον μέντοι
τί σοι ἐθέλω εἰπεῖν· παρόντος γὰρ ἐκείνου οὔτε προσεῖχον τὸν νοῦν ἐπελανθανόμην τε αὐτοῦ θαμά.

* The paging and lettering is that of H. Stephanus' (1528-1598)
edition in 3 vols. folio : Paris, 1578.

ΕΤ. Καὶ τί ἂν γεγονὸς εἴη περὶ σὲ κἀκεῖνον τοσοῦτον πρᾶγμα; οὐ γὰρ δήπου τινὶ καλλίονι ἐνέτυχες ἄλλῳ ἔν γε τῇδε τῇ πόλει.
ΣΩ. Καὶ πολύ γε.
ΕΤ. Τί φῄς; ἀστῷ ἢ ξένῳ;
ΣΩ. Ξένῳ.
ΕΤ. Ποδαπῷ;
ΣΩ. Ἀβδηρίτῃ.
ΕΤ. Καὶ οὕτω καλός τις ὁ ξένος ἔδοξέν σοι εἶναι, ὥστε τοῦ Κλεινίου υἱέος καλλίων σοι φανῆναι;
ΣΩ. Πῶς δ' οὐ μέλλει, ὦ μακάριε, τὸ σοφώτατον κάλλιον φαίνεσθαι;
ΕΤ. Ἀλλ' ἦ σοφῷ τινι ἡμῖν, ὦ Σώκρατες, ἐντυχὼν πάρει;
ΣΩ. Σοφωτάτῳ μὲν οὖν δήπου τῶν γε νῦν, εἴ σοι δοκεῖ σοφώτατος εἶναι Πρωταγόρας.
ΕΤ. Ὦ τί λέγεις; Πρωταγόρας ἐπιδεδήμηκεν;
ΣΩ. Τρίτην γε ἤδη ἡμέραν.
ΕΤ. Καὶ ἄρτι ἄρα ἐκείνῳ συγγεγονὼς ἥκεις;
ΣΩ. Πάνυ γε πολλὰ καὶ εἰπὼν καὶ ἀκούσας.
ΕΤ. Τί οὖν οὐ διηγήσω ἡμῖν τὴν ξυνουσίαν, εἰ μή σέ τι κωλύει, καθιζόμενος ἐνταυθί, ἐξαναστήσας τὸν παῖδα τουτονί;
ΣΩ. Πάνυ μὲν οὖν· καὶ χάριν γε εἴσομαι, ἐὰν ἀκούητε.
ΕΤ. Καὶ μὴν καὶ ἡμεῖς σοί, ἐὰν λέγῃς.
ΣΩ. Διπλῆ ἂν εἴη ἡ χάρις. ἀλλ' οὖν ἀκούετε.
Τῆς παρελθούσης νυκτὸς ταυτησί, ἔτι βαθέος ὄρθρου, Ἱπποκράτης ὁ Ἀπολλοδώρου υἱός, Φάσωνος δὲ ἀδελφός, τὴν θύραν τῇ βακτηρίᾳ πάνυ σφόδρα ἔκρουε, καὶ ἐπειδὴ αὐτῷ ἀνέῳξέ τις, εὐθὺς εἴσω ᾔειν ἐπειγόμενος, καὶ τῇ φωνῇ μέγα λέγων, Ὦ Σώκρατες, ἔφη, ἐγρήγορας ἢ καθεύδεις; καὶ ἐγὼ τὴν φωνὴν

γνοὺς αὐτοῦ, Ἱπποκράτης, ἔφην, οὗτος· μή τι νεώτερον ἀγγέλλεις; Οὐδέν γ', ἦ δ' ὅς, εἰ μὴ ἀγαθά γε. Εὖ ἂν λέγοις, ἦν δ' ἐγώ· ἔστι δὲ τί, καὶ τοῦ ἕνεκα τηνικάδε ἀφίκου; Πρωταγόρας, ἔφη, ἥκει, στὰς παρ' ἐμοί. Πρῴην, ἔφην ἐγώ· σὺ δὲ ἄρτι πέπυσαι; Νὴ τοὺς θεούς, ἔφη, ἑσπέρας γε. καὶ ἅμα ἐπιψηλαφήσας τοῦ σκίμποδος ἐκαθέζετο παρὰ τοὺς πόδας μου, καὶ εἶπεν· Ἑσπέρας δῆτα, μάλα γε ὀψὲ ἀφικόμενος ἐξ Οἰνόης. ὁ γάρ τοι παῖς με ὁ Σάτυρος ἀπέδρα· καὶ δῆτα μέλλων σοι φράζειν, ὅτι διωξοίμην αὐτόν, ὑπό τινος ἄλλου ἐπελαθόμην· ἐπειδὴ δὲ ἦλθον καὶ δεδειπνηκότες ἦμεν καὶ ἐμέλλομεν ἀναπαύεσθαι, τότε μοι ἀδελφὸς λέγει, ὅτι ἥκει Πρωταγόρας. καὶ ἔτι μὲν ἐνεχείρησα εὐθὺς παρὰ σὲ ἰέναι, ἔπειτά μοι λίαν πόρρω ἔδοξε τῶν νυκτῶν εἶναι· ἐπειδὴ δὲ τάχιστά με ἐκ τοῦ κόπου ὁ ὕπνος ἀνῆκεν, εὐθὺς ἀναστὰς οὕτω δεῦρο ἐπορευόμην. καὶ ἐγὼ γιγνώσκων αὐτοῦ τὴν ἀνδρείαν καὶ τὴν πτόησιν, Τί οὖν σοι, ἦν δ' ἐγώ, τοῦτο; μῶν τί σε ἀδικεῖ Πρωταγόρας; καὶ ὃς γελάσας, Νὴ τοὺς θεούς, ἔφη, ὦ Σώκρατες, ὅτι γε μόνος ἐστὶ σοφός, ἐμὲ δὲ οὐ ποιεῖ. Ἀλλὰ ναὶ μὰ Δία, ἔφην ἐγώ, ἂν αὐτῷ διδῷς ἀργύριον[καὶ πείθῃς ἐκεῖνον,] ποιήσει καὶ σὲ σοφόν. Εἰ γάρ, ἦ δ' ὅς, ὦ Ζεῦ καὶ θεοί, ἐν τούτῳ εἴη· ὡς οὔτ' ἂν τῶν ἐμῶν ἐπιλίποιμι οὐδὲν οὔτε τῶν φίλων· ἀλλ' αὐτὰ ταῦτα καὶ νῦν ἥκω παρὰ σέ, ἵνα ὑπὲρ ἐμοῦ διαλεχθῇς αὐτῷ. ἐγὼ γὰρ ἅμα μὲν καὶ νεώτερός εἰμι, ἅμα δὲ οὐδὲ ἑώρακα Πρωταγόραν πώποτε οὐδ' ἀκήκοα οὐδέν· ἔτι γὰρ παῖς ἦ, ὅτε τὸ πρότερον ἐπεδήμησεν. ἀλλὰ γάρ, ὦ Σώκρατες, πάντες τὸν ἄνδρα ἐπαινοῦσιν καί φασιν σοφώτατον εἶναι λέγειν· ἀλλὰ τί οὐ βαδίζομεν παρ' αὐτόν, ἵνα ἔνδον καταλάβωμεν; καταλύει δ', ὡς ἐγὼ ἤκουσα, παρὰ Καλλίᾳ τῷ Ἱππονίκου· ἀλλ' ἴωμεν. καὶ ἐγὼ

εἶπον· Μήπω γ', ὠγαθέ, ἐκεῖσε [ἴωμεν,] πρῴ γάρ
ἐστιν, ἀλλὰ δεῦρο ἐξαναστῶμεν εἰς τὴν αὐλήν, καὶ
περιιόντες αὐτοῦ διατρίψωμεν, ἕως ἂν φῶς γένηται·
εἶτα ἴωμεν. καὶ γὰρ τὰ πολλὰ Πρωταγόρας ἔνδον
διατρίβει, ὥστε, θάρρει, καταληψόμεθα αὐτόν, ὡς τὸ
εἰκός, ἔνδον.

Μετὰ ταῦτα ἀναστάντες εἰς τὴν αὐλὴν περιῇμεν·
B καὶ ἐγὼ ἀποπειρώμενος τοῦ Ἱπποκράτους τῆς ῥώμης
διεσκόπουν αὐτὸν καὶ ἠρώτων, Εἰπέ μοι, ἔφην ἐγώ, ὦ
Ἱππόκρατες, παρὰ Πρωταγόραν νῦν ἐπιχειρεῖς ἰέναι,
ἀργύριον τελῶν ἐκείνῳ μισθὸν ὑπὲρ σεαυτοῦ, ὡς παρὰ
τίνα ἀφιξόμενος καὶ τίς γενησόμενος; ὥσπερ ἂν εἰ
ἐπενόεις παρὰ τὸν σαυτοῦ ὁμώνυμον ἐλθὼν Ἱπποκράτη
τὸν Κῷον, τὸν τῶν Ἀσκληπιαδῶν, ἀργύριον τελεῖν
ὑπὲρ σαυτοῦ μισθὸν ἐκείνῳ, εἴ τίς σε ἤρετο, Εἰπέ μοι,
μέλλεις τελεῖν, ὦ Ἱππόκρατες, Ἱπποκράτει μισθὸν ὡς
C τίνι ὄντι; τί ἂν ἀπεκρίνω; Εἶπον ἄν, ἔφη, ὅτι ὡς
ἰατρῷ. Ὡς τίς γενησόμενος; Ὡς ἰατρός, ἔφη. Εἰ
δὲ παρὰ Πολύκλειτον τὸν Ἀργεῖον ἢ Φειδίαν τὸν
Ἀθηναῖον ἐπενόεις ἀφικόμενος μισθὸν ὑπὲρ σαυτοῦ
τελεῖν ἐκείνοις, εἴ τίς σε ἤρετο· τελεῖν τοῦτο τὸ
ἀργύριον ὡς τίνι ὄντι ἐν νῷ ἔχεις Πολυκλείτῳ τε καὶ
Φειδίᾳ; τί ἂν ἀπεκρίνω; Εἶπον ἂν ὡς ἀγαλματο-
ποιοῖς. Ὡς τίς δὲ γενησόμενος αὐτός; Δῆλον ὅτι
D ἀγαλματοποιός. Εἶεν, ἦν δ' ἐγώ· παρὰ δὲ δὴ Πρω-
ταγόραν νῦν ἀφικόμενοι ἐγώ τε καὶ σὺ ἀργύριον
ἐκείνῳ μισθὸν ἕτοιμοι ἐσόμεθα τελεῖν ὑπὲρ σοῦ, ἂν μὲν
ἐξικνῆται τὰ ἡμέτερα χρήματα καὶ τούτοις πείθωμεν
αὐτόν, εἰ δὲ μή, καὶ τὰ τῶν φίλων προσαναλίσκοντες.
εἰ οὖν τις ἡμᾶς περὶ ταῦτα οὕτω σφόδρα σπουδάζοντας
ἔροιτο· εἰπέ μοι, ὦ Σώκρατές τε καὶ Ἱππόκρατες, ὡς·
τίνι ὄντι τῷ Πρωταγόρᾳ ἐν νῷ ἔχετε χρήματα τελεῖν;
E τί ἂν αὐτῷ ἀποκριναίμεθα; τί ὄνομα ἄλλο [γε]

λεγόμενον περὶ Πρωταγόρου ἀκούομεν, ὥσπερ περὶ
Φειδίου ἀγαλματοποιὸν καὶ περὶ Ὁμήρου ποιητήν, [τι
τοιοῦτον περὶ Πρωταγόρου ἀκούομεν;] Σοφιστὴν δή τοι
ὀνομάζουσί γε, ὦ Σώκρατες, τὸν ἄνδρα εἶναι, ἔφη.
Ὡς σοφιστῇ ἄρα ἐρχόμεθα τελοῦντες τὰ χρήματα;
Μάλιστα. Εἰ οὖν καὶ τοῦτό τίς σε προσέροιτο· αὐτὸς
δὲ δὴ ὡς τίς γενησόμενος ἔρχει παρὰ τὸν Πρωταγόραν;
καὶ ὃς εἶπεν ἐρυθριάσας—ἤδη γὰρ ὑπέφαινέν τι ἡμέρας,
ὥστε καταφανῆ αὐτὸν γενέσθαι—Εἰ μέν τι τοῖς 312
ἔμπροσθεν ἔοικεν, δῆλον ὅτι σοφιστὴς γενησόμενος.
Σὺ δέ, ἦν δ᾽ ἐγώ, πρὸς θεῶν, οὐκ ἂν αἰσχύνοιο εἰς τοὺς
Ἕλληνας σαυτὸν σοφιστὴν παρέχων; Νὴ τὸν Δία, ὦ
Σώκρατες, εἴπερ γε ἃ διανοοῦμαι χρὴ λέγειν. Ἀλλ᾽
ἄρα, ὦ Ἱππόκρατες, μὴ οὐ τοιαύτην ὑπολαμβάνεις
σου τὴν παρὰ Πρωταγόρου μάθησιν ἔσεσθαι, ἀλλ᾽
οἵαπερ ἡ παρὰ τοῦ γραμματιστοῦ ἐγένετο καὶ κιθα- B
ριστοῦ καὶ παιδοτρίβου· τούτων γὰρ σὺ ἑκάστην οὐκ
ἐπὶ τέχνῃ ἔμαθες, [ὡς δημιουργὸς ἐσόμενος,] ἀλλ᾽ ἐπὶ
παιδείᾳ, ὡς τὸν ἰδιώτην καὶ τὸν ἐλεύθερον πρέπει.
Πάνυ μὲν οὖν μοι δοκεῖ, ἔφη, τοιαύτη μᾶλλον εἶναι
ἡ παρὰ Πρωταγόρου μάθησις.
  Οἶσθα οὖν ὃ μέλλεις νῦν πράττειν, ἤ σε λανθάνει;
ἦν δ᾽ ἐγώ. Τοῦ πέρι; Ὅτι μέλλεις τὴν ψυχὴν τὴν
σαυτοῦ παρασχεῖν θεραπεῦσαι ἀνδρί, ὥς φῄς, σοφιστῇ· C
ὅ τι δέ ποτε ὁ σοφιστής ἐστιν, θαυμάζοιμ᾽ ἂν εἰ οἶσθα.
καίτοι εἰ τοῦτ᾽ ἀγνοεῖς, οὐδὲ ὅτῳ παραδίδως τὴν ψυχὴν
οἶσθα, οὔτ᾽ εἰ ἀγαθῷ οὔτ᾽ εἰ κακῷ πράγματι. Οἶμαί
γ᾽, ἔφη, εἰδέναι. Λέγε δή, τί ἡγεῖ εἶναι τὸν σοφιστήν;
Ἐγὼ μέν, ἦ δ᾽ ὅς, ὥσπερ τοὔνομα λέγει, τοῦτον εἶναι
τὸν τῶν σοφῶν ἐπιστήμονα. Οὐκοῦν, ἦν δ᾽ ἐγώ,
τοῦτο μὲν ἔξεστι λέγειν καὶ περὶ ζωγράφων καὶ περὶ
τεκτόνων, ὅτι οὗτοί εἰσιν οἱ τῶν σοφῶν ἐπιστήμονες·
ἀλλ᾽ εἴ τις ἔροιτο ἡμᾶς, τῶν τί σοφῶν εἰσιν οἱ D

ζωγράφοι ἐπιστήμονες, εἴποιμεν ἄν που αὐτῷ, ὅτι τῶν πρὸς τὴν ἀπεργασίαν τὴν τῶν εἰκόνων, καὶ τἆλλα οὕτως. εἰ δέ τις ἐκεῖνο ἔροιτο, ὁ δὲ σοφιστὴς τῶν τί σοφῶν ἐστιν; τί ἂν ἀποκρινοίμεθα αὐτῷ; ποίας ἐργασίας ἐπιστάτης; Τί ἂν, †εἰ† εἴποιμεν αὐτὸν εἶναι, ὦ Σώκρατες, ἐπιστάτην τοῦ ποιῆσαι δεινὸν λέγειν; Ἴσως ἄν, ἦν δ' ἐγώ, ἀληθῆ λέγοιμεν, οὐ μέντοι ἱκανῶς γε· ἐρωτήσεως γὰρ ἔτι ἡ ἀπόκρισις ἡμῖν δεῖται. περὶ ὅτου ὁ σοφιστὴς δεινὸν ποιεῖ λέγειν· Ε ὥσπερ ὁ κιθαριστὴς δεινὸν δήπου ποιεῖ λέγειν περὶ οὗπερ καὶ ἐπιστήμονα, περὶ κιθαρίσεως· ἢ γάρ; Ναί. Εἶεν· ὁ δὲ δὴ σοφιστὴς περὶ τίνος δεινὸν ποιεῖ λέγειν; †ἦ† δῆλον ὅτι περὶ οὗπερ καὶ ἐπίσταται; Εἰκός γε. Τί δή ἐστιν τοῦτο, περὶ οὗ αὐτός τε ἐπιστήμων ἐστὶν ὁ σοφιστὴς καὶ τὸν μαθητὴν ποιεῖ; Μὰ Δί', ἔφη, οὐκέτι ἔχω σοι λέγειν.

313   Καὶ ἐγὼ εἶπον μετὰ τοῦτο· Τί οὖν; οἶσθα εἰς οἷόν τινα κίνδυνον ἔρχει ὑποθήσων τὴν ψυχήν; ἢ εἰ μὲν τὸ σῶμα ἐπιτρέπειν σε ἔδει τῳ, διακινδυνεύοντα ἢ χρηστὸν αὐτὸ γενέσθαι ἢ πονηρόν, πολλὰ ἂν περιεσκέψω, εἴτ' ἐπιτρεπτέον εἴτε οὔ, καὶ εἰς συμβουλὴν τούς τε φίλους ἂν παρεκάλεις καὶ τοὺς οἰκείους, σκοπούμενος ἡμέρας συχνάς· ὃ δὲ περὶ πλείονος τοῦ σώματος ἡγεῖ, τὴν ψυχήν, καὶ ἐν ᾧ πάντ' ἐστὶν τὰ σὰ ἢ εὖ ἢ κακῶς πράττειν, χρηστοῦ ἢ πονηροῦ αὐτοῦ γενομένου, Β περὶ δὲ τούτου οὔτε τῷ πατρὶ οὔτε τῷ ἀδελφῷ ἐπεκοινώσω οὔτε ἡμῶν τῶν ἑταίρων οὐδενί, εἴτ' ἐπιτρεπτέον εἴτε καὶ οὒ τῷ ἀφικομένῳ τούτῳ ξένῳ τὴν σὴν ψυχήν, ἀλλ' ἑσπέρας ἀκούσας, ὥς φῄς, ὄρθριος ἥκων περὶ μὲν τούτου οὐδένα λόγον οὐδὲ συμβουλὴν ποιεῖ, εἴτε χρὴ ἐπιτρέπειν σαυτὸν αὐτῷ εἴτε μή, ἕτοιμος δ' εἶ ἀναλίσκειν τά τε σαυτοῦ καὶ τὰ τῶν φίλων χρήματα, ὡς ἤδη διεγνωκώς, ὅτι πάντως συνεστέον

Πρωταγόρᾳ, ὃν οὔτε γιγνώσκεις, ὡς φῄς, οὔτε διείλεξαι
οὐδεπώποτε, σοφιστὴν δ᾽ ὀνομάζεις, τὸν δὲ σοφιστήν,
ὅ τί ποτ᾽ ἔστιν, φαίνει ἀγνοῶν, [ᾧ μέλλεις σαυτὸν
ἐπιτρέπειν;] καὶ ὃς ἀκούσας, Ἔοικεν, ἔφη, ὦ Σώ-
κρατες, ἐξ ὧν σὺ λέγεις. Ἆρ᾽ οὖν, ὦ Ἱππόκρατες, ὁ
σοφιστὴς τυγχάνει ὢν ἔμπορός τις ἢ κάπηλος τῶν
ἀγωγίμων, ἀφ᾽ ὧν ψυχὴ τρέφεται; φαίνεται γὰρ
ἔμοιγε τοιοῦτός τις. Τρέφεται δέ, ὦ Σώκρατες, ψυχὴ
τίνι; Μαθήμασιν δήπου, ἦν δ᾽ ἐγώ. καὶ ὅπως γε μή,
ὦ ἑταῖρε, ὁ σοφιστὴς ἐπαινῶν ἃ πωλεῖ ἐξαπατήσει
ἡμᾶς, ὥσπερ οἱ περὶ τὴν τοῦ σώματος τροφήν, [ὁ
ἔμπορός τε καὶ κάπηλος.] καὶ γὰρ οὗτοί που ὧν
ἄγουσιν ἀγωγίμων οὔτε αὐτοὶ ἴσασιν ὅ τι χρηστὸν ἢ
πονηρὸν [περὶ τὸ σῶμα] ἐπαινοῦσιν δὲ πάντα πωλοῦν-
τες, οὔτε οἱ ὠνούμενοι παρ᾽ αὐτῶν, ἐὰν μή τις τύχῃ
γυμναστικὸς ἢ ἰατρὸς ὤν. οὕτω δὲ καὶ οἱ τὰ μαθήματα
περιάγοντες κατὰ τὰς πόλεις καὶ πωλοῦντες καὶ
καπηλεύοντες τῷ ἀεὶ ἐπιθυμοῦντι ἐπαινοῦσιν μὲν
πάντα ἃ πωλοῦσιν, τάχα δ᾽ ἄν τινες, ὦ ἄριστε, καὶ
τούτων ἀγνοοῖεν ὧν πωλοῦσιν ὅ τι χρηστὸν ἢ πονηρὸν
[πρὸς τὴν ψυχήν·] ὡς δ᾽ αὔτως καὶ οἱ ὠνούμενοι παρ᾽
αὐτῶν, ἐὰν μή τις τύχῃ περὶ τὴν ψυχὴν αὖ ἰατρικὸς
ὤν. εἰ μὲν οὖν σὺ τυγχάνεις ἐπιστήμων τούτων τί
χρηστὸν καὶ πονηρόν, ἀσφαλές σοι ὠνεῖσθαι μαθήματα
καὶ παρὰ Πρωταγόρου καὶ παρ᾽ ἄλλου ὁτουοῦν· εἰ δὲ
μή, ὅρα, ὦ μακάριε, μὴ περὶ τοῖς φιλτάτοις κυβεύῃς
[τε καὶ κινδυνεύῃς.] καὶ γὰρ δὴ καὶ πολὺ μείζων
κίνδυνος ἐν τῇ τῶν μαθημάτων ὠνῇ ἢ ἐν τῇ τῶν
σιτίων. σιτία μὲν γὰρ καὶ ποτὰ πριάμενον [παρὰ
τοῦ καπήλου καὶ ἐμπόρου] ἔξεστιν ἐν ἄλλοις ἀγγείοις
ἀποφέρειν, καὶ πρὶν δέξασθαι αὐτὰ εἰς τὸ σῶμα [πιόντα
ἢ φαγόντα,] καταθέμενον οἴκαδε [ἔξεστιν] συμβουλεύ-
σασθαι, παρακαλέσαντα τὸν ἐπαΐοντα, ὅ τι τε ἐδεστέον

64   ΠΛΑΤΩΝΟΣ   314 A

ἢ ποτέον καὶ ὅ τι μή, καὶ ὁπόσον καὶ ὁπότε· ὥστε ἐν τῇ ὠνῇ οὐ μέγας ὁ κίνδυνος. μαθήματα δὲ οὐκ ἔστιν
B ἐν ἄλλῳ ἀγγείῳ ἀπενεγκεῖν, ἀλλ' ἀνάγκη, καταθέντα τὴν τιμήν, τὸ μάθημα ἐν αὐτῇ τῇ ψυχῇ λαβόντα [καὶ μαθόντα] ἀπιέναι ἢ βεβλαμμένον ἢ ὠφελημένον. ταῦτα οὖν σκοπώμεθα καὶ μετὰ τῶν πρεσβυτέρων ἡμῶν· ἡμεῖς γὰρ ἔτι νέοι ὥστε τοσοῦτον πρᾶγμα διελέσθαι. νῦν μέντοι, ὥσπερ ὡρμήσαμεν, ἴωμεν [καὶ ἀκούσωμεν] τοῦ ἀνδρός, ἔπειτα ἀκούσαντες καὶ ἄλλοις ἀνακοινωσώμεθα· καὶ γὰρ οὐ μόνος Πρωταγόρας αὐ-
C τόθι ἐστίν, ἀλλὰ καὶ Ἱππίας ὁ Ἠλεῖος· οἶμαι δὲ καὶ Πρόδικον τὸν Κεῖον· καὶ ἄλλοι πολλοὶ καὶ σοφοί.

Δόξαν ἡμῖν ταῦτα ἐπορευόμεθα· ἐπειδὴ δὲ ἐν τῷ προθύρῳ ἐγενόμεθα, ἐπιστάντες περί τινος λόγου διελεγόμεθα, ὃς ἡμῖν κατὰ τὴν ὁδὸν ἐνέπεσεν· ἵν' οὖν μὴ ἀτελὴς γένοιτο, ἀλλὰ διαπερανάμενοι οὕτως ἐσίοιμεν, ἐπιστάντες ἐν τῷ προθύρῳ διελεγόμεθα, ἕως συνωμολογήσαμεν ἀλλήλοις. δοκεῖ οὖν μοι, ὁ θυρω-
D ρός, εὐνοῦχός τις, κατήκουεν ἡμῶν, κινδυνεύει δὲ διὰ τὸ πλῆθος τῶν σοφιστῶν ἄχθεσθαι τοῖς φοιτῶσιν εἰς τὴν οἰκίαν· ἐπειδὴ γοῦν ἐκρούσαμεν τὴν θύραν, ἀνοίξας καὶ ἰδὼν ἡμᾶς, Ἔα, ἔφη, σοφισταί τινες· οὐ σχολὴ αὐτῷ· καὶ ἅμα ἀμφοῖν τοῖν χεροῖν τὴν θύραν πάνυ προθύμως ὡς οἷός τ' ἦν ἐπήραξεν. καὶ ἡμεῖς πάλιν ἐκρούομεν, καὶ ὃς ἐγκεκλῃμένης τῆς θύρας ἀποκρινόμενος εἶπεν, Ὦ ἄνθρωποι, ἔφη, οὐκ ἀκηκόατε, ὅτι οὐ σχολὴ αὐτῷ; Ἀλλ' ὠγαθέ, ἔφην ἐγώ, οὔτε παρὰ Καλλίαν ἥκομεν οὔτε σοφισταί ἐσμεν· ἀλλὰ θάρρει·
E Πρωταγόραν γάρ τοι δεόμενοι ἰδεῖν ἤλθομεν· εἰσάγγειλον οὖν. μόγις οὖν ποτε ἡμῖν ἄνθρωπος ἀνέῳξεν τὴν θύραν·

Ἐπειδὴ δὲ εἰσήλθομεν, κατελάβομεν Πρωταγόραν ἐν τῷ προστῴῳ περιπατοῦντα, ἑξῆς δ' αὐτῷ συμπεριἐπάτουν ἐκ μὲν τοῦ ἐπὶ θάτερα Καλλίας ὁ Ἱππονίκου καὶ ὁ ἀδελφὸς αὐτοῦ ὁ ὁμομήτριος, Πάραλος ὁ Περικλέους, καὶ Χαρμίδης ὁ Γλαύκωνος, ἐκ δὲ τοῦ ἐπὶ θάτερα ὁ ἕτερος τῶν Περικλέους Ξάνθιππος καὶ Φιλιππίδης ὁ Φιλομήλου καὶ Ἀντίμοιρος ὁ Μενδαῖος, ὅσπερ εὐδοκιμεῖ μάλιστα τῶν Πρωταγόρου μαθητῶν καὶ ἐπὶ τέχνῃ μανθάνει, ὡς σοφιστὴς ἐσόμενος. τούτων δὲ οἳ ὄπισθεν ἠκολούθουν ἐπακούοντες τῶν λεγομένων, τὸ μὲν πολὺ ξένοι ἐφαίνοντο, οὓς ἄγει ἐξ ἑκάστων τῶν πόλεων ὁ Πρωταγόρας, δι᾽ ὧν διεξέρχεται, κηλῶν τῇ φωνῇ ὥσπερ Ὀρφεύς, οἱ δὲ κατὰ τὴν φωνὴν ἕπονται κεκηλημένοι· ἦσαν δέ τινες καὶ τῶν ἐπιχωρίων ἐν τῷ χορῷ. τοῦτον τὸν χορὸν μάλιστα ἔγωγε ἰδὼν ἥσθην, ὡς καλῶς ηὐλαβοῦντο μηδέποτε ἐμποδὼν[ἐν τῷ πρόσθεν]εἶναι Πρωταγόρου, ἀλλ᾽ ἐπειδὴ αὐτὸς ἀναστρέφοι καὶ οἱ μετ᾽ ἐκείνου, εὖ πως καὶ ἐν κόσμῳ περιεσχίζοντο οὗτοι οἱ ἐπήκοοι ἔνθεν καὶ ἔνθεν, καὶ ἐν κύκλῳ περιιόντες ἀεὶ εἰς τὸ ὄπισθεν καθίσταντο κάλλιστα.

Τὸν δὲ μετ᾽ εἰσενόησα, ἔφη Ὅμηρος, Ἱππίαν τὸν Ἠλεῖον, καθήμενον ἐν τῷ κατ᾽ ἀντικρὺ προστῴῳ ἐν θρόνῳ· περὶ αὐτὸν δ᾽ ἐκάθηντο ἐπὶ βάθρων Ἐρυξίμαχός τε ὁ Ἀκουμενοῦ καὶ Φαῖδρος ὁ Μυρρινούσιος καὶ Ἄνδρων ὁ Ἀνδροτίωνος καὶ τῶν ξένων πολῖταί τε αὐτοῦ καὶ ἄλλοι τινές. ἐφαίνοντο δὲ περὶ φύσεώς τε καὶ τῶν μετεώρων [ἀστρονομικὰ] ἄττα διερωτᾶν τὸν Ἱππίαν, ὁ δ᾽ ἐν θρόνῳ καθήμενος ἑκάστοις αὐτῶν διέκρινεν[καὶ διεξῄει]τὰ ἐρωτώμενα.

Καὶ μὲν δὴ καὶ Τάνταλόν γε εἰσεῖδον. ἐπεδήμει γὰρ ἄρα καὶ Πρόδικος ὁ Κεῖος, ἦν δὲ ἐν οἰκήματί τινι, ᾧ πρὸ τοῦ μὲν[ὡς]ταμιείῳ ἐχρῆτο Ἱππόνικος, νῦν δὲ ὑπὸ τοῦ πλήθους τῶν καταλυόντων ὁ Καλλίας καὶ τοῦτο ἐκκενώσας ξένοις κατάλυσιν πεποίηκεν. ὁ μὲν οὖν

Πρόδικος ἔτι κατέκειτο, ἐγκεκαλυμμένος ἐν κῳδίοις τισὶν καὶ στρώμασιν καὶ μάλα πολλοῖς, ὡς ἐφαίνετο· παρεκάθηντο δὲ αὐτῷ ἐπὶ ταῖς πλησίον κλίναις Παυσανίας τε ὁ ἐκ Κεραμέων καὶ μετὰ Παυσανίου νέον τι ἔτι μειράκιον, ὡς μὲν ἐγῴμαι, καλόν τε κἀγαθὸν τὴν φύσιν, τὴν δ' οὖν ἰδέαν πάνυ καλός. ἔδοξα ἀκοῦσαι ὄνομα αὐτῷ εἶναι Ἀγάθωνα, καὶ οὐκ ἂν θαυμάζοιμι, εἰ παιδικὰ Παυσανίου τυγχάνει ὤν. τοῦτ' ἦν τὸ μειράκιον, καὶ τὼ Ἀδειμάντω ἀμφοτέρω, ὅ τε Κήπιδος καὶ ὁ Λευκολοφίδου, καὶ ἄλλοι τινὲς ἐφαίνοντο· περὶ δὲ ὧν διελέγοντο οὐκ ἐδυνάμην ἔγωγε μαθεῖν ἔξωθεν, καίπερ λιπαρῶς ἔχων ἀκούειν τοῦ Προδίκου·——πάσσοφος γάρ μοι δοκεῖ ἀνὴρ εἶναι καὶ θεῖος·——ἀλλὰ διὰ τὴν βαρύτητα τῆς φωνῆς βόμβος τις ἐν τῷ οἰκήματι γιγνόμενος ἀσαφῆ ἐποίει τὰ λεγόμενα.

Καὶ ἡμεῖς μὲν ἄρτι εἰσεληλύθειμεν, κατόπιν δὲ ἡμῶν ἐπεισῆλθον Ἀλκιβιάδης τε ὁ καλός, ὡς φῂς σὺ καὶ ἐγὼ πείθομαι, καὶ Κριτίας ὁ Καλλαίσχρου.

Ἡμεῖς οὖν ὡς εἰσήλθομεν, ἔτι σμίκρ' ἄττα διατρίψαντες καὶ ταῦτα διαθεασάμενοι προσῇμεν πρὸς τὸν Πρωταγόραν, καὶ ἐγὼ εἶπον· Ὦ Πρωταγόρα, πρὸς σέ τοι ἤλθομεν ἐγώ τε καὶ Ἱπποκράτης οὗτος. Πότερον, ἔφη, μόνῳ βουλόμενοι διαλεχθῆναι ἢ καὶ μετὰ τῶν ἄλλων; Ἡμῖν μέν, ἦν δ' ἐγώ, οὐδὲν διαφέρει· ἀκούσας δέ, οὗ ἕνεκα ἤλθομεν, αὐτὸς σκέψαι. Τί οὖν δή ἐστιν, ἔφη, οὗ ἕνεκα ἥκετε; Ἱπποκράτης ὅδε ἐστὶν μὲν τῶν ἐπιχωρίων, Ἀπολλοδώρου υἱός, οἰκίας μεγάλης τε καὶ εὐδαίμονος, αὐτὸς δὲ τὴν φύσιν δοκεῖ ἐνάμιλλος εἶναι τοῖς ἡλικιώταις. ἐπιθυμεῖν δέ μοι δοκεῖ ἐλλόγιμος γενέσθαι ἐν τῇ πόλει, τοῦτο δὲ οἴεται οἱ μάλιστα γενέσθαι, εἰ σοὶ συγγένοιτο· ταῦτ' οὖν ἤδη σὺ σκόπει, πότερον περὶ αὐτῶν μόνος οἴει δεῖν διαλέγεσθαι πρὸς μόνους, ἢ μετ' ἄλλων. Ὀρθῶς, ἔφη, προμηθεῖ, ὦ

Σώκρατες, ὑπὲρ ἐμοῦ. ξένον γὰρ ἄνδρα καὶ ἰόντα εἰς πόλεις μεγάλας, καὶ ἐν ταύταις πείθοντα τῶν νέων τοὺς βελτίστους ἀπολείποντας τὰς τῶν ἄλλων συνουσίας, καὶ οἰκείων καὶ ὀθνείων, καὶ πρεσβυτέρων καὶ νεωτέρων ἑαυτῷ συνεῖναι ὡς βελτίους ἐσομένους διὰ τὴν ἑαυτοῦ συνουσίαν, χρὴ εὐλαβεῖσθαι [τὸν] ταῦτα D πράττοντα· οὐ γὰρ σμικροὶ περὶ αὐτὰ φθόνοι τε γίγνονται καὶ ἄλλαι δυσμένειαί τε καὶ ἐπιβουλαί. ἐγὼ δὲ τὴν σοφιστικὴν τέχνην φημὶ μὲν εἶναι παλαιάν, τοὺς δὲ μεταχειριζομένους αὐτὴν τῶν παλαιῶν ἀνδρῶν, φοβουμένους τὸ ἐπαχθὲς αὐτῆς, πρόσχημα ποιεῖσθαι [καὶ προκαλύπτεσθαι,] τοὺς μὲν ποίησιν, οἷον Ὅμηρόν τε καὶ Ἡσίοδον καὶ Σιμωνίδην, τοὺς δὲ αὖ τελετάς τε καὶ χρησμῳδίας, τοὺς ἀμφί τε Ὀρφέα καὶ Μουσαῖον· ἐνίους δέ τινας ᾔσθημαι καὶ γυμναστικήν, οἷον Ἴκκος τε ὁ Ταραντῖνος καὶ ὁ νῦν ἔτι ὢν οὐδενὸς ἥττων E σοφιστὴς Ἡρόδικος ὁ Σηλυμβριανός, τὸ δὲ ἀρχαῖον Μεγαρεύς· μουσικὴν δὲ Ἀγαθοκλῆς τε ὁ ὑμέτερος πρόσχημα ἐποιήσατο, μέγας ὢν σοφιστής, καὶ Πυθοκλείδης ὁ Κεῖος καὶ ἄλλοι πολλοί. οὗτοι πάντες, ὥσπερ λέγω, φοβηθέντες τὸν φθόνον ταῖς τέχναις ταύταις παραπετάσμασιν ἐχρήσαντο· ἐγὼ δὲ τούτοις 317 ἅπασιν κατὰ τοῦτο εἶναι οὐ ξυμφέρομαι· ἡγοῦμαι γὰρ αὐτοὺς οὔ τι διαπράξασθαι ὃ ἐβουλήθησαν· οὐ γὰρ λαθεῖν τῶν ἀνθρώπων τοὺς δυναμένους ἐν ταῖς πόλεσι πράττειν, ὧνπερ ἕνεκα ταῦτ' ἐστὶν τὰ προσχήματα· ἐπεὶ οἵ γε πολλοὶ ὡς ἔπος εἰπεῖν οὐδὲν αἰσθάνονται, ἀλλ' ἅττ' ἂν οὗτοι διαγγέλλωσι, ταῦτα ὑμνοῦσιν. τὸ οὖν ἀποδιδράσκοντα μὴ δύνασθαι ἀποδρᾶναι, ἀλλὰ καταφανῆ εἶναι, πολλὴ μωρία καὶ τοῦ ἐπιχειρήματος, καὶ πολὺ δυσμενεστέρους παρέχεσθαι ἀνάγκη τοὺς B ἀνθρώπους· ἡγοῦνται γὰρ τὸν τοιοῦτον πρὸς τοῖς ἄλλοις καὶ πανοῦργον εἶναι. ἐγὼ οὖν τούτων τὴν ἐναντίαν ἅπασαν ὁδὸν ἐλήλυθα, καὶ ὁμολογῶ τε σοφιστὴς εἶναι καὶ παιδεύειν ἀνθρώπους, καὶ εὐλάβειαν ταύτην οἶμαι βελτίω ἐκείνης εἶναι, τὸ ὁμολογεῖν μᾶλλον ἢ ἔξαρνον εἶναι· καὶ ἄλλας πρὸς ταύτῃ C ἔσκεμμαι, ὥστε, σὺν θεῷ εἰπεῖν, μηδὲν δεινὸν πάσχειν διὰ τὸ ὁμολογεῖν σοφιστὴς εἶναι. καίτοι πολλά γε ἔτη ἤδη εἰμὶ ἐν τῇ τέχνῃ· καὶ γὰρ καὶ τὰ ξύμπαντα πολλά μοί ἐστιν· οὐδενὸς ὅτου οὐ πάντων ἂν ὑμῶν καθ' ἡλικίαν πατὴρ εἴην· ὥστε πολύ μοι ἥδιστόν ἐστιν, εἴ τι βούλεσθε, περὶ τούτων ἁπάντων ἐναντίον τῶν ἔνδον ὄντων τὸν λόγον ποιεῖσθαι. καὶ ἐγώ— ὑπώπτευσα γὰρ βούλεσθαι αὐτὸν τῷ τε Προδίκῳ καὶ τῷ Ἱππίᾳ ἐνδείξασθαι καὶ καλλωπίσασθαι, ὅτι ἐρασταὶ D αὐτοῦ ἀφιγμένοι εἶμεν—Τί οὖν, ἔφην ἐγώ, οὐ καὶ Πρόδικον καὶ Ἱππίαν ἐκαλέσαμεν καὶ τοὺς μετ' αὐτῶν, ἵνα ἐπακούσωσιν ἡμῶν; Πάνυ μὲν οὖν, ἔφη ὁ Πρωταγόρας. Βούλεσθε οὖν, ὁ Καλλίας ἔφη, συνέδριον κατασκευάσωμεν, ἵνα καθιζόμενοι διαλέγησθε; Ἐδόκει χρῆναι· ἄσμενοι δὲ πάντες ἡμεῖς, ὡς ἀκουσόμενοι ἀνδρῶν σοφῶν, καὶ αὐτοί τε ἀντιλαβόμενοι τῶν βάθρων καὶ τῶν κλινῶν κατεσκευάζομεν παρὰ τῷ Ἱππίᾳ· ἐκεῖ E γὰρ προϋπῆρχε τὰ βάθρα. ἐν δὲ τούτῳ Καλλίας τε καὶ Ἀλκιβιάδης ἡκέτην ἄγοντε τὸν Πρόδικον, ἀναστήσαντες ἐκ τῆς κλίνης, καὶ τοὺς μετὰ τοῦ Προδίκου. Ἐπεὶ δὲ πάντες συνεκαθεζόμεθα, ὁ Πρωταγόρας, Νῦν δὴ ἄν, ἔφη, λέγοις, ὦ Σώκρατες, ἐπειδὴ καὶ οἵδε πάρεισιν, περὶ ὧν ὀλίγον πρότερον μνείαν ἐποιοῦ πρὸς ἐμὲ ὑπὲρ τοῦ νεανίσκου. καὶ ἐγὼ εἶπον ὅτι Ἡ αὐτή μοι ἀρχή ἐστιν, ὦ Πρωταγόρα, ἥπερ ἄρτι, περὶ ὧν 318 ἀφικόμην. Ἱπποκράτης γὰρ ὅδε τυγχάνει ἐν ἐπιθυμίᾳ ὢν τῆς σῆς συνουσίας· ὅ τι οὖν αὐτῷ ἀποβήσεται, ἐάν σοι συνῇ, ἡδέως ἄν φησι πυθέσθαι. τοσοῦτος ὅ γε ἡμέτερος λόγος. ὑπολαβὼν οὖν ὁ Πρωταγόρας εἶπεν· Ὦ νεανίσκε, ἔσται τοίνυν σοι, ἐὰν ἐμοὶ συνῇς, ᾗ ἂν ἡμέρᾳ ἐμοὶ συγγένῃ, ἀπιέναι οἴκαδε βελτίονι γεγονότι, καὶ ἐν τῇ ὑστεραίᾳ ταὐτὰ ταῦτα· καὶ ἑκάστης ἡμέρας ἀεὶ ἐπὶ τὸ βέλτιον ἐπιδιδόναι. καὶ ἐγὼ ἀκούσας εἶπον· Ὦ Πρωταγόρα, τοῦτο μὲν οὐδὲν θαυμαστὸν λέγεις, ἀλλὰ εἰκός, ἐπεὶ κἂν σύ, καίπερ τηλικοῦτος ὢν καὶ οὕτως σοφός, εἴ τίς σε διδάξειεν ὃ μὴ τυγχάνεις ἐπιστάμενος, βελτίων ἂν γένοιο· ἀλλὰ μὴ οὕτως, ἀλλ᾽ ὥσπερ ἂν εἰ αὐτίκα μάλα μεταβαλὼν τὴν ἐπιθυμίαν Ἱπποκράτης ὅδε ἐπιθυμήσειεν τῆς συνουσίας τούτου τοῦ νεανίσκου τοῦ νῦν νεωστὶ ἐπιδημοῦντος, Ζευξίππου τοῦ Ἡρακλεώτου, καὶ ἀφικόμενος παρ᾽ αὐτόν, ὥσπερ παρὰ σὲ νῦν, ἀκούσειεν αὐτοῦ ταὐτὰ ταῦτα, ἅπερ σοῦ, ὅτι ἑκάστης ἡμέρας ξυνὼν αὐτῷ βελτίων ἔσται καὶ ἐπιδώσει· εἰ αὐτὸν ἐπανέροιτο· τί δὴ φῂς βελτίω ἔσεσθαι καὶ εἰς τί ἐπιδώσειν; εἴποι ἂν αὐτῷ ὁ Ζεύξιππος, ὅτι πρὸς γραφικήν· κἂν εἰ Ὀρθαγόρᾳ τῷ Θηβαίῳ συγγενόμενος, ἀκούσας ἐκείνου ταὐτὰ ταῦτα, ἅπερ σοῦ, ἐπανέροιτο αὐτὸν εἰς ὅ τι βελτίων καθ᾽ ἡμέραν ἔσται συγγιγνόμενος ἐκείνῳ, εἴποι ἄν, ὅτι εἰς αὔλησιν· οὕτω δὴ καὶ σὺ εἰπὲ τῷ νεανίσκῳ καὶ ἐμοὶ ὑπὲρ τούτου ἐρωτῶντι, Ἱπποκράτης ὅδε Πρωταγόρᾳ συγγενόμενος, ᾗ ἂν αὐτῷ ἡμέρᾳ συγγένηται, βελτίων ἄπεισι γενόμενος καὶ τῶν ἄλλων ἡμερῶν ἑκάστης οὕτως ἐπιδώσει εἰς τί, ὦ Πρωταγόρα, καὶ περὶ τοῦ; καὶ ὁ Πρωταγόρας ἐμοῦ ταῦτα ἀκούσας, Σύ τε καλῶς ἐρωτᾷς, ἔφη, ὦ Σώκρατες, καὶ ἐγὼ τοῖς καλῶς ἐρωτῶσι χαίρω ἀποκρινόμενος. Ἱπποκράτης γὰρ παρ᾽ ἐμὲ ἀφικόμενος οὐ πείσεται, ἅπερ ἂν ἔπαθεν ἄλλῳ τῳ συγγενόμενος τῶν σοφιστῶν· οἱ μὲν γὰρ ἄλλοι λωβῶνται τοὺς νέους· τὰς γὰρ τέχνας αὐτοὺς πεφευγότας ἄκοντας πάλιν αὖ ἄγοντες ἐμβάλλουσιν εἰς τέχνας, λογισμούς τε καὶ ἀστρονομίαν καὶ γεω-

μετρίαν καὶ μουσικὴν διδάσκοντες—καὶ ἅμα εἰς
τὸν Ἱππίαν ἀπέβλεψεν—παρὰ δ' ἐμὲ ἀφικόμενος
μαθήσεται οὐ περὶ ἄλλου του ἢ περὶ οὗ ἥκει. τὸ δὲ
μάθημά ἐστιν εὐβουλία περὶ τῶν οἰκείων, ὅπως ἂν
ἄριστα τὴν αὑτοῦ οἰκίαν διοικοῖ, καὶ περὶ τῶν τῆς
πόλεως, ὅπως τὰ τῆς πόλεως δυνατώτατος ἂν εἴη καὶ
πράττειν καὶ λέγειν. Ἆρα, ἔφην ἐγώ, ἕπομαί σου
τῷ λόγῳ; δοκεῖς γάρ μοι λέγειν τὴν πολιτικὴν τέχνην
καὶ ὑπισχνεῖσθαι ποιεῖν ἄνδρας ἀγαθοὺς πολίτας.
Αὐτὸ μὲν οὖν τοῦτό ἐστιν, ἔφη, ὦ Σώκρατες, τὸ
ἐπάγγελμα, ὃ ἐπαγγέλλομαι. Ἦ καλόν, ἦν δ' ἐγώ, τέχνημα ἄρα κέκτησαι, εἴπερ
κέκτησαι· οὐ γάρ τι ἄλλο πρός γε σὲ εἰρήσεται ἢ
ἅπερ νοῶ. ἐγὼ γὰρ τοῦτο, ὦ Πρωταγόρα, οὐκ ᾤμην
διδακτὸν εἶναι, σοὶ δὲ λέγοντι οὐκ ἔχω ὅπως [ἂν]
ἀπιστῶ. ὅθεν δὲ αὐτὸ ἡγοῦμαι οὐ διδακτὸν εἶναι
μηδ' ὑπ' ἀνθρώπων παρασκευαστὸν ἀνθρώποις, δίκαιός
εἰμι εἰπεῖν. ἐγὼ γὰρ Ἀθηναίους, ὥσπερ καὶ οἱ ἄλλοι
Ἕλληνες, φημὶ σοφοὺς εἶναι. ὁρῶ οὖν, ὅταν συλλε-
γώμεν εἰς τὴν ἐκκλησίαν, ἐπειδὰν μὲν περὶ οἰκοδομίας
τι δέῃ πρᾶξαι τὴν πόλιν, τοὺς οἰκοδόμους μεταπεμπο-
μένους συμβούλους [περὶ τῶν οἰκοδομημάτων] ὅταν δὲ
περὶ ναυπηγίας, τοὺς ναυπηγούς, καὶ τἆλλα πάντα
οὕτως, ὅσα ἡγοῦνται μαθητά τε καὶ διδακτὰ εἶναι·
ἐὰν δέ τις ἄλλος ἐπιχειρῇ αὐτοῖς συμβουλεύειν, ὃν
ἐκεῖνοι μὴ οἴονται δημιουργὸν εἶναι, κἂν πάνυ καλὸς ᾖ
καὶ πλούσιος καὶ τῶν γενναίων, οὐδέν τι μᾶλλον
ἀποδέχονται, ἀλλὰ καταγελῶσι καὶ θορυβοῦσιν, ἕως
ἂν ἢ αὐτὸς ἀποστῇ ὁ ἐπιχειρῶν λέγειν καταθορυβηθείς,
ἢ οἱ τοξόται αὐτὸν ἀφελκύσωσιν ἢ [ἐξαίρωνται] κελευ-
όντων τῶν πρυτάνεων. περὶ μὲν οὖν ὧν οἴονται ἐν
τέχνῃ εἶναι, οὕτω διαπράττονται· ἐπειδὰν δέ τι περὶ
[τῶν] τῆς πόλεως διοικήσεως δέῃ βουλεύσασθαι, συμ-

ΠΡΩΤΑΓΟΡΑΣ

βουλεύει αὐτοῖς ἀνιστάμενος περὶ τούτων ὁμοίως μὲν τέκτων, ὁμοίως δὲ χαλκεὺς σκυτοτόμος, ἔμπορος ναύκληρος, πλούσιος πένης, γενναῖος ἀγεννής, καὶ τούτοις οὐδεὶς τοῦτο ἐπιπλήττει ὥσπερ τοῖς πρότερον, ὅτι οὐδαμόθεν μαθών, οὐδὲ ὄντος διδασκάλου οὐδενὸς αὐτῷ, ἔπειτα συμβουλεύειν ἐπιχειρεῖ· δῆλον γάρ, ὅτι οὐχ ἡγοῦνται διδακτὸν εἶναι. μὴ τοίνυν ὅτι τὸ κοινὸν τῆς πόλεως οὕτως ἔχει, ἀλλὰ ἰδίᾳ ἡμῖν οἱ σοφώτατοι καὶ ἄριστοι τῶν πολιτῶν ταύτην τὴν ἀρετὴν ἣν ἔχουσιν οὐχ οἷοί τε ἄλλοις παραδιδόναι· ἐπεὶ Περικλῆς, ὁ τουτωνὶ τῶν νεανίσκων πατήρ, τούτους ἃ μὲν διδασκάλων εἴχετο καλῶς καὶ εὖ ἐπαίδευσεν, ἃ δὲ αὐτὸς σοφός ἐστιν, οὔτε αὐτὸς παιδεύει οὔτε τῳ ἄλλῳ παραδίδωσιν, ἀλλ' αὐτοὶ περιιόντες νέμονται ὥσπερ ἄφετοι, ἐάν που αὐτόματοι περιτύχωσιν τῇ ἀρετῇ. εἰ δὲ βούλει, Κλεινίαν, τὸν Ἀλκιβιάδου τουτουὶ νεώτερον ἀδελφόν, ἐπιτροπεύων ὁ αὐτὸς οὗτος ἀνὴρ Περικλῆς, δεδιὼς περὶ αὐτοῦ μὴ διαφθαρῇ δὴ ὑπὸ Ἀλκιβιάδου, ἀποσπάσας ἀπὸ τούτου, καταθέμενος ἐν Ἀρίφρονος ἐπαίδευε· καὶ πρὶν ἓξ μῆνας γεγονέναι, ἀπέδωκε τούτῳ οὐκ ἔχων ὅ τι χρήσαιτο αὐτῷ. καὶ ἄλλους σοι παμπόλλους ἔχω λέγειν, οἳ αὐτοὶ ἀγαθοὶ ὄντες οὐδένα πώποτε βελτίω ἐποίησαν οὔτε τῶν οἰκείων οὔτε τῶν ἀλλοτρίων. ἐγὼ οὖν, ὦ Πρωταγόρα, εἰς ταῦτα ἀποβλέπων οὐχ ἡγοῦμαι διδακτὸν εἶναι ἀρετήν· ἐπειδὴ δέ σου ἀκούω ταῦτα λέγοντος, κάμπτομαι καὶ οἶμαί τί σε λέγειν διὰ τὸ ἡγεῖσθαί σε πολλῶν μὲν ἔμπειρον γεγονέναι, πολλὰ δὲ μεμαθηκέναι, τὰ δὲ αὐτὸν ἐξηυρηκέναι. εἰ οὖν ἔχεις ἐναργέστερον ἡμῖν ἐπιδεῖξαι, ὡς διδακτόν ἐστιν ἡ ἀρετή, μὴ φθονήσῃς, ἀλλ' ἐπίδειξον. Ἀλλ', ὦ Σώκρατες, ἔφη, οὐ φθονήσω· ἀλλὰ πότερον ὑμῖν, ὡς πρεσβύτερος νεωτέροις, μῦθον λέγων ἐπιδείξω ἢ λόγῳ διεξελθών; πολλοὶ οὖν αὐτῷ ὑπέλαβον τῶν παρακαθημένων, ὁποτέρως βούλοιτο, οὕτως διεξιέναι. Δοκεῖ τοίνυν μοι, ἔφη, χαριέστερον εἶναι μῦθον ὑμῖν λέγειν.

Ἦν γάρ ποτε χρόνος, ὅτε θεοὶ μὲν ἦσαν, θνητὰ δὲ D γένη οὐκ ἦν. ἐπειδὴ δὲ καὶ τούτοις χρόνος ἦλθεν εἱμαρμένος γενέσεως, τυποῦσιν αὐτὰ θεοὶ γῆς ἔνδον ἐκ γῆς καὶ πυρὸς μίξαντες καὶ τῶν ὅσα πυρὶ καὶ γῇ κεράννυται. ἐπειδὴ δ᾽ ἄγειν αὐτὰ πρὸς φῶς ἔμελλον, προσέταξαν Προμηθεῖ καὶ Ἐπιμηθεῖ κοσμῆσαί τε καὶ νεῖμαι δυνάμεις ἑκάστοις ὡς πρέπει. Προμηθέα δὲ παραιτεῖται Ἐπιμηθεὺς αὐτὸς νεῖμαι, νείμαντος δέ E μου, ἔφη, ἐπίσκεψαι· καὶ οὕτως πείσας νέμει. νέμων δὲ τοῖς μὲν ἰσχὺν ἄνευ τάχους προσῆπτεν, τὰ δ᾽ ἀσθενέστερα τάχει ἐκόσμει· τὰ δὲ ὥπλιζε, τοῖς δ᾽ ἄοπλον διδοὺς φύσιν ἄλλην τιν᾽ αὐτοῖς ἐμηχανᾶτο δύναμιν εἰς σωτηρίαν. ἃ μὲν γὰρ αὐτῶν σμικρότητι ἤμπισχεν, πτηνὸν φυγὴν ἢ κατάγειον οἴκησιν ἔνεμεν· 321 ἃ δὲ ηὖξε μεγέθει, τῷδε αὐτῷ αὐτὰ ἔσωζεν· καὶ τἆλλα οὕτως ἐπανισῶν ἔνεμεν. ταῦτα δὲ ἐμηχανᾶτο εὐλάβειαν ἔχων μή τι γένος ἀϊστωθείη· ἐπειδὴ δὲ αὐτοῖς ἀλληλοφθοριῶν διαφυγὰς ἐπήρκεσε, πρὸς τὰς ἐκ Διὸς ὥρας εὐμάρειαν ἐμηχανᾶτο ἀμφιεννὺς αὐτὰ πυκναῖς τε θριξὶν καὶ στερεοῖς δέρμασιν, ἱκανοῖς μὲν ἀμῦναι χειμῶνα, δυνατοῖς δὲ καὶ καύματα, καὶ ἐς εὐνὰς ἰοῦσιν ὅπως ὑπάρχοι τὰ αὐτὰ ταῦτα στρωμνὴ B οἰκεία τε καὶ αὐτοφυὴς ἑκάστῳ· καὶ ὑποδῶν τὰ μὲν ὁπλαῖς, τὰ δὲ [θριξὶν καὶ] δέρμασιν στερεοῖς καὶ ἀναίμοις. τοὐντεῦθεν τροφὰς ἄλλοις ἄλλας ἐξεπόριζεν, τοῖς μὲν ἐκ γῆς βοτάνην, ἄλλοις δὲ δένδρων καρπούς, τοῖς δὲ ῥίζας· ἔστι δ᾽ οἷς ἔδωκεν εἶναι τροφὴν ζῴων ἄλλων βοράν· καὶ τοῖς μὲν ὀλιγογονίαν προσῆψε, τοῖς δ᾽ ἀναλισκομένοις ὑπὸ τούτων πολυγονίαν, σωτηρίαν τῷ γένει πορίζων. ἅτε δὴ οὖν οὐ πάνυ τι σοφὸς ὢν ὁ Ἐπιμηθεὺς ἔλαθεν αὑτὸν καταναλώσας τὰς δυνάμεις· λοιπὸν δὴ ἀκόσμητον ἔτι αὐτῷ ἦν τὸ ἀνθρώπων γένος, καὶ ἠπόρει ὅ τι χρήσαιτο. ἀποροῦντι δὲ αὐτῷ ἔρχεται Προμηθεὺς ἐπισκεψόμενος τὴν νομήν, καὶ ὁρᾷ τὰ μὲν ἄλλα ζῷα ἐμμελῶς πάντων ἔχοντα, τὸν δὲ ἄνθρωπον γυμνόν τε καὶ ἀνυπόδητον καὶ ἄστρωτον καὶ ἄοπλον· ἤδη δὲ καὶ ἡ εἱμαρμένη ἡμέρα παρῆν, ἐν ᾗ ἔδει καὶ ἄνθρωπον ἐξιέναι ἐκ γῆς εἰς φῶς. ἀπορίᾳ οὖν ἐχόμενος ὁ Προμηθεύς, ἥντινα σωτηρίαν τῷ ἀνθρώπῳ εὕροι, κλέπτει Ἡφαίστου καὶ Ἀθηνᾶς τὴν ἔντεχνον σοφίαν σὺν πυρί—ἀμήχανον γὰρ ἦν ἄνευ πυρὸς αὐτὴν κτητήν τῳ ἢ χρησίμην γενέσθαι—καὶ οὕτω δὴ δωρεῖται ἀνθρώπῳ. τὴν μὲν οὖν περὶ τὸν βίον σοφίαν ἄνθρωπος ταύτῃ ἔσχεν, τὴν δὲ πολιτικὴν οὐκ εἶχεν· ἦν γὰρ παρὰ τῷ Διί· τῷ δὲ Προμηθεῖ εἰς μὲν τὴν ἀκρόπολιν τὴν τοῦ Διὸς οἴκησιν οὐκέτι ἐνεχώρει εἰσελθεῖν· πρὸς δὲ καὶ αἱ Διὸς φυλακαὶ φοβεραὶ ἦσαν· εἰς δὲ τὸ τῆς Ἀθηνᾶς καὶ Ἡφαίστου οἴκημα τὸ κοινόν, ἐν ᾧ ἐφιλοτεχνείτην, λαθὼν εἰσέρχεται, καὶ κλέψας τήν τε ἔμπυρον τέχνην τὴν τοῦ Ἡφαίστου καὶ τὴν ἄλλην τὴν τῆς Ἀθηνᾶς δίδωσιν ἀνθρώπῳ, καὶ ἐκ τούτου εὐπορία μὲν ἀνθρώπῳ τοῦ βίου γίγνεται, Προμηθέα δὲ δι' Ἐπιμηθέα ὕστερον, ᾗπερ λέγεται, κλοπῆς δίκη μετῆλθεν.

Ἐπειδὴ δὲ ὁ ἄνθρωπος θείας μετέσχε μοίρας, πρῶτον μὲν διὰ τὴν τοῦ θεοῦ συγγένειαν ζῴων μόνον θεοὺς ἐνόμισεν, καὶ ἐπεχείρει βωμούς τε ἱδρύεσθαι καὶ ἀγάλματα θεῶν· ἔπειτα φωνὴν καὶ ὀνόματα ταχὺ διηρθρώσατο τῇ τέχνῃ, καὶ οἰκήσεις καὶ ἐσθῆτας καὶ ὑποδέσεις καὶ στρωμνὰς καὶ τὰς ἐκ γῆς τροφὰς ηὕρετο. οὕτω δὴ παρεσκευασμένοι κατ' ἀρχὰς ἄνθρωποι ᾤκουν σποράδην, πόλεις δὲ οὐκ ἦσαν· ἀπώλλυντο οὖν ὑπὸ τῶν θηρίων διὰ τὸ πανταχῇ αὐτῶν ἀσθενέστεροι εἶναι,

καὶ ἡ δημιουργικὴ τέχνη αὐτοῖς πρὸς μὲν τροφὴν ἱκανὴ
βοηθὸς ἦν, πρὸς δὲ τὸν τῶν θηρίων πόλεμον ἐνδεής·
πολιτικὴν γὰρ τέχνην οὔπω εἶχον, ἧς μέρος πολεμική.
ἐζήτουν δὴ ἁθροίζεσθαι καὶ σώζεσθαι κτίζοντες πόλεις·
ὅτ' οὖν ἀθροισθεῖεν, ἠδίκουν ἀλλήλους ἅτε οὐκ ἔχοντες
τὴν πολιτικὴν τέχνην, ὥστε πάλιν σκεδαννύμενοι
διεφθείροντο. Ζεὺς οὖν δείσας περὶ τῷ γένει ἡμῶν,
C μὴ ἀπόλοιτο πᾶν, Ἑρμῆν πέμπει ἄγοντα εἰς ἀνθρώπους
αἰδῶ τε καὶ δίκην, ἵν' εἶεν πόλεων κόσμοι τε καὶ
δεσμοὶ φιλίας συναγωγοί. ἐρωτᾷ οὖν Ἑρμῆς Δία,
τίνα οὖν τρόπον δοίη δίκην καὶ αἰδῶ ἀνθρώποις·
πότερον ὡς αἱ τέχναι νενέμηνται, οὕτω καὶ ταύτας
νείμω; νενέμηνται δὲ ὧδε· εἷς ἔχων ἰατρικὴν πολλοῖς
ἱκανὸς ἰδιώταις, καὶ οἱ ἄλλοι δημιουργοί· καὶ δίκην
δὴ καὶ αἰδῶ οὕτω θῶ ἐν τοῖς ἀνθρώποις, ἢ ἐπὶ πάντας
D νείμω; ἐπὶ πάντας, ἔφη ὁ Ζεύς, καὶ πάντες μετεχόντων·
οὐ γὰρ ἂν γένοιντο πόλεις, εἰ ὀλίγοι αὐτῶν μετέχοιεν
ὥσπερ ἄλλων τεχνῶν· καὶ νόμον γε θὲς παρ' ἐμοῦ,
τὸν μὴ δυνάμενον αἰδοῦς καὶ δίκης μετέχειν κτείνειν
ὡς νόσον πόλεως.

Οὕτω δή, ὦ Σώκρατες, καὶ διὰ ταῦτα οἵ τε ἄλλοι
καὶ Ἀθηναῖοι, ὅταν μὲν περὶ ἀρετῆς τεκτονικῆς ᾖ
λόγος ἢ ἄλλης τινὸς δημιουργικῆς, ὀλίγοις οἴονται
μετεῖναι συμβουλῆς, καὶ ἐάν τις ἐκτὸς ὢν τῶν ὀλίγων
E συμβουλεύῃ, οὐκ ἀνέχονται, ὡς σὺ φῄς· εἰκότως, ὡς
323 ἐγώ φημι· ὅταν δὲ εἰς συμβουλὴν πολιτικῆς ἀρετῆς
ἴωσιν, ἣν δεῖ διὰ δικαιοσύνης πᾶσαν ἰέναι καὶ σωφρο-
σύνης, εἰκότως παντὸς ἀνδρὸς ἀνέχονται, ὡς παντὶ
προσῆκον ταύτης γε μετέχειν τῆς ἀρετῆς, ἢ μὴ εἶναι
πόλεις. αὕτη, ὦ Σώκρατες, τούτου αἰτία.

Ἵνα δὲ μὴ οἴῃ ἀπατᾶσθαι, ὡς τῷ ὄντι ἡγοῦνται
πάντες ἄνθρωποι πάντα ἄνδρα μετέχειν δικαιοσύνης
τε καὶ τῆς ἄλλης πολιτικῆς ἀρετῆς, τόδε αὖ λαβὲ

τεκμήριον. ἐν γὰρ ταῖς ἄλλαις ἀρεταῖς, ὥσπερ σὺ λέγεις, ἐάν τις φῇ ἀγαθὸς αὐλητὴς εἶναι, ἢ ἄλλην ἡντινοῦν τέχνην, ἣν μή ἐστιν, ἢ καταγελῶσιν ἢ χαλεπαίνουσιν, καὶ οἱ οἰκεῖοι προσιόντες νουθετοῦσιν ὡς μαινόμενον· ἐν δὲ δικαιοσύνῃ καὶ ἐν τῇ ἄλλῃ πολιτικῇ ἀρετῇ, ἐάν τινα καὶ εἰδῶσιν ὅτι ἄδικός ἐστιν, ἐὰν οὗτος αὐτὸς καθ᾽ αὑτοῦ τἀληθῆ λέγῃ ἐναντίον πολλῶν, ὃ ἐκεῖ σωφροσύνην ἡγοῦντο εἶναι, τἀληθῆ λέγειν, ἐνταῦθα μανίαν, καί φασιν πάντας δεῖν φάναι εἶναι δικαίους, ἐάν τε ὦσιν ἐάν τε μή, ἢ μαίνεσθαι τὸν μὴ προσποιούμενον[δικαιοσύνην] ὡς ἀναγκαῖον οὐδένα ὄντιν᾽ οὐχὶ ἁμῶς γέ πως μετέχειν αὐτῆς, ἢ μὴ εἶναι ἐν ἀνθρώποις.

Ὅτι μὲν οὖν πάντ᾽ ἄνδρα εἰκότως ἀποδέχονται περὶ ταύτης τῆς ἀρετῆς σύμβουλον διὰ τὸ ἡγεῖσθαι παντὶ μετεῖναι αὐτῆς, ταῦτα λέγω· ὅτι δὲ αὐτὴν οὐ φύσει ἡγοῦνται εἶναι οὐδ᾽ ἀπὸ τοῦ αὐτομάτου, ἀλλὰ διδακτόν τε καὶ ἐξ ἐπιμελείας παραγίγνεσθαι ᾧ ἂν παραγίγνηται, τοῦτό σοι μετὰ τοῦτο πειράσομαι ἀποδεῖξαι. ὅσα γὰρ ἡγοῦνται ἀλλήλους κακὰ ἔχειν ἄνθρωποι φύσει ἢ τύχῃ, οὐδεὶς θυμοῦται οὐδὲ νουθετεῖ οὐδὲ διδάσκει οὐδὲ κολάζει τοὺς ταῦτα ἔχοντας, ἵνα μὴ τοιοῦτοι ὦσιν, ἀλλ᾽ ἐλεοῦσιν· οἷον τοὺς αἰσχροὺς ἢ σμικροὺς ἢ ἀσθενεῖς τίς οὕτως ἀνόητος, ὥστε τι τούτων ἐπιχειρεῖν ποιεῖν; ταῦτα μὲν γάρ, οἶμαι, ἴσασιν ὅτι φύσει τε καὶ τύχῃ τοῖς ἀνθρώποις γίγνεται †τὰ καλὰ† καὶ τἀναντία τούτοις· ὅσα δὲ ἐξ ἐπιμελείας καὶ ἀσκήσεως καὶ διδαχῆς οἴονται γίγνεσθαι ἀγαθὰ ἀνθρώποις, ἐάν τις ταῦτα μὴ ἔχῃ, ἀλλὰ τἀναντία τούτων κακά, ἐπὶ τούτοις που οἵ τε θυμοὶ γίγνονται καὶ αἱ κολάσεις καὶ αἱ νουθετήσεις. ὧν ἐστιν ἓν καὶ ἡ ἀδικία καὶ ἡ ἀσέβεια καὶ συλλήβδην πᾶν τὸ ἐναντίον τῆς πολιτικῆς ἀρετῆς· ἔνθα δὴ πᾶς παντὶ θυμοῦται καὶ νουθετεῖ, δῆλον ὅτι ὡς ἐξ ἐπιμελείας καὶ μαθήσεως κτητῆς οὔσης. εἰ γὰρ ἐθέλεις ἐννοῆσαι τὸ κολάζειν,[ὦ Σώκρατες,]τοὺς ἀδικοῦντας τί ποτε δύναται, αὐτό σε διδάξει, ὅτι οἵ γε ἄνθρωποι ἡγοῦνται παρασκευαστὸν εἶναι ἀρετήν. οὐδεὶς γὰρ κολάζει τοὺς ἀδικοῦντας πρὸς τούτῳ τὸν νοῦν ἔχων καὶ τούτου ἕνεκα, ὅτι ἠδίκησεν, ὅστις μὴ ὥσπερ θηρίον ἀλογίστως τιμωρεῖται· ὁ δὲ μετὰ λόγου ἐπιχειρῶν κολάζειν οὐ τοῦ παρεληλυθότος ἕνεκα [ἀδικήματος] τιμωρεῖται—οὐ γὰρ ἂν τό γε πραχθὲν ἀγένητον θείη—ἀλλὰ τοῦ μέλλοντος [χάριν,] ἵνα μὴ αὖθις ἀδικήσῃ μήτε αὐτὸς οὗτος μήτε ἄλλος ὁ τοῦτον ἰδὼν κολασθέντα· καὶ τοιαύτην διάνοιαν ἔχων διανοεῖται παιδευτὴν εἶναι ἀρετήν· ἀποτροπῆς γοῦν ἕνεκα κολάζει. ταύτην οὖν τὴν δόξαν πάντες ἔχουσιν, ὅσοιπερ τιμωροῦνται καὶ ἰδίᾳ καὶ δημοσίᾳ· τιμωροῦνται δὲ καὶ κολάζονται οἵ τε ἄλλοι ἄνθρωποι οὓς ἂν οἴωνται ἀδικεῖν, καὶ οὐχ ἥκιστα Ἀθηναῖοι, οἱ σοὶ πολῖται· ὥστε κατὰ τοῦτον τὸν λόγον καὶ Ἀθηναῖοί εἰσι τῶν ἡγουμένων παρασκευαστὸν εἶναι καὶ διδακτὸν ἀρετήν. ὡς μὲν οὖν εἰκότως ἀποδέχονται οἱ σοὶ πολῖται καὶ χαλκέως καὶ σκυτοτόμου συμβουλεύοντος τὰ πολιτικά, καὶ ὅτι διδακτὸν καὶ παρασκευαστὸν ἡγοῦνται ἀρετήν, ἀποδέδεικταί σοι, ὦ Σώκρατες, ἱκανῶς, ὥς γ' ἐμοὶ φαίνεται.

Ἔτι δὴ λοιπὴ ἀπορία ἐστίν, ἣν ἀπορεῖς περὶ τῶν ἀνδρῶν τῶν ἀγαθῶν, τί δήποτε οἱ ἄνδρες οἱ ἀγαθοὶ τὰ μὲν ἄλλα τοὺς αὑτῶν υἱεῖς διδάσκουσιν, ἃ διδασκάλων ἔχεται, καὶ σοφοὺς ποιοῦσιν, ἣν δὲ αὐτοὶ ἀρετὴν ἀγαθοί, οὐδενὸς βελτίους ποιοῦσιν. τούτου δὴ πέρι, ὦ Σώκρατες, οὐκέτι μῦθόν σοι ἐρῶ, ἀλλὰ λόγον. ὧδε γὰρ ἐννόησον· πότερον ἔστιν τι ἕν, ἢ οὐκ ἔστιν, οὗ ἀναγκαῖον πάντας τοὺς πολίτας μετέχειν, εἴπερ μέλλει πόλις εἶναι; ἐν τούτῳ γὰρ αὕτη λύεται ἡ ἀπορία, ἣν σὺ ἀπορεῖς, ἢ ἄλλοθι οὐδαμοῦ. εἰ μὲν γὰρ ἔστιν καὶ

τοῦτό ἐστιν τὸ ἓν οὐ τεκτονικὴ οὐδὲ χαλκεία οὐδὲ
κεραμεία, ἀλλὰ δικαιοσύνη καὶ σωφροσύνη καὶ τὸ 325
ὅσιον εἶναι, καὶ συλλήβδην ἓν αὐτὸ προσαγορεύω εἶναι
ἀνδρὸς ἀρετήν· εἰ τοῦτ' ἐστίν, οὗ δεῖ πάντας μετέχειν
καὶ μετὰ τούτου πάντ' ἄνδρα, ἐάν τι καὶ ἄλλο βού-
ληται μανθάνειν ἢ πράττειν, οὕτω πράττειν, ἄνευ δὲ
τούτου μή, ἢ τὸν μὴ μετέχοντα καὶ διδάσκειν καὶ
κολάζειν, καὶ παῖδα καὶ ἄνδρα καὶ γυναῖκα, ἕωσπερ ἂν
κολαζόμενος βελτίων γένηται, ὃς δ' ἂν μὴ ὑπακούῃ
κολαζόμενος καὶ διδασκόμενος, ὡς ἀνίατον ὄντα τοῦτον
ἐκβάλλειν ἐκ τῶν πόλεων ἢ ἀποκτείνειν· εἰ οὕτω μὲν B
ἔχει, οὕτω δ' αὐτοῦ πεφυκότος οἱ ἀγαθοὶ ἄνδρες[εἰ]τὰ
μὲν ἄλλα διδάσκονται τοὺς υἱεῖς, τοῦτο δὲ μή, σκέψαι
ὡς θαυμάσιοι γίγνονται οἱ ἀγαθοί. ὅτι μὲν γὰρ
διδακτὸν αὐτὸ ἡγοῦνται καὶ ἰδίᾳ καὶ δημοσίᾳ, ἀπεδεί-
ξαμεν· διδακτοῦ δὲ ὄντος καὶ θεραπευτοῦ τὰ μὲν ἄλλα
ἄρα τοὺς υἱεῖς διδάσκονται, ἐφ' οἷς οὐκ ἔστι θάνατος
ἡ ζημία, ἐὰν μὴ ἐπίστωνται, ἐφ' ὧν δὲ ἥ τε ζημία
θάνατος αὐτῶν τοῖς παισὶ καὶ φυγαὶ μὴ μαθοῦσι μηδὲ C
θεραπευθεῖσιν εἰς ἀρετήν, καὶ πρὸς τῷ θανάτῳ
χρημάτων τε δημεύσεις καὶ ὡς ἔπος εἰπεῖν[ξυλλήβδην]
τῶν οἴκων ἀνατροπαί, ταῦτα δ' ἄρα οὐ διδάσκονται
οὐδ' ἐπιμελοῦνται πᾶσαν ἐπιμέλειαν; Οἴεσθαί γε χρή,
ὦ Σώκρατες. Ἐκ παίδων σμικρῶν ἀρξάμενοι, μέχρι
οὗπερ ἂν ζῶσι, καὶ διδάσκουσι καὶ νουθετοῦσιν.
ἐπειδὰν θᾶττον συνιῇ τις τὰ λεγόμενα, καὶ τροφὸς καὶ
μήτηρ καὶ παιδαγωγὸς καὶ αὐτὸς ὁ πατὴρ περὶ τούτου
διαμάχονται, ὅπως ὡς βέλτιστος ἔσται ὁ παῖς, παρ' D
ἕκαστον καὶ ἔργον καὶ λόγον διδάσκοντες καὶ ἐν-
δεικνύμενοι, ὅτι τὸ μὲν δίκαιον, τὸ δὲ ἄδικον, καὶ τόδε
μὲν καλόν, τόδε δὲ αἰσχρόν, καὶ τόδε μὲν ὅσιον, τόδε
δὲ ἀνόσιον, καὶ τὰ μὲν ποίει, τὰ δὲ μὴ ποίει· καὶ ἐὰν
μὲν ἑκὼν πείθηται· εἰ δὲ μή, ὥσπερ ξύλον διαστρε-

φόμενον καὶ καμπτόμενον εὐθύνουσιν ἀπειλαῖς καὶ
πληγαῖς. μετὰ δὲ ταῦτα εἰς διδασκάλων πέμποντες
E πολὺ μᾶλλον ἐντέλλονται ἐπιμελεῖσθαι εὐκοσμίας τῶν
παίδων ἢ γραμμάτων τε καὶ κιθαρίσεως· οἱ δὲ διδάσ-
καλοι τούτων τε ἐπιμελοῦνται, καὶ ἐπειδὰν αὖ γράμ-
ματα μάθωσιν καὶ μέλλωσιν συνήσειν τὰ γεγραμμένα,
ὥσπερ τότε τὴν φωνήν, παρατιθέασιν αὐτοῖς ἐπὶ τῶν
βάθρων ἀναγιγνώσκειν ποιητῶν ἀγαθῶν ποιήματα καὶ
326 ἐκμανθάνειν ἀναγκάζουσιν, ἐν οἷς πολλαὶ μὲν νουθετή-
σεις ἔνεισιν, πολλαὶ δὲ διέξοδοι καὶ ἔπαινοι καὶ
ἐγκώμια παλαιῶν ἀνδρῶν ἀγαθῶν, ἵνα ὁ παῖς ζηλῶν
μιμῆται καὶ ὀρέγηται τοιοῦτος γενέσθαι. οἵ τ᾽ αὖ
κιθαρισταί, ἕτερα τοιαῦτα, σωφροσύνης τε ἐπιμελοῦνται
καὶ ὅπως ἂν οἱ νέοι μηδὲν κακουργῶσιν· πρὸς δὲ
τούτοις, ἐπειδὰν κιθαρίζειν μάθωσιν, ἄλλων αὖ ποιη-
τῶν ἀγαθῶν ποιήματα διδάσκουσι [μελοποιῶν,] εἰς τὰ
B κιθαρίσματα ἐντείνοντες, καὶ τοὺς ῥυθμούς τε καὶ τὰς
ἁρμονίας ἀναγκάζουσιν οἰκειοῦσθαι ταῖς ψυχαῖς τῶν
παίδων, ἵνα ἡμερώτεροί τε ὦσιν, καὶ εὐρυθμότεροι καὶ
εὐαρμοστότεροι γιγνόμενοι χρήσιμοι ὦσιν εἰς τὸ λέγειν
τε καὶ πράττειν· πᾶς γὰρ ὁ βίος τοῦ ἀνθρώπου
εὐρυθμίας τε καὶ εὐαρμοστίας δεῖται. ἔτι τοίνυν πρὸς
τούτοις εἰς παιδοτρίβου πέμπουσιν, ἵνα τὰ σώματα
βελτίω ἔχοντες ὑπηρετῶσιν τῇ διανοίᾳ χρηστῇ οὔσῃ,
C καὶ μὴ ἀναγκάζωνται ἀποδειλιᾶν διὰ τὴν πονηρίαν
τῶν σωμάτων καὶ ἐν τοῖς πολέμοις καὶ ἐν ταῖς ἄλλαις
πράξεσιν· καὶ ταῦτα ποιοῦσιν οἱ μάλιστα δυνάμενοι
†μάλιστα†· μάλιστα δὲ δύνανται οἱ πλουσιώτατοι·
καὶ οἱ τούτων υἱεῖς, πρῳαίτατα [εἰς διδασκάλων] τῆς
ἡλικίας ἀρξάμενοι φοιτᾶν, ὀψιαίτατα ἀπαλλάττονται.
ἐπειδὰν δὲ [ἐκ] διδασκάλων ἀπαλλαγῶσιν, ἡ πόλις αὖ
D τούς τε νόμους ἀναγκάζει μανθάνειν καὶ κατὰ τούτους
ζῆν [κατὰ παράδειγμα], ἵνα μὴ αὐτοὶ ἐφ᾽ αὑτῶν εἰκῇ

πράττωσιν, ἀλλ' ἀτεχνῶς ὥσπερ οἱ γραμματισταὶ τοῖς μήπω δεινοῖς γράφειν τῶν παίδων ὑπογράψαντες γραμμὰς τῇ γραφίδι οὕτω τὸ γραμματεῖον διδόασιν καὶ ἀναγκάζουσι γράφειν κατὰ τὴν ὑφήγησιν τῶν γραμμῶν, ὣς δὲ καὶ ἡ πόλις νόμους ὑπογράψασα, ἀγαθῶν καὶ παλαιῶν νομοθετῶν εὑρήματα, κατὰ τούτους ἀναγκάζει καὶ ἄρχειν καὶ ἄρχεσθαι· ὃς δ' ἂν ἐκτὸς βαίνῃ τούτων, κολάζει, καὶ ὄνομα τῇ κολάσει ταύτῃ καὶ παρ' ὑμῖν καὶ ἄλλοθι πολλαχοῦ, ὡς εὐθυνούσης τῆς δίκης, εὔθυναι. τοσαύτης οὖν τῆς ἐπιμελείας οὔσης περὶ ἀρετῆς ἰδίᾳ καὶ δημοσίᾳ, θαυμάζεις, ὦ Σώκρατες, καὶ ἀπορεῖς, εἰ διδακτόν ἐστιν ἀρετή; ἀλλ' οὐ χρὴ θαυμάζειν, ἀλλὰ πολὺ μᾶλλον, εἰ μὴ διδακτόν.

Διὰ τί οὖν τῶν ἀγαθῶν πατέρων πολλοὶ υἱεῖς φαῦλοι γίγνονται; τοῦτο αὖ μάθε· οὐδὲν γὰρ θαυμαστόν, εἴπερ ἀληθῆ ἐγὼ ἐν τοῖς ἔμπροσθεν ἔλεγον, ὅτι τούτου τοῦ πράγματος, τῆς ἀρετῆς, εἰ μέλλει πόλις εἶναι, οὐδένα δεῖ ἰδιωτεύειν. εἰ γὰρ δὴ ὃ λέγω οὕτως ἔχει—ἔχει δὲ μάλιστα πάντων οὕτως—ἐνθυμήθητι ἄλλο τῶν ἐπιτηδευμάτων ὁτιοῦν καὶ μαθημάτων προελόμενος. εἰ μὴ οἷόν τ' ἦν πόλιν εἶναι, εἰ μὴ πάντες αὐληταὶ ἦμεν, ὁποῖός τις ἐδύνατο ἕκαστος, καὶ τοῦτο καὶ ἰδίᾳ καὶ δημοσίᾳ πᾶς πάντα καὶ ἐδίδασκε καὶ ἐπέπληττε τὸν μὴ καλῶς αὐλοῦντα, καὶ μὴ ἐφθόνει τούτου, ὥσπερ νῦν τῶν δικαίων καὶ τῶν νομίμων οὐδεὶς φθονεῖ οὐδ' ἀποκρύπτεται ὥσπερ τῶν ἄλλων τεχνημάτων· λυσιτελεῖ γὰρ οἶμαι ἡμῖν ἡ ἀλλήλων δικαιοσύνη καὶ ἀρετή· διὰ ταῦτα πᾶς παντὶ προθύμως λέγει καὶ διδάσκει καὶ τὰ δίκαια καὶ τὰ νόμιμα· εἰ οὖν οὕτω καὶ ἐν αὐλήσει πᾶσαν προθυμίαν καὶ ἀφθονίαν εἴχομεν ἀλλήλους διδάσκειν, οἴει ἄν τι, ἔφη, μᾶλλον, ὦ Σώκρατες, τῶν ἀγαθῶν αὐλητῶν ἀγαθοὺς αὐλητὰς τοὺς υἱεῖς γίγνεσθαι ἢ τῶν φαύλων; οἶμαι μὲν οὔ, ἀλλὰ

C ὅτου ἔτυχεν ὁ υἱὸς εὐφυέστατος γενόμενος εἰς αὔλησιν, οὗτος ἂν ἐλλόγιμος ηὐξήθη, ὅτου δὲ ἀφυής, ἀκλεής· καὶ πολλάκις μὲν ἀγαθοῦ αὐλητοῦ φαῦλος ἂν ἀπέβη, πολλάκις δ᾽ ἂν φαύλου ἀγαθός· ἀλλ᾽ οὖν αὐληταί γ᾽ ἂν πάντες ἦσαν ἱκανοὶ ὡς πρὸς τοὺς ἰδιώτας καὶ μηδὲν αὐλήσεως ἐπαΐοντας. οὕτως οἴου καὶ νῦν, ὅστις σοι ἀδικώτατος φαίνεται ἄνθρωπος τῶν ἐν νόμοις καὶ ἀνθρώποις τεθραμμένων, δίκαιον αὐτὸν εἶναι καὶ
D δημιουργὸν τούτου τοῦ πράγματος, εἰ δέοι αὐτὸν κρίνεσθαι πρὸς ἀνθρώπους, οἷς μήτε παιδεία ἐστὶν μήτε δικαστήρια μήτε νόμοι μηδὲ ἀνάγκη μηδεμία διὰ παντὸς ἀναγκάζουσα ἀρετῆς ἐπιμελεῖσθαι, ἀλλ᾽ εἶεν ἄγριοί τινες, οἵους περ πέρυσιν Φερεκράτης ὁ ποιητὴς ἐδίδαξεν ἐπὶ Ληναίῳ. ἦ σφόδρα ἐν τοῖς τοιούτοις ἀνθρώποις γενόμενος, ὥσπερ οἱ ἐν ἐκείνῳ τῷ χορῷ μισάνθρωποι, ἀγαπήσαις ἄν, εἰ ἐντύχοις Εὐρυβάτῳ καὶ Φρυνώνδᾳ, καὶ ἀνολοφύραι᾽ ἂν ποθῶν τὴν τῶν
E ἐνθάδε ἀνθρώπων πονηρίαν· νῦν δὲ τρυφᾷς, ὦ Σώκρατες, διότι πάντες διδάσκαλοί εἰσιν ἀρετῆς, καθ᾽ ὅσον δύνανται ἕκαστος, καὶ οὐδείς σοι φαίνεται εἶναι· ὥσπερ ἂν εἰ ζητοῖς τίς διδάσκαλος τοῦ ἑλληνίζειν, οὐδ᾽
328 ἂν εἷς φανείη, οὐδέ γ᾽ ἄν, οἶμαι, εἰ ζητοῖς τίς ἂν ἡμῖν διδάξειεν τοὺς τῶν χειροτεχνῶν υἱεῖς αὐτὴν ταύτην τὴν τέχνην, ἣν δὴ παρὰ τοῦ πατρὸς μεμαθήκασιν, καθ᾽ ὅσον οἷός τ᾽ ἦν ὁ πατὴρ καὶ οἱ τοῦ πατρὸς φίλοι ὄντες ὁμότεχνοι, τούτους ἔτι τίς ἂν διδάξειεν, οὐ ῥᾴδιον οἶμαι εἶναι, ὦ Σώκρατες, τούτων διδάσκαλον φανῆναι, τῶν δὲ ἀπείρων παντάπασι ῥᾴδιον, οὕτω δὲ ἀρετῆς καὶ τῶν ἄλλων πάντων· ἀλλὰ κἂν εἰ ὀλίγον ἔστιν τις
B ὅστις διαφέρει ἡμῶν προβιβάσαι εἰς ἀρετήν, ἀγαπητόν. ὧν δὴ ἐγὼ οἶμαι εἷς εἶναι, καὶ διαφερόντως ἂν τῶν ἄλλων ἀνθρώπων ὀνῆσαί τινα πρὸς τὸ καλὸν κἀγαθὸν γενέσθαι, καὶ ἀξίως τοῦ μισθοῦ ὃν πράττομαι, καὶ ἔτι

πλείονος, ὥστε καὶ αὐτῷ δοκεῖν τῷ μαθόντι. διὰ ταῦτα καὶ τὸν τρόπον τῆς πράξεως τοῦ μισθοῦ τοιοῦτον πεποίημαι· ἐπειδὰν γάρ τις παρ' ἐμοῦ μάθῃ, ἐὰν μὲν βούληται,[ἀποδέδωκεν] ὃ ἐγὼ πράττομαι ἀργύριον· ἐὰν δὲ μή, ἐλθὼν εἰς ἱερόν, ὀμόσας, ὅσου ἂν φῇ ἄξια C εἶναι τὰ μαθήματα, τοσοῦτον κατέθηκε.

Τοιοῦτόν σοι, ἔφη, ὦ Σώκρατες, ἐγὼ καὶ μῦθον καὶ λόγον εἴρηκα, ὡς διδακτὸν ἀρετὴ καὶ Ἀθηναῖοι οὕτως ἡγοῦνται, καὶ ὅτι οὐδὲν θαυμαστὸν τῶν ἀγαθῶν πατέρων φαύλους υἱεῖς γίγνεσθαι καὶ τῶν φαύλων ἀγαθούς, ἐπεὶ καὶ οἱ Πολυκλείτου υἱεῖς, Παράλου καὶ Ξανθίππου τοῦδε ἡλικιῶται, οὐδὲν πρὸς τὸν πατέρα εἰσίν, καὶ ἄλλοι ἄλλων δημιουργῶν. τῶνδε δὲ οὔπω ἄξιον τοῦτο κατηγορεῖν· ἔτι γὰρ ἐν αὐτοῖς εἰσιν ἐλπίδες· νέοι γάρ. D

Πρωταγόρας μὲν τοσαῦτα καὶ τοιαῦτα ἐπιδειξάμενος ἀπεπαύσατο τοῦ λόγου. καὶ ἐγὼ ἐπὶ μὲν πολὺν χρόνον κεκηλημένος ἔτι πρὸς αὐτὸν ἔβλεπον ὡς ἐροῦντά τι, ἐπιθυμῶν ἀκούειν· ἐπεὶ δὲ δὴ ᾐσθόμην ὅτι τῷ ὄντι πεπαυμένος εἴη, μόγις πως ἐμαυτὸν ὡσπερεὶ συναγείρας εἶπον, βλέψας πρὸς τὸν Ἱπποκράτη· Ὦ παῖ Ἀπολλοδώρου, ὡς χάριν σοι ἔχω ὅτι προὔτρεψάς με ὧδε ἀφικέσθαι· πολλοῦ γὰρ ποιοῦμαι ἀκηκοέναι ἃ ἀκήκοα Πρωταγόρου. ἔγωγε ἐν μὲν τῷ ἔμπροσθεν E χρόνῳ ἡγούμην οὐκ εἶναι ἀνθρωπίνην ἐπιμέλειαν, ᾗ ἀγαθοὶ οἱ ἀγαθοὶ γίγνονται· νῦν δὲ πέπεισμαι. πλὴν σμικρόν τί μοι ἐμποδών, ὃ δῆλον ὅτι Πρωταγόρας ῥᾳδίως ἐπεκδιδάξει, ἐπειδὴ καὶ τὰ πολλὰ ταῦτα ἐξεδίδαξεν. καὶ γὰρ εἰ μέν τις περὶ αὐτῶν τούτων συγγένοιτο ὁτῳοῦν τῶν δημηγόρων, τάχ' ἂν καὶ τοιού- 329 τους λόγους ἀκούσειεν ἢ Περικλέους ἢ ἄλλου τινὸς τῶν ἱκανῶν εἰπεῖν· εἰ δὲ ἐπανέροιτό τινά τι, ὥσπερ βιβλία οὐδὲν ἔχουσιν οὔτε ἀποκρίνασθαι οὔτε αὐτοὶ ἐρέσθαι, ἀλλ' ἐάν τις καὶ σμικρὸν ἐπερωτήσῃ τι τῶν

ῥηθέντων, ὥσπερ τὰ χαλκία πληγέντα μακρὸν [ἠχεῖ καὶ] ἀποτείνει, ἐὰν μὴ ἐπιλάβηταί τις, καὶ οἱ ῥήτορες
B οὕτω σμικρὰ ἐρωτηθέντες δολιχὸν κατατείνουσι τοῦ λόγου. Πρωταγόρας δὲ ὅδε ἱκανὸς μὲν μακροὺς λόγους καὶ καλοὺς εἰπεῖν, ὡς αὐτὸ δηλοῖ, ἱκανὸς δὲ καὶ ἐρωτηθεὶς ἀποκρίνασθαι κατὰ βραχὺ καὶ ἐρόμενος περιμεῖναί τε καὶ ἀποδέξασθαι τὴν ἀπόκρισιν, ἃ ὀλίγοις ἐστὶ παρεσκευασμένα. νῦν οὖν, ὦ Πρωταγόρα, σμικροῦ τινος ἐνδεής εἰμι πάντ' ἔχειν, εἴ μοι ἀποκρίναιο τόδε. τὴν ἀρετὴν φῂς διδακτὸν εἶναι, καὶ ἐγὼ εἴπερ ἄλλῳ τῳ ἀνθρώπων πειθοίμην ἄν, καί σοι
C πείθομαι· ὃ δ' ἐθαύμασά σου λέγοντος, τοῦτό μοι ἐν τῇ ψυχῇ ἀποπλήρωσον. ἔλεγες γὰρ ὅτι ὁ Ζεὺς τὴν δικαιοσύνην καὶ τὴν αἰδῶ πέμψειεν τοῖς ἀνθρώποις, καὶ αὖ πολλαχοῦ ἐν τοῖς λόγοις ἐλέγετο ὑπὸ σοῦ ἡ δικαιοσύνη καὶ σωφροσύνη καὶ ὁσιότης καὶ πάντα ταῦτα ὡς ἕν τι εἴη συλλήβδην, ἀρετή· ταῦτ' οὖν αὐτὰ διελθέ μοι ἀκριβῶς τῷ λόγῳ, πότερον ἓν μέν τί ἐστιν ἡ ἀρετή, μόρια δὲ αὐτῆς ἐστιν ἥ τε δικαιοσύνη καὶ σωφροσύνη καὶ ὁσιότης, ἢ ταῦτ' ἐστὶν ἃ νῦν δὴ ἐγὼ
D ἔλεγον πάντα ὀνόματα τοῦ αὐτοῦ ἑνὸς ὄντος· τοῦτ' ἐστὶν ὃ ἔτι ἐπιποθῶ.

Ἀλλὰ ῥᾴδιον τοῦτό γ', ἔφη, ὦ Σώκρατες, ἀποκρίνασθαι, ὅτι ἑνὸς ὄντος τῆς ἀρετῆς μόριά ἐστιν ἃ ἐρωτᾷς. Πότερον, ἔφην, ὥσπερ προσώπου τὰ μόρια μόριά ἐστιν, στόμα τε καὶ ῥὶς καὶ ὀφθαλμοὶ καὶ ὦτα, ἢ ὥσπερ τὰ τοῦ χρυσοῦ μόρια οὐδὲν διαφέρει τὰ ἕτερα τῶν ἑτέρων καὶ τοῦ ὅλου, ἀλλ' ἢ μεγέθει καὶ σμικρό-
E τητι; Ἐκείνως μοι φαίνεται, ὦ Σώκρατες, ὥσπερ τὰ τοῦ προσώπου μόρια ἔχει πρὸς τὸ ὅλον πρόσωπον. Πότερον οὖν, ἦν δ' ἐγώ, καὶ μεταλαμβάνουσιν οἱ ἄνθρωποι τούτων τῶν τῆς ἀρετῆς μορίων οἱ μὲν ἄλλο, οἱ δὲ ἄλλο, ἢ ἀνάγκη, ἐάνπερ τις ἓν λάβῃ, ἅπαντα

ἔχειν; Οὐδαμῶς, ἔφη, ἐπεὶ πολλοὶ ἀνδρεῖοί εἰσιν, ἄδικοι δέ, καὶ δίκαιοι αὖ, σοφοὶ δὲ οὔ. Ἔστιν γὰρ οὖν καὶ ταῦτα μόρια τῆς ἀρετῆς, ἔφην ἐγώ, σοφία τε καὶ ἀνδρεία; Πάντων μάλιστα δήπου, ἔφη· καὶ 330 μέγιστόν γε ἡ σοφία τῶν μορίων. Ἕκαστον δὲ αὐτῶν ἐστιν, ἦν δ' ἐγώ, ἄλλο, τὸ δὲ ἄλλο; Ναί. Ἦ καὶ δύναμιν αὐτῶν ἕκαστον ἰδίαν ἔχει, ὥσπερ τὰ τοῦ προσώπου; οὐκ ἔστιν ὀφθαλμὸς οἷον τὰ ὦτα, οὐδ' ἡ δύναμις αὐτοῦ ἡ αὐτή· οὐδὲ τῶν ἄλλων οὐδέν ἐστιν οἷον τὸ ἕτερον οὔτε κατὰ τὴν δύναμιν οὔτε κατὰ τὰ ἄλλα· ἆρ' οὖν οὕτω καὶ τὰ τῆς ἀρετῆς μόρια οὐκ ἔστιν τὸ ἕτερον οἷον τὸ ἕτερον, οὔτε αὐτὸ οὔτε ἡ δύναμις B αὐτοῦ; ἦ δῆλα δὴ ὅτι οὕτως ἔχει, εἴπερ τῷ παραδείγματί γε ἔοικεν; Ἀλλ' οὕτως, ἔφη. καὶ ἐγὼ εἶπον· Οὐδὲν ἄρα ἐστὶν τῶν τῆς ἀρετῆς μορίων ἄλλ' οἷον ἐπιστήμη, οὐδ' οἷον δικαιοσύνη, οὐδ' οἷον ἀνδρεία, οὐδ' οἷον σωφροσύνη, οὐδ' οἷον ὁσιότης. Οὐκ ἔφη. Φέρε δή, ἔφην ἐγώ, κοινῇ σκεψώμεθα ποῖόν τι αὐτῶν ἐστιν ἕκαστον. πρῶτον μὲν τὸ τοιόνδε· ἡ δικαιοσύνη C πρᾶγμά τί ἐστιν ἢ οὐδὲν πρᾶγμα; ἐμοὶ μὲν γὰρ δοκεῖ· τί δὲ σοί; Κἀμοί, ἔφη. Τί οὖν; εἴ τις ἔροιτο ἐμέ τε καὶ σέ· ὦ Πρωταγόρα τε καὶ Σώκρατες, εἴπετον δή μοι, τοῦτο τὸ πρᾶγμα, ὃ ὠνομάσατε ἄρτι, ἡ δικαιοσύνη, αὐτὸ τοῦτο δίκαιόν ἐστιν ἢ ἄδικον; ἐγὼ μὲν ἂν αὐτῷ ἀποκριναίμην ὅτι δίκαιον· σὺ δὲ τίν' ἂν ψῆφον θεῖο; τὴν αὐτὴν ἐμοὶ ἢ ἄλλην; Τὴν αὐτήν, ἔφη. Ἔστιν ἄρα τοιοῦτον ἡ δικαιοσύνη οἷον δίκαιον εἶναι, φαίην ἂν ἔγωγε ἀποκρινόμενος τῷ ἐρωτῶντι· οὐκοῦν καὶ σύ; D Ναί, ἔφη. Εἰ οὖν μετὰ τοῦτο ἡμᾶς ἔροιτο· οὐκοῦν καὶ ὁσιότητά τινά φατε εἶναι; φαῖμεν ἄν, ὡς ἐγᾦμαι. Ναί, ἦ δ' ὅς. Οὐκοῦν φατὲ καὶ τοῦτο πρᾶγμά τι εἶναι; φαῖμεν ἄν· ἢ οὔ; Καὶ τοῦτο συνέφη. Πότερον δὲ τοῦτο αὐτὸ τὸ πρᾶγμά φατε τοιοῦτον πεφυκέναι οἷον ἀνόσιον εἶναι ἢ οἷον ὅσιον; ἀγανακτήσαιμ᾽ ἂν ἔγωγ᾽, ἔφην, τῷ ἐρωτήματι, καὶ εἴποιμ᾽·ἂν· εὐφήμει, ὦ Ε ἄνθρωπε· σχολῇ μεντἂν τι ἄλλο ὅσιον εἴη, εἰ μὴ αὐτή γε ἡ ὁσιότης ὅσιον ἔσται. τί δὲ σύ; οὐχ οὕτως ἂν ἀποκρίναιο; Πάνυ μὲν οὖν, ἔφη.

Εἰ οὖν μετὰ τοῦτο εἴποι ἐρωτῶν ἡμᾶς· πῶς οὖν ὀλίγον πρότερον ἐλέγετε; ἆρ᾽ οὐκ ὀρθῶς ὑμῶν κατήκουσα; ἐδόξατέ μοι φάναι †τὰ† τῆς ἀρετῆς μόρια εἶναι οὕτως ἔχοντα πρὸς ἄλληλα, ὡς οὐκ εἶναι τὸ ἕτερον αὐτῶν οἷον τὸ ἕτερον· εἴποιμ᾽ ἂν ἔγωγε ὅτι τὰ μὲν ἄλλα ὀρθῶς ἤκουσας, ὅτι δὲ καὶ ἐμὲ οἴει εἰπεῖν τοῦτο, 331 παρήκουσας· Πρωταγόρας γὰρ ὅδε ταῦτα ἀπεκρίνατο, ἐγὼ δὲ ἠρώτων. εἰ οὖν εἴποι· ἀληθῆ ὅδε λέγει, ὦ Πρωταγόρα; σὺ φῂς οὐκ εἶναι τὸ ἕτερον μόριον οἷον τὸ ἕτερον τῶν τῆς ἀρετῆς; σὸς οὗτος ὁ λόγος ἐστίν; τί ἂν αὐτῷ ἀποκρίναιο; Ἀνάγκη, ἔφη, ὦ Σώκρατες, ὁμολογεῖν. Τί οὖν, ὦ Πρωταγόρα, ἀποκρινούμεθα αὐτῷ, ταῦτα ὁμολογήσαντες, ἐὰν ἡμᾶς ἐπανέρηται· οὐκ ἄρα ἐστὶν ὁσιότης οἷον δίκαιον εἶναι πρᾶγμα, οὐδὲ Β δικαιοσύνη οἷον ὅσιον, ἀλλ᾽ οἷον μὴ ὅσιον· ἡ δ᾽ ὁσιότης οἷον μὴ δίκαιον, ἀλλ᾽ ἄδικον ἄρα, τὸ δὲ ἀνόσιον; τί αὐτῷ ἀποκρινούμεθα; ἐγὼ μὲν γὰρ αὐτὸς ὑπέρ γε ἐμαυτοῦ φαίην ἂν καὶ τὴν δικαιοσύνην ὅσιον εἶναι καὶ τὴν ὁσιότητα δίκαιον· καὶ ὑπὲρ σοῦ δέ, εἴ με ἐῴης, ταὐτὰ ἂν ταῦτα ἀποκρινοίμην, ὅτι ἤτοι ταὐτόν γ᾽ ἐστὶν δικαιότης ὁσιότητι ἢ ὅ τι ὁμοιότατον, καὶ μάλιστα πάντων ἥ τε δικαιοσύνη οἷον ὁσιότης καὶ ἡ ὁσιότης οἷον δικαιοσύνη. ἀλλ᾽ ὅρα, εἰ διακωλύεις ἀποκρίνεσθαι, ἢ καὶ σοὶ συνδοκεῖ οὕτως. Οὐ πάνυ C μοι δοκεῖ, ἔφη, ὦ Σώκρατες, οὕτως ἁπλοῦν εἶναι, ὥστε συγχωρῆσαι τήν τε δικαιοσύνην ὅσιον εἶναι καὶ τὴν ὁσιότητα δίκαιον, ἀλλά τί μοι δοκεῖ ἐν αὐτῷ διάφορον εἶναι. ἀλλὰ τί τοῦτο διαφέρει; ἔφη· εἰ γὰρ βούλει, ἔστω ἡμῖν καὶ δικαιοσύνη ὅσιον καὶ ὁσιότης δίκαιον. Μή μοι, ἦν δ' ἐγώ· οὐδὲν γὰρ δέομαι τὸ εἰ βούλει τοῦτο καὶ εἴ σοι δοκεῖ ἐλέγχεσθαι, ἀλλ' ἐμέ τε καὶ σέ· τὸ δ' ἐμέ τε καὶ σέ τοῦτο λέγω, οἰόμενος οὕτω τὸν λόγον βέλτιστ' ἂν ἐλέγχεσθαι, εἴ τις τὸ εἴ ἀφέλοι αὐτοῦ. Ἀλλὰ μέντοι, ἦ δ' ὅς, προσέοικέν τι δικαιο- σύνη ὁσιότητι· καὶ γὰρ ὁτιοῦν ὁτῳοῦν ἀμῇ γέ πῃ προσέοικεν. τὸ γὰρ λευκὸν τῷ μέλανι ἔστιν ὅπῃ προσέοικεν, καὶ τὸ σκληρὸν τῷ μαλακῷ, καὶ τἆλλα ἃ δοκεῖ ἐναντιώτατα εἶναι ἀλλήλοις· καὶ ἃ τότε ἔφαμεν ἄλλην δύναμιν ἔχειν καὶ οὐκ εἶναι τὸ ἕτερον οἷον τὸ ἕτερον, τὰ τοῦ προσώπου μόρια, ἀμῇ γέ πῃ προσέοικεν καὶ ἔστιν τὸ ἕτερον οἷον τὸ ἕτερον· ὥστε τούτῳ γε τῷ τρόπῳ κἂν ταῦτα ἐλέγχοις, εἰ βούλοιο, ὡς ἅπαντά ἐστιν ὅμοια ἀλλήλοις. ἀλλ' οὐχὶ τὰ ὁμοῖόν τι ἔχοντα ὅμοια δίκαιον καλεῖν, οὐδὲ τὰ ἀνόμοιόν τι ἔχοντα ἀνόμοια, κἂν πάνυ σμικρὸν ἔχῃ τὸ ὁμοῖον. καὶ ἐγὼ θαυμάσας εἶπον πρὸς αὐτόν, Ἦ γὰρ οὕτω σοι τὸ δίκαιον καὶ τὸ ὅσιον πρὸς ἄλληλα ἔχει, ὥστε ὁμοῖόν τι σμικρὸν ἔχειν ἀλλήλοις; Οὐ πάνυ, ἔφη, οὕτως, οὐ μέντοι οὐδὲ αὖ ὡς σύ μοι δοκεῖς οἴεσθαι. Ἀλλὰ μήν, ἔφην ἐγώ, ἐπειδὴ δυσχερῶς δοκεῖς μοι ἔχειν πρὸς τοῦτο, τοῦτο μὲν ἐάσωμεν, τόδε δὲ ἄλλο ὧν ἔλεγες ἐπισκεψώμεθα.

Ἀφροσύνην τι καλεῖς; Ἔφη. Τούτῳ τῷ πράγματι οὐ πᾶν τοὐναντίον ἐστὶν ἡ σοφία; Ἔμοιγε δοκεῖ, ἔφη. Πότερον δὲ ὅταν πράττωσιν ἄνθρωποι ὀρθῶς τε καὶ ὠφελίμως, τότε σωφρονεῖν σοι δοκοῦσιν οὕτω πράττοντες, ἢ τοὐναντίον; Σωφρονεῖν, ἔφη. Οὐκοῦν σωφροσύνῃ σωφρονοῦσιν; Ἀνάγκη. Οὐκοῦν οἱ μὴ ὀρθῶς πράττοντες ἀφρόνως πράττουσιν καὶ οὐ σωφρονοῦσιν οὕτω πράττοντες; Συνδοκεῖ μοι, ἔφη. Τοὐναντίον ἄρα ἐστὶν τὸ ἀφρόνως πράττειν τῷ σωφρόνως; Ἔφη. Οὐκοῦν τὰ μὲν ἀφρόνως πραττόμενα

ἀφροσύνῃ πράττεται, τὰ δὲ σωφρόνως σωφροσύνῃ;
Ὡμολόγει. Οὐκοῦν εἴ τι ἰσχύϊ πράττεται, ἰσχυρῶς
πράττεται, καὶ εἴ τι ἀσθενείᾳ, ἀσθενῶς; Ἐδόκει.
Καὶ εἴ τι μετὰ τάχους, ταχέως, καὶ εἴ τι μετὰ βρα-
C δυτῆτος, βραδέως; Ἔφη. Καὶ εἴ τι δὴ ὡσαύτως
πράττεται, ὑπὸ τοῦ αὐτοῦ πράττεται, καὶ εἴ τι ἐναν-
τίως, ὑπὸ τοῦ ἐναντίου; Συνέφη. Φέρε δή, ἦν δ' ἐγώ,
ἔστιν τι καλόν; Συνεχώρει. Τούτῳ ἔστιν τι ἐναντίον
πλὴν τὸ αἰσχρόν; Οὐκ ἔστιν. Τί δέ; ἔστιν τι
ἀγαθόν; Ἔστιν. Τούτῳ ἔστιν τι ἐναντίον πλὴν τὸ
κακόν; Οὐκ ἔστιν. Τί δέ; ἔστιν τι ὀξὺ ἐν φωνῇ;
Ἔφη. Τούτῳ μὴ ἔστιν τι ἐναντίον ἄλλο πλὴν τὸ
βαρύ; Οὐκ ἔφη. Οὐκοῦν, ἦν δ' ἐγώ, ἑνὶ ἑκάστῳ τῶν
ἐναντίων ἓν μόνον ἐστὶν ἐναντίον καὶ οὐ πολλά;
D Συνωμολόγει. Ἴθι δή, ἦν δ' ἐγώ, ἀναλογισώμεθα τὰ
ὡμολογημένα ἡμῖν. ὡμολογήκαμεν ἓν ἑνὶ μόνον
ἐναντίον εἶναι, πλείω δὲ μή; Ὡμολογήκαμεν. Τὸ δὲ
ἐναντίως πραττόμενον ὑπὸ ἐναντίων πράττεσθαι;
Ἔφη. Ὡμολογήκαμεν δὲ ἐναντίως πράττεσθαι ὃ ἂν
ἀφρόνως πράττηται τῷ σωφρόνως πραττομένῳ; Ἔφη.
Τὸ δὲ σωφρόνως πραττόμενον ὑπὸ σωφροσύνης πράτ-
E τεσθαι, τὸ δὲ ἀφρόνως ὑπὸ ἀφροσύνης; Συνεχώρει.
Οὐκοῦν εἴπερ ἐναντίως πράττεται, ὑπὸ ἐναντίου πράτ-
τοιτ' ἄν; Ναί. Πράττεται δὲ τὸ μὲν ὑπὸ σωφροσύνης,
τὸ δὲ ὑπὸ ἀφροσύνης; Ναί. Ἐναντίως; Πάνυ γε.
Οὐκοῦν ὑπὸ ἐναντίων ὄντων; Ναί. Ἐναντίον ἄρ'
ἐστὶν ἀφροσύνη σωφροσύνῃ; Φαίνεται. Μέμνησαι
οὖν ὅτι ἐν τοῖς ἔμπροσθεν ὡμολόγηται ἡμῖν ἀφροσύνη
σοφίᾳ ἐναντίον εἶναι; Συνωμολόγει. Ἓν δὲ ἑνὶ μόνον
ἐναντίον εἶναι; Φημί. Πότερον οὖν, ὦ Πρωταγόρα,
333 λύσωμεν τῶν λόγων; τὸ ἓν ἑνὶ μόνον ἐναντίον εἶναι,
ἢ ἐκεῖνον ἐν ᾧ ἐλέγετο ἕτερον εἶναι σωφροσύνης σοφία,
μόριον δὲ ἑκάτερον ἀρετῆς, καὶ πρὸς τῷ ἕτερον εἶναι

καὶ ἀνόμοια καὶ αὐτὰ καὶ αἱ δυνάμεις αὐτῶν, ὥσπερ
τὰ τοῦ προσώπου μόρια; πότερον οὖν δὴ λύσωμεν;
οὗτοι γὰρ οἱ λόγοι ἀμφότεροι οὐ πάνυ μουσικῶς
λέγονται· οὐ γὰρ συνᾴδουσιν οὐδὲ συναρμόττουσιν
ἀλλήλοις. πῶς γὰρ ἂν συνᾴδοιεν, εἴπερ γε ἀνάγκη
ἑνὶ μὲν ἓν μόνον ἐναντίον εἶναι, πλείοσι δὲ μή, τῇ δὲ B
ἀφροσύνῃ ἑνὶ ὄντι σοφία ἐναντία καὶ σωφροσύνη αὖ
φαίνεται· ἢ γάρ, ὦ Πρωταγόρα, ἔφην ἐγώ, ἢ ἄλλως
πως; Ὡμολόγησεν καὶ μάλ' ἀκόντως. Οὐκοῦν ἓν ἂν
εἴη ἡ σωφροσύνη καὶ ἡ σοφία; τὸ δὲ πρότερον αὖ
ἐφάνη ἡμῖν ἡ δικαιοσύνη καὶ ἡ ὁσιότης σχεδόν τι
ταὐτὸν ὄν. ἴθι δή, ἦν δ' ἐγώ, ὦ Πρωταγόρα, μὴ
ἀποκάμωμεν, ἀλλὰ καὶ τὰ λοιπὰ διασκεψώμεθα. ἆρά
τίς σοι δοκεῖ ἀδικῶν ἄνθρωπος σωφρονεῖν, ὅτι ἀδικεῖ;
Αἰσχυνοίμην ἂν ἔγωγ', ἔφη, ὦ Σώκρατες, τοῦτο ὁμολο- C
γεῖν, ἐπεὶ πολλοί γέ φασιν τῶν ἀνθρώπων. Πότερον
οὖν πρὸς ἐκείνους τὸν λόγον ποιήσομαι, ἔφην, ἢ πρὸς
σέ; Εἰ βούλει, ἔφη, πρὸς τοῦτον πρῶτον τὸν λόγον
διαλέχθητι τὸν τῶν πολλῶν. Ἀλλ' οὐδέν μοι διαφέ-
ρει, ἐὰν μόνον σύ γε ἀποκρίνῃ, εἴτ' οὖν δοκεῖ σοι
ταῦτα, εἴτε μή. τὸν γὰρ λόγον ἔγωγε μάλιστα
ἐξετάζω, συμβαίνει μέντοι ἴσως καὶ ἐμὲ τὸν ἐρωτῶντα
καὶ τὸν ἀποκρινόμενον ἐξετάζεσθαι.

Τὸ μὲν οὖν πρῶτον ἐκαλλωπίζετο ἡμῖν ὁ Πρω- D
ταγόρας· τὸν γὰρ λόγον ᾐτιᾶτο δυσχερῆ εἶναι· ἔπειτα
μέντοι συνεχώρησεν ἀποκρίνεσθαι.

Ἴθι δή, ἔφην ἐγώ, ἐξ ἀρχῆς μοι ἀπόκριναι.
δοκοῦσί τινές σοι σωφρονεῖν ἀδικοῦντες; Ἔστω, ἔφη.
Τὸ δὲ σωφρονεῖν λέγεις εὖ φρονεῖν; Ἔφη. Τὸ δ' εὖ
φρονεῖν εὖ βουλεύεσθαι ὅτι ἀδικοῦσιν; Ἔστω, ἔφη.
Πότερον, ἦν δ' ἐγώ, εἰ εὖ πράττουσιν ἀδικοῦντες ἢ εἰ
κακῶς; Εἰ εὖ. Λέγεις οὖν ἀγαθά ἄττα εἶναι; Λέγω.
Ἆρ' οὖν, ἦν δ' ἐγώ, ταῦτ' ἐστὶν ἀγαθά, ἅ ἐστιν

Ε ὠφέλιμα τοῖς ἀνθρώποις; Καὶ ναὶ μὰ Δί', ἔφη, κἂν
μὴ τοῖς ἀνθρώποις ὠφέλιμα ᾖ, ἔγωγε καλῶ ἀγαθά.
καί μοι ἐδόκει ὁ Πρωταγόρας ἤδη τετραχύνθαι τε καὶ
ἀγωνιᾶν καὶ παρατετάχθαι πρὸς τὸ ἀποκρίνεσθαι·
ἐπειδὴ οὖν ἑώρων αὐτὸν οὕτως ἔχοντα, εὐλαβούμενος
ἠρέμα ἠρόμην. Πότερον, ἦν δ' ἐγώ, λέγεις, ὦ Πρω-
334 ταγόρα, ἃ μηδενὶ ἀνθρώπων ὠφέλιμά ἐστιν, ἢ ἃ μηδὲ
τὸ παράπαν ὠφέλιμα; καὶ τὰ τοιαῦτα σὺ ἀγαθὰ
καλεῖς; Οὐδαμῶς, ἔφη· ἀλλ' ἔγωγε πολλὰ οἶδ' ἃ
ἀνθρώποις μὲν ἀνωφελῆ ἐστι, καὶ σιτία καὶ ποτὰ
καὶ φάρμακα καὶ ἄλλα μυρία, τὰ δέ γε ὠφέλιμα·
τὰ δὲ ἀνθρώποις μὲν οὐδέτερα, ἵπποις δέ· τὰ δὲ
βουσὶν μόνον, τὰ δὲ κυσίν· τὰ δέ γε τούτων μὲν
οὐδενί, δένδροις δέ· τὰ δὲ τοῦ δένδρου ταῖς μὲν ῥίζαις
Β ἀγαθά, ταῖς δὲ βλάσταις πονηρά, οἷον καὶ ἡ κόπρος,
πάντων τῶν φυτῶν ταῖς μὲν ῥίζαις ἀγαθὸν παραβαλ-
λομένη, εἰ δ' ἐθέλοις ἐπὶ τοὺς πτόρθους καὶ τοὺς νέους
κλῶνας ἐπιβάλλειν, πάντα ἀπόλλυσιν· ἐπεὶ καὶ τὸ
ἔλαιον τοῖς μὲν φυτοῖς ἅπασίν ἐστιν πάγκακον καὶ
ταῖς θριξὶν πολεμιώτατον ταῖς τῶν ἄλλων ζῴων πλὴν
ταῖς τοῦ ἀνθρώπου, ταῖς δὲ τοῦ ἀνθρώπου ἀγωγὸν καὶ
τῷ ἄλλῳ σώματι. οὕτω δὲ ποικίλον τί ἐστιν τὸ
ἀγαθὸν καὶ παντοδαπόν, ὥστε καὶ ἐνταῦθα τοῖς μὲν
C ἔξωθεν τοῦ σώματος ἀγαθόν ἐστιν τῷ ἀνθρώπῳ, τοῖς
δ' ἐντὸς ταὐτὸν τοῦτο κάκιστον· καὶ διὰ τοῦτο οἱ
ἰατροὶ πάντες ἀπαγορεύουσιν τοῖς ἀσθενοῦσιν μὴ
χρῆσθαι ἐλαίῳ, ἀλλ' ἢ ὅ τι σμικροτάτῳ ἐν τούτοις οἷς
μέλλει ἔδεσθαι, ὅσον μόνον τὴν δυσχέρειαν κατα-
σβέσαι τὴν ἐπὶ ταῖς αἰσθήσεσι ταῖς διὰ τῶν ῥινῶν
γιγνομένην ἐν τοῖς σιτίοις τε καὶ ὄψοις.

Εἰπόντος οὖν ταῦτα αὐτοῦ οἱ παρόντες ἀνεθορύ-
βησαν ὡς εὖ λέγοι· καὶ ἐγὼ εἶπον· Ὦ Πρωταγόρα,
D ἐγὼ τυγχάνω ἐπιλήσμων τις ὢν ἄνθρωπος, καὶ ἐάν τίς

μοι μακρὰ λέγῃ, ἐπιλανθάνομαι περὶ οὗ ἂν ᾖ ὁ λόγος. ὥσπερ οὖν, εἰ ἐτύγχανον ὑπόκωφος ὤν, ᾤου ἂν χρῆναι, εἴπερ ἔμελλές μοι διαλέξεσθαι, μεῖζον φθέγγεσθαι ἢ πρὸς τοὺς ἄλλους, οὕτω καὶ νῦν, ἐπειδὴ ἐπιλήσμονι ἐνέτυχες, σύντεμνέ μοι τὰς ἀποκρίσεις[καὶ βραχυτέρας ποίει,] εἰ μέλλω σοι ἕπεσθαι. Πῶς οὖν κελεύεις με βραχέα ἀποκρίνεσθαι; ἢ βραχύτερά σοι, ἔφη, ἀποκρίνωμαι ἢ δεῖ; Μηδαμῶς, ἦν δ' ἐγώ. Ἀλλ' ὅσα δεῖ; ἔφη. Ναί, ἦν δ' ἐγώ. Πότερα οὖν ὅσα ἐμοὶ δοκεῖ E δεῖν ἀποκρίνεσθαι, τοσαῦτά σοι ἀποκρίνωμαι, ἢ ὅσα σοί; Ἀκήκοα γοῦν, ἦν δ' ἐγώ, ὅτι σὺ οἷός τ' εἶ καὶ αὐτὸς καὶ ἄλλον διδάξαι περὶ τῶν αὐτῶν καὶ μακρὰ λέγειν, ἐὰν βούλῃ, οὕτως, ὥστε τὸν λόγον μηδέποτε ἐπιλιπεῖν, καὶ αὖ βραχέα οὕτως, ὥστε μηδένα σοῦ ἐν βραχυτέροις εἰπεῖν· εἰ οὖν μέλλεις ἐμοὶ διαλέξεσθαι, 335 τῷ ἑτέρῳ χρῶ τρόπῳ πρός με, τῇ βραχυλογίᾳ. Ὦ Σώκρατες, ἔφη, ἐγὼ πολλοῖς ἤδη εἰς ἀγῶνα λόγων ἀφικόμην ἀνθρώποις, καὶ εἰ τοῦτο ἐποίουν ὃ σὺ κελεύεις, ὡς ὁ ἀντιλέγων ἐκέλευέν με διαλέγεσθαι, οὕτω διελεγόμην, οὐδενὸς ἂν βελτίων ἐφαινόμην οὐδ' ἂν ἐγένετο Πρωταγόρου ὄνομα ἐν τοῖς Ἕλλησιν. καὶ ἐγώ—ἔγνων γὰρ ὅτι οὐκ ἤρεσεν αὐτὸς αὑτῷ ταῖς ἀποκρίσεσιν ταῖς ἔμπροσθεν, καὶ ὅτι οὐκ ἐθελήσοι B ἑκὼν εἶναι ἀποκρινόμενος διαλέγεσθαι—ἡγησάμενος οὐκέτι ἐμὸν ἔργον εἶναι παρεῖναι ἐν ταῖς συνουσίαις, Ἀλλά τοι, ἔφην, ὦ Πρωταγόρα, οὐδ' ἐγὼ λιπαρῶς ἔχω παρὰ τὰ σοὶ δοκοῦντα τὴν συνουσίαν ἡμῖν γίγνεσθαι, ἀλλ' ἐπειδὰν σὺ βούλῃ διαλέγεσθαι ὡς ἐγὼ δύναμαι ἕπεσθαι, τότε σοι διαλέξομαι. σὺ μὲν γάρ, ὡς λέγεται περὶ σοῦ, φῂς δὲ καὶ αὐτός, καὶ ἐν μακρολογίᾳ καὶ ἐν βραχυλογίᾳ οἷός τ' εἶ συνουσίας ποιεῖσθαι· σοφὸς γὰρ εἶ· ἐγὼ δὲ τὰ μακρὰ ταῦτα ἀδύνατος, ἐπεὶ ἐβουλόμην C ἂν οἷός τ' εἶναι. ἀλλὰ σὲ ἐχρῆν ἡμῖν συγχωρεῖν τὸν ἀμφότερα δυνάμενον, ἵνα συνουσία ἐγίγνετο· νῦν δὲ ἐπειδὴ οὐκ ἐθέλεις καὶ ἐμοί τις ἀσχολία ἐστὶν καὶ οὐκ ἂν οἷός τ᾽ εἴην σοι παραμεῖναι ἀποτείνοντι μακροὺς λόγους—ἐλθεῖν γάρ ποί με δεῖ—εἶμι· ἐπεὶ καὶ ταῦτ᾽ ἂν ἴσως οὐκ ἀηδῶς σου ἤκουον.

Καὶ ἅμα ταῦτ᾽ εἰπὼν ἀνιστάμην ὡς ἀπιών· καί μου ἀνισταμένου ἐπιλαμβάνεται ὁ Καλλίας τῆς χειρὸς τῇ δεξιᾷ, τῇ δ᾽ ἀριστερᾷ ἀντελάβετο τοῦ τρίβωνος τουτουΐ, καὶ εἶπεν· Οὐκ ἀφήσομέν σε, ὦ Σώκρατες· ἐὰν γὰρ σὺ ἐξέλθῃς, οὐχ ὁμοίως ἡμῖν ἔσονται οἱ διάλογοι. δέομαι οὖν σου παραμεῖναι ἡμῖν· ὡς ἐγὼ οὐδ᾽ ἂν ἑνὸς ἥδιον ἀκούσαιμι ἢ σοῦ τε καὶ Πρωταγόρου διαλεγομένων· ἀλλὰ χάρισαι ἡμῖν πᾶσιν. καὶ ἐγὼ εἶπον—ἤδη δὲ ἀνειστήκη ὡς ἐξιών—Ὦ παῖ Ἱππονίκου, ἀεὶ μὲν ἔγωγέ σου τὴν φιλοσοφίαν ἄγαμαι, ἀτὰρ καὶ νῦν ἐπαινῶ καὶ φιλῶ, ὥστε βουλοίμην ἂν χαρίζεσθαί σοι, εἴ μου δυνατὰ δέοιο· νῦν δ᾽ ἐστὶν ὥσπερ ἂν εἰ δέοιό μου Κρίσωνι τῷ Ἱμεραίῳ δρομεῖ ἀκμάζοντι ἕπεσθαι, ἢ τῶν δολιχοδρόμων τῳ ἢ τῶν ἡμεροδρόμων διαθεῖν [τε καὶ ἕπεσθαι.] εἴποιμι ἄν σοι ὅτι πολὺ σοῦ μᾶλλον ἐγὼ ἐμαυτοῦ δέομαι θέουσιν τούτοις ἀκολουθεῖν, ἀλλ᾽ οὐ γὰρ δύναμαι, ἀλλ᾽ εἴ τι δέει θεάσασθαι ἐν τῷ αὐτῷ ἐμέ τε καὶ Κρίσωνα θέοντας, τούτου δέου συγκαθεῖναι· ἐγὼ μὲν γὰρ οὐ δύναμαι ταχὺ θεῖν, οὗτος δὲ δύναται βραδέως. εἰ οὖν ἐπιθυμεῖς ἐμοῦ καὶ Πρωταγόρου ἀκούειν, τούτου δέου, ὥσπερ τὸ πρῶτόν μοι ἀπεκρίνατο διὰ βραχέων τε καὶ αὐτὰ τὰ ἐρωτώμενα, οὕτω καὶ νῦν ἀποκρίνεσθαι· εἰ δὲ μή, τίς ὁ τρόπος ἔσται τῶν διαλόγων; χωρὶς γὰρ ἔγωγ᾽ ᾤμην εἶναι τὸ συνεῖναί τε ἀλλήλοις διαλεγομένους καὶ τὸ δημηγορεῖν. Ἀλλ᾽ ὁρᾷς, ἔφη, ὦ Σώκρατες· δίκαια δοκεῖ λέγειν Πρωταγόρας ἀξιῶν αὑτῷ τε ἐξεῖναι διαλέγεσθαι ὅπως βούλεται καὶ σοὶ ὅπως ἂν αὖ σὺ βούλῃ.

ΠΡΩΤΑΓΟΡΑΣ

Ὑπολαβὼν οὖν ὁ Ἀλκιβιάδης, Οὐ καλῶς λέγεις, ἔφη, ὦ Καλλία· Σωκράτης μὲν γὰρ ὅδε ὁμολογεῖ μὴ μετεῖναι οἷ μακρολογίας καὶ παραχωρεῖ Πρωταγόρᾳ, τοῦ δὲ διαλέγεσθαι οἷός τ᾽ εἶναι καὶ ἐπίστασθαι λόγον τε δοῦναι καὶ δέξασθαι θαυμάζοιμ᾽ ἂν εἴ τῳ ἀνθρώπων παραχωρεῖ. εἰ μὲν οὖν καὶ Πρωταγόρας ὁμολογεῖ φαυλότερος εἶναι Σωκράτους διαλεχθῆναι, ἐξαρκεῖ Σωκράτει· εἰ δὲ ἀντιποιεῖται, διαλεγέσθω ἐρωτῶν τε καὶ ἀποκρινόμενος, μὴ ἐφ᾽ ἑκάστῃ ἐρωτήσει μακρὸν λόγον ἀποτείνων, ἐκκρούων τοὺς λόγους καὶ οὐκ ἐθέλων διδόναι λόγον, ἀλλ᾽ ἀπομηκύνων ἕως ἂν ἐπιλάθωνται περὶ ὅτου τὸ ἐρώτημα ἦν οἱ πολλοὶ τῶν ἀκουόντων· ἐπεὶ Σωκράτη γε ἐγὼ ἐγγυῶμαι μὴ ἐπιλήσεσθαι, οὐχ ὅτι παίζει καί φησιν ἐπιλήσμων εἶναι. ἐμοὶ μὲν οὖν δοκεῖ ἐπιεικέστερα Σωκράτης λέγειν· χρὴ γὰρ ἕκαστον τὴν ἑαυτοῦ γνώμην ἀποφαίνεσθαι.

Μετὰ δὲ τὸν Ἀλκιβιάδην, ὡς ἐγᾦμαι, Κριτίας ἦν ὁ εἰπών· Ὦ Πρόδικε καὶ Ἱππία, Καλλίας μὲν δοκεῖ μοι μάλα πρὸς Πρωταγόρου εἶναι, Ἀλκιβιάδης δὲ ἀεὶ φιλόνεικός ἐστι πρὸς ὃ ἂν ὁρμήσῃ· ἡμᾶς δὲ οὐδὲν δεῖ συμφιλονεικεῖν οὔτε Σωκράτει οὔτε Πρωταγόρᾳ, ἀλλὰ κοινῇ ἀμφοτέρων δεῖσθαι μὴ μεταξὺ διαλῦσαι τὴν ξυνουσίαν.

Εἰπόντος δὲ αὐτοῦ ταῦτα ὁ Πρόδικος, Καλῶς μοι, ἔφη, δοκεῖς λέγειν, ὦ Κριτία· χρὴ γὰρ τοὺς ἐν τοιοῖσδε λόγοις παραγιγνομένους κοινοὺς μὲν εἶναι ἀμφοῖν τοῖν διαλεγομένοιν ἀκροατάς, ἴσους δὲ μή. ἔστιν γὰρ οὐ ταὐτόν· κοινῇ μὲν γὰρ ἀκοῦσαι δεῖ ἀμφοτέρων, μὴ ἴσον δὲ νεῖμαι ἑκατέρῳ, ἀλλὰ τῷ μὲν σοφωτέρῳ πλέον, τῷ δὲ ἀμαθεστέρῳ ἔλαττον. ἐγὼ μὲν καὶ αὐτός, ὦ Πρωταγόρα τε καὶ Σώκρατες, ἀξιῶ ὑμᾶς συγχωρεῖν καὶ ἀλλήλοις περὶ τῶν λόγων ἀμφισβητεῖν μέν, ἐρίζειν δὲ μή· ἀμφισβητοῦσι μὲν γὰρ καὶ δι᾽ εὔνοιαν οἱ φίλοι τοῖς φίλοις, ἐρίζουσιν δὲ οἱ διάφοροί τε καὶ ἐχθροὶ

ἀλλήλοις. καὶ οὕτως ἂν καλλίστη ἡμῖν ἡ συνουσία
γίγνοιτο· ὑμεῖς τε γὰρ οἱ λέγοντες μάλιστ' ἂν οὕτως
ἐν ἡμῖν τοῖς ἀκούουσιν εὐδοκιμοῖτε καὶ οὐκ ἐπαινοῖσθε·
εὐδοκιμεῖν μὲν γὰρ ἔστιν παρὰ ταῖς ψυχαῖς τῶν
ἀκουόντων ἄνευ ἀπάτης, ἐπαινεῖσθαι δὲ ἐν λόγῳ
πολλάκις παρὰ δόξαν ψευδομένων· ἡμεῖς τ' αὖ οἱ
C ἀκούοντες μάλιστ' ἂν οὕτως εὐφραινοίμεθα, οὐχ ἡδοί-
μεθα· εὐφραίνεσθαι μὲν γὰρ ἔστιν μανθάνοντά τι καὶ
φρονήσεως μεταλαμβάνοντα αὐτῇ τῇ διανοίᾳ, ἥδεσθαι
δὲ ἐσθίοντά τι ἢ ἄλλο ἡδὺ πάσχοντα αὐτῷ τῷ σώματι.
Ταῦτα οὖν εἰπόντος τοῦ Προδίκου πολλοὶ πάνυ τῶν
παρόντων ἀπεδέξαντο.

Μετὰ δὲ τὸν Πρόδικον Ἱππίας ὁ σοφὸς εἶπεν, Ὦ
ἄνδρες, ἔφη, οἱ παρόντες, ἡγοῦμαι ἐγὼ ἡμᾶς συγγενεῖς
D τε καὶ οἰκείους καὶ πολίτας ἅπαντας εἶναι φύσει, οὐ
νόμῳ· τὸ γὰρ ὁμοῖον τῷ ὁμοίῳ φύσει συγγενές ἐστιν,
ὁ δὲ νόμος, τύραννος ὢν τῶν ἀνθρώπων, πολλὰ παρὰ
τὴν φύσιν βιάζεται. ἡμᾶς οὖν αἰσχρὸν τὴν μὲν
φύσιν τῶν πραγμάτων εἰδέναι, σοφωτάτους δὲ ὄντας
τῶν Ἑλλήνων, καὶ κατ' αὐτὸ τοῦτο νῦν συνεληλυθότας
τῆς τε Ἑλλάδος εἰς αὐτὸ τὸ πρυτανεῖον τῆς σοφίας
καὶ αὐτῆς τῆς πόλεως εἰς τὸν μέγιστον καὶ ὀλβιώτατον
οἶκον τόνδε, μηδὲν τούτου τοῦ ἀξιώματος ἄξιον ἀποφή-
E νασθαι, ἀλλ' ὥσπερ τοὺς φαυλοτάτους τῶν ἀνθρώπων
διαφέρεσθαι ἀλλήλοις. ἐγὼ μὲν οὖν καὶ δέομαι καὶ
συμβουλεύω, ὦ Πρωταγόρα τε καὶ Σώκρατες, συμβῆναι
ὑμᾶς ὥσπερ ὑπὸ διαιτητῶν ἡμῶν συμβιβαζόντων εἰς
338 τὸ μέσον, καὶ μήτε σὲ τὸ ἀκριβὲς τοῦτο εἶδος τῶν
διαλόγων ζητεῖν τὸ κατὰ βραχὺ λίαν, εἰ μὴ ἡδὺ Πρω-
ταγόρᾳ, ἀλλ' ἐφεῖναι [καὶ χαλάσαι] τὰς ἡνίας τοῖς
λόγοις, ἵνα μεγαλοπρεπέστεροι καὶ εὐσχημονέστεροι
ἡμῖν φαίνωνται, μήτ' αὖ Πρωταγόραν πάντα κάλων
ἐκτείναντα, οὐρίᾳ ἐφέντα, φεύγειν εἰς τὸ πέλαγος

ΠΡΩΤΑΓΟΡΑΣ

τῶν λόγων, ἀποκρύψαντα γῆν, ἀλλὰ μέσον τι ἀμφοτέρους τεμεῖν. ὡς οὖν ποιήσετε, καὶ πείθεσθέ μοι ῥαβδοῦχον καὶ ἐπιστάτην καὶ πρύτανιν ἑλέσθαι, ὃς ὑμῖν φυλάξει τὸ μέτριον μῆκος τῶν λόγων ἑκατέρου.

Ταῦτα ἤρεσε τοῖς παροῦσι, καὶ πάντες ἐπῄνεσαν, καὶ ἐμέ τε ὁ Καλλίας οὐκ ἔφη ἀφήσειν καὶ ἑλέσθαι ἐδέοντο ἐπιστάτην. εἶπον οὖν ἐγὼ ὅτι αἰσχρὸν εἴη βραβευτὴν ἑλέσθαι τῶν λόγων. εἴτε γὰρ χείρων ἔσται ἡμῶν ὁ αἱρεθείς, οὐκ ὀρθῶς ἂν ἔχοι τὸν χείρω τῶν βελτιόνων ἐπιστατεῖν, εἴτε ὁμοῖος, οὐδ᾽ οὕτως ὀρθῶς· ὁ γὰρ ὁμοῖος ἡμῖν ὁμοῖα καὶ ποιήσει, ὥστε ἐκ περιττοῦ ᾑρήσεται. ἀλλὰ δὴ βελτίονα ἡμῶν αἱρήσεσθε. τῇ μὲν ἀληθείᾳ, ὡς ἐγᾦμαι, ἀδύνατον ὑμῖν ὥστε Πρωταγόρου τοῦδε σοφώτερόν τινα ἑλέσθαι· εἰ δὲ αἱρήσεσθε μὲν μηδὲν βελτίω, φήσετε δέ, αἰσχρὸν καὶ τοῦτο τῷδε γίγνεται, ὥσπερ φαύλῳ ἀνθρώπῳ ἐπιστάτην αἱρεῖσθαι, ἐπεὶ τό γ᾽ ἐμὸν οὐδέν[μοι διαφέρει.] ἀλλ᾽ οὑτωσὶ ἐθέλω ποιῆσαι, ἵν᾽ ὃ προθυμεῖσθε συνουσία τε καὶ διάλογοι ἡμῖν γίγνωνται· εἰ μὴ βούλεται Πρωταγόρας ἀποκρίνεσθαι, οὗτος μὲν ἐρωτάτω, ἐγὼ δὲ ἀποκρινοῦμαι, καὶ ἅμα πειράσομαι αὐτῷ δεῖξαι, ὡς ἐγώ φημι χρῆναι τὸν ἀποκρινόμενον ἀποκρίνεσθαι· ἐπειδὰν δὲ ἐγὼ ἀποκρίνωμαι ὁπόσ᾽ ἂν οὗτος βούληται ἐρωτᾶν, πάλιν οὗτος ἐμοὶ λόγον ὑποσχέτω ὁμοίως. ἐὰν οὖν μὴ δοκῇ πρόθυμος εἶναι πρὸς αὐτὸ τὸ ἐρωτώμενον ἀποκρίνεσθαι, καὶ ἐγὼ καὶ ὑμεῖς κοινῇ δεησόμεθα αὐτοῦ ἅπερ ὑμεῖς ἐμοῦ, μὴ διαφθείρειν τὴν συνουσίαν· καὶ οὐδὲν δεῖ τούτου ἕνεκα ἕνα ἐπιστάτην γενέσθαι, ἀλλὰ πάντες κοινῇ ἐπιστατήσετε. ἐδόκει πᾶσιν οὕτω ποιητέον εἶναι· καὶ ὁ Πρωταγόρας πάνυ μὲν οὐκ ἤθελεν, ὅμως δὲ ἠναγκάσθη ὁμολογῆσαι ἐρωτήσειν, καὶ ἐπειδὰν ἱκανῶς ἐρωτήσῃ, πάλιν δώσειν λόγον κατὰ σμικρὸν ἀποκρινόμενος. ἤρξατο οὖν ἐρωτᾶν οὑτωσί πως.

Ἡγοῦμαι, ἔφη, ὦ Σώκρατες, ἐγὼ ἀνδρὶ παιδείας 339 μέγιστον μέρος εἶναι περὶ ἐπῶν δεινὸν εἶναι· ἔστιν δὲ τοῦτο τὰ ὑπὸ τῶν ποιητῶν λεγόμενα οἷόν τ' εἶναι συνιέναι ἅ τε ὀρθῶς πεποίηται καὶ ἃ μή, καὶ ἐπίστασθαι διελεῖν τε καὶ ἐρωτώμενον λόγον δοῦναι. καὶ δὴ καὶ νῦν ἔσται τὸ ἐρώτημα περὶ τοῦ αὐτοῦ μέν, περὶ οὗπερ ἐγώ τε καὶ σὺ νῦν δὴ διελεγόμεθα, περὶ ἀρετῆς, μετενηνεγμένον δ' εἰς ποίησιν· τοσοῦτον μόνον διοίσει. λέγει γάρ που Σιμωνίδης πρὸς Σκόπαν, τὸν Κρέοντος υἱὸν τοῦ Θετταλοῦ, ὅτι

B   ἄνδρ' ἀγαθὸν μὲν ἀλαθέως γενέσθαι χαλεπόν,
χερσίν τε καὶ ποσὶ καὶ νόῳ τετράγωνον, ἄνευ
ψόγου τετυγμένον.

τοῦτο ἐπίστασαι τὸ ᾆσμα, ἢ πᾶν σοι διεξέλθω; καὶ ἐγὼ εἶπον ὅτι Οὐδὲν δεῖ· ἐπίσταμαί τε γάρ, καὶ πάνυ μοι τυγχάνει μεμεληκὸς τοῦ ᾄσματος. Εὖ, ἔφη, λέγεις. πότερον οὖν καλῶς σοι δοκεῖ πεποιῆσθαι καὶ ὀρθῶς, ἢ οὔ; Πάνυ, ἔφην ἐγώ, †καλῶς† τε καὶ ὀρθῶς. Δοκεῖ δέ σοι καλῶς πεποιῆσθαι, εἰ ἐναντία λέγει αὐτὸς αὐτῷ C ὁ ποιητής; Οὐ καλῶς, ἦν δ' ἐγώ. Ὅρα δή, ἔφη, βέλτιον. Ἀλλ', ὠγαθέ, ἔσκεμμαι ἱκανῶς. Οἶσθα οὖν, ἔφη, ὅτι προϊόντος τοῦ ᾄσματος λέγει που·

οὐδέ μοι ἐμμελέως τὸ Πιττάκειον νέμεται,
καίτοι σοφοῦ παρὰ φωτὸς εἰρημένον· χαλεπὸν φάτ' ἐσθλὸν ἔμμεναι.

ἐννοεῖς ὅτι ὁ αὐτὸς οὗτος καὶ τάδε λέγει κἀκεῖνα τὰ ἔμπροσθεν; Οἶδα, ἦν δ' ἐγώ. Δοκεῖ οὖν σοι, ἔφη, ταῦτα ἐκείνοις ὁμολογεῖσθαι; Φαίνεται ἔμοιγε. καὶ ἅμα μέντοι ἐφοβούμην μὴ τὶ λέγοι. Ἀτάρ, ἔφην ἐγώ, D σοὶ οὐ φαίνεται; Πῶς γὰρ ἂν φαίνοιτο ὁμολογεῖν αὐτὸς ἑαυτῷ ὁ ταῦτα ἀμφότερα λέγων, ὅς γε τὸ μὲν πρῶτον αὐτὸς ὑπέθετο χαλεπὸν εἶναι ἄνδρα ἀγαθὸν γενέσθαι ἀληθείᾳ, ὀλίγον δὲ τοῦ ποιήματος εἰς τὸ πρόσθεν προελθὼν ἐπελάθετο, καὶ Πιττακὸν τὸν ταὐτὰ λέγοντα ἑαυτῷ, ὅτι χαλεπὸν ἐσθλὸν ἔμμεναι, τοῦτον μέμφεταί τε καὶ οὔ φησιν ἀποδέχεσθαι αὐτοῦ τὰ αὐτὰ ἑαυτῷ λέγοντος. καίτοι ὁπότε τὸν ταὐτὰ λέγοντα αὐτῷ μέμφεται, δῆλον ὅτι καὶ ἑαυτὸν μέμφεται, ὥστε ἤτοι τὸ πρότερον ἢ ὕστερον οὐκ ὀρθῶς λέγει. εἰπὼν οὖν ταῦτα πολλοῖς θόρυβον παρέσχεν καὶ ἔπαινον τῶν ἀκουόντων· καὶ ἐγὼ τὸ μὲν πρῶτον, Ε ὡσπερεὶ ὑπὸ ἀγαθοῦ πύκτου πληγείς, ἐσκοτώθην τε καὶ ἰλιγγίασα εἰπόντος αὐτοῦ ταῦτα καὶ τῶν ἄλλων ἐπιθορυβησάντων· ἔπειτα, ὥς γε πρὸς σὲ εἰρῆσθαι τἀληθῆ, ἵνα μοι χρόνος ἐγγένηται τῇ σκέψει τί λέγοι ὁ ποιητής, τρέπομαι πρὸς τὸν Πρόδικον, καὶ καλέσας αὐτόν, Ὦ Πρόδικε, ἔφην ἐγώ, σὸς μέντοι Σιμωνίδης πολίτης· δίκαιος εἶ βοηθεῖν τῷ ἀνδρί. δοκῶ οὖν μοι 340 ἐγὼ παρακαλεῖν σέ, ὥσπερ ἔφη Ὅμηρος τὸν Σκάμανδρον πολιορκούμενον ὑπὸ τοῦ Ἀχιλλέως τὸν Σιμόεντα παρακαλεῖν, εἰπόντα·

φίλε κασίγνητε, σθένος ἀνέρος ἀμφότεροί περ σχῶμεν.

ἀτὰρ καὶ ἐγὼ σὲ παρακαλῶ, μὴ ἡμῖν ὁ Πρωταγόρας τὸν Σιμωνίδην ἐκπέρσῃ. καὶ γὰρ οὖν καὶ δεῖται τὸ ὑπὲρ Σιμωνίδου ἐπανόρθωμα τῆς σῆς μουσικῆς, ᾗ τό τε βούλεσθαι καὶ ἐπιθυμεῖν διαιρεῖς ὡς οὐ ταὐτὸν Β ὄν, καὶ ἃ νῦν δὴ εἶπες πολλά τε καὶ καλά. καὶ νῦν σκόπει, εἴ σοι συνδοκεῖ ὅπερ ἐμοί. οὐ γὰρ φαίνεται ἐναντία λέγειν αὐτὸς αὑτῷ Σιμωνίδης. σὺ γάρ, ὦ Πρόδικε, προαπόφηναι τὴν σὴν γνώμην· ταὐτόν σοι δοκεῖ εἶναι τὸ γενέσθαι καὶ τὸ εἶναι, ἢ ἄλλο; Ἄλλο νὴ Δί', ἔφη ὁ Πρόδικος. Οὐκοῦν, ἔφην ἐγώ, ἐν μὲν τοῖς πρώτοις αὐτὸς ὁ Σιμωνίδης τὴν ἑαυτοῦ γνώμην ἀπεφήνατο, ὅτι ἄνδρα ἀγαθὸν ἀληθείᾳ γενέσθαι χαλεπὸν εἴη; Ἀληθῆ λέγεις, ἔφη ὁ Πρόδικος. Τὸν δέ γε C

96   ΠΛΑΤΩΝΟΣ   340 C

Πιττακόν, ἦν δ' ἐγώ, μέμφεται, οὐχ ὡς οἴεται Πρωταγόρας, τὸ αὐτὸν ἑαυτῷ λέγοντα, ἀλλ' ἄλλο. οὐ γὰρ τοῦτο ὁ Πιττακὸς ἔλεγεν τὸ χαλεπόν, γενέσθαι ἐσθλόν, ὥσπερ ὁ Σιμωνίδης, ἀλλὰ τὸ ἔμμεναι· ἔστιν δὲ οὐ ταὐτόν, ὦ Πρωταγόρα, ὥς φησιν Πρόδικος ὅδε, τὸ εἶναι καὶ τὸ γενέσθαι· εἰ δὲ μὴ τὸ αὐτό ἐστιν τὸ εἶναι τῷ γενέσθαι, οὐκ ἐναντία λέγει ὁ Σιμωνίδης αὐτὸς αὑτῷ.
D καὶ ἴσως ἂν φαίη Πρόδικος ὅδε καὶ ἄλλοι πολλοί, καθ' Ἡσίοδον, γενέσθαι μὲν ἀγαθὸν χαλεπὸν εἶναι· τῆς γὰρ ἀρετῆς ἔμπροσθεν τοὺς θεοὺς ἱδρῶτα θεῖναι· ὅταν δέ τις αὐτῆς εἰς ἄκρον ἵκηται, ῥηϊδίην δήπειτα πέλειν, χαλεπήν περ ἐοῦσαν, ἐκτῆσθαι.

Ὁ μὲν οὖν Πρόδικος ἀκούσας ταῦτα ἐπῄνεσέν με· ὁ δὲ Πρωταγόρας, Τὸ ἐπανόρθωμά σοι, ἔφη, ὦ Σώκρατες, μεῖζον ἁμάρτημα ἔχει ἢ ὃ ἐπανορθοῖς. καὶ ἐγὼ εἶπον, Κακὸν ἄρα μοι εἴργασται, ὡς ἔοικεν, ὦ Πρωταγόρα,
E καὶ εἰμί τις γελοῖος ἰατρός· ἰώμενος μεῖζον τὸ νόσημα ποιῶ. Ἀλλ' οὕτως ἔχει, ἔφη. Πῶς δή; ἦν δ' ἐγώ. Πολλὴ ἄν, ἔφη, ἀμαθία εἴη τοῦ ποιητοῦ, εἰ οὕτω φαῦλόν τί φησιν εἶναι τὴν ἀρετὴν ἐκτῆσθαι, ὅ ἐστιν πάντων χαλεπώτατον, ὡς ἅπασιν δοκεῖ ἀνθρώποις. καὶ ἐγὼ εἶπον, Νὴ τὸν Δία, εἰς καιρόν γε παρατετύχηκεν ἡμῖν ἐν τοῖς λόγοις Πρόδικος ὅδε. κινδυνεύει γάρ τοι, ὦ Πρωταγόρα, ἡ Προδίκου σοφία θεία τις εἶναι πάλαι,
341 ἤτοι ἀπὸ Σιμωνίδου ἀρξαμένη, ἢ καὶ ἔτι παλαιοτέρα. σὺ δὲ ἄλλων πολλῶν ἔμπειρος ὢν ταύτης ἄπειρος εἶναι φαίνει, οὐχ ὥσπερ ἐγὼ ἔμπειρος διὰ τὸ μαθητὴς εἶναι Προδίκου τουτουΐ· καὶ νῦν μοι δοκεῖς οὐ μανθάνειν, ὅτι καὶ τὸ χαλεπὸν τοῦτο ἴσως οὐχ οὕτως Σιμωνίδης ὑπελάμβανεν, ὥσπερ σὺ ὑπολαμβάνεις, ἀλλ' ὥσπερ περὶ τοῦ δεινοῦ Πρόδικός με οὑτοσὶ νουθετεῖ ἑκάστοτε, ὅταν ἐπαινῶν ἐγὼ ἢ σὲ ἢ ἄλλον τινὰ λέγω ὅτι Πρω-
B ταγόρας σοφὸς καὶ δεινός ἐστιν ἀνήρ, ἐρωτᾷ εἰ οὐκ

αἰσχύνομαι τἀγαθὰ δεινὰ καλῶν,—τὸ γὰρ δεινόν, φησίν, κακόν ἐστιν· οὐδεὶς γοῦν λέγει ἑκάστοτε δεινοῦ πλούτου οὐδὲ δεινῆς εἰρήνης οὐδὲ δεινῆς ὑγιείας, ἀλλὰ δεινῆς νόσου καὶ δεινοῦ πολέμου καὶ δεινῆς πενίας, ὡς τοῦ δεινοῦ κακοῦ ὄντος,—ἴσως οὖν καὶ τὸ χαλεπὸν αὖ οἱ Κεῖοι καὶ ὁ Σιμωνίδης ἢ κακὸν ὑπολαμβάνουσιν ἢ ἄλλο τι ὃ σὺ οὐ μανθάνεις· ἐρώμεθα οὖν Πρόδικον· δίκαιον γὰρ τὴν Σιμωνίδου φωνὴν τοῦτον ἐρωτᾶν· τί ἔλεγεν, ὦ Πρόδικε, τὸ χαλεπὸν Σιμωνίδης; Κακόν, ἔφη. [Διὰ]ταῦτ' ἄρα καὶ μέμφεται, ἢν δ' ἐγώ, ὦ Πρόδικε, τὸν Πιττακὸν λέγοντα χαλεπὸν ἐσθλὸν ἔμμεναι, ὥσπερ ἂν εἰ ἤκουεν αὐτοῦ λέγοντος ὅτι ἐστὶν κακὸν ἐσθλὸν ἔμμεναι. Ἀλλὰ τί οἴει, ἔφη, λέγειν, ὦ Σώκρατες, Σιμωνίδην ἄλλο ἢ τοῦτο, καὶ ὀνειδίζειν τῷ Πιττακῷ, ὅτι τὰ ὀνόματα οὐκ ἠπίστατο ὀρθῶς διαιρεῖν ἅτε Λέσβιος ὢν καὶ ἐν φωνῇ βαρβάρῳ τεθραμμένος; Ἀκούεις δή, ἔφην ἐγώ, ὦ Πρωταγόρα, Προδίκου τοῦδε. ἔχεις τι πρὸς ταῦτα λέγειν; καὶ ὁ Πρωταγόρας, Πολλοῦ γε δεῖ, ἔφη, οὕτως ἔχειν, ὦ Πρόδικε· ἀλλ' ἐγὼ εὖ οἶδ' ὅτι καὶ Σιμωνίδης τὸ χαλεπὸν ἔλεγεν ὅπερ ἡμεῖς οἱ ἄλλοι, οὐ τὸ κακόν, ἀλλ' ὃ ἂν μὴ ῥᾴδιον ᾖ, ἀλλὰ διὰ πολλῶν πραγμάτων γίγνηται. Ἀλλὰ καὶ ἐγὼ οἶμαι, ἔφην, ὦ Πρωταγόρα, τοῦτο λέγειν Σιμωνίδην, καὶ Πρόδικόν γε τόνδε εἰδέναι, ἀλλὰ παίζειν καὶ σοῦ δοκεῖν ἀποπειρᾶσθαι, εἰ οἷός τ' ἔσει τῷ σαυτοῦ λόγῳ βοηθεῖν· ἐπεὶ ὅτι γε Σιμωνίδης οὐ λέγει τὸ χαλεπὸν κακόν, μέγα τεκμήριόν ἐστιν εὐθὺς τὸ μετὰ τοῦτο ῥῆμα· λέγει γὰρ ὅτι

θεὸς ἂν μόνος τοῦτ' ἔχοι γέρας.

οὐ δήπου τοῦτό γε λέγων, κακὸν ἐσθλὸν ἔμμεναι, εἶτα τὸν θεόν φησιν μόνον τοῦτο ἂν ἔχειν καὶ τῷ θεῷ τοῦτο γέρας ἀπένειμε μόνῳ· ἀκόλαστον γὰρ ἄν τινα λέγοι Σιμωνίδην Πρόδικος καὶ οὐδαμῶς Κεῖον. ἀλλ' ἅ μοι δοκεῖ διανοεῖσθαι Σιμωνίδης ἐν τούτῳ τῷ ᾄσματι, ἐθέλω σοι εἰπεῖν, εἰ βούλει λαβεῖν μου πεῖραν ὅπως ἔχω, ὃ σὺ λέγεις τοῦτο, περὶ ἐπῶν· ἐὰν δὲ βούλῃ, σοῦ ἀκούσομαι. ὁ μὲν οὖν Πρωταγόρας ἀκούσας μου ταῦτα λέγοντος, Εἰ σὺ βούλει, ἔφη, ὦ Σώκρατες· ὁ δὲ Πρόδικός τε καὶ ὁ Ἱππίας ἐκελευέτην πάνυ, καὶ οἱ ἄλλοι.

Ἐγὼ τοίνυν, ἦν δ' ἐγώ, ἅ γ' ἐμοὶ δοκεῖ περὶ τοῦ ᾄσματος τούτου, πειράσομαι ὑμῖν διεξελθεῖν. φιλοσοφία γάρ ἐστιν παλαιοτάτη τε καὶ πλείστη τῶν Ἑλλήνων ἐν Κρήτῃ τε καὶ ἐν Λακεδαίμονι, καὶ σοφισταὶ πλεῖστοι γῆς ἐκεῖ εἰσίν· ἀλλ' ἐξαρνοῦνται καὶ σχηματίζονται ἀμαθεῖς εἶναι, ἵνα μὴ κατάδηλοι ὦσιν ὅτι σοφίᾳ τῶν Ἑλλήνων περίεισιν, ὥσπερ οὓς Πρωταγόρας ἔλεγε τοὺς σοφιστάς, ἀλλὰ δοκῶσιν τῷ μάχεσθαι καὶ ἀνδρείᾳ περιεῖναι, ἡγούμενοι, εἰ γνωσθεῖεν ᾧ περίεισιν, πάντας τοῦτο ἀσκήσειν. νῦν δὲ ἀποκρυψάμενοι ἐκεῖνο ἐξηπατήκασιν τοὺς ἐν ταῖς πόλεσι λακωνίζοντας, καὶ οἱ μὲν ὦτά τε κατάγνυνται μιμούμενοι αὐτούς, καὶ ἱμάντας περιειλίττονται καὶ φιλογυμναστοῦσιν καὶ βραχείας ἀναβολὰς φοροῦσιν, ὡς δὴ τούτοις κρατοῦντας τῶν Ἑλλήνων τοὺς Λακεδαιμονίους· οἱ δὲ Λακεδαιμόνιοι ἐπειδὰν βούλωνται ἀνέδην τοῖς παρ' αὑτοῖς συγγενέσθαι σοφισταῖς, καὶ ἤδη ἄχθωνται λάθρᾳ ξυγγιγνόμενοι, ξενηλασίας ποιούμενοι τῶν τε λακωνιζόντων τούτων καὶ ἐάν τις ἄλλος ξένος ὢν ἐπιδημήσῃ, συγγίγνονται τοῖς σοφισταῖς λανθάνοντες τοὺς ξένους, καὶ αὐτοὶ οὐδένα ἐῶσιν τῶν νέων εἰς τὰς ἄλλας πόλεις ἐξιέναι, ὥσπερ οὐδὲ Κρῆτες, ἵνα μὴ ἀπομανθάνωσιν ἃ αὐτοὶ διδάσκουσιν. εἰσὶν δὲ ἐν ταύταις ταῖς πόλεσιν οὐ μόνον ἄνδρες ἐπὶ παιδεύσει μέγα φρονοῦντες, ἀλλὰ καὶ γυναῖκες. γνοῖτε δ' ἄν, ὅτι ἐγὼ ταῦτα ἀληθῆ λέγω καὶ Λακεδαιμόνιοι πρὸς

ΠΡΩΤΑΓΟΡΑΣ

φιλοσοφίαν καὶ λόγους ἄριστα πεπαίδευνται, ὧδε· εἰ γὰρ ἐθέλει τις Λακεδαιμονίων τῷ φαυλοτάτῳ συγγενέσθαι, τὰ μὲν πολλὰ ἐν τοῖς λόγοις εὑρήσει αὐτὸν φαῦλόν τινα φαινόμενον, ἔπειτα, ὅπου ἂν τύχῃ τῶν λεγομένων, ἐνέβαλεν ῥῆμα ἄξιον λόγου βραχὺ καὶ συνεστραμμένον ὥσπερ δεινὸς ἀκοντιστής, ὥστε φαίνεσθαι τὸν προσδιαλεγόμενον παιδὸς μηδὲν βελτίω. τοῦτο οὖν αὐτὸ καὶ τῶν νῦν εἰσὶν οἳ κατανενοήκασι καὶ τῶν πάλαι, ὅτι τὸ λακωνίζειν πολὺ μᾶλλόν ἐστιν φιλοσοφεῖν ἢ φιλογυμναστεῖν, εἰδότες ὅτι τοιαῦτα οἷόν τ᾽ εἶναι ῥήματα φθέγγεσθαι τελέως πεπαιδευμένου ἐστὶν ἀνθρώπου. τούτων ἦν καὶ Θαλῆς ὁ Μιλήσιος καὶ Πιττακὸς ὁ Μυτιληναῖος καὶ Βίας ὁ Πριηνεὺς καὶ Σόλων ὁ ἡμέτερος καὶ Κλεόβουλος ὁ Λίνδιος καὶ Μύσων ὁ Χηνεύς, καὶ ἕβδομος ἐν τούτοις ἐλέγετο Λακεδαιμόνιος Χίλων. οὗτοι πάντες ζηλωταὶ καὶ ἐρασταὶ καὶ μαθηταὶ ἦσαν τῆς Λακεδαιμονίων παιδείας· καὶ καταμάθοι ἄν τις αὐτῶν τὴν σοφίαν τοιαύτην οὖσαν, ῥήματα βραχέα ἀξιομνημόνευτα ἑκάστῳ εἰρημένα· οὗτοι καὶ κοινῇ ξυνελθόντες ἀπαρχὴν τῆς σοφίας ἀνέθεσαν τῷ Ἀπόλλωνι εἰς τὸν νεὼν τὸν ἐν Δελφοῖς, γράψαντες ταῦτα, ἃ δὴ πάντες ὑμνοῦσιν, γνῶθι σαυτόν καὶ μηδὲν ἄγαν.

Τοῦ δὴ ἕνεκα ταῦτα λέγω; ὅτι οὗτος ὁ τρόπος ἦν τῶν παλαιῶν τῆς φιλοσοφίας, βραχυλογία τις Λακωνική· καὶ δὴ καὶ τοῦ Πιττακοῦ ἰδίᾳ περιεφέρετο τοῦτο τὸ ῥῆμα ἐγκωμιαζόμενον ὑπὸ τῶν σοφῶν, τὸ χαλεπὸν ἐσθλὸν ἔμμεναι. ὁ οὖν Σιμωνίδης, ἅτε φιλότιμος ὢν ἐπὶ σοφίᾳ, ἔγνω ὅτι, εἰ καθέλοι τοῦτο τὸ ῥῆμα ὥσπερ εὐδοκιμοῦντα ἀθλητὴν [καὶ περιγένοιτο αὐτοῦ,] αὐτὸς εὐδοκιμήσει ἐν τοῖς τότε ἀνθρώποις. εἰς τοῦτο οὖν τὸ ῥῆμα καὶ τούτου ἕνεκα τούτῳ ἐπιβουλεύων κολοῦσαι αὐτὸ ἅπαν τὸ ᾆσμα πεποίηκεν, ὥς μοι φαίνεται.

Ἐπισκεψώμεθα δὴ αὐτὸ κοινῇ ἅπαντες, εἰ ἄρα ἐγὼ ἀληθῆ λέγω. εὐθὺς γὰρ τὸ πρῶτον τοῦ ᾄσματος μανικὸν ἂν φανείη, εἰ βουλόμενος λέγειν, ὅτι ἄνδρα ἀγαθὸν γενέσθαι χαλεπόν, ἔπειτα ἐνέβαλε τὸ μέν. τοῦτο γὰρ οὐδὲ πρὸς ἕνα λόγον φαίνεται ἐμβεβλῆσθαι, ἐὰν μή τις ὑπολάβῃ πρὸς τὸ τοῦ Πιττακοῦ ῥῆμα ὥσπερ ἐρίζοντα λέγειν τὸν Σιμωνίδην, λέγοντος τοῦ Πιττακοῦ ὅτι χαλεπὸν ἐσθλὸν ἔμμεναι, ἀμφισβητοῦντα εἰπεῖν ὅτι Οὔκ, ἀλλὰ γενέσθαι μὲν χαλεπὸν ἄνδρα ἀγαθόν ἐστιν, ὦ Πιττακέ, ὡς ἀληθῶς—οὐκ ἀληθείᾳ ἀγαθόν, οὐκ ἐπὶ τούτῳ λέγει τὴν ἀλήθειαν, ὡς ἄρα ὄντων τινῶν τῶν μὲν ὡς ἀληθῶς ἀγαθῶν, τῶν δὲ ἀγαθῶν μέν, οὐ μέντοι ἀληθῶς· εὔηθες γὰρ τοῦτό γε φανείη ἂν καὶ οὐ Σιμωνίδου· ἀλλ' ὑπερβατὸν δεῖ θεῖναι ἐν τῷ ᾄσματι τὸ ἀλαθέως, οὑτωσί πως ὑπειπόντα τὸ τοῦ Πιττακοῦ, ὥσπερ ἂν εἰ θεῖμεν αὐτὸν λέγοντα τὸν Πιττακὸν καὶ Σιμωνίδην ἀποκρινόμενον, εἰπόντα ὦ ἄνθρωποι, χαλεπὸν ἐσθλὸν ἔμμεναι, τὸν δὲ ἀποκρινόμενον ὅτι ὦ Πιττακέ, οὐκ ἀληθῆ λέγεις· οὐ γὰρ εἶναι ἀλλὰ γενέσθαι μέν ἐστιν ἄνδρα ἀγαθὸν χερσί τε καὶ ποσὶ καὶ νόῳ τετράγωνον, ἄνευ ψόγου τετυγμένον, χαλεπὸν ἀλαθέως. οὕτω φαίνεται [τὸ] πρὸς λόγον τὸ μὲν ἐμβεβλημένον καὶ τὸ ἀλαθέως ὀρθῶς ἐπ' ἐσχάτῳ κείμενον· καὶ τὰ ἐπιόντα πάντα τούτῳ μαρτυρεῖ, ὅτι οὕτως εἴρηται. πολλὰ μὲν γὰρ ἔστι καὶ περὶ ἑκάστου τῶν ἐν τῷ ᾄσματι εἰρημένων ἀποδεῖξαι ὡς εὖ πεποίηται· πάνυ γὰρ χαριέντως καὶ μεμελημένως ἔχει. ἀλλὰ μακρὸν ἂν εἴη αὐτὸ οὕτω διελθεῖν· ἀλλὰ τὸν τύπον αὐτοῦ τὸν ὅλον διεξέλθωμεν καὶ τὴν βούλησιν, ὅτι παντὸς μᾶλλον ἔλεγχός ἐστιν τοῦ Πιττακείου ῥήματος διὰ παντὸς τοῦ ᾄσματος.

Λέγει γὰρ μετὰ τοῦτο ὀλίγα διελθών, ὡς ἂν εἰ λέγοι λόγον, ὅτι γενέσθαι μὲν ἄνδρα ἀγαθὸν χαλεπὸν

ἀλαθέως, οἷόν τε μέντοι ἐπί γε χρόνον τινά· γενόμενον
δὲ διαμένειν ἐν ταύτῃ τῇ ἕξει καὶ εἶναι ἄνδρα ἀγαθόν,
ὡς σὺ λέγεις, ὦ Πιττακέ, ἀδύνατον καὶ οὐκ ἀνθρώπειον,
ἀλλὰ θεὸς ἂν μόνος τοῦτο ἔχοι τὸ γέρας,
    ἄνδρα δ' οὐκ ἔστι μὴ οὐ κακὸν ἔμμεναι,
    ὃν ἂν ἀμήχανος συμφορὰ καθέλῃ.
τίνα οὖν ἀμήχανος συμφορὰ καθαιρεῖ ἐν πλοίου ἀρχῇ;
δῆλον ὅτι οὐ τὸν ἰδιώτην· ὁ μὲν γὰρ ἰδιώτης ἀεὶ
καθῄρηται· ὥσπερ οὖν οὐ τὸν κείμενόν τις ἂν κατα-
βάλοι, ἀλλὰ τὸν μὲν ἑστῶτά ποτε καταβάλοι ἄν τις,
ὥστε κείμενον ποιῆσαι, τὸν δὲ κείμενον οὔ, οὕτω καὶ
τὸν εὐμήχανον ὄντα ποτὲ ἀμήχανος ἂν συμφορὰ
καθέλοι, τὸν δὲ ἀεὶ ἀμήχανον ὄντα οὔ· καὶ τὸν
κυβερνήτην μέγας χειμὼν ἐπιπεσὼν ἀμήχανον ἂν
ποιήσειεν, καὶ γεωργὸν χαλεπὴ ὥρα ἐπελθοῦσα ἀμή-
χανον ἂν θείη, καὶ ἰατρὸν ταὐτὰ ταῦτα. τῷ μὲν γὰρ
ἐσθλῷ ἐγχωρεῖ κακῷ γενέσθαι, ὥσπερ καὶ παρ' ἄλλου
ποιητοῦ μαρτυρεῖται τοῦ εἰπόντος
    αὐτὰρ ἀνὴρ ἀγαθὸς τοτὲ μὲν κακός, ἄλλοτε δ'
    ἐσθλός·
τῷ δὲ κακῷ οὐκ ἐγχωρεῖ γενέσθαι, ἀλλ' ἀεὶ εἶναι
ἀνάγκη· ὥστε τὸν μὲν εὐμήχανον καὶ σοφὸν καὶ
ἀγαθὸν ἐπειδὰν ἀμήχανος συμφορὰ καθέλῃ, οὐκ ἔστι
μὴ οὐ κακὸν ἔμμεναι· σὺ δὲ φῄς, ὦ Πιττακέ, χαλεπὸν
ἐσθλὸν ἔμμεναι· τὸ δ' ἐστὶν γενέσθαι μὲν χαλεπόν,
δυνατὸν δὲ [ἐσθλόν], ἔμμεναι δὲ ἀδύνατον·
    πράξας μὲν γὰρ εὖ πᾶς ἀνὴρ ἀγαθός,
    κακὸς δ' εἰ κακῶς.
τίς οὖν εἰς γράμματα ἀγαθὴ πρᾶξίς ἐστιν, καὶ τίς
ἄνδρα ἀγαθὸν ποιεῖ εἰς γράμματα; δῆλον ὅτι ἡ τούτων
μάθησις. τίς δὲ εὐπραγία ἀγαθὸν ἰατρὸν ποιεῖ; δῆλον
ὅτι ἡ τῶν καμνόντων τῆς θεραπείας μάθησις. κακὸς
δὲ κακῶς· τίς οὖν ἂν κακὸς ἰατρὸς γένοιτο; δῆλον ὅτι

ᾧ πρῶτον μὲν ὑπάρχει ἰατρῷ εἶναι, ἔπειτα ἀγαθῷ ἰατρῷ· οὗτος γὰρ ἂν καὶ κακὸς γένοιτο· ἡμεῖς δὲ οἱ ἰατρικῆς ἰδιῶται οὐκ ἄν ποτε γενοίμεθα κακῶς πράξαντες οὔτε ἰατροὶ οὔτε τέκτονες οὔτε ἄλλο οὐδὲν τῶν τοιούτων· ὅστις δὲ μὴ ἰατρὸς ἂν γένοιτο κακῶς πράξας, δῆλον ὅτι οὐδὲ κακὸς ἰατρός. οὕτω καὶ ὁ μὲν ἀγαθὸς ἀνὴρ γένοιτ' ἄν ποτε καὶ κακὸς ἢ ὑπὸ χρόνου ἢ ὑπὸ πόνου ἢ ὑπὸ νόσου ἢ ὑπὸ ἄλλου τινὸς περιπτώματος· αὕτη γὰρ μόνη ἐστὶ κακὴ πρᾶξις, ἐπιστήμης στερηθῆναι· ὁ δὲ κακὸς ἀνὴρ οὐκ ἄν ποτε γένοιτο κακός· ἔστιν γὰρ ἀεί· ἀλλ' εἰ μέλλει κακὸς γενέσθαι, δεῖ αὐτὸν πρότερον ἀγαθὸν γενέσθαι. ὥστε καὶ τοῦτο τοῦ ᾄσματος πρὸς τοῦτο τείνει, ὅτι εἶναι μὲν ἄνδρα ἀγαθὸν οὐχ οἷόν τε, διατελοῦντα ἀγαθόν, γενέσθαι δὲ ἀγαθὸν οἷόν τε, καὶ κακόν γε τὸν αὐτὸν τοῦτον· ἐπὶ πλεῖστον δὲ καὶ ἄριστοί εἰσιν οὓς ἂν οἱ θεοὶ φιλῶσιν.

Ταῦτά τε οὖν πάντα πρὸς τὸν Πιττακὸν εἴρηται, καὶ τὰ ἐπιόντα γε τοῦ ᾄσματος ἔτι μᾶλλον δηλοῖ. φησὶ γάρ·

τοὔνεκεν οὔ ποτ' ἐγὼ τὸ μὴ γενέσθαι
δυνατὸν
διζήμενος κενεὰν ἐς ἄπρακτον ἐλπίδα
μοῖραν αἰῶνος βαλέω,
πανάμωμον ἄνθρωπον, εὐρυεδοῦς ὅσοι καρ-
πὸν αἰνύμεθα χθονός·
ἔπειθ' ὑμῖν εὑρὼν ἀπαγγελέω,

φησίν· οὕτω σφόδρα καὶ δι' ὅλου τοῦ ᾄσματος ἐπεξέρχεται τῷ τοῦ Πιττακοῦ ῥήματι·

πάντας δ' ἐπαίνημι καὶ φιλέω
ἑκὼν ὅστις ἔρδῃ
μηδὲν αἰσχρόν· ἀνάγκῃ δ' οὐδὲ θεοὶ μάχονται·

καὶ τοῦτ' ἐστὶ πρὸς τὸ αὐτὸ τοῦτ' εἰρημένον. οὐ γὰρ οὕτως ἀπαίδευτος ἦν Σιμωνίδης, ὥστε τούτους φάναι ἐπαινεῖν, ὃς ἂν ἑκὼν μηδὲν κακὸν ποιῇ, ὡς ὄντων τινῶν οἳ ἑκόντες κακὰ ποιοῦσιν. ἐγὼ γὰρ σχεδόν τι οἶμαι τοῦτο, ὅτι οὐδεὶς τῶν σοφῶν ἀνδρῶν ἡγεῖται οὐδένα ἀνθρώπων ἑκόντα ἐξαμαρτάνειν οὐδὲ αἰσχρά τε καὶ κακὰ ἑκόντα ἐργάζεσθαι, ἀλλ' εὖ ἴσασιν ὅτι πάντες οἱ τὰ αἰσχρὰ καὶ τὰ κακὰ ποιοῦντες ἄκοντες ποιοῦσιν· καὶ δὴ καὶ ὁ Σιμωνίδης οὐχ ὃς ἂν μὴ κακὰ ποιῇ ἑκών, τούτων φησὶν ἐπαινέτης εἶναι, ἀλλὰ περὶ ἑαυτοῦ λέγει τοῦτο τὸ ἑκών. ἡγεῖτο γὰρ ἄνδρα καλὸν κἀγαθὸν πολλάκις αὑτὸν ἐπαναγκάζειν φίλον τινὶ γίγνεσθαι καὶ ἐπαινέτην [φιλεῖν καὶ ἐπαινεῖν], οἷον ἀνδρὶ πολλάκις συμβῆναι μητέρα ἢ πατέρα ἀλλόκοτον ἢ πατρίδα ἢ ἄλλο τι τῶν τοιούτων. τοὺς μὲν οὖν πονηρούς, ὅταν τοιοῦτόν τι αὐτοῖς συμβῇ, ὥσπερ ἀσμένους ὁρᾶν καὶ ψέγοντας ἐπιδεικνύναι καὶ κατηγορεῖν τὴν πονηρίαν τῶν γονέων ἢ πατρίδος, ἵνα αὐτοῖς ἀμελοῦσιν αὐτῶν μὴ ἐγκαλῶσιν οἱ ἄνθρωποι μηδ' ὀνειδίζωσιν ὅτι ἀμελοῦσιν, ὥστε ἔτι μᾶλλον ψέγειν τε αὐτοὺς καὶ ἔχθρας ἑκουσίους πρὸς ταῖς ἀναγκαίαις προστίθεσθαι· τοὺς δ' ἀγαθοὺς ἐπικρύπτεσθαί τε καὶ ἐπαινεῖν ἀναγκάζεσθαι, καὶ ἄν τι ὀργισθῶσιν τοῖς γονεῦσιν ἢ πατρίδι ἀδικηθέντες, αὐτοὺς ἑαυτοὺς παραμυθεῖσθαι καὶ διαλλάττεσθαι προσαναγκάζοντας ἑαυτοὺς φιλεῖν τοὺς ἑαυτῶν καὶ ἐπαινεῖν. πολλάκις δέ, οἶμαι, καὶ Σιμωνίδης ἡγήσατο καὶ αὐτὸς ἢ τύραννον ἢ ἄλλον τινὰ τῶν τοιούτων ἐπαινέσαι καὶ ἐγκωμιάσαι οὐχ ἑκών, ἀλλ' ἀναγκαζόμενος. ταῦτα δὴ καὶ τῷ Πιττακῷ λέγει ὅτι ἐγώ, ὦ Πιττακέ, οὐ διὰ ταῦτά σε ψέγω· ὅτι εἰμὶ φιλόψογος, ἐπεὶ

ἔμοιγ' ἐξαρκεῖ ὃς ἂν μὴ κακὸς ᾖ

μηδ'. ἄγαν ἀπάλαμνος, εἰδώς τ' ὀνησίπολιν
δίκαν ὑγιὴς ἀνήρ·
οὔ μιν ἐγὼ μωμήσομαι.
οὐ γάρ εἰμι φιλόμωμος·
τῶν γὰρ ἠλιθίων ἀπείρων γενέθλα,

ὥστ' εἴ τις χαίρει ψέγων, ἐμπλησθείη ἂν ἐκείνους μεμφόμενος.

πάντα τοι καλά, τοῖσί τ' αἰσχρὰ μὴ μέμικται.

D οὐ τοῦτο λέγει, ὥσπερ ἂν εἰ ἔλεγε πάντα τοι λευκά, οἷς μέλανα μὴ μέμικται· γελοῖον γὰρ ἂν εἴη πολλαχῇ· ἀλλ' ὅτι αὐτὸς καὶ τὰ μέσα ἀποδέχεται ὥστε μὴ ψέγειν· καὶ οὐ ζητῶ, ἔφη, πανάμωμον ἄνθρωπον, εὐρυεδοῦς ὅσοι καρπὸν αἰνύμεθα χθονός, ἔπειθ' ὑμῖν εὑρὼν ἀπαγγελέω· ὥστε τούτου γ' ἕνεκα οὐδένα ἐπαινέσομαι, ἀλλά μοι ἐξαρκεῖ, ἂν ᾖ μέσος καὶ μηδὲν κακὸν ποιῇ, ὡς ἐγὼ πάντας φιλέω καὶ ἐπαίνημι—καὶ τῇ φωνῇ ἐνταῦθα κέχρηται τῇ τῶν
E Μυτιληναίων, ὡς πρὸς Πιττακὸν λέγων τὸ πάντας δὲ ἐπαίνημι καὶ φιλέω ἑκών (ἐνταῦθα δεῖ ἐν τῷ ἑκών διαλαβεῖν λέγοντα) ὅστις ἔρδῃ μηδὲν αἰσχρόν, ἄκων δ' ἔστιν οὓς ἐγὼ ἐπαινῶ καὶ φιλῶ. σὲ
347 οὖν, καὶ εἰ μέσως ἔλεγες ἐπιεικῆ καὶ ἀληθῆ, ὦ Πιττακέ, οὐκ ἄν ποτε ἔψεγον. νῦν δέ—σφόδρα γὰρ καὶ περὶ τῶν μεγίστων ψευδόμενος δοκεῖς ἀληθῆ λέγειν, διὰ ταῦτά σε ἐγὼ ψέγω.

Ταῦτά μοι δοκεῖ, ὦ Πρόδικε καὶ Πρωταγόρα, ἦν δ' ἐγώ, Σιμωνίδης διανοούμενος πεποιηκέναι τοῦτο τὸ ᾆσμα.

Καὶ ὁ Ἱππίας, Εὖ μέν μοι δοκεῖς, ἔφη, ὦ Σώκρατες,
B καὶ σὺ περὶ τοῦ ᾄσματος διεληλυθέναι· ἔστι μέντοι, ἔφη, καὶ ἐμοὶ λόγος περὶ αὐτοῦ εὖ ἔχων, ὃν ὑμῖν ἐπιδείξω, ἂν βούλησθε. καὶ ὁ Ἀλκιβιάδης, Ναί, ἔφη,

ὦ Ἱππία, εἰσαῦθίς γε· νῦν δὲ δίκαιόν ἐστιν, ἃ ὡμολογησάτην πρὸς ἀλλήλω Πρωταγόρας καὶ Σωκράτης, Πρωταγόρας μὲν εἰ ἔτι βούλεται ἐρωτᾶν, ἀποκρίνεσθαι Σωκράτη, εἰ δὲ δὴ βούλεται Σωκράτει ἀποκρίνεσθαι, ἐρωτᾶν τὸν ἕτερον. καὶ ἐγὼ εἶπον Ἐπιτρέπω μὲν ἔγωγε Πρωταγόρᾳ ὁπότερον αὐτῷ ἥδιον· εἰ δὲ βούλεται, C περὶ μὲν ᾀσμάτων τε καὶ ἐπῶν ἐάσωμεν, περὶ δὲ ὧν τὸ πρῶτον ἐγώ σε ἠρώτησα, ὦ Πρωταγόρα, ἡδέως ἂν ἐπὶ τέλος ἔλθοιμι μετὰ σοῦ σκοπούμενος. καὶ γὰρ δοκεῖ μοι τὸ περὶ ποιήσεως διαλέγεσθαι ὁμοιότατον εἶναι τοῖς συμποσίοις τοῖς τῶν φαύλων καὶ ἀγοραίων ἀνθρώπων. καὶ γὰρ οὗτοι, διὰ τὸ μὴ δύνασθαι ἀλλήλοις δι' ἑαυτῶν συνεῖναι ἐν τῷ πότῳ μηδὲ διὰ τῆς ἑαυτῶν φωνῆς καὶ τῶν λόγων τῶν ἑαυτῶν ὑπὸ ἀπαιδευσίας, τιμίας ποιοῦσι τὰς αὐλητρίδας, πολλοῦ μισθούμενοι ἀλλοτρίαν φωνὴν τὴν τῶν αὐλῶν, καὶ διὰ D τῆς ἐκείνων φωνῆς ἀλλήλοις σύνεισιν· ὅπου δὲ καλοὶ κἀγαθοὶ συμπόται (καὶ πεπαιδευμένοι) εἰσίν, οὐκ ἂν ἴδοις οὔτ' αὐλητρίδας οὔτε ὀρχηστρίδας οὔτε ψαλτρίας, ἀλλὰ αὐτοὺς αὑτοῖς ἱκανοὺς ὄντας συνεῖναι ἄνευ τῶν λήρων τε καὶ παιδιῶν τούτων διὰ τῆς αὑτῶν φωνῆς, λέγοντάς τε καὶ ἀκούοντας ἐν μέρει ἑαυτῶν κοσμίως, κἂν πάνυ πολὺν οἶνον πίωσιν. οὕτω δὲ καὶ αἱ τοιαίδε E συνουσίαι, ἐὰν μὲν λάβωνται ἀνδρῶν, οἷοίπερ ἡμῶν οἱ πολλοί φασιν εἶναι, οὐδὲν δέονται ἀλλοτρίας φωνῆς οὐδὲ ποιητῶν, οὓς οὔτε ἀνερέσθαι οἷόν τ' ἐστὶν περὶ ὧν λέγουσιν, ἐπαγόμενοί τε αὐτοὺς οἱ πολλοὶ ἐν τοῖς λόγοις οἱ μὲν ταῦτά φασιν τὸν ποιητὴν νοεῖν, οἱ δ' ἕτερα, περὶ πράγματος διαλεγόμενοι †ὃ† ἀδυνατοῦσιν ἐξελέγξαι· ἀλλὰ τὰς μὲν τοιαύτας συνουσίας ἐῶσιν χαίρειν, αὐτοὶ δ' ἑαυτοῖς σύνεισιν δι' ἑαυτῶν, ἐν τοῖς 348 ἑαυτῶν λόγοις πεῖραν ἀλλήλων λαμβάνοντες καὶ διδόντες. τοὺς τοιούτους μοι δοκεῖ χρῆναι μᾶλλον

μιμεῖσθαι ἐμέ τε καὶ σέ, καταθεμένους τοὺς ποιητὰς
αὐτοὺς δι' ἡμῶν αὐτῶν πρὸς ἀλλήλους τοὺς λόγους
ποιεῖσθαι, τῆς ἀληθείας καὶ ἡμῶν αὐτῶν πεῖραν λαμβάνοντας· κἂν μὲν βούλῃ ἔτι ἐρωτᾶν, ἑτοῖμός εἰμί σοι
παρέχειν ἀποκρινόμενος· ἐὰν δὲ βούλῃ, σὺ ἐμοὶ
παράσχες, περὶ ὧν μεταξὺ ἐπαυσάμεθα διεξιόντες,
τούτοις τέλος ἐπιθεῖναι.

B Λέγοντος οὖν ἐμοῦ ταῦτα καὶ· τοιαῦτα ἄλλα οὐδὲν
ἀπεσάφει ὁ Πρωταγόρας ὁπότερα ποιήσοι. εἶπεν οὖν
ὁ Ἀλκιβιάδης πρὸς τὸν Καλλίαν βλέψας, Ὦ Καλλία,
δοκεῖ σοι, ἔφη, καὶ νῦν καλῶς Πρωταγόρας ποιεῖν, οὐκ
ἐθέλων εἴτε δώσει λόγον εἴτε μὴ διασαφεῖν ; ἐμοὶ γὰρ
οὐ δοκεῖ· ἀλλ' ἤτοι διαλεγέσθω ἢ εἰπέτω ὅτι οὐκ
ἐθέλει διαλέγεσθαι, ἵνα τούτῳ μὲν ταῦτα συνειδῶμεν,
C Σωκράτης δὲ ἄλλῳ τῳ διαλέγηται ἢ ἄλλος ὅστις ἂν
βούληται ἄλλῳ. καὶ ὁ Πρωταγόρας αἰσχυνθείς, ὥς
γ' ἐμοὶ ἔδοξεν, τοῦ τε Ἀλκιβιάδου ταῦτα λέγοντος
καὶ τοῦ Καλλίου δεομένου καὶ τῶν ἄλλων σχεδόν
τι τῶν παρόντων, μόγις προυτράπετο εἰς τὸ διαλέγεσθαι καὶ ἐκέλευεν ἐρωτᾶν αὐτὸν ὡς ἀποκρινούμενος.

Εἶπον δὴ ἐγώ, Ὦ Πρωταγόρα, μὴ οἴου διαλέγεσθαί
μέ σοι ἄλλο τι βουλόμενον ἢ ἃ αὐτὸς ἀπορῶ ἑκάστοτε,
ταῦτα διασκέψασθαι. ἡγοῦμαι γὰρ πάνυ λέγειν τι
τὸν Ὅμηρον τὸ

D σύν τε δύ' ἐρχομένω, καί τε πρὸ ὃ τοῦ ἐνόησεν.
εὐπορώτεροι γάρ πως ἅπαντές ἐσμεν οἱ ἄνθρωποι πρὸς
ἅπαν ἔργον καὶ λόγον καὶ διανόημα· μοῦνος δ' εἴπερ
τε νοήσῃ, αὐτίκα περιιὼν ζητεῖ ὅτῳ ἐπιδείξηται καὶ
μεθ' ὅτου βεβαιώσηται, ἕως ἂν ἐντύχῃ. ὥσπερ καὶ
ἐγὼ ἕνεκα τούτου σοὶ ἡδέως διαλέγομαι μᾶλλον ἢ ἄλλῳ
τινί, ἡγούμενός σε βέλτιστ' ἂν ἐπισκέψασθαι καὶ περὶ
E τῶν ἄλλων περὶ ὧν εἰκὸς σκοπεῖσθαι τὸν ἐπιεικῆ, καὶ

δὴ καὶ περὶ ἀρετῆς. τίνα γὰρ ἄλλον ἢ σέ; ὅς γε οὐ μόνον αὐτὸς οἴει καλὸς κἀγαθὸς εἶναι, ὥσπερ τινὲς ἄλλοι αὐτοὶ μὲν ἐπιεικεῖς εἰσιν, ἄλλους δὲ οὐ δύνανται ποιεῖν· σὺ δὲ καὶ αὐτὸς ἀγαθὸς εἶ καὶ ἄλλους οἷός τ' εἶ ποιεῖν ἀγαθούς. καὶ οὕτω πεπίστευκας σαυτῷ, ὥστε καὶ ἄλλων ταύτην τὴν τέχνην ἀποκρυπτομένων σύ γ' ἀναφανδὸν σεαυτὸν ὑποκηρυξάμενος εἰς πάντας τοὺς Ἕλληνας, σοφιστὴν ἐπονομάσας, σεαυτὸν ἀπέφηνας παιδεύσεως καὶ ἀρετῆς διδάσκαλον, πρῶτος τούτου μισθὸν ἀξιώσας ἄρνυσθαι. πῶς οὖν οὔ σε χρῆν παρακαλεῖν ἐπὶ τὴν τούτων σκέψιν καὶ ἐρωτᾶν καὶ ἀνακοινοῦσθαι; οὐκ ἔσθ' ὅπως οὔ. καὶ νῦν δὴ ἐγὼ ἐκεῖνα, ἅπερ τὸ πρῶτον ἠρώτων περὶ τούτων, πάλιν ἐπιθυμῶ ἐξ ἀρχῆς τὰ μὲν ἀναμνησθῆναι παρὰ σοῦ, τὰ δὲ συνδιασκέψασθαι. ἦν δέ, ὡς ἐγᾦμαι, τὸ ἐρώτημα τόδε· σοφία καὶ σωφροσύνη καὶ ἀνδρεία καὶ δικαιοσύνη καὶ ὁσιότης, πότερον ταῦτα, πέντε ὄντα ὀνόματα, ἐπὶ ἑνὶ πράγματί ἐστιν, ἢ ἑκάστῳ τῶν ὀνομάτων τούτων ὑπόκειταί τις ἴδιος οὐσία καὶ πρᾶγμα ἔχον ἑαυτοῦ δύναμιν ἕκαστον, οὐκ ὂν οἷον τὸ ἕτερον αὐτῶν τὸ ἕτερον; ἔφησθα οὖν σὺ οὐκ ὀνόματα ἐπὶ ἑνὶ εἶναι, ἀλλὰ ἕκαστον ἰδίῳ πράγματι τῶν ὀνομάτων τούτων ἐπικεῖσθαι, πάντα δὲ ταῦτα μόρια εἶναι ἀρετῆς, οὐχ ὡς τὰ τοῦ χρυσοῦ μόρια ὁμοῖά ἐστιν ἀλλήλοις καὶ τῷ ὅλῳ οὗ μόριά ἐστιν, ἀλλ' ὡς τὰ τοῦ προσώπου μόρια καὶ τῷ ὅλῳ οὗ μόριά ἐστιν καὶ ἀλλήλοις ἀνόμοια, ἰδίαν ἕκαστα δύναμιν ἔχοντα. ταῦτα εἰ μέν σοι δοκεῖ ἔτι ὥσπερ τότε, φάθι· εἰ δὲ ἄλλως πως, τοῦτο διόρισαι, ὡς ἔγωγε οὐδέν σοι ὑπόλογον τίθεμαι, ἐάν πῃ ἄλλῃ νῦν φήσῃς· οὐ γὰρ ἂν θαυμάζοιμι, εἰ τότε ἀποπειρώμενός μου ταῦτα ἔλεγες.

Ἀλλ' ἐγώ σοι, ἔφη, λέγω, ὦ Σώκρατες, ὅτι ταῦτα πάντα μόρια μέν ἐστιν ἀρετῆς, καὶ τὰ μὲν τέτταρα αὐτῶν ἐπιεικῶς παραπλήσια ἀλλήλοις ἐστίν, ἡ δὲ ἀνδρεία πάνυ πολὺ διαφέρον πάντων τούτων. ὧδε δὲ γνώσει ὅτι ἐγὼ ἀληθῆ λέγω· εὑρήσεις γὰρ πολλοὺς τῶν ἀνθρώπων ἀδικωτάτους μὲν ὄντας καὶ ἀνοσιωτάτους καὶ ἀκολαστοτάτους καὶ ἀμαθεστάτους, ἀνδρειοτάτους δὲ διαφερόντως. Ἔχε δή, ἔφην ἐγώ· ἄξιον γάρ τοι ἐπισκέψασθαι ὃ λέγεις. πότερον τοὺς ἀνδρείους θαρραλέους λέγεις ἢ ἄλλο τι; Καὶ ἴτας γ', ἔφη, ἐφ' ἃ οἱ πολλοὶ φοβοῦνται ἰέναι. Φέρε δή, τὴν ἀρετὴν καλόν τι φῇς εἶναι, καὶ ὡς καλοῦ ὄντος αὐτοῦ σὺ διδάσκαλον σαυτὸν παρέχεις; Κάλλιστον μὲν οὖν, ἔφη, εἰ μὴ μαίνομαί γε. Πότερον οὖν, ἦν δ' ἐγώ, τὸ μέν τι αὐτοῦ αἰσχρόν, τὸ δέ τι καλόν, ἢ ὅλον καλόν; Ὅλον που καλὸν ὡς οἷόν τε μάλιστα. Οἶσθα οὖν τίνες εἰς τὰ φρέατα κολυμβῶσιν θαρραλέως; Ἔγωγε, ὅτι οἱ κολυμβηταί. Πότερον διότι ἐπίστανται ἢ δι' ἄλλο τι; Ὅτι ἐπίστανται. Τίνες δὲ ἀπὸ τῶν ἵππων πολεμεῖν θαρραλέοι εἰσίν; πότερον οἱ ἱππικοὶ ἢ οἱ ἄφιπποι; Οἱ ἱππικοί. Τίνες δὲ πέλτας ἔχοντες; οἱ πελταστικοὶ ἢ οἱ μή; Οἱ πελταστικοί. καὶ τὰ ἄλλα γε πάντα, εἰ τοῦτο ζητεῖς, ἔφη, οἱ ἐπιστήμονες τῶν μὴ ἐπισταμένων θαρραλεώτεροί εἰσιν, καὶ αὐτοὶ ἑαυτῶν, ἐπειδὰν μάθωσιν, ἢ πρὶν μαθεῖν. Ἤδη δέ τινας ἑώρακας, ἔφην, πάντων τούτων ἀνεπιστήμονας ὄντας, θαρροῦντας δὲ πρὸς ἕκαστα τούτων; Ἔγωγε, ἦ δ' ὅς, καὶ λίαν γε θαρροῦντας. Οὐκοῦν οἱ θαρραλέοι οὗτοι καὶ ἀνδρεῖοί εἰσιν; Αἰσχρὸν μεντἄν, ἔφη, εἴη ἡ ἀνδρεία· ἐπεὶ οὗτοί γε μαινόμενοί εἰσιν. Πῶς οὖν, ἔφην ἐγώ, λέγεις τοὺς ἀνδρείους; οὐχὶ τοὺς θαρραλέους εἶναι; Καὶ νῦν γ', ἔφη. Οὐκοῦν οὗτοι, ἦν δ' ἐγώ, οἱ οὕτω θαρραλέοι ὄντες οὐκ ἀνδρεῖοι ἀλλὰ μαινόμενοι φαίνονται; καὶ ἐκεῖ αὖ οἱ σοφώτατοι οὗτοι καὶ θαρραλεώτατοί εἰσιν, θαρραλεώτατοι δὲ ὄντες ἀνδρειότατοι;

καὶ κατὰ τοῦτον τὸν λόγον ἡ σοφία ἂν ἀνδρεία εἴη;

Οὐ καλῶς, ἔφη, μνημονεύεις, ὦ Σώκρατες, ἃ ἔλεγόν τε καὶ ἀπεκρινόμην σοι. ἔγωγε ἐρωτηθεὶς ὑπὸ σοῦ, εἰ οἱ ἀνδρεῖοι θαρραλέοι εἰσίν, ὡμολόγησα· εἰ δὲ καὶ οἱ θαρραλέοι ἀνδρεῖοι, οὐκ ἠρωτήθην· εἰ γάρ με τοῦτ' ἤρου, εἶπον ἂν ὅτι οὐ πάντες· τοὺς δὲ ἀνδρείους ὡς οὐ θαρραλέοι εἰσίν, τὸ ἐμὸν ὁμολόγημα, οὐδαμοῦ ἐπέδειξας ὡς οὐκ ὀρθῶς ὡμολόγησα. ἔπειτα τοὺς ἐπισταμένους αὐτοὺς ἑαυτῶν θαρραλεωτέρους ὄντας ἀποφαίνεις καὶ μὴ ἐπισταμένων ἄλλων, καὶ ἐν τούτῳ οἴει τὴν ἀνδρείαν καὶ τὴν σοφίαν ταὐτὸν εἶναι· τούτῳ δὲ τῷ τρόπῳ μετιὼν καὶ τὴν ἰσχὺν οἰηθείης ἂν εἶναι σοφίαν. πρῶτον μὲν γὰρ εἰ οὕτω μετιὼν ἔροιό με εἰ οἱ ἰσχυροὶ δυνατοί εἰσιν, φαίην ἄν· ἔπειτα, εἰ οἱ ἐπιστάμενοι παλαίειν δυνατώτεροί εἰσιν τῶν μὴ ἐπισταμένων παλαίειν καὶ αὐτοὶ αὑτῶν, ἐπειδὰν μάθωσιν, ἢ πρὶν μαθεῖν, φαίην ἄν· ταῦτα δὲ ἐμοῦ ὁμολογήσαντος ἐξείη ἄν σοι, χρωμένῳ τοῖς αὐτοῖς τεκμηρίοις τούτοις, λέγειν ὡς κατὰ τὴν ἐμὴν ὁμολογίαν ἡ σοφία ἐστὶν ἰσχύς. ἐγὼ δὲ οὐδαμοῦ οὐδ' ἐνταῦθα ὁμολογῶ τοὺς δυνατοὺς ἰσχυροὺς εἶναι, τοὺς μέντοι ἰσχυροὺς δυνατούς· οὐ γὰρ ταὐτὸν εἶναι δύναμίν τε καὶ ἰσχύν, ἀλλὰ τὸ μὲν καὶ ἀπὸ ἐπιστήμης γίγνεσθαι [τὴν δύναμιν] καὶ ἀπὸ μανίας τε καὶ ἀπὸ θυμοῦ, ἰσχὺν δὲ ἀπὸ φύσεως καὶ εὐτροφίας τῶν σωμάτων. οὕτω δὲ κἀκεῖ οὐ ταὐτὸν εἶναι θάρσος τε καὶ ἀνδρείαν· ὥστε συμβαίνει τοὺς μὲν ἀνδρείους θαρραλέους εἶναι, μὴ μέντοι τούς γε θαρραλέους ἀνδρείους πάντας· θάρσος μὲν γὰρ καὶ ἀπὸ τέχνης γίγνεται ἀνθρώποις καὶ ἀπὸ θυμοῦ τε καὶ ἀπὸ μανίας, ὥσπερ ἡ δύναμις, ἀνδρεία δὲ ἀπὸ φύσεως καὶ εὐτροφίας τῶν ψυχῶν γίγνεται.

Λέγεις δέ τινας, ἔφην, ὦ Πρωταγόρα, τῶν ἀνθρώπων

εὖ ζῆν, τοὺς δὲ κακῶς; Ἔφη. Ἆρ' οὖν δοκεῖ σοι
ἄνθρωπος ἂν εὖ ζῆν, εἰ ἀνιώμενός τε καὶ ὀδυνώμενος
ζῴη; Οὐκ ἔφη. Τί δ', εἰ ἡδέως βιοὺς τὸν βίον
τελευτήσειεν, οὐκ εὖ ἄν σοι δοκοῖ οὕτως βεβιωκέναι;
Ἔμοιγ', ἔφη. Τὸ μὲν ἄρα ἡδέως ζῆν ἀγαθόν, τὸ δ'
C ἀηδῶς κακόν. Εἴπερ τοῖς καλοῖς γ', ἔφη, ζῴη ἡδόμενος.
Τί δή, ὦ Πρωταγόρα; μὴ καὶ σύ, ὥσπερ οἱ πολλοί,
ἡδέ' ἄττα καλεῖς κακὰ καὶ ἀνιαρὰ ἀγαθά; ἐγὼ γὰρ
λέγω, καθ' ὃ ἡδέα ἐστίν, ἆρα κατὰ τοῦτο οὐκ ἀγαθά,
μὴ εἴ τι ἀπ' αὐτῶν ἀποβήσεται ἄλλο; καὶ αὖθις αὖ
τὰ ἀνιαρὰ ὡσαύτως οὕτως οὐ καθ' ὅσον ἀνιαρά, κακά;
Οὐκ οἶδα, ὦ Σώκρατες, ἔφη, ἁπλῶς οὕτως, ὡς σὺ
D ἐρωτᾷς, εἰ ἐμοὶ ἀποκριτέον ἐστίν, ὡς τὰ ἡδέα τε ἀγαθά
ἐστιν ἅπαντα καὶ τὰ ἀνιαρὰ κακά· ἀλλά μοι δοκεῖ οὐ
μόνον πρὸς τὴν νῦν ἀπόκρισιν ἐμοὶ ἀσφαλέστερον
εἶναι ἀποκρίνασθαι, ἀλλὰ καὶ πρὸς πάντα τὸν ἄλλον
βίον τὸν ἐμόν, ὅτι ἔστι μὲν ἃ τῶν ἡδέων οὐκ ἔστιν
ἀγαθά, ἔστι δ' αὖ καὶ ἃ τῶν ἀνιαρῶν οὐκ ἔστι κακά,
ἔστι δ' ἃ ἔστιν, καὶ τρίτον ἃ οὐδέτερα, οὔτε κακὰ οὔτ'
ἀγαθά. Ἡδέα δὲ καλεῖς, ἦν δ' ἐγώ, οὐ τὰ ἡδονῆς
E μετέχοντα ἢ ποιοῦντα ἡδονήν; Πάνυ γ', ἔφη. Τοῦτο
τοίνυν λέγω, καθ' ὅσον ἡδέα ἐστίν, εἰ οὐκ ἀγαθά, τὴν
ἡδονὴν αὐτὴν ἐρωτῶν εἰ οὐκ ἀγαθόν ἐστιν. Ὥσπερ
σὺ λέγεις, ἔφη, ἑκάστοτε, ὦ Σώκρατες, σκοπώμεθα
αὐτό, καὶ ἐὰν μὲν πρὸς λόγον δοκῇ εἶναι τὸ σκέμμα
καὶ τὸ αὐτὸ φαίνηται ἡδύ τε καὶ ἀγαθόν, συγχωρη-
σόμεθα· εἰ δὲ μή, τότε ἤδη ἀμφισβητήσομεν. Πότερον
οὖν, ἦν δ' ἐγώ, σὺ βούλει ἡγεμονεύειν τῆς σκέψεως, ἢ
ἐγὼ ἡγῶμαι; Δίκαιος, ἔφη, σὺ ἡγεῖσθαι· σὺ γὰρ καὶ
κατάρχεις τοῦ λόγου. Ἆρ' οὖν, ἦν δ' ἐγώ, τῇδέ πῃ
352 καταφανὲς ἂν ἡμῖν γένοιτο; ὥσπερ εἴ τις ἄνθρωπον
σκοπῶν ἐκ τοῦ εἴδους ἢ πρὸς ὑγίειαν ἢ πρὸς ἄλλο τι
τῶν τοῦ σώματος ἔργων, ἰδὼν τὸ πρόσωπον καὶ τὰς

χεῖρας ἄκρας εἴποι· ἴθι δή μοι ἀποκαλύψας καὶ τὰ στήθη καὶ τὸ μετάφρενον ἐπίδειξον, ἵνα ἐπισκέψωμαι σαφέστερον· καὶ ἐγὼ τοιοῦτόν τι ποθῶ πρὸς τὴν σκέψιν· θεασάμενος ὅτι οὕτως ἔχεις πρὸς τὸ ἀγαθὸν καὶ τὸ ἡδύ, ὡς φῄς, δέομαι τοιοῦτόν τι εἰπεῖν· ἴθι δή μοι, ὦ Πρωταγόρα, καὶ τόδε τῆς διανοίας ἀποκάλυψον· πῶς ἔχεις πρὸς ἐπιστήμην; πότερον καὶ τοῦτό σοι δοκεῖ ὥσπερ τοῖς πολλοῖς ἀνθρώποις, ἢ ἄλλως; δοκεῖ δὲ τοῖς πολλοῖς περὶ ἐπιστήμης τοιοῦτόν τι, οὐκ ἰσχυρὸν οὐδ᾽ ἡγεμονικὸν οὐδ᾽ ἀρχικὸν εἶναι· οὐδὲ ὡς περὶ τοιούτου αὐτοῦ ὄντος διανοοῦνται, ἀλλ᾽ ἐνούσης πολλάκις ἀνθρώπῳ ἐπιστήμης οὐ τὴν ἐπιστήμην αὐτοῦ ἄρχειν, ἀλλ᾽ ἄλλο τι, τοτὲ μὲν θυμόν, τοτὲ δὲ ἡδονήν, τοτὲ δὲ λύπην, ἐνίοτε δὲ ἔρωτα, πολλάκις δὲ φόβον, ἀτεχνῶς διανοούμενοι περὶ τῆς ἐπιστήμης, ὥσπερ περὶ ἀνδραπόδου, περιελκομένης ὑπὸ τῶν ἄλλων ἁπάντων. ἆρ᾽ οὖν καὶ σοὶ τοιοῦτόν τι περὶ αὐτῆς δοκεῖ, ἢ καλόν τε εἶναι ἡ ἐπιστήμη καὶ οἷον ἄρχειν τοῦ ἀνθρώπου, καὶ ἐάνπερ γιγνώσκῃ τις τἀγαθὰ καὶ τὰ κακά, μὴ ἂν κρατηθῆναι ὑπὸ μηδενός, ὥστε ἄλλ᾽ ἄττα πράττειν ἢ ἂν ἐπιστήμη κελεύῃ, ἀλλ᾽ ἱκανὴν εἶναι τὴν φρόνησιν βοηθεῖν τῷ ἀνθρώπῳ; Καὶ δοκεῖ, ἔφη, ὥσπερ σὺ λέγεις, ὦ Σώκρατες, καὶ ἅμα, εἴπερ τῳ ἄλλῳ, αἰσχρόν ἐστι καὶ ἐμοὶ σοφίαν καὶ ἐπιστήμην μὴ οὐχὶ πάντων κράτιστον φάναι εἶναι τῶν ἀνθρωπείων πραγμάτων. Καλῶς γε, ἔφην ἐγώ, σὺ λέγων καὶ ἀληθῆ. οἶσθα οὖν ὅτι οἱ πολλοὶ τῶν ἀνθρώπων ἐμοί τε καὶ σοὶ οὐ πείθονται, ἀλλὰ πολλούς φασι γιγνώσκοντας τὰ βέλτιστα οὐκ ἐθέλειν πράττειν, ἐξὸν αὐτοῖς, ἀλλὰ ἄλλα πράττειν· καὶ ὅσους δὴ ἐγὼ ἠρόμην ὅ τί ποτε αἴτιόν ἐστι τούτου, ὑπὸ ἡδονῆς φασὶν ἡττωμένους ἢ λύπης ἢ ὧν νῦν δὴ ἐγὼ ἔλεγον ὑπό τινος τούτων κρατουμένους ταῦτα ποιεῖν τοὺς ποιοῦντας. Πολλὰ γὰρ οἶμαι, ἔφη,

ὦ Σώκρατες, καὶ ἄλλα οὐκ ὀρθῶς λέγουσιν οἱ ἄνθρωποι.
Ἴθι δὴ μετ' ἐμοῦ ἐπιχείρησον πείθειν τοὺς ἀνθρώπους
καὶ διδάσκειν ὅ ἐστιν αὐτοῖς τοῦτο τὸ πάθος, ὅ φασιν
ὑπὸ τῶν ἡδονῶν ἡττᾶσθαι καὶ οὐ πράττειν διὰ ταῦτα
τὰ βέλτιστα, ἐπεὶ γιγνώσκειν γε αὐτά. ἴσως γὰρ ἂν
λεγόντων ἡμῶν ὅτι οὐκ ὀρθῶς λέγετε, ὦ ἄνθρωποι,
ἀλλὰ ψεύδεσθε, ἔροιντ' ἂν ἡμᾶς· ὦ Πρωταγόρα τε
καὶ Σώκρατες, εἰ μὴ ἔστιν τοῦτο τὸ πάθημα ἡδονῆς
ἡττᾶσθαι, ἀλλὰ τί ποτ' ἐστίν, καὶ τί ὑμεῖς αὐτὸ φατε
εἶναι; εἴπατον ἡμῖν. Τί δέ, ὦ Σώκρατες, δεῖ ἡμᾶς
σκοπεῖσθαι τὴν τῶν πολλῶν δόξαν ἀνθρώπων, οἳ ὅ τι
ἂν τύχωσι τοῦτο λέγουσιν; Οἶμαι, ἦν δ' ἐγώ, εἶναί
τι ἡμῖν τοῦτο πρὸς τὸ ἐξευρεῖν περὶ ἀνδρείας, πρὸς
τἆλλα μόρια τὰ τῆς ἀρετῆς πῶς ποτ' ἔχει. εἰ οὖν
σοι δοκεῖ ἐμμένειν οἷς ἄρτι ἔδοξεν ἡμῖν, ἐμὲ ἡγήσασθαι,
ᾗ οἶμαι ἂν ἔγωγε κάλλιστα φανερὸν γενέσθαι, ἕπου·
εἰ δὲ μὴ βούλει, εἴ σοι φίλον, ἐῶ χαίρειν. Ἀλλ', ἔφη,
ὀρθῶς λέγεις· καὶ πέραινε ὥσπερ ἤρξω.

Πάλιν τοίνυν, ἔφην ἐγώ, εἰ ἔροιντο ἡμᾶς· τί οὖν
φατε τοῦτο εἶναι, ὃ ἡμεῖς ἥττω εἶναι τῶν ἡδονῶν
ἐλέγομεν; εἴποιμ' ἂν ἔγωγε πρὸς αὐτοὺς ὡδί· ἀκούετε
δή· πειρασόμεθα γὰρ ὑμῖν ἐγώ τε καὶ Πρωταγόρας
φράσαι. ἄλλο τι γάρ, ὦ ἄνθρωποι, φατὲ ὑμῖν τοῦτο
γίγνεσθαι ἐν τοῖσδε, οἷον πολλάκις ὑπὸ σίτων καὶ
ποτῶν καὶ ἀφροδισίων κρατούμενοι ἡδέων ὄντων,
γιγνώσκοντες ὅτι πονηρά ἐστιν, ὅμως αὐτὰ πράττειν;
Φαῖεν ἄν. Οὐκοῦν ἐροίμεθ' ἂν αὐτοὺς ἐγώ τε καὶ σὺ
πάλιν· πονηρὰ δὲ αὐτὰ πῇ φατε εἶναι; πότερον ὅτι
τὴν ἡδονὴν ταύτην ἐν τῷ παραχρῆμα παρέχει καὶ ἡδύ
ἐστιν ἕκαστον αὐτῶν, ἢ ὅτι εἰς τὸν ὕστερον χρόνον
νόσους τε ποιεῖ καὶ πενίας καὶ ἄλλα τοιαῦτα πολλὰ
παρασκευάζει; ἢ κἂν εἴ τι τούτων εἰς τὸ ὕστερον
μηδὲν παρασκευάζει, χαίρειν δὲ μόνον ποιεῖ, ὅμως δ'

ἂν κακὰ εἴη, ὅ τι μαθόντα χαίρειν ποιεῖ καὶ ὁπῃοῦν; ἆρ' οἰόμεθ' ἂν αὐτούς, ὦ Πρωταγόρα, ἄλλο τι ἀποκρίνασθαι, ἢ ὅτι οὐ κατὰ τὴν αὐτῆς τῆς ἡδονῆς τῆς παραχρῆμα ἐργασίαν κακά ἐστιν, ἀλλὰ διὰ τὰ ὕστερον Ε γιγνόμενα, νόσους τε καὶ τἆλλα. Ἐγὼ μὲν οἶμαι, ἔφη ὁ Πρωταγόρας, τοὺς πολλοὺς ἂν ταῦτα ἀποκρίνασθαι. Οὐκοῦν νόσους ποιοῦντα ἀνίας ποιεῖ, καὶ πενίας ποιοῦντα ἀνίας ποιεῖ; ὁμολογοῖεν ἄν, ὡς ἐγῷμαι. 354 Συνέφη ὁ Πρωταγόρας. Οὐκοῦν φαίνεται, ὦ ἄνθρωποι, ὑμῖν, ὥς φαμεν ἐγώ τε καὶ Πρωταγόρας, δι' οὐδὲν ἄλλο ταῦτα κακὰ ὄντα, ἢ διότι εἰς ἀνίας τε ἀποτελευτᾷ καὶ ἄλλων ἡδονῶν ἀποστερεῖ; ὁμολογοῖεν ἄν; Συνεδόκει ἡμῖν ἀμφοῖν. Οὐκοῦν πάλιν αὖ αὐτοὺς τὸ ἐναντίον εἰ ἐροίμεθα· ὦ ἄνθρωποι οἱ λέγοντες αὖ ἀγαθὰ ἀνιαρὰ εἶναι, ἆρα οὐ τὰ τοιάδε λέγετε, οἷον τά τε γυμνάσια καὶ τὰς στρατείας καὶ τὰς ὑπὸ τῶν ἰατρῶν θεραπείας τὰς διὰ καύσεών τε καὶ τομῶν καὶ φαρμακειῶν καὶ λιμοκτονιῶν γιγνομένας, ὅτι ταῦτα ἀγαθὰ μέν ἐστιν, ἀνιαρὰ δέ; φαῖεν ἄν; Συνεδόκει. Πότερον οὖν κατὰ τόδε ἀγαθὰ αὐτὰ καλεῖτε, ὅτι ἐν τῷ Β παραχρῆμα ὀδύνας τὰς ἐσχάτας παρέχει καὶ ἀλγηδόνας, ἢ ὅτι εἰς τὸν ὕστερον χρόνον ὑγίειαί τε ἀπ' αὐτῶν γίγνονται καὶ εὐεξίαι τῶν σωμάτων καὶ τῶν πόλεων σωτηρίαι καὶ ἄλλων ἀρχαὶ καὶ πλοῦτοι; φαῖεν ἄν, ὡς ἐγῷμαι. Συνεδόκει. Ταῦτα δὲ ἀγαθά ἐστι δι' ἄλλο τι, ἢ ὅτι εἰς ἡδονὰς ἀποτελευτᾷ καὶ λυπῶν ἀπαλλαγάς τε καὶ ἀποτροπάς; ἢ ἔχετέ τι ἄλλο τέλος λέγειν, εἰς ὃ ἀποβλέψαντες αὐτὰ ἀγαθὰ καλεῖτε, ἀλλ' C ἢ ἡδονάς τε καὶ λύπας; οὐκ ἂν φαῖεν, ὡς ἐγῷμαι. Οὐδ' ἐμοὶ δοκεῖ, ἔφη ὁ Πρωταγόρας. Οὐκοῦν τὴν μὲν ἡδονὴν διώκετε ὡς ἀγαθὸν ὄν, τὴν δὲ λύπην φεύγετε ὡς κακόν; Συνεδόκει. Τοῦτ' ἄρα ἡγεῖσθ' εἶναι κακόν, τὴν λύπην, καὶ ἀγαθὸν τὴν ἡδονήν, ἐπεὶ καὶ αὐτὸ τὸ

Ι

χαίρειν τότε λέγετε κακὸν εἶναι, ὅταν μειζόνων ἡδονῶν ἀποστερῇ ἢ ὅσας αὐτὸ ἔχει, ἢ λύπας μείζους παρασκευάζῃ τῶν ἐν αὐτῷ ἡδονῶν· ἐπεὶ εἰ κατ' ἄλλο τι αὐτὸ τὸ χαίρειν κακὸν καλεῖτε καὶ εἰς ἄλλο τι τέλος ἀποβλέψαντες, ἔχοιτε ἂν καὶ ἡμῖν εἰπεῖν· ἀλλ' οὐχ ἕξετε. Οὐδ' ἐμοὶ δοκοῦσιν, ἔφη ὁ Πρωταγόρας. Ἄλλο τι οὖν πάλιν καὶ περὶ αὐτοῦ τοῦ λυπεῖσθαι ὁ αὐτὸς τρόπος; τότε καλεῖτε αὐτὸ τὸ λυπεῖσθαι ἀγαθόν, ὅταν ἢ μείζους λύπας τῶν ἐν αὐτῷ οὐσῶν ἀπαλλάττῃ ἢ μείζους ἡδονὰς τῶν λυπῶν παρασκευάζῃ; ἐπεὶ εἰ πρὸς ἄλλο τι τέλος ἀποβλέπετε, ὅταν καλῆτε αὐτὸ τὸ λυπεῖσθαι ἀγαθόν, ἢ πρὸς ὃ ἐγὼ λέγω, ἔχετε ἡμῖν εἰπεῖν· ἀλλ' οὐχ ἕξετε. Ἀληθῆ, ἔφη, λέγεις, ὁ Πρωταγόρας. Πάλιν τοίνυν, ἔφην ἐγώ, εἴ με ἀνέροισθε, ὦ ἄνθρωποι, τίνος οὖν δήποτε ἕνεκα πολλὰ περὶ τούτου λέγεις καὶ πολλαχῇ; συγγιγνώσκετέ μοι, φαίην ἂν ἔγωγε. πρῶτον μὲν γὰρ οὐ ῥᾴδιον ἀποδεῖξαι, τί ἐστίν ποτε τοῦτο, ὃ ὑμεῖς καλεῖτε τῶν ἡδονῶν ἥττω εἶναι· ἔπειτα ἐν τούτῳ εἰσὶν πᾶσαι αἱ ἀποδείξεις. ἀλλ' ἔτι καὶ νῦν ἀναθέσθαι ἔξεστιν, εἴ πῃ ἔχετε ἄλλο τι φάναι εἶναι τὸ ἀγαθὸν ἢ τὴν ἡδονήν, ἢ τὸ κακὸν ἄλλο τι ἢ τὴν ἀνίαν, ἢ ἀρκεῖ ὑμῖν τὸ ἡδέως καταβιῶναι τὸν βίον ἄνευ λυπῶν; εἰ δὲ ἀρκεῖ καὶ μὴ ἔχετε μηδὲν ἄλλο φάναι εἶναι ἀγαθὸν ἢ κακόν, ὃ μὴ εἰς ταῦτα τελευτᾷ, τὸ μετὰ τοῦτο ἀκούετε. φημὶ γὰρ ὑμῖν τούτου οὕτως ἔχοντος γελοῖον τὸν λόγον γίγνεσθαι, ὅταν λέγητε, ὅτι πολλάκις γιγνώσκων τὰ κακὰ ἄνθρωπος, ὅτι κακά ἐστιν, ὅμως πράττει αὐτά, ἐξὸν μὴ πράττειν, ὑπὸ τῶν ἡδονῶν ἀγόμενος καὶ ἐκπληττόμενος· καὶ αὖθις αὖ λέγετε, ὅτι γιγνώσκων ὁ ἄνθρωπος τἀγαθὰ πράττειν οὐκ ἐθέλει διὰ τὰς παραχρῆμα ἡδονάς, ὑπὸ τούτων ἡττώμενος. ὡς δὲ ταῦτα γελοῖά ἐστιν, κατάδηλον ἔσται, ἐὰν μὴ πολλοῖς ὀνόμασι χρώμεθα [ἅμα] ἡδεῖ τε καὶ ἀνιαρῷ καὶ ἀγαθῷ καὶ κακῷ, ἀλλ' ἐπειδὴ δύο ἐφάνη ταῦτα, δυοῖν καὶ ὀνόμασιν προσαγορεύωμεν αὐτά, πρῶτον μὲν ἀγαθῷ καὶ κακῷ, ἔπειτα αὖθις ἡδεῖ τε καὶ ἀνιαρῷ. θέμενοι δὴ οὕτω λέγωμεν, ὅτι γι- γνώσκων ὁ ἄνθρωπος τὰ κακὰ ὅτι κακά ἐστιν, ὅμως αὐτὰ ποιεῖ. ἐὰν οὖν τις ἡμᾶς ἔρηται, διὰ τί, ἡττώμενος, φήσομεν· ὑπὸ τοῦ; ἐκεῖνος ἐρήσεται ἡμᾶς· ἡμῖν δὲ ὑπὸ μὲν ἡδονῆς οὐκέτι ἔξεστιν εἰπεῖν· ἄλλο γὰρ ὄνομα μετείληφεν ἀντὶ τῆς ἡδονῆς τὸ ἀγαθόν· ἐκείνῳ δὴ ἀποκρινώμεθα καὶ λέγωμεν, ὅτι ἡττώμενος —ὑπὸ τίνος; φήσει· τοῦ ἀγαθοῦ, φήσομεν νὴ Δία. ἂν οὖν τύχῃ ὁ ἐρόμενος ἡμᾶς ὑβριστὴς ὤν, γελάσεται καὶ ἐρεῖ· ἦ γελοῖον λέγετε πρᾶγμα, εἰ πράττει τις κακά, γιγνώσκων ὅτι κακά ἐστιν, οὐ δέον αὐτὸν πράττειν, ἡττώμενος ὑπὸ τῶν ἀγαθῶν. ἆρα, φήσει, οὐκ ἀξίων ὄντων νικᾶν ἐν ὑμῖν τῶν ἀγαθῶν τὰ κακά, ἢ ἀξίων; φήσομεν δῆλον ὅτι ἀποκρινόμενοι, ὅτι οὐκ ἀξίων ὄντων· οὐ γὰρ ἂν ἐξημάρτανεν ὃν φαμεν ἥττω εἶναι τῶν ἡδονῶν. κατὰ τί δέ, φήσει ἴσως, ἀνάξιά ἐστιν τἀγαθὰ τῶν κακῶν ἢ τὰ κακὰ τῶν ἀγαθῶν; ἢ κατ' ἄλλο τι ἢ ὅταν τὰ μὲν μείζω, τὰ δὲ σμικρότερα ᾖ; ἢ πλείω, τὰ δὲ ἐλάττω ᾖ; οὐχ ἕξομεν εἰπεῖν ἄλλο ἢ τοῦτο. δῆλον ἄρα, φήσει, ὅτι τὸ ἡττᾶσθαι τοῦτο λέγετε, ἀντὶ ἐλαττόνων ἀγαθῶν μείζω κακὰ λαμβάνειν. ταῦτα μὲν οὖν οὕτω. μεταλάβωμεν δὴ τὰ ὀνόματα πάλιν τὸ ἡδύ τε καὶ ἀνιαρὸν ἐπὶ τοῖς αὐτοῖς τούτοις, καὶ λέγωμεν ὅτι ἄνθρωπος πράττει, τότε μὲν ἐλέγομεν τὰ κακά, νῦν δὲ λέγωμεν τὰ ἀνιαρά, γιγνώσκων, ὅτι ἀνιαρά ἐστιν, ἡττώμενος ὑπὸ τῶν ἡδέων, δῆλον ὅτι ἀναξίων ὄντων νικᾶν. καὶ τίς ἄλλη ἀναξία ἡδονῇ πρὸς λύπην ἐστίν, ἀλλ' ἢ ὑπερβολὴ ἀλλήλων καὶ ἔλλειψις; ταῦτα δ' ἐστὶ μείζω τε καὶ σμικρότερα γιγνόμενα ἀλλήλων καὶ πλείω καὶ ἐλάττω καὶ μᾶλλον

καὶ ἧττον. εἰ γάρ τις λέγοι ὅτι ἀλλὰ πολὺ διαφέρει, ὦ Σώκρατες, τὸ παραχρῆμα ἡδὺ τοῦ εἰς τὸν ὕστερον χρόνον καὶ ἡδέος καὶ λυπηροῦ, μῶν ἄλλῳ τῳ, φαίην ἂν ἔγωγε, ἢ ἡδονῇ καὶ λύπῃ; οὐ γὰρ ἔσθ' ὅτῳ
B ἄλλῳ. ἀλλ' ὥσπερ ἀγαθὸς ἱστάναι ἄνθρωπος, συνθεὶς τὰ ἡδέα καὶ συνθεὶς τὰ λυπηρά, καὶ τὸ ἐγγὺς καὶ τὸ πόρρω στήσας ἐν τῷ ζυγῷ, εἰπὲ πότερα πλείω ἐστίν. ἐὰν μὲν γὰρ ἡδέα πρὸς ἡδέα ἱστῇς, τὰ μείζω ἀεὶ καὶ πλείω ληπτέα· ἐὰν δὲ λυπηρὰ πρὸς λυπηρά, τὰ ἐλάττω καὶ σμικρότερα· ἐὰν δὲ ἡδέα πρὸς λυπηρά, ἐὰν μὲν τὰ ἀνιαρὰ ὑπερβάλληται ὑπὸ τῶν ἡδέων, ἐάν τε τὰ ἐγγὺς ὑπὸ τῶν πόρρω ἐάν τε τὰ πόρρω ὑπὸ τῶν ἐγγύς, ταύτην τὴν πρᾶξιν πρακτέον ἐν ᾗ ἂν ταῦτ' ἐνῇ·
C ἐὰν δὲ τὰ ἡδέα ὑπὸ τῶν ἀνιαρῶν, οὐ πρακτέα· μή πῃ ἄλλῃ ἔχει, φαίην ἄν, ταῦτα, ὦ ἄνθρωποι; οἶδ' ὅτι οὐκ ἂν ἔχοιεν ἄλλως λέγειν. Συνεδόκει καὶ ἐκείνῳ. Ὅτε δὴ τοῦτο οὕτως ἔχει, τόδε μοι ἀποκρίνασθε, φήσω. φαίνεται ὑμῖν τῇ ὄψει τὰ αὐτὰ μεγέθη ἐγγύθεν μὲν μείζω, πόρρωθεν δὲ ἐλάττω· ἢ οὔ; Φήσουσι. Καὶ τὰ παχέα καὶ τὰ πολλὰ ὡσαύτως; καὶ αἱ φωναὶ †αἱ† ἴσαι ἐγγύθεν μὲν μείζους, πόρρωθεν δὲ σμικρότεραι; Φαῖεν
D ἄν. Εἰ οὖν ἐν τούτῳ ἡμῖν ἦν τὸ εὖ πράττειν, ἐν τῷ τὰ μὲν μεγάλα μήκη καὶ πράττειν καὶ λαμβάνειν, τὰ δὲ σμικρὰ καὶ φεύγειν καὶ μὴ πράττειν, τίς ἂν ἡμῖν σωτηρία ἐφάνη τοῦ βίου; ἆρα ἡ μετρητικὴ τέχνη ἢ ἡ τοῦ φαινομένου δύναμις; ἢ αὕτη μὲν ἡμᾶς ἐπλάνα καὶ ἐποίει ἄνω τε καὶ κάτω πολλάκις μεταλαμβάνειν ταὐτὰ καὶ μεταμέλειν καὶ ἐν ταῖς πράξεσιν καὶ ἐν ταῖς αἱρέσεσιν τῶν μεγάλων τε καὶ σμικρῶν, ἡ δὲ μετρητικὴ ἄκυρον μὲν ἂν ἐποίησε τοῦτο τὸ φάντασμα,
E δηλώσασα δὲ τὸ ἀληθὲς ἡσυχίαν ἂν ἐποίησεν ἔχειν τὴν ψυχὴν μένουσαν ἐπὶ τῷ ἀληθεῖ καὶ ἔσωσεν ἂν τὸν βίον; ἆρ' ἂν ὁμολογοῖεν οἱ ἄνθρωποι πρὸς ταῦτα ἡμᾶς

τὴν μετρητικὴν σώζειν ἂν τέχνην, ἢ ἄλλην; Τὴν μετρητικήν, ὡμολόγει. Τί δ', εἰ ἐν τῇ τοῦ περιττοῦ καὶ ἀρτίου αἱρέσει ἡμῖν ἦν ἡ σωτηρία τοῦ βίου, ὁπότε τὸ πλέον ὀρθῶς ἔδει ἐλέσθαι καὶ ὁπότε τὸ ἔλαττον, ἢ αὐτὸ πρὸς ἑαυτὸ ἢ τὸ ἕτερον πρὸς τὸ ἕτερον, εἴτ' ἐγγὺς εἴτε πόρρω εἴη, τί ἂν ἔσωζεν ἡμῖν τὸν βίον; ἆρ' ἂν οὐκ ἐπιστήμη; καὶ ἆρ' ἂν οὐ μετρητική τις, ἐπειδήπερ ὑπερβολῆς τε καὶ ἐνδείας ἐστὶν ἡ τέχνη; ἐπειδὴ δὲ περιττοῦ τε καὶ ἀρτίου, ἆρα ἄλλη τις ἢ ἀριθμητική; ὁμολογοῖεν ἂν ἡμῖν οἱ ἄνθρωποι, ἢ οὔ; Ἐδόκουν ἂν καὶ τῷ Πρωταγόρᾳ ὁμολογεῖν. Εἶεν, ὦ ἄνθρωποι· ἐπειδὴ δὲ ἡδονῆς τε καὶ λύπης ἐν ὀρθῇ τῇ αἱρέσει ἐφάνη ἡμῖν ἡ σωτηρία τοῦ βίου οὖσα, τοῦ τε πλείονος καὶ ἐλάττονος καὶ μείζονος καὶ σμικροτέρου καὶ πορρωτέρω καὶ ἐγγυτέρω, ἆρα πρῶτον μὲν οὐ μετρητικὴ φαίνεται, ὑπερβολῆς τε καὶ ἐνδείας οὖσα καὶ ἰσότητος πρὸς ἀλλήλας σκέψις; Ἀλλ' ἀνάγκη. Ἐπεὶ δὲ μετρητική, ἀνάγκη δήπου τέχνη καὶ ἐπιστήμη. Συμφήσουσιν. Ἥτις μὲν τοίνυν τέχνη καὶ ἐπιστήμη ἐστὶν αὕτη, εἰσαῦθις σκεψόμεθα· ὅτι δὲ ἐπιστήμη ἐστίν, τοσοῦτον ἐξαρκεῖ πρὸς τὴν ἀπόδειξιν, ἣν ἐμὲ δεῖ καὶ Πρωταγόραν ἀποδεῖξαι περὶ ὧν ἤρεσθ' ἡμᾶς. ἤρεσθε δέ, εἰ μέμνησθε, ἡνίκα ἡμεῖς ἀλλήλοις ὡμολογοῦμεν ἐπιστήμης μηδὲν εἶναι κρεῖττον, ἀλλὰ τοῦτο ἀεὶ κρατεῖν, ὅπου ἂν ἐνῇ, καὶ ἡδονῆς καὶ τῶν ἄλλων ἁπάντων· ὑμεῖς δὲ δὴ ἔφατε τὴν ἡδονὴν πολλάκις κρατεῖν καὶ τοῦ εἰδότος ἀνθρώπου, ἐπειδὴ δὲ ὑμῖν οὐχ ὡμολογοῦμεν, μετὰ τοῦτο ἤρεσθε ἡμᾶς· ὦ Πρωταγόρα τε καὶ Σώκρατες, εἰ μὴ ἔστι τοῦτο τὸ πάθημα ἡδονῆς ἡττᾶσθαι, ἀλλὰ τί ποτ' ἐστὶν καὶ τί ὑμεῖς αὐτὸ φατε εἶναι; εἴπατε ἡμῖν. εἰ μὲν οὖν τότε εὐθὺς ὑμῖν εἴπομεν ὅτι ἀμαθία, κατεγελᾶτε ἂν ἡμῶν· νῦν δὲ ἂν ἡμῶν καταγελᾶτε, καὶ ὑμῶν αὐτῶν καταγελάσεσθε.

118 ΠΛΑΤΩΝΟΣ

καὶ γὰρ ὑμεῖς ὡμολογήκατε ἐπιστήμης ἐνδείᾳ ἐξαμαρ-
τάνειν περὶ τὴν τῶν ἡδονῶν αἵρεσιν· καὶ λυπῶν τοὺς
ἐξαμαρτάνοντας· ταῦτα δέ ἐστιν ἀγαθά τε καὶ κακά·
καὶ οὐ μόνον ἐπιστήμης, ἀλλὰ καὶ εἰς τὸ πρόσθεν ἔτι
ὡμολογήκατε ὅτι μετρητικῆς· ἡ δὲ ἐξαμαρτανομένη
E πρᾶξις ἄνευ ἐπιστήμης ἴστε που καὶ αὐτοὶ ὅτι ἀμαθίᾳ
πράττεται. ὥστε τοῦτ' ἐστὶν τὸ ἡδονῆς ἥττω εἶναι,
ἀμαθία ἡ μεγίστη· ἧς Πρωταγόρας ὅδε φησὶν ἰατρὸς
εἶναι καὶ Πρόδικος καὶ Ἱππίας· ὑμεῖς δὲ διὰ τὸ
οἴεσθαι ἄλλο τι ἢ ἀμαθίαν εἶναι οὔτε αὐτοί, οὔτε τοὺς
ὑμετέρους παῖδας παρὰ τοὺς τούτων διδασκάλους τούσδε
[τοὺς σοφιστὰς] πέμπετε, ὡς οὐ διδακτοῦ ὄντος, ἀλλὰ
κηδόμενοι τοῦ ἀργυρίου καὶ οὐ διδόντες τούτοις κακῶς
πράττετε καὶ ἰδίᾳ καὶ δημοσίᾳ.
358 Ταῦτα μὲν τοῖς πολλοῖς ἀποκεκριμένοι ἂν ἦμεν·
ὑμᾶς δὲ δὴ μετὰ Πρωταγόρου ἐρωτῶ, †ὦ† Ἱππία τε
καὶ Πρόδικε—κοινὸς γὰρ δὴ ἔστω ὑμῖν ὁ λόγος—
πότερον δοκῶ ὑμῖν ἀληθῆ λέγειν ἢ ψεύδεσθαι. Ὑπερ-
φυῶς ἐδόκει ἅπασιν ἀληθῆ εἶναι τὰ εἰρημένα. Ὁμο-
λογεῖτε ἄρα, ἦν δ' ἐγώ, τὸ μὲν ἡδὺ ἀγαθὸν εἶναι, τὸ δὲ
ἀνιαρὸν κακόν. τὴν δὲ Προδίκου τοῦδε διαίρεσιν τῶν
ὀνομάτων παραιτοῦμαι· εἴτε γὰρ ἡδὺ εἴτε τερπνὸν
λέγεις εἴτε χαρτόν, εἴτε ὁπόθεν καὶ ὅπως χαίρεις τὰ
B τοιαῦτα ὀνομάζων, ὦ βέλτιστε Πρόδικε, τοῦτό μοι
πρὸς ὃ βούλομαι ἀπόκριναι. Γελάσας οὖν ὁ Πρόδικος
συνωμολόγησε, καὶ οἱ ἄλλοι. Τί δὲ δή, ὦ ἄνδρες,
ἔφην ἐγώ, τὸ τοιόνδε; αἱ ἐπὶ τούτου πράξεις ἅπασαι,
ἐπὶ τοῦ ἀλύπως ζῆν καὶ ἡδέως, ἆρ' οὐ καλαί [καὶ
ὠφέλιμοι]; καὶ τὸ καλὸν ἔργον ἀγαθόν τε καὶ ὠφέ-
λιμον; Συνεδόκει. Εἰ ἄρα, ἔφην ἐγώ, τὸ ἡδὺ ἀγαθόν
ἐστιν, οὐδεὶς οὔτε εἰδὼς οὔτε οἰόμενος ἄλλα βελτίω
C εἶναι, ἢ ἃ ποιεῖ, καὶ δυνατά, ἔπειτα ποιεῖ ταῦτα, ἐξὸν
τὰ βελτίω· οὐδὲ τὸ ἥττω εἶναι αὑτοῦ ἄλλο τι τοῦτ'

ἐστὶν ἡ ἀμαθία, οὐδὲ κρείττω ἑαυτοῦ ἄλλο τι ἢ σοφία. Συνεδόκει πᾶσιν. Τί δὲ δή; ἀμαθίαν ἆρα τὸ τοιόνδε λέγετε, τὸ ψευδῆ ἔχειν δόξαν καὶ ἐψεῦσθαι περὶ τῶν πραγμάτων τῶν πολλοῦ ἀξίων; Καὶ τοῦτο πᾶσι συνεδόκει. Ἄλλο τι οὖν, ἔφην ἐγώ, ἐπί γε τὰ κακὰ οὐδεὶς ἑκὼν ἔρχεται οὐδ' ἐπὶ ἃ οἴεται κακὰ εἶναι, οὐδ' ἔστι τοῦτο, ὡς ἔοικεν, ἐν ἀνθρώπου φύσει, ἐπὶ ἃ οἴεται κακὰ εἶναι ἐθέλειν ἰέναι ἀντὶ τῶν ἀγαθῶν· ὅταν τε ἀναγκασθῇ δυοῖν κακοῖν τὸ ἕτερον αἱρεῖσθαι, οὐδεὶς τὸ μεῖζον αἱρήσεται ἐξὸν τὸ ἔλαττον. Ἅπαντα ταῦτα συνεδόκει ἅπασιν ἡμῖν. Τί οὖν; ἔφην ἐγώ, καλεῖτέ †τι† δέος καὶ φόβον; καὶ ἆρα ὅπερ ἐγώ; πρὸς σὲ λέγω, ὦ Πρόδικε. προσδοκίαν τινὰ λέγω κακοῦ τοῦτο, εἴτε φόβον εἴτε δέος καλεῖτε. Ἐδόκει Πρωταγόρᾳ μὲν καὶ Ἱππίᾳ δέος τε καὶ φόβος εἶναι τοῦτο, Προδίκῳ δὲ δέος, φόβος δ' οὔ. Ἀλλ' οὐδέν, ἔφην ἐγώ, †ὦ† Πρόδικε, διαφέρει· ἀλλὰ τόδε, εἰ ἀληθῆ τὰ ἔμπροσθέν ἐστιν, ἆρά τις ἀνθρώπων ἐθελήσει ἐπὶ ταῦτα ἰέναι ἃ δέδοικεν, ἐξὸν ἐπὶ ἃ μή; ἢ ἀδύνατον ἐκ τῶν ὡμολογημένων; ἃ γὰρ δέδοικεν, ὡμολόγηται ἡγεῖσθαι κακὰ εἶναι· ἃ δὲ ἡγεῖται κακά, οὐδένα οὔτε ἰέναι ἐπὶ ταῦτα οὔτε λαμβάνειν ἑκόντα. Ἐδόκει καὶ ταῦτα πᾶσιν.

Οὕτω δὴ τούτων ὑποκειμένων, ἦν δ' ἐγώ, †ὦ† Πρόδικέ τε καὶ Ἱππία, ἀπολογείσθω ἡμῖν Πρωταγόρας ὅδε, ἃ τὸ πρῶτον ἀπεκρίνατο, πῶς ὀρθῶς ἔχει, μὴ ἃ τὸ πρῶτον παντάπασι· τότε μὲν γὰρ δὴ πέντε ὄντων μορίων τῆς ἀρετῆς οὐδὲν ἔφη εἶναι τὸ ἕτερον οἷον τὸ ἕτερον, ἰδίαν δὲ αὐτοῦ ἕκαστον ἔχειν δύναμιν· ἀλλ' οὐ ταῦτα λέγω, ἀλλ' ἃ τὸ ὕστερον εἶπεν. τὸ γὰρ ὕστερον ἔφη τὰ μὲν τέτταρα ἐπιεικῶς παραπλήσια ἀλλήλοις εἶναι, τὸ δὲ ἓν πάνυ πολὺ διαφέρειν τῶν ἄλλων, τὴν ἀνδρείαν, γνώσεσθαι δέ μ' ἔφη τεκμηρίῳ τῷδε· εὑρήσεις γάρ, ὦ Σώκρατες, ἀνθρώπους ἀνοσιωτάτους μὲν ὄντας καὶ ἀδικωτάτους καὶ ἀκολαστοτάτους καὶ ἀμαθεστάτους, ἀνδρειοτάτους δέ· ᾧ γνώσει ὅτι πολὺ διαφέρει ἡ ἀνδρεία τῶν ἄλλων μορίων τῆς ἀρετῆς. καὶ ἐγὼ εὐθὺς τότε πάνυ ἐθαύμασα τὴν ἀπόκρισιν, καὶ ἔτι μᾶλλον ἐπειδὴ ταῦτα μεθ' ὑμῶν διεξῆλθον. ἠρόμην δ' οὖν τοῦτον, εἰ τοὺς ἀνδρείους λέγοι θαρραλέους· ὁ δέ, καὶ ἴτας γ', ἔφη. μέμνησαι, ἦν δ' ἐγώ, ὦ Πρωταγόρα, ταῦτα ἀποκρινόμενος; Ὡμολόγει. Ἴθι δή, ἔφην ἐγώ, εἰπὲ ἡμῖν, ἐπὶ τί λέγεις ἴτας εἶναι τοὺς ἀνδρείους; ἢ ἐφ' ἅπερ οἱ δειλοί; Οὐκ ἔφη. Οὐκοῦν ἐφ' ἕτερα. Ναί, ἦ δ' ὅς. Πότερον οἱ μὲν δειλοὶ ἐπὶ τὰ θαρραλέα ἔρχονται, οἱ δὲ ἀνδρεῖοι ἐπὶ τὰ δεινά; Λέγεται δή, ὦ Σώκρατες, οὕτως ὑπὸ τῶν ἀνθρώπων. Ἀληθῆ, ἔφην ἐγώ, λέγεις· ἀλλ' οὐ τοῦτο ἐρωτῶ, ἀλλὰ σὺ ἐπὶ τί φῂς ἴτας εἶναι τοὺς ἀνδρείους; ἆρ' ἐπὶ τὰ δεινά, ἡγουμένους δεινὰ εἶναι, ἢ ἐπὶ τὰ μή; Ἀλλὰ τοῦτό γ', ἔφη, ἐν οἷς σὺ ἔλεγες τοῖς λόγοις ἀπεδείχθη ἄρτι ὅτι ἀδύνατον. Καὶ τοῦτο, ἔφην ἐγώ, ἀληθὲς λέγεις· ὥστ' εἰ τοῦτο ὀρθῶς ἀπεδείχθη, ἐπὶ μὲν ἃ δεινὰ ἡγεῖται εἶναι οὐδεὶς ἔρχεται, ἐπειδὴ τὸ ἥττω εἶναι ἑαυτοῦ εὑρέθη ἀμαθία οὖσα. Ὡμολόγει. Ἀλλὰ μὴν ἐπὶ ἅ γε θαρροῦσιν πάντες αὖ ἔρχονται, καὶ δειλοὶ καὶ ἀνδρεῖοι, καὶ ταύτῃ γε ἐπὶ τὰ αὐτὰ ἔρχονται οἱ δειλοί τε καὶ οἱ ἀνδρεῖοι. Ἀλλὰ μέντοι, ἔφη, ὦ Σώκρατες, πᾶν γε τοὐναντίον ἐστὶν ἐπὶ ἃ οἵ τε δειλοὶ ἔρχονται καὶ οἱ ἀνδρεῖοι. αὐτίκα εἰς τὸν πόλεμον οἱ μὲν ἐθέλουσιν ἰέναι, οἱ δὲ οὐκ ἐθέλουσιν. Πότερον, ἔφην ἐγώ, καλὸν ὂν ἰέναι ἢ αἰσχρόν; Καλόν, ἔφη. Οὐκοῦν εἴπερ καλόν, καὶ ἀγαθὸν ὡμολογήσαμεν ἐν τοῖς ἔμπροσθεν· τὰς γὰρ καλὰς πράξεις ἁπάσας ἀγαθὰς ὡμολογήσαμεν. Ἀληθῆ λέγεις, καὶ ἀεὶ ἔμοιγε δοκεῖ οὕτως. Ὀρθῶς γε, ἔφην ἐγώ. ἀλλὰ ποτέρους φῂς εἰς τὸν πόλεμον οὐκ ἐθέλειν ἰέναι, καλὸν ὂν καὶ ἀγαθόν; Τοὺς δειλούς, ἦ δ' ὅς. Οὐκοῦν, ἦν δ' ἐγώ, εἴπερ καλὸν καὶ ἀγαθόν, καὶ ἡδύ; Ὡμολόγηται γοῦν, ἔφη. Ἆρ' οὖν γιγνώσκοντες οἱ δειλοὶ οὐκ ἐθέλουσιν ἰέναι ἐπὶ τὸ κάλλιόν τε καὶ ἄμεινον καὶ ἥδιον; Ἀλλὰ καὶ τοῦτο ἐὰν ὁμολογῶμεν, ἔφη, διαφθεροῦμεν τὰς ἔμπροσθεν ὁμολογίας. Τί δ' ὁ ἀνδρεῖος; οὐκ ἐπὶ τὸ κάλλιόν τε καὶ ἄμεινον καὶ ἥδιον ἔρχεται; Ἀνάγκη, ἔφη, ὁμολογεῖν. Οὐκοῦν ὅλως οἱ ἀνδρεῖοι οὐκ αἰσχροὺς φόβους φοβοῦνται, ὅταν φοβῶνται, οὐδὲ αἰσχρὰ θάρρη θαρροῦσιν; Ἀληθῆ, ἔφη. Εἰ δὲ μὴ αἰσχρά, ἆρ' οὐ καλά; Ὡμολόγει. Εἰ δὲ καλά, καὶ ἀγαθά; Ναί. Οὐκοῦν καὶ οἱ δειλοὶ [καὶ οἱ θαρσεῖς] καὶ οἱ μαινόμενοι τοὐναντίον αἰσχρούς τε φόβους φοβοῦνται καὶ αἰσχρὰ θάρρη θαρροῦσιν; Ὡμολόγει. Θαρροῦσιν δὲ τὰ αἰσχρὰ καὶ κακὰ δι' ἄλλο τι ἢ δι' ἄγνοιαν καὶ ἀμαθίαν; Οὕτως ἔχει, ἔφη. Τί οὖν; τοῦτο δι' ὃ δειλοί εἰσιν οἱ δειλοί, δειλίαν ἢ ἀνδρείαν καλεῖς; Δειλίαν ἔγωγ', ἔφη. Δειλοὶ δὲ οὐ διὰ τὴν τῶν δεινῶν ἀμαθίαν ἐφάνησαν ὄντες; Πάνυ γ', ἔφη. Διὰ ταύτην ἄρα τὴν ἀμαθίαν δειλοί εἰσιν; Ὡμολόγει. Δι' ὃ δὲ δειλοί εἰσιν, δειλία ὁμολογεῖται παρὰ σοῦ; Συνέφη. Οὐκοῦν ἡ τῶν δεινῶν καὶ μὴ δεινῶν ἀμαθία δειλία ἂν εἴη; Ἐπένευσεν. Ἀλλὰ μήν, ἦν δ' ἐγώ, ἐναντίον ἀνδρεία δειλία. Ἔφη. Οὐκοῦν ἡ τῶν δεινῶν καὶ μὴ δεινῶν σοφία ἐναντία τῇ τούτων ἀμαθίᾳ ἐστίν; Καὶ ἐνταῦθα ἔτι ἐπένευσεν. Ἡ δὲ τούτων ἀμαθία δειλία; Πάνυ μόγις ἐνταῦθα ἐπένευσεν. Ἡ σοφία ἄρα τῶν δεινῶν καὶ μὴ δεινῶν ἀνδρεία ἐστίν, ἐναντία οὖσα τῇ τούτων ἀμαθίᾳ; οὐκέτι ἐνταῦθα οὔτ' ἐπινεῦσαι ἠθέλησεν ἐσίγα τε· καὶ ἐγὼ εἶπον· Τί δή, ὦ Πρωταγόρα, οὔτε σὺ φῂς ἃ ἐρωτῶ οὔτε ἀπόφῃς; Αὐτός, ἔφη, πέρανον. Ἕν γ', ἔφην ἐγώ, μόνον ἐρόμενος ἔτι σέ, εἴ σοι ὥσπερ τὸ πρῶτον ἔτι δοκοῦσιν εἶναί τινες ἄνθρωποι ἀμαθέστατοι μέν, ἀνδρειότατοι δέ. Φιλονεικεῖν μοι, •ἔφη, δοκεῖς, ὦ Σώκρατες, τὸ ἐμὲ εἶναι τὸν ἀποκρινόμενον· χαριοῦμαι οὖν σοι, καὶ λέγω ὅτι ἐκ τῶν ὡμολογημένων ἀδύνατόν μοι δοκεῖ εἶναι.

Οὗτοι, ἦν δ' ἐγώ, ἄλλου ἕνεκα ἐρωτῶ πάντα ταῦτα, ἢ σκέψασθαι βουλόμενος, πῶς ποτ' ἔχει τὰ περὶ τῆς ἀρετῆς καὶ τί ποτ' ἐστὶν αὐτό ἡ ἀρετή. οἶδα γὰρ ὅτι τούτου φανεροῦ γενομένου μάλιστα ἂν κατάδηλον γένοιτο ἐκεῖνο, περὶ οὗ ἐγώ τε καὶ σὺ μακρὸν λόγον ἑκάτερος ἀπετείναμεν, ἐγὼ μὲν λέγων ὡς οὐ διδακτὸν ἀρετή, σὺ δ' ὡς διδακτόν. καί μοι δοκεῖ ἡμῶν ἡ ἄρτι ἔξοδος τῶν λόγων ὥσπερ ἄνθρωπος κατηγορεῖν τε καὶ καταγελᾶν, καὶ εἰ φωνὴν λάβοι, εἰπεῖν ἂν ὅτι ἄτοποί γ' ἐστέ, ὦ Σώκρατές τε καὶ Πρωταγόρα· σὺ μὲν λέγων ὅτι οὐ διδακτόν ἐστιν ἀρετὴ ἐν τοῖς ἔμπροσθεν, νῦν σεαυτῷ τἀναντία σπεύδεις, ἐπιχειρῶν ἀποδεῖξαι ὡς πάντα χρήματά ἐστιν ἐπιστήμη, καὶ ἡ δικαιοσύνη καὶ σωφροσύνη καὶ ἡ ἀνδρεία, ᾧ τρόπῳ μάλιστ' ἂν διδακτὸν φανείη ἡ ἀρετή· εἰ μὲν γὰρ ἄλλο τι ἦν ἢ ἐπιστήμη ἡ ἀρετή, ὥσπερ Πρωταγόρας ἐπεχείρει λέγειν, σαφῶς οὐκ ἂν ἦν διδακτόν· νῦν δὲ εἰ φανήσεται ἐπιστήμη ὅλον, ὡς σὺ σπεύδεις, ὦ Σώκρατες, θαυμάσιον ἔσται μὴ διδακτὸν ὄν. Πρωταγόρας δ' αὖ διδακτὸν τότε ὑποθέμενος νῦν τοὐναντίον ἔοικεν σπεύδοντι, ὀλίγου πάντα μᾶλλον φανῆναι αὐτὸ ἢ ἐπιστήμην· καὶ οὕτως ἂν ἥκιστα εἴη διδακτόν. ἐγὼ οὖν, ὦ Πρωταγόρα, πάντα ταῦτα καθορῶν ἄνω κάτω ταραττόμενα δεινῶς, πᾶσαν προθυμίαν ἔχω καταφανῆ αὐτὰ γενέσθαι, καὶ βουλοίμην ἂν ταῦτα διεξελθόντας ἡμᾶς ἐξελθεῖν καὶ ἐπὶ τὴν ἀρετὴν ὅ τι ἔστιν, καὶ πάλιν ἐπισκέψασθαι περὶ αὐτοῦ, εἴτε διδακτὸν εἴτε μὴ διδακτόν, μὴ πολλάκις ἡμᾶς ὁ Ἐπιμηθεὺς ἐκεῖνος καὶ ἐν τῇ σκέψει σφήλῃ ἐξαπατήσας, ὥσπερ καὶ ἐν τῇ διανομῇ ἠμέλησεν ἡμῶν, ὡς φῂς σύ. ἤρεσεν οὖν μοι καὶ ἐν τῷ μύθῳ ὁ Προμηθεὺς μᾶλλον τοῦ Ἐπιμηθέως· ᾧ χρώμενος ἐγὼ καὶ προμηθούμενος ὑπὲρ τοῦ βίου τοῦ ἐμαυτοῦ παντὸς πάντα ταῦτα πραγματεύομαι, καὶ εἰ σὺ ἐθέλοις, ὅπερ καὶ κατ' ἀρχὰς ἔλεγον, μετὰ σοῦ ἂν ἥδιστα ταῦτα συνδιασκοποίην. καὶ ὁ Πρωταγόρας, Ἐγὼ μέν, ἔφη, ὦ Σώκρατες, ἐπαινῶ σου τὴν προθυμίαν καὶ τὴν διέξοδον τῶν λόγων. καὶ γὰρ οὔτε τἆλλα οἶμαι κακὸς εἶναι ἄνθρωπος, φθονερός τε ἥκιστ' ἀνθρώπων, ἐπεὶ καὶ περὶ σοῦ πρὸς πολλοὺς δὴ εἴρηκα, ὅτι ὧν ἐντυγχάνω πολὺ μάλιστα ἄγαμαι σέ, τῶν μὲν τηλικούτων καὶ πάνυ· καὶ λέγω γε ὅτι οὐκ ἂν θαυμάζοιμι, εἰ τῶν ἐλλογίμων γένοιο ἀνδρῶν ἐπὶ σοφίᾳ. καὶ περὶ τούτων δὲ εἰσαῦθις, ὅταν βούλῃ, διέξιμεν· νῦν δ' ὥρα ἤδη καὶ ἐπ' ἄλλο τι τρέπεσθαι. Ἀλλ', ἦν δ' ἐγώ, οὕτω χρὴ ποιεῖν, εἴ σοι δοκεῖ. καὶ γὰρ ἐμοὶ οἷπερ ἔφην ἰέναι πάλαι ὥρα, ἀλλὰ Καλλίᾳ τῷ καλῷ χαριζόμενος παρέμεινα.

Ταῦτ' εἰπόντες καὶ ἀκούσαντες ἀπῇμεν.

NOTES

309 A. Πόθεν, ὦ Σώκρατες. Priscian (vi. 63) preserves Cicero's rendering of the opening words : *Quid tu ? unde tamen appares, o Socrate ? an id quidem non dubium est quin ab Alcibiade ?* Notice the parallelism in the use of ἤ and *an*, the true answer suggesting itself and being given as an alternative. The words δῆλον, δῆλα, are often present as here, cp. below 312 E, 330 B, *Phaedr.* 227 B, τίς οὖν δὴ ἦν ἡ διατριβή; ἢ δῆλον ὅτι τῶν λόγων ὑμᾶς Λυσίας εἱστία.

κυνηγεσίου. Xen. *Mem.* i. 2, 24, 'Αλκιβιάδης δ' αὖ διὰ μὲν κάλλος ὑπὸ πολλῶν καὶ σεμνῶν γυναικῶν θηρώμενος. The metaphor is constant in most languages.

ὥραν. The best comment on the word, which denotes the colouring of youth, attractive even apart from beauty of feature (κάλλος), is Aristotle's phrase (*Rhetoric*, iii. 4) ἄνευ κάλλους ὡραῖος, cp. Plat. *Rep.* x. 601 B, τοῖς τῶν ὡραίων προσώποις, καλῶν δὲ μή.

ἀνήρ. So Schanz with BT, though, *Nov. Comment.* pp. 98, 99, he depreciates the authority of B in such cases. Bekker reads ἀνήρ here : but there is no necessity for alteration if we take, with Heindorf, καλὸς ἀνήρ as predicate. Εἰς ἄνδρας ἐγγράφεσθαι was technically used of the registration, in the lists of citizens, of youths over eighteen.

ὥς γ' ἐν αὑτοῖς ἡμῖν εἰρῆσθαι. Cobet (*Nov. Lect.* 621) alters the text against BT to ἡμῖν αὐτοῖς. The unusual position, however, gives the meaning "to speak amongst ourselves alone," for which sense of αὐτός cp. 320 A, D below ; *Parmen.* 137 A, ἐπειδὴ καὶ . . . αὐτοί ἐσμεν ; Arist. *Ach.* 504, αὐτοὶ γάρ ἐσμεν. Ast, *Lex. Plat.* i. 317, gives a number of inversions like the present, among them *Phaed.* 91 A, ὅπως αὑτῷ ἐμοὶ ὅτι μάλιστα δόξει οὕτως ἔχειν. In these phrases ὡς is not a substitute for ὥστε, but merely serves to modify the whole expression, the infinitive (epexegetic) standing in its own right.

ὑποπιμπλάμενος. The ὑπό has the modificatory force in this compound which it has in ὑποφαίνω, ὑπόλευκος : so Ast gives as equivalent *sensim oppleo* and L. and S. transl. "beginning to have a thick beard."

309 A. εἶτα τί τοῦτο ; Suppl. ἐστί or διαφέρει, cp. 331 C.

οὐ σὺ μέντοι. Stallbaum on *Rep.* i. 339 B says that μέντοι is *in interrogationibus usurpatum quae habent vim confirmandi.* Similar instances are *Theaetet.* 163 E, τί δέ ; μνήμην οὐ λέγεις μέντοι τι ; *Charmides*, 159 B ; *Rep.* vii. 521 D. Below in 339 E the word has a similar sense.

309 B. χαριεστάτην ἥβην εἶναι τοῦ ὑπηνήτου. The passage referred to is Hom. *Il.* xxiv. 347, βῆ δ' ἰέναι κούρῳ αἰσυμνητῆρι ἐοικώς, | πρῶτον ὑπηνήτῃ, τοῦ περ χαριεστάτη ἥβη, where the allusion is to Hermes. Clemens Alexandrinus (*Protrept.* § 53) mentions that Alcibiades was in his day used as a model for busts of Hermes. In the text the absence of the article is felt. An easy correction would be to insert τήν before ἥβην where it may very well have dropped. Perhaps, however, its absence is due to a literal repetition of Homer's words.

ὑπὲρ ἐμοῦ εἶπε. As will be seen in 336 B, C, D and 348 B, C.

καὶ οὖν καί. Answering the previous question ἢ παρ' ἐκείνου φαίνει ; "and indeed I actually come immediately from him."

ἀπ' ἐκείνου ... αὐτοῦ. For different pronouns referring to the same person cp. 310 D below ; *Euthyphro*, 14 D, τίς αὕτη ἡ ὑπηρεσία ἐστὶ τοῖς θεοῖς ; αἰτεῖν τε φῂς αὐτοὺς καὶ διδόναι ἐκείνοις ; *Phaedo*, 111 B, τὰς δὲ ὥρας αὐτοῖς κρᾶσιν ἔχειν τοιαύτην, ὥστε ἐκείνους ἀνόσους εἶναι : in *Rep.* x. 600 B, where αὐτός and αὐτὸς ἐκεῖνος seem to have the same reference, the passage is probably corrupt. Shilleto *ad* Thuc. i. 132, 5, παιδικά ποτε ὢν αὐτοῦ καὶ πιστότατος ἐκείνῳ, has a most interesting note. He quotes from Plato, below 310 D ; *Rep.* v. 472 C ; *Phaedr.* 253 A.

ἐπελανθανόμην τε. Stallbaum refers to 347 E and 361 E below, remarking that τε after οὔτε often marks a climax. The usage is common in the poets ; cp. Eur. *Hipp.* 303, οὔτε γὰρ τότε | λόγοις ἐτέγγεθ' ἥδε, νῦν τ' οὐ πείθεται. A similarly marked instance, the negative being dissociated from the τε in the second clause, is found in Thuc. i. 5, 2, ὡς οὔτε ὧν πυνθάνονται ἀπαξιούντων τὸ ἔργον, οἷς τ' ἐπιμελὲς εἴη εἰδέναι, οὐκ ὀνειδιζόντων. Cp. Soph. *Ant.* 763 ; Herodot. v. 49 ; Thuc. ii. 81, 1 ; Plato, *Rep.* viii. 566 D, καὶ οὔτε τύραννός φησιν εἶναι, ὑπισχνεῖταί τε πολλὰ καὶ ἰδίᾳ καὶ δημοσίᾳ. So in Latin *nec* is followed by *et* : Livy, iii. 49, 8.

309 C. καὶ πολύ γε. Sc. καλλίονι ἐνέτυχον.

υἱέος. Schanz, relying on the evidence of inscriptions and the codex Parisinus, here and elsewhere writes ὑέος. The evidence of BT is, however, strongly in favour of the text. Sauppe, Kroschel and Deuschle also insert the ι.

τὸ σοφώτατον. Heindorf, Bekker, the Zürich editors, Schanz and Sauppe read σοφώτερον against BT, in reliance upon Ficinus' Latin version. Kroschel, Deuschle, and Stallbaum retain σοφώτατον. It is a sententious generalisation : "what is wisest must needs appear more fair."

ἀλλ' ἤ. Said with an accent of disappointment which is met by Socrates with the answer Σοφωτάτῳ μὲν οὖν κ.τ.ἑ., "No, not a *wise* man but one wisest of all," cp. *Gorg.* 447 A, ἀλλ' ἦ, τὸ λεγόμενον, κατόπιν ἑορτῆς ἥκομεν; *Phaedr.* 261 B, ἀλλ' ἦ τὰς Νέστορος καὶ Ὀδυσσέως τέχνας (systems) μόνον περὶ λόγων ἀκήκοας;

309 D. Πρωταγόρας. Notice the skill with which, while the curiosity is excited, the name is kept back to the last in this answer.

310 A. τί οὖν οὐ διηγήσω. The impatience of the speaker is marked by the aorist which implies that the narration should have already begun. Cp. below 317 D; *Charm.* 154 E, τί οὖν, ἔφην, οὐκ ἀπεδύσαμεν αὐτοῦ αὐτὸ τοῦτο; *Symp.* 173 B, τί οὖν, ἔφη, οὐ διηγήσω μοι; *Phaed.* 86 D, εἰ οὖν τις ὑμῶν εὐπορώτερος ἐμοῦ, τί οὐκ ἀπεκρίνατο; Soph. *O.T.* 1002. See Jelf, § 403, 3.

παῖδα. "Slave": Sauppe remarks that no Athenian willingly went about unattended by at least one slave.

διπλῆ. So most editors with B. Sauppe in deference to the reading of T διπλῃ writes Διπλῆ γ' ἂν, the Γ of an uncial copy readily passing into I adscriptum.

βαθέος ὄρθρου. In Ar. *Vesp.* 216 it is a time later than μέσαι νύκτες, the period just before dawn. The epithet βαθύς (applied also to νύξ) is used in the same sense as we speak of the "depth of winter" (Ar. *Nub.* 514, βαθὺ τῆς ἡλικίας) or the "height of summer" to denote the extreme of any condition.

Φάσωνος δὲ ἀδελφός. For the omission of the μέν Stallbaum refers to Elmsley on Eur. *Medea*, 940. Cp. Aesch. *Pers.* 151, μήτηρ βασιλέως, βασίλεια δ' ἐμή. Jelf (§ 767, 3 b) remarks that the μέν is often omitted "where several predicates or attributes belong to the same subject": he quotes Herod. vii. 8, 2, Ἀρισταγόρῃ τῷ Μιλησίῳ, δούλῳ δὲ ἡμετέρῳ.

310 B. εὐθύς. Hippocrates' anxiety is marked by many touches: πάνυ σφόδρα ἔκρουε—ἐπειγόμενος—τῇ φωνῇ μέγα λέγων, etc.

ᾔειν. For a discussion of the form see Schanz, vol. xii. § 13. Here BT have ᾔει, and never in fact add the ν before a vowel, as the codex Parisinus does.

Ἱπποκράτης, ἔφην, οὗτος. Not, as Heindorf takes it, an address, "Hullo! Hippocrates," which would rather require οὗτος to be next to Ἱπποκ., but a comment by Socrates, who recognises the voice, meant to reach H.'s ears, "Why, that's Hippocrates, I said."

νεώτερον. L. and S. give a number of instances showing how both this word and, though more rarely, its positive have the sense of "untoward," and that not only in the poets.

εὖ ἂν λέγοις. "That is well": lit. "you would say well, if that were so." Cp. Soph. *O.C.* 647, μέγ' ἂν λέγοις δώρημα τῆς συνουσίας.

τηνικάδε. Sc. ἔτι βαθέος ὄρθρου: compare the opening words of the *Crito*, Τί τηνικάδε ἀφῖξαι, ὦ Κρίτων; ἦ οὐ πρῲ ἐστιν; στὰς παρ' ἐμοί. To be connected with ἔφη.

πρῴην. "The day before yesterday": cp. above 309 D, τρίτην γε ἤδη ἡμέραν, as in the phrase χθὲς καὶ πρῴην; Thuc. iii.

113, 8, ἀλλ' ἡμεῖς γε οὐδενὶ ἐμαχόμεθα χθές, ἀλλὰ πρῴην ἐν τῇ ἀποχωρήσει.

310 B. ἑσπέρας γε. "*Yesterday* evening," as we say, but the Athenians reckoned the day from sundown to sundown.

310 C. ἐπιψηλαφήσας. "Feeling after." From 312 A it will be seen that it was still dark; *Phaed.* 99 B, ψηλαφῶντες οἱ πολλοὶ ὥσπερ ἐν σκότῳ.

τοῦ σκίμποδος. The low bed on which Socrates was lying, of the same character as the one with which he accommodates Strepsiades in the *Nubes* (called ἀσκάντης, l. 633), and which Strepsiades finds so uncomfortably populated: l. 709, ἐκ τοῦ σκίμποδος | δάκνουσί μ' ἐξέρποντες οἱ Κορίνθιοι.

Οἰνόης. There were two townships of this name, one N.E. of Athens, near Marathon, the other N.W. of Athens, near Eleutherae, at the foot of Mt. Cithaeron. The latter, being on the direct road across the frontiers into Boeotia, would be the one for which the runaway would make. Wayte refers to Arnold's note on Thuc. ii. 18, 1.

ὁ Σάτυρος. The presence of the article implies that the slave was known to Socrates, and the words μέλλων σοι φράζειν imply a close intimacy between Hippocrates and Socrates.

ὑπό τινος ἄλλου. *Apol.* 17 A, ἐγὼ δ' οὖν καὶ αὐτὸς ὑπ' αὐτῶν ὀλίγου ἐμαυτοῦ ἐπελαθόμην. A similar construction is found in Hom. *Il.* vi. 73, Τρῶες ὑπ' Ἀχαιῶν | Ἴλιον εἰσανέβησαν, after φεύγειν and ἀποθανεῖν, and in the common phrases ὑπὸ δέους, ὑφ' ἡδονῆς.

ἦλθον. "Returned home." Hom. *Od.* x. 267, οἶδα γὰρ ὡς οὔτ' αὐτὸς ἐλεύσεαι οὔτε τιν' ἄλλον | ἄξεις σῶν ἑτάρων.

ἀδελφός. Heindorf's correction adopted by Schanz and Sauppe. BT have ἀδελφός, which is awkward, but retained by Deuschle and Kroschel. Schanz, however (*Nov. Comment.* p. 98), gives reasons for rejecting the authority of B on this point, and says, *itaque in talibus substantivis spiritum mutabimus, ubicunque sensus vel grammatica postulaverit.*

ἔτι μὲν ἐνεχείρησα. The ἔτι implies an obstacle: cp. Xen. *Anab.* ii. 2, 15, Ξενοφῶν μὲν ἔτι ἐπεχείρησεν . . . ἐκπλεῦσαι, θυομένῳ δὲ αὐτῷ . . . ἐσήμηνεν ὁ θεὸς συστρατεύεσθαι; *Hell.* ii. 4, 11, οἱ δὲ ἀπὸ Φυλῆς ἔτι μὲν ἐπεχείρησαν μὴ ἀνιέναι αὐτούς, ἐπεὶ δὲ κ.τ.ἑ.

310 D. λίαν πόρρω τῶν νυκτῶν. "Too far on (πρό-σω) in the night": the partitive genitive; where the genitive with πόρρω is the gen. of separation, the word acquires the sense of "far from." For the plural νύκτες, denoting the several watches of the night, cp. *Phileb.* 50 D, ἢ μέσας ποιήσεις νύκτας; *Rep.* x. 621 B, ἐπειδὴ δὲ κοιμηθῆναι καὶ μέσας νύκτας γενέσθαι.

ἐκ τοῦ κόπου. Not "released me *from* my weariness," but "*after* my weariness." The phrase ὕπνος ἀνῆκεν is Homeric: *Il.* ii. 71; *Od.* xix. 551.

οὕτω. Ast gives many instances of this οὕτω which sums up the preceding statements. It is often found after participles: cp. 314 C below, and *Gorg.* 457 C, ὅτι οὐ ῥᾳδίως δύνανται . . .

διδάξαντες ἑαυτοὺς οὕτω διαλύεσθαι τὰς συνουσίας; after a subordinate clause *Gorg.* 460 E, ἐπειδὴ δὲ ὀλίγον ὕστερον ἔλεγες ὅτι ὁ ῥήτωρ τῇ ῥητορικῇ κἂν ἀδίκως χρῷτο, οὕτω θαυμάσας ... ἐκείνους εἶπον τοὺς λόγους. A stronger form = *ita demum* is οὕτω δή, *Rep.* v. 464 A, τούτου δὲ κοινωνοῦντες οὕτω δὴ λύπης ... μάλιστα κοινωνίαν ἕξουσι;

310 D. **ἀνδρείαν.** For the orthography see Schanz, vol. vii. § 7. Transl. "spirit": πτόησιν = eagerness; Stallbaum, *pertinaciam et trepidationem*. *Politic.* 262 A, προθυμότατα καὶ ἀνδρειότατα.

ἀδικεῖ. From its meaning the present of the verb may imply a previous action and be, as here, equivalent to a perfect. Heind. quotes Xen. *Anab.* i. 5, 11, ὁ Κλέαρχος κρίνας ἀδικεῖν τὸν τοῦ Μένωνος πληγὰς ἐνέβαλεν.

αὑτῷ. See note on 309 B.

ἀργύριον. The question of the payment of the Sophists is discussed by Grote, *Hist. of Greece*, chap. lxvii.; see below, 311 B, D, 328 B, 349 A, and Ar. *Nub.* 98, οὗτοι διδάσκουσ', ἀργύριον ἤν τις διδῷ.

ἐν τούτῳ εἴη. "Would it depended on that (paying money)." Cp. below 313 A, 324 E, 354 E, 356 D, 357 A; Thuc. i. 74, 1, σαφῶς δηλωθέντος ὅτι ἐν ταῖς ναυσὶ τῶν Ἑλλήνων τὰ πράγματα ἐγένετο; Eur. *Hel.* 1031, ἐν τῷ δικαίῳ δ' ἐλπίδες σωτηρίας; *Iph. in Taur.* 1057, καὶ τἄμ' ἐν ὑμῖν ἐστὶν ἢ καλῶς ἔχειν | ἢ μηδὲν εἶναι καὶ στερηθῆναι πάτρας.

310 E. **ἐπιλίποιμι.** Here used in its primary sense "to leave behind," "to leave untouched": cp. *Phileb.* 26 B, καὶ ἄλλα γε δὴ μυρία ἐπιλείπω λέγων. More often it has the meaning "to fail"; see below 334 E, ὥστε τὸν λόγον μηδέποτε ἐπιλιπεῖν.

οὔτε τῶν φίλων. For οὔτε τῶν τῶν φίλων (as perhaps below 319 D, τῆς πόλεως διοικήσεως for τῆς τῆς π. δ.). Plato never writes the same form of the article twice consecutively, and to avoid doing so here takes advantage of a not uncommon irregularity of expression.

αὐτὰ ταῦτα. "For this very reason." Riddell, *Digest* § 18. The pronouns stand in apposition to the sentence they introduce and serve to emphasise it as the outcome of the precedent discussion; cp. *Laws*, iii. 686 C, τοῦτο μὲν ἄρα, ὡς ἔοικεν, εὐτυχῶς πως ἐμβεβήκαμέν γε εἴς τινα σκέψιν ἱκανήν.

οὐδ' ἀκήκοα οὐδέν. Sc. αὐτοῦ: "nor heard anything of his." For the omission cp. 313 B, ὃν οὔτε γιγνώσκεις, ὡς φής, οὔτε διείλεξαι οὐδεπώποτε.

ἢ. So second hand of B: ἢι BT. See Shilleto *adnot. crit. ad* Thuc. i. 22, 2, who says, *Platonem* ἢ (*eram*) *perinde ante vocalem ac consonantem scripsisse hodie constat*.

ὅτε τὸ πρότερον ἐπεδήμησεν. See Introduction, p. 1.

311 A. **παρὰ Καλλίᾳ τῷ Ἱππονίκου.** Callias belonged to an old priestly *gens*, members of which were the hereditary Κήρυκες in the Eleusinian mysteries, and his own family always provided the δᾳδοῦχος: they were also πρόξενοι of the Lacedaemonians, and many of them were employed in

honourable offices. Hipponicus the father had, in co-operation with Nicias and Eurymedon, gained some success in the Tanagraean territory (426 B.C.), but had fallen in 424 B.C. at Delium. He was a very rich man and thrifty. His son Callias was of a different character, and lavished the money he inherited upon the entertainment of the Sophists and their disciples. He was in command of forces with Iphicrates in 393 B.C.; ambassador to Sparta in 371 B.C. He died in want. His mother after separating from Hipponicus married Pericles; his sister Hipparete married Alcibiades. It is at his house that the scene of Xenophon's *Symposium* is also laid.

311 A. μήπω γ', ὠγαθέ, ἐκεῖσε [ἴωμεν]. Τ μήπω ἀγαθὲ ἐκεῖσε ἴωμεν. B the same with variant ἴομεν. Cobet, whom Schanz and Sauppe follow, strikes out ἐκεῖσε ἴωμεν, on the ground that in such sentences the verb is not repeated: cp. Soph. *Philoct.* 1409; Arist. *Nub.* 195; Plat. *Phaedr.* 242 A, κἀγὼ ... ἀπέρχομαι. Φ. Μήπω γ', ὦ Σώκρατες, πρὶν ἂν τὸ καῦμα παρέλθῃ. Deuschle retains the words however. It is easy to understand how ἴωμεν, which is not needed, could have been interpolated from ἀλλ' ἴωμεν above or εἶτα ἴωμεν below; but, with Kroschel, I cannot see how ἐκεῖσε can appear in the best MSS. if it was not original, and have therefore retained it. It is in emphatic contrast with δεῦρο, and may indeed like the latter be constructed with ἐξαναστῶμεν.

δεῦρο ἐξαναστῶμεν. The common, so-called pregnant, construction. *Phaed.* 116 A, ἐκεῖνος μὲν ἀνίστατο εἰς οἴκημά τι ὡς λουσόμενος; Xen. *Symp.* ix. 1, Αὐτόλυκος δὲ ... ἐξανίστατο εἰς περίπατον; pseudo-Plat. *Theages*, 129 B, ἐμὲ δὲ δεῖ ποι ἐξαναστῆναι.

ἔνδον διατρίβει. Quite unlike Socrates who (Xen. *Mem.* i. 1, 10) ἀεὶ μὲν ἦν ἐν τῷ φανερῷ· πρωΐ τε γὰρ εἰς τοὺς περιπάτους καὶ τὰ γυμνάσια ᾔει, καὶ πληθούσης ἀγορᾶς ἐκεῖ φανερὸς ἦν, καὶ τὸ λοιπὸν ἀεὶ τῆς ἡμέρας ἦν ὅπου πλείστοις μέλλοι συνέσεσθαι, Protagoras (*Theaet.* 152 C) τοῖς μαθηταῖς ἐν ἀπορρήτῳ τὴν ἀλήθειαν ἔλεγε.

ὥστε, θάρρει, καταληψόμεθα αὐτόν. More ordinarily θάρρει is not parenthetic; cp. below 314 E, ἀλλὰ θάρρει· Πρωταγόραν γὰρ τοι κ.τ.ἑ., but we find the same usage in *Menex.* 249 E, θάρρει, οὐ κατερῶ; Soph. O. C. 1185, οὐ γάρ σε, θάρσει, πρὸς βίαν παρασπάσει | γνώμης; Xen. *Cyrop.* v. 4, 36, and vii. 3, 12.

311 B. ἀποπειρώμενος. "Testing Hippocrates' determination." For this meaning of ῥώμη cp. *Politic.* 259 C, πρὸς τὴν τῆς ψυχῆς σύνεσιν καὶ ῥώμην; Thuc. vii. 18, 2, μάλιστα δὲ τοῖς Λακεδαιμονίοις ἐγεγένητό τις ῥώμη, διότι τοὺς Ἀθηναίους ἐνόμιζον ... εὐκαθαιρετωτέρους ἔσεσθαι.

διεσκόπουν αὐτόν. "I scanned him closely," not merely "I examined him," which is perhaps the meaning of the verb in *Apol.* 21 C. That there was sufficient light 312 A shows.

In other places Plato records the peculiarly penetrating

gaze of his master, notably *Phaedo*, 117 B, ταυρηδόν ὑποβλέψας πρὸς τὸν ἄνθρωπον: cp. below 328 D (twice); *Phaedo*, 60 A, 86 D, διαβλέψας οὖν ὁ Σωκράτης, ὥσπερ τὰ πολλὰ εἰώθει καὶ μειδιάσας, Δίκαια μέντοι, ἔφη, λέγει ὁ Σιμμίας, on which passage Archer-Hind quotes Xen. *Symp*. v. 5, where Socrates says οὕτω μὲν ἤδη τοίνυν οἱ ἐμοὶ ὀφθαλμοὶ καλλίονες ἂν τῶν σῶν εἴησαν. Πῶς δή; ὅτι οἱ μὲν σοὶ τὸ κατ' εὐθὺ μόνον ὁρῶσιν, οἱ δὲ ἐμοὶ καὶ τὸ ἐκ πλαγίου διὰ τὸ ἐπιπόλαιοι εἶναι; *Theaetet*. 143 E, where Socrates alludes to his own ugliness, τήν τε σιμότητα καὶ τὸ ἔξω τῶν ὀμμάτων. In *Rep*. i. 336 D a playful description of the power of his glance in disarming Thrasymachus' wrath is given; add *Phaed*. 63 A, ἐπιβλέψας εἰς ἡμᾶς, and Alcibiades' description of him at Delium retreating (*Sympos*. 221 B), ἔπειτα ἔμοιγε ἐδόκει, ὦ Ἀριστόφανες, τὸ σὸν δὴ τοῦτο, καὶ ἐκεῖ διαπορεύεσθαι ὥσπερ καὶ ἐνθάδε, βρενθυόμενος καὶ τὠφθαλμὼ παραβάλλων, ἠρέμα παρασκοπῶν καὶ τοὺς φιλίους καὶ τοὺς πολεμίους. The allusion is to Arist. *Nub*. 362.

311 B. τελῶν. Future: cp. below 311 E, ἐρχόμεθα τελοῦντες, and 313 A. ἔρχει ὑποθήσων.

ὥσπερ ἂν εἰ ἐπενόεις . . . εἴ τίς σε ἤρετο. Protases accumulated as in *Gorg*. 453 C, ὥσπερ ἂν εἰ ἐτύγχανόν σε ἐρωτῶν τίς ἐστι τῶν ζωγράφων Ζεῦξις, εἴ μοι εἶπες ὅτι ὁ τὰ ζῷα γράφων, ἆρ' οὐκ ἂν δικαίως σε ἠρόμην ὁ τὰ ποῖα τῶν ζῴων γράφων; and most strikingly in *Meno*, 74 B. The mannerism is possibly a reflection of Socrates' colloquial style; certainly the habit of examining analogous cases drawn from everyday life is. Ὥσπερ ἂν εἰ and κἂν εἰ may be used either (1) as here and in 318 B, 327 E, 335 E, 353 D, where a verb follows with which ἄν may be connected and to which it has been pointing; or (2) as in 328 A, 341 C, where no verb is expressed; or (3) where the verb is expressed but cannot grammatically be connected with the foregoing ἄν: e.g. *Meno*, 72 C, κἂν εἰ πολλαί (αἱ ἀρεταὶ) εἰσιν ἕν γέ τι εἶδος ἔχουσιν. See Professor Jebb on Soph. *Aj*. 1078.

Ἱπποκράτη τὸν Κῷον. *Phaedr*. 270 C, εἰ μὲν οὖν Ἱπποκράτει γε τῷ τῶν Ἀσκληπιαδῶν δεῖ τι πείθεσθαι. Born about 460 B.C. in Cos, and said to be either seventeenth or nineteenth in descent from Asclepius; studied at Cos; travelled extensively, and taught and practised at Athens; died at Larissa in Thessaly at an uncertain date. He may be regarded as the founder of the scientific study of medicine, which he emancipated from superstition. He is the reputed author of many aphorisms, among which are ἡ πεῖρα σφαλερή, ἡ δὲ κρίσις χαλεπή, and ὁ βίος βραχύς, ἡ δὲ τέχνη μακρή.

311 C. Πολύκλειτον τὸν Ἀργεῖον. Born in Sicyon, but a citizen of Argos. He was a pupil of Ageladas as Pheidias had been. He excelled in the delineation of the human form (Quint. *Inst*. xii. 10, 7) as Pheidias did in the ideal representation of gods. Polycleitus' Hera, a chryselephantine statue in the temple of the goddess near Argos, is said by Quintilian (*l.c.*) *non explevisse deorum auctoritatem*, but his statues, the

Doryphorus and Diadumenus, are considered unrivalled examples of human proportion.

311 C. Φειδίαν τὸν Ἀθηναῖον. So described in opposition to τὸν Ἀργεῖον. The facts of his life are matters of much dispute. He was perhaps born about 488 B.C., and died about 432 B.C. He helped Pericles in the adornment of Athens; the frieze of the Parthenon, which was consecrated 438 B.C., was the work of him or his pupils, and portions of it, or of a copy, are now in the British Museum. His two other most noted works were the chryselephantine statues of Zeus at Olympia, and of Athene Parthenos in the Parthenon. He is said to have died in prison where he had been thrown on the charge of embezzling the gold provided for the statue of Athene, and introducing on the shield of the goddess figures of himself and Pericles.

311 D. εἶεν. Used here as in *Apol.* 18 E, to mark the transition from the settlement of preliminaries to the discussion of the main question.

ἂν μὲν ἐξικνῆται. Not the ordinary ellipse of εὖ ἔχει, εὖ ἂν ἔχοι, as is usual in sentences where a contrast is introduced by εἰ δὲ μή: cp. 325 D below, and Hom. *Il.* i. 135 ff., ἀλλ' εἰ μὲν δώσουσι γέρας μεγάθυμοι Ἀχαιοί, . . . | εἰ δέ κε μὴ δώωσιν, ἐγὼ δέ κεν αὐτὸς ἕλωμαι. Here some more special remark is to be supplied from the context: cp. *Rep.* ix. 575 D, ἐὰν μὲν ἑκόντες ὑπείκωσιν, ἐὰν δὲ μὴ ἐπιτρέπῃ ἡ πόλις . . . οὕτω πάλιν τὴν πατρίδα . . . κολάσεται ; Xen. *Mem.* iii. 9, 11.

εἰ . . . ἔροιτο. Notice the change from εἰ ἤρετο : the former instances have been placed in the past; the question about Protagoras concerns the future.

εἰπέ. Singular, notwithstanding the two persons addressed. *Euthyd.* 283 B, εἰπέ μοι, ἔφη, ὦ Σώκρατές τε καὶ ὑμεῖς οἱ ἄλλοι ; *Laches*, 186 E, σὺ δ', ὦ Λάχης καὶ Νικία, εἴπετον ἡμῖν ἑκάτερος ; Arist. *Acharn.* 319, εἰπέ μοι, τί φειδόμεσθα τῶν λίθων, ὦ δημόται ; Jelf, 390, 2 a.

311 E. τί ὄνομα ἄλλο γε. "What designation, distinct from his proper name, do we hear applied to Protagoras?"

ὥσπερ περὶ Φειδίου. "As in the case of Pheidias, 'statuary.'" **σοφιστὴν δή τοι ὀνομάζουσί γε.** See Introduction, p. 15, note 2. Notice the deprecatory γε: "well, they *call* the man 'sophist.'" For the construction Jelf, § 475, obs. 2, quotes Hdt. iv. 33, τὰς οὐνομάζουσι Δήλιοι εἶναι Ὑπερόχην τε καὶ Λαοδίκην ; Xen. *Apol. Socr.* § 13, μάντεις ὀνομάζουσι τοὺς προσημαίνοντας εἶναι : cp. Plato, *Rep.* iv. 428 E, ὅσοι ἐπιστήμας ἔχοντες ὀνομάζονταί τινες εἶναι ; *Theaetet.* 160 B (see Heindorf *ad loc.*); *Apol.* 23 A ; *Laches*, 192 A ; *Phileb.* 13 B, πάσας ἡδονὰς ἀγαθὸν εἶναι προσαγορεύεις (cp. 325 A below); *Phaedo*, 102 C, ἐπωνυμίαν ἔχει σμικρός τε καὶ μέγας εἶναι.

εἰ οὖν καὶ τοῦτο κ.τ.ἑ. The apodosis is supplied in the answer. Cp. *Phaedr.* 268 B, εἰ οὖν εἴποι ὅτι, Οὐδαμῶς· ἀλλ' ἀξιῶ τὸν ταῦτα παρ' ἐμοῦ μαθόντα αὐτὸν οἷόν τ' εἶναι ποιεῖν ἃ ἐρωτᾷς.

Φ. Εἴποι ἂν, οἶμαι, ὅτι μαίνεται ἄνθρωπος; *Cratylus*, 392 C, εἴ τις ἔροιτό σε, Πότερον οἴει ὀρθότερον καλεῖν τὰ ὀνόματα τοὺς φρονιμωτέρους ἢ τοὺς ἀφρονεστέρους; ΕΡΜ. Δῆλον δὴ ὅτι τοὺς φρονιμωτέρους φαίην ἄν.

311 E. ἐρυθριάσας. Demetrius, *De Elocut.* (περὶ ἑρμηνείας) c. 218, praises the passage as follows : ὅπερ δὲ ὁ Πλάτων φησὶν ἐπὶ τοῦ Ἱπποκράτους· ἐρυθριάσας . . . γενέσθαι, ὅτι μὲν ἐναργέστατον (most graphic), παντὶ δῆλον, ἡ δ' ἐνάργεια γέγονεν ἐκ τῆς φροντίδος τῆς περὶ τὸν λόγον καὶ τοῦ ἀπομνημονεῦσαι ὅτι νύκτωρ πρὸς αὐτὸν εἰσῆλθεν ὁ Ἱπποκράτης.

ὑπέφαινέν τι ἡμέρας. Used in the personal construction in Xen. *Anab.* iv. 3, 9, ὡς τάχιστα ἕως ὑπέφαινεν; *Cyrop.* iv. 5, 14, ἐπειδὴ ἡμέρα ὑπέφαινε.

312 A. εἰς τοὺς Ἕλληνας. Cp. 349 A, σεαυτὸν ὑποκηρυξάμενος εἰς πάντας τοὺς Ἕλληνας; *Gorg.* 526 B, πάνυ ἐλλόγιμος γέγονε καὶ εἰς τοὺς ἄλλους Ἕλληνας; *Symp.* 179 B, μαρτυρίαν παρέχεται . . . εἰς τοὺς Ἕλληνας; *Theaetet.* 178 E, τὸ . . . πιθανὸν ἑκάστῳ ἡμῶν ἐσόμενον εἰς δικαστήριον; Eur. *Hec.* 303, ἃ δ' εἶπον εἰς ἅπαντας οὐκ ἀρνήσομαι. Sauppe quotes Thucyd. vi. 31, 4, καὶ ἐς τοὺς ἄλλους Ἕλληνας ἐπίδειξιν; vii. 56, 2, καλὸν σφίσιν ἐς τοὺς ἄλλους Ἕλληνας τὸ ἀγώνισμα φανεῖσθαι. See Jelf, § 625, 1, obs. 6ƒ; Thompson, p. 293.

σαυτόν. This alteration from the reading of BT, αὐτόν, is adopted by all modern editions except the one of Deuschle and Cron, where αὐτόν is justified, as in *Laches*, 200 B, by being closely connected with παρέχων as a pronoun of the *third* person. Stallb. retains αὐτόν on the authority of Hermann *ad* Soph. *Trach.* 451. Schanz, however (*Praefat. ad* vol. vii. § 12), concludes that in the *singular* the reflexive of the third person is not used in Plato for those of the first and second persons ; in Phaedo, 91 C, usually cited to prove the reverse, ἐμαυτόν is read by BT. He quotes Apollonius Dyscolus, *De Constr.* p. 195, 25 (Bekker) : οὐ γάρ φαμεν "ἑαυτὸν ὕβρισα," ἢ "ἑαυτὸν ὕβρισας," ἑαυτοὺς δὲ ὑβρίσαμεν; but the usage is found in prose writers of later date, such as Demosthenes and Isocrates : Krueger, 51, 2, 15.

ἀλλ' ἆρα. "But if that is the case"; not as Wayte, "after all," which is a meaning here inappropriate.

μὴ οὐ τοιαύτην ὑπολαμβάνεις. "You imagine, I apprehend, that the instruction received from Protagoras will be not of that kind." T reads ὑπολαμβάνῃς probably through the influence of passages such as *Phaedo*, 67 B, μὴ οὐ θεμιτὸν ᾖ; *Symp.* 194 C, μὴ οὐχ οὗτοι ἡμεῖς ὦμεν. There is no reason why the indicative, however, should not be written in these cases, as it frequently is where the word of apprehension is expressed, to denote that the fear is realised. The present or a past tense are for this purpose regularly used : *Meno*, 89 C, μὴ τοῦτο οὐ καλῶς ὡμολογήσαμεν; *Gorg.* 512 E, μὴ γὰρ τοῦτο μέν, τὸ ζῆν ὁποσονδὴ χρόνον, τόν γε ὡς ἀληθῶς ἄνδρα ἐατέον ἐστί (on which see W. H. Thompson's note); *Laches*, 187 B, σκοπεῖν χρὴ μὴ οὐκ ἐν τῷ Καρὶ ὑμῖν ὁ κίνδυνος κινδυνεύεται (v.l. κινδυνεύηται); Thuc. iii. 53, 2; Arist. *Eth. Nic.* x. 1, 3, μή ποτε δὲ οὐ καλῶς τοῦτο λέγεται. Sometimes, however, the future indic. is found: *Rep.* v. 451 A, φοβερόν τε καὶ σφαλερὸν ... μὴ σφαλεὶς τῆς ἀληθείας οὐ μόνον αὐτὸς ἀλλὰ καὶ τοὺς φίλους ξυνεπισπασάμενος κείσομαι; *Phileb.* 13 A, φοβοῦμαι δὲ μή τινας ἡδονὰς ἡδοναῖς εὑρήσομεν ἐναντίας. In these cases, obviously, the realisation of the fear cannot be implied, but it is intended to indicate the certainty of its realisation: see Stallb. ad *Rep.* v. 451 A; Krueger, 54, 8, 12; Thompson, pp. 264, 266, 267. In accordance with the origin of the usage, I have removed the note of interrogation in Schanz's text.

312 B. γραμματιστοῦ ... κιθαριστοῦ ... παιδοτρίβου. Corresponding to the three branches of Athenian education; see 325 D—326 C below.

ἐπὶ τέχνῃ ... ἐπὶ παιδείᾳ. The form of expression denotes the motive upon which an action is based: *Rep.* i. 334 B, ἐπ' ὠφελείᾳ ... τῶν φίλων καὶ ἐπὶ βλάβῃ τῶν ἐχθρῶν; *Apol.* 36 D, δεομένῳ ἄγειν σχολὴν ἐπὶ τῇ ὑμετέρᾳ παρακελεύσει; 315 A below. For the thought, compare *Gorg.* 485 A, φιλοσοφίας μὲν ὅσον παιδείας χάριν καλὸν μετέχειν; Xen. *Mem.* iii. 10, 1, τῶν τὰς τέχνας ἐχόντων καὶ ἐργασίας ἕνεκα χρωμένων αὐταῖς.

τὸν ἰδιώτην. The opposite to ὁ ἐπαίων in relation to any profession; the verb is ἰδιωτεύειν, 327 A: cp. below 314 A, 322 C, 327 C, 344 C, 345 A.

τὸν ἐλεύθερον. Compare our phrase, "a *liberal* education": cp. Cicero, *De Invent.* i. 25, *quos habuerit artium liberalium magistros*; Plato, *Rep.* vii. 561 D, ἐλευθέριον καὶ μακάριον καλῶν τὸν βίον τοῦτον.

παρασχεῖν θεραπεῦσαι. The epexegetic infinitive is common with παρέχω: *Apol.* 33 B, καὶ πλουσίῳ καὶ πένητι παρέχω ἐμαυτὸν ἐρωτᾶν; *Meno*, 70 C; *Phaedr.* 228 E, ἐμαυτόν σοι ἐμμελετᾶν παρέχειν οὐ πάνυ δέδοκται.

312 C. θαυμάζοιμ' ἂν εἰ οἶσθα. "I should be surprised if you knew"; for the construction see below, 315 E. The alternative construction with ὅτι is very rare in Plato, and generally less common in Greek; it admits the fact at which surprise is expressed, *Theaetet.* 142 A, ἐθαύμαζον ὅτι οὐχ οἷός τ' ἦ εὑρεῖν.

πράγματι. A vague and contemptuous way of alluding to the sophist: cp. *Gorg.* 520 B, μέμφεσθαι τούτῳ τῷ πράγματι (sc. τῷ δήμῳ) ὃ αὐτοὶ παιδεύουσι; Dem. 383, 4, ἀσταθμητότατον πρᾶγμα ὁ δῆμος; Xen. *Cyrop.* vi. i. 36 (of a woman), ἄμαχον πρᾶγμα; Arist. *Eccles.* 441, γυναῖκα δ' εἶναι πρᾶγμ' ἔφη νουβυστικόν; Virgil's *Varium et mutabile semper Femina;* so the Latin *negotium;* Cicero (*Ep. in Senecam post red.* c. 6) talks of a man as *sine sensu, sine sapore, clinguem, tardum, inhumanum negotium.*

ὥσπερ τοὔνομα λέγει. As though it were = σοφῶν ἴστωρ: cp. the derivation of Ἄρτεμις in *Cratyl.* 406 B as ἀρετῆς ἴστωρ, and of Ἥφαιστος (407 C) as ὁ φάεος ἴστωρ. The real derivation is of course from σοφίζω: cp. Scholiast *ad* Arist. *Nub.* 331, σοφιστὰς τοὺς διδασκάλους νόει ὡς τοὺς ἄλλους σοφίζοντας.

312 D. τῶν τί σοφῶν. "To what is the art directed in which the painters are skilled?" *lit.* "painters are conversant with the craft (τὰ σοφά) directed to what end." It is easy to find instances in which σοφός referring to a person is constructed with an accusative, *e.g. Phileb.* 17 C, ἀλλ' οὔπω σοφὸς ἂν εἴης τὴν μουσικὴν εἰδὼς ταῦτα μόνα, but the construction in the text is very harsh, for the use of the plural τὰ σοφά forbids us (Jelf, 436, 2 *d*, 3) to translate the phrase by the abstract substantive "cleverness" which could more regularly take an accusative : Thuc. i. 70, 3, τῆς τε γνώμης μηδὲ τοῖς βεβαίοις πιστεῦσαι, is not a parallel instance, nor in the passages quoted by L. and S.—Eur. *Iph. in Aul.* 1214; Soph. *Phil.* 1246—does the phrase have this meaning. For the subsidiary position of the interrogative in the sentence compare *Rep.* i. 332 D, ἡ . . . τίσι τί ἀποδιδοῦσα τέχνη δικαιοσύνη ἂν καλοῖτο; *Gorg.* 454 A, ποίας δὴ πειθοῦς καὶ τῆς περὶ τί πειθοῦς ἡ ῥητορική ἐστι τέχνη; pseudo-Plat. *Theag.* 125 C, τῶν τί σοφῶν συνουσίᾳ φῂς σοφοὺς εἶναι τοὺς τυράννους;

καὶ τἆλλα οὕτως. Supply εἴποιμεν ἄν: so below, 319 B, ποιοῦντας must be supplied, and in *Symp.* 176 A, ποιήσαντας: cp. 326 A and 344 D.

τί ἂν ἀποκρινοίμεθα. So BT and most editors. Bekker, ἀποκριναίμεθα, which Wayte and Kroschel regard as a necessary correction. There seems no reason, however, to say that aorist and present cannot correspond in these cases: cp. *Apol.* 29 D, εἰ οὖν με, ὅπερ εἶπον, ἐπὶ τούτοις ἀφίοιτε, εἴποιμ' ἂν ὑμῖν κ.τ.ἑ.; and below, λέγοιμεν ἄν apparently in apodosis to εἴ τις ἔροιτο. Goodwin, however, *Greek Moods and Tenses* (new ed.), gives no instances except where εἰμί is concerned, and I can find none in Jelf or Krueger.

ποίας ἐργασίας ἐπιστάτης; The reading in the text is that of Schanz, which only varies from the MSS. in the insertion of εἰ before εἴποιμεν, and on the whole is the most satisfactory of a variety of readings. Sauppe has ποίας ἐργασίας ἐπιστάτης; Τί ἂν εἴποιμεν αὐτὸν εἶναι, ὦ Σώκρατες; ἢ ἐπιστάτην κ.τ.ἑ., there being some slight MS. authority for the insertion of ἤ, and this variation from the text of Stallbaum, the Zürich editors, and Deuschle (in which there is no break in the sentence after Σώκρατες), is more suited than theirs to the diffident character of Hippocrates. The best MSS., however, do not recognise the ἤ, and as there is no means of explaining its disappearance, if in the original text, we must reject this remedy for the passage. Heindorf and Madvig assign τί ἂν εἴποιμεν αὐτὸν εἶναι; to Socrates, but this makes Hippocrates' answer begin with the vocative ῏Ω Σώκρατες, which is unusual and most inappropriate to the modest Hippocrates; and to make (with Kroschel) Hippocrates' answer begin, Αὐτὸν εἶναι, ὦ Σώκρατες κ.τ.ἑ., produces an impossibly abrupt form of speech. Heusde, to remedy the fault, repeats εἴποιμεν, reading τί ἄν εἴποιμεν; Εἴποιμεν αὐτὸν εἶναι κ.τ.έ. In defence of his reading Schanz quotes (*Nov. Comm. Plat.* p. 56) Arist. *Nub.* 154, τί δῆτ' ἂν ἕτερον εἰ πύθοιο Σωκράτους | φρόντισμα; *Lys.* 399, τί δῆτ' ἂν εἰ πύθοιο καὶ τὴν τῶνδ' ὕβριν; It has been noticed (Introd. p. 53) that B is particularly subject to such omission of similar syllables.

312 D. τοῦ ποιῆσαι δεινὸν λέγειν. Compare *Gorgias*, 520 A, B, especially ταὐτόν, ὦ μακάρι', ἐστὶ σοφιστὴς καὶ ῥήτωρ, ἢ ἐγγύς τι καὶ παραπλήσιον.

312 E. οὐκέτι ἔχω σοι λέγειν. Hippocrates has gone so far above as to suggest a description of the "sophist" as ἐπιστάτης τοῦ ποιῆσαι δεινὸν λέγειν; he also confesses inability to answer further: cp. *Phaedr.* 235 B, τοῦτο ἐγώ σοι οὐκέτι οἷός τε ἔσομαι πείθεσθαι.

313 A. ἔρχει ὑποθήσων. See note on 311 B.

ἢ εἰ μέν. The ἤ introduces an alternative to the previous sentence, "Do you know, or have you neglected to consider?" but this alternative is complicated by a comparison which disguises its real simplicity. According to our English idiom, the μέν sentence would be thrown into the shape of a reservation or concession: cp. *Rep.* x. 598 A, μή τι διαφέρει (κλίνη) αὐτὴ ἑαυτῆς, ἢ διαφέρει μὲν οὐδὲν φαίνεται δὲ ἀλλοία; ("or does it appear different, *though* differing in no way?"); *Theaetet.* 171 A, εἰ δὲ αὐτὸς μὲν ᾤετο, τὸ δὲ πλῆθος μὴ συνοίεται; Thuc. iv. 80, 4, where the MSS. are needlessly corrected by Hude. For the sense of the passage see *Apol.* 20 A ff.; *Gorg.* 514 D, E.

διακινδυνεύοντα. Not found elsewhere in Plato with an infinitive. L and S. quote Thuc. vii. 1, εἴτε ἐν δεξιᾷ λαβόντες τὴν Σικελίαν διακινδυνεύσωσιν ἐσπλεῦσαι. Here, however, there is the considerable difference that the subject of the infinitive is not the same as the subject of διακινδυνεύοντα. Even the simple verb which regularly takes the infinitive only appears to do so when the subject remains the same.

πολλὰ ἂν περιεσκέψω. The aorist after ἔδει and in conjunction with παρεκάλεις is noticeable. The significance of the tense in contrast with the imperfect in such cases is variously explained. According to Goodwin and to Thompson (*Greek Syntax*, p. 216) it denotes the "instantaneousness" of the single act, but this is obviously not appropriate here: Jelf, § 856 *a*, obs. 1, suggests that the *action* is emphasised rather than its time or duration; and with him Krueger, who (54, 10, 5) says that the aorist here denotes "das Eintreten der Handlung," in the main agrees. For other instances see Heind. ad *Gorg.* 514 D; *Theaetet.* 144 E; *Meno*, 72 B and 86 D; above, 311 B; pseudo-Plat. *Theag.* 123 B. The usage seems common, however, only with such words as ἀποκρίνασθαι and σκέψασθαι.

εἴτε οὔ. Εἰ in the sense of "whether" or "that" (after verbs like θαυμάζω) regularly takes οὐ, and so εἴτε in double dependent questions, but if the question implies doubt then μή may occur: *Rep.* v. 451 D, σκοπῶμεν εἰ ἡμῖν πρέπει ἢ οὔ; *Theaetet.* 163 D, βουλόμενος ἐρέσθαι, εἰ μαθὼν τίς τι μεμνημένος μὴ οἶδε; below, 313 B; Krueger, 67, 3, note. Thompson, p. 357, gives Prof. Jebb's view, which is different.

313 A. ὃ δὲ περὶ πλείονος. *Rep.* ix. 583 E, ὃ μεταξὺ ἄρα νῦν δὴ ἀμφοτέρων ἔφαμεν εἶναι, τὴν ἡσυχίαν, τοῦτό ποτε ἀμφότερα ἔσται, λύπη τε καὶ ἡδονή. In neither case is there any irregularity of gender, τὴν ψυχήν and τὴν ἡσυχίαν being parenthetically introduced in apposition. In *Gorg.* 483 A, ὃ δὴ καὶ σὺ τοῦτο τὸ σοφὸν κατανενοηκὼς κακουργεῖς ἐν τοῖς λόγοις, there is a similar apposition disguised by the fact that the genders are the same.

καὶ ἐν ᾧ. See note on 310 D.

313 B. περὶ δὲ τούτου. An instance of the iterative δέ (Krueger, 69, 16; Jelf, § 770) which is akin to δέ *in apodosi.* Cp. 325 C below; *Phaedo*, 78 C, τὰ δὲ ἄλλοτ' ἄλλως καὶ μηδέποτε κατὰ ταὐτά, ταῦτα δὲ εἶναι τὰ ξύνθετα; *Rep.* iv. 431 A, vi. 505 E; and for an instance of μέν and δέ used in the same way see *Theaetet.* 152 A. The usage is very common in Homer; see Krueger, ii. 65, 9, 2, and Monro's *Homeric Grammar*, § 334, for the genesis of it.

τούτῳ ξένῳ. Heind. τούτῳ τῷ ξένῳ, but pronouns which ordinarily take the predicative position are often found in the attributive position if the article has a word already attached to it, as here ἀφικομένῳ: *e.g.* Demosth. 6, § 21, οὐκ ἀσφαλεῖς ταῖς πολιτείαις αἱ πρὸς τοὺς τυράννους αὗται λίαν ὁμιλίαι; Plat. *Politic.* 297 C, ζητητέον τὴν μίαν ἐκείνην πολιτείαν τὴν ὀρθήν; below, 338 A, τὸ ἀκριβὲς τοῦτο εἶδος τῶν διαλόγων; so with ὅλος, *Gorg.* 472 B, ἡ Περικλέους ὅλη οἰκία; Krueger, 50, 11, 20.

τὴν σὴν ψυχήν. The repetition of the words, as Heindorf says, *mirantis sermoni insignem quandam vim addere et gravitatem videtur.*

ὄρθριος. Corrected by all editors from ὄρθριον of BT, in accordance with the usual idiom: cp. the usage of δευτεραῖος, etc. ποσταῖος, χρόνιος; Xen. *Anab.* iv. 1, 10, κατέβαινον εἰς τὰς κώμας ἤδη σκοταῖοι; Latin has a similar idiom, Hor. *Ep.* i. 6, 20, *vespertinus pete tectum.*

πάντως συνεστέον. "That at any price you must be intimate with him." Συνεῖναι (συνουσία), συγγίγνεσθαι are the common terms used by Plato to denote the relations between master and pupil.

ὃν οὔτε γιγνώσκεις . . . οὔτε διείλεξαι. Ordinarily, where a different case of the relative is required for a second verb in its sentence, its place is supplied by αὐτός or οὗτος in the desired case: *Rep.* x. 609 B, ἐὰν ἄρα τι εὑρίσκωμεν τῶν ὄντων ᾧ ἔστι μὲν κακὸν . . . τοῦτο μέντοι οὐχ οἷόν τε αὐτὸ λύειν ἀπολλύον; vi. 505 D, ὃ δὴ διώκει μὲν ἅπασα ψυχὴ καὶ τούτου ἕνεκα πάντα πράττει; ix. 578 C; *Gorg.* 452 D, 483 E; below, 315 A. In this usage we trace the close original connexion between relative and demonstrative.

See on 315 A and Krueger, 60, 6, 2 ; and for the Latin usage consult Mayor's notes on Juv. *Sat.* i. 157, xi. 25.

313 B. γιγνώσκεις. The present is used for the perfect, as is the case with ἀκούω, πυνθάνομαι, αἰσθάνομαι, μανθάνω. *Phaed.* 116 C, γιγνώσκεις γὰρ τοὺς αἰτίους where ἔγνωκα in the same sense has just been used.

313 C. ἔοικεν. Sc. ἐμὲ ἀγνοεῖν ; but it is commonly used personally in answers : *Euthyd.* 296 C, ἅπαντα γὰρ ὁμολογεῖς ἐπίστασθαι. Ἔοικα, ἔφην ἐγώ ; *Cratyl.* 407 C, ἦ τὸν γενναῖον τὸν φάεος ἵστορα ἐρωτᾷς ; Ἔοικα ; *Gorg.* 519 D, σὺ δ᾽ οὐκ ἂν οἷός τ᾽ εἴης λέγειν, εἰ μή τίς σοι ἀποκρίνοιτο ; Ἔοικά γε.

ἆρ᾽. *Nonne.* Arist. *Av.* 797, ἆρ᾽ ὑπόπτερον γενέσθαι παντὸς ἐστιν ἄξιον ; Ast in his *Lexicon*, i. p. 269, gives very many instances. Stallbaum, ad *Rep.* viii. 566 A, quotes Buttmann : *Differunt in his ˚Αρα et ˚Αρ᾽ οὔ: quippe affirmativus utique est utriusque formulae sensus, sed ita ut simplex ἆρα aliquid sive verae sive fictae dubitationis admisceat.* Contrast Krueger, 69, 9, who regards ἆρα without the οὔ as expressive of confidence in the answer.

ἔμπορός τις ἢ κάπηλος. "Wholesale or retail dealer." Plato gives his own interpretation of the terms in *Rep.* ii. 371 D, ἦ οὐ καπήλους καλοῦμεν τοὺς πρὸς ὠνήν τε καὶ πρᾶσιν διακονοῦντας, ἱδρυμένους ἐν ἀγορᾷ, τοὺς δὲ πλάνητας ἐπὶ τὰς πόλεις ἐμπόρους ; cp. *Sophist.* 223 D. In *Sophist.* 224 D we have the same comparison, ἴθι δὴ νῦν συναγάγωμεν αὐτὸ λέγοντες ὡς τὸ τῆς κτητικῆς, μεταβλητικῆς, ἀγοραστικῆς, ἐμπορικῆς, ψυχεμπορικῆς περὶ λόγους καὶ μαθήματα ἀρετῆς πωλητικὸν δεύτερον ἀνεφάνη σοφιστική.

φαίνεται γὰρ ἔμοιγε. These words I have assigned to Socrates with the Zürich editors, Schleiermacher, Heindorf, Wayte, Deuschle. Schanz and Sauppe attribute them to Hippocrates, but the stress on ἔμοιγε is in that case inexplicable and inappropriate, and Hippocrates can hardly assent if, as the succeeding words show, he is ignorant of what the sophist's wares are. Kroschel interchanges ὦ Σώκρατες and ἦν δ᾽ ἐγώ, without authority, in order to retain Socrates as questioner.

ἐξαπατήσει. Bekker's correction for ἐξαπατήσῃ of BT. Krueger, 54, 8, 7, gives no instance of the subjunctive in the elliptical construction. Jelf, § 812, 2, one only, Hdt. vi. 85. In 348 D as here Schanz abandons the reading of BT in favour of the commoner construction.

313 D. ὁ ἔμπορός τε καὶ κάπηλος. These words are rejected by Naber (*Comm.* ii. 79). The form of expression is irregular and would strictly mean, "he who is both wholesale and retail dealer"; but see *Rep.* x. 604 B, τοῦ ἀγαθοῦ τε καὶ κακοῦ.

ὧν ἄγουσιν ἀγωγίμων. For τούτων ἃ ἄγουσιν ἀγώγιμα, the genitive being constructed with ὅ τι : "what of the wares they bring is good or bad."

313 E. ὡς δ᾽ αὔτως. So *Phaedo*, 102 E, ὡς δ᾽ αὔτως καὶ τὸ σμικρὸν τὸ ἐν ἡμῖν οὐκ ἐθέλει ποτὲ μέγα γίγνεσθαι οὐδὲ εἶναι (see Stallb. ad loc.) ; *Politic.* 310 D, ὡς δ᾽ αὔτως τὸ περὶ τὴν ἀνδρίαν γένος δρᾷ; Xen. *Anab.* v. 6, 9. Less elegantly *Gorg.* 460 D, ὡσαύτως δέ, and *Symp.* 186 E.

313 E. καὶ οἱ ὠνούμενοι. Sc. ἀγνοοῖεν ἄν.

τυγχάνεις ἐπιστήμων τούτων. Heindorf, while admitting that the participle appears to be omitted after τυγχάνω by Plato in places where a copyist's mistake cannot be given as excuse, *e.g. Hipp. Mai.* 300 A, where οὖσα must have been the form, restores it here as he proposes to do in *Gorg.* 502 B, εἰ δέ τι τυγχάνει ἀηδὲς καὶ ὠφέλιμον [ὄν]. Other editors acquiesce in its omission in many places, such as *Phaedr.* 263 D;; *Rep.* ii. 369 B (see *ad loc.* Stallb., who, however, quotes Porson *ad* Eur. *Hec.* 782 as approving the insertion of ὤν in the passage in the *Republic*); *Tim.* 61 C.

314 A. περὶ τοῖς φιλτάτοις. Used in the same reference in *Gorg.* 513 A, ὅπως μὴ . . . σὺν τοῖς φιλτάτοις ἡ αἵρεσις ἡμῖν ἔσται ταύτης τῆς δυνάμεως τῆς ἐν τῇ πόλει, of spiritual welfare; *Laws*, i. 650 A, ἐπιτρέποντα αὐτοῦ θυγατέρας τε καὶ υἱεῖς καὶ γυναῖκας, οὕτως ἐν τοῖς φιλτάτοις κινδυνεύσαντα, of close relations; cp. Hom. *Il.* iv. 161. Metaphors from games of hazard are frequent in Plato, *Rep.* vi. 487 B, x. 604 C; *Laches*, 187 B; *Laws*, i. 634 E, v. 739 A, vii. 820 C, x. 903 D, xii. 968 E, τὸ λεγόμενον, ὦ φίλοι, ἐν κοινῷ καὶ μέσῳ ἔοικεν ἡμῖν κεῖσθαι, καὶ εἴπερ κινδυνεύειν περὶ τῆς πολιτείας ἐθέλομεν ξυμπάσης, ἢ τρὶς ἕξ, φασίν, ἢ τρεῖς κύβους βάλλοντας, πάντα ποιητέον; below, 355 A, ἀναθέσθαι; pseudo-Plat. *Eryx*, 395 B.

κυβεύῃς τε καὶ κινδυνεύῃς. See *Gorg.* 467 D, πλεῖν τε καὶ κινδυνεύειν, for a similar combination.

σιτία μὲν γάρ κ.τ.ἑ. The passage in the *Gorgias* (464 B—465 D) where ῥητορική is compared to ὀψοποιϊκή illustrates the present.

παρὰ τοῦ καπήλου καὶ ἐμπόρου. So BT (except that T reads του). The words are however bracketed by Schanz after Hirschig. Hermann reads παρά του only; Sauppe παρὰ τοῦ καπήλου, arguing that the retail trader is alone in question, that ἔμπορος καὶ κάπηλος is the usual order, that the form of expression is wrong and should be at least τοῦ καπήλου ἢ ἐμπόρου. In answer to the last objection, see *Rep.* x. 604 B, quoted in 313 D; as regards the second Kroschel supplies a number of instances in which Plato purposely alters the order of a combination to avoid monotony, and the order is here reversed to bring into prominence the retail trader, who is chiefly though not, as Sauppe says, solely in question. The words are retained intact by the Zürich editors, Deuschle and Kroschel.

ἐν ἄλλοις ἀγγείοις. "Other," that is to say, than our own bodies.

οἴκαδε. The notion of carrying thither is implied in καταθέμενον.

ἔξεστιν. A repetition of the same word from above. This is a characteristic of Plato's style. Schanz (*Nov. Comm. Plat.* pp. 10, 11) compares *Rep.* viii. 547 B; *Cratyl.* 404 B; *Lys.*

209 B; *Crito*, 54 B; *Meno*, 72 B; *Charm.* 164 E; below, 345 C; *Gorg.* 484 B, etc.

314 B. καταθέντα τὴν τιμήν. Of ready money payment, as below, 328 C; add *Laws*, xi. 921 D, οὗτος τῇ δραχμῇ ἑκάστου μηνὸς ἐπωβελίαν κατατιθέτω; Ar. *Ran.* 176.

καὶ μαθόντα. Bracketed by Schanz; omitted by Deuschle originally, but retained in the 4th edition by Cron. Sauppe defends the words as answering to πιόντα ἢ φαγόντα above; just as ἐν αὐτῇ τῇ ψυχῇ λαβόντα does to ἐν ἄλλοις ἀγγείοις ἀποφέρειν.

ἔτι νέοι ὥστε . . . διελέσθαι. Eur. *Androm.* 80, γέρων ἐκεῖνος ὥστε σ' ὠφελεῖν παρών; Xen. *Cyrop.* iv. 5, 15, ὀλίγοι ἐσμὲν ὥστε ἐγκρατεῖς εἶναι αὐτῶν; *Mem.* iii. 13, 3. Heindorf points out that this form of expression is adopted because it does not, like νεώτεροι ἢ ὥστε would, entirely deny the power to discriminate. In Thuc. ii. 61, 2, ταπεινὴ ὑμῶν ἡ διάνοια ἐγκαρτερεῖν ἃ ἔγνωτε, the same sense is given without the aid of ὥστε. See Krueger, 49, 1; Thompson, p. 156. For the orthography of τοσοῦτον see Schanz, *Nov. Comm.* pp. 1 ff.

Ἱππίας ὁ Ἠλεῖος. The son of Diopeithes; a man of some influence in his state, and mentioned as being sent on a diplomatic mission to Sparta. In his travels he visited many places, amongst them Sicily, where his teaching was well rewarded. He was a man of universal attainments and of much practical skill. See Deuschle, *Einleitung*, pp. 7, 8, and Grote, *History of Greece*, ch. lxvii.

314 C. οἶμαι δὲ καὶ κ.τ.ἑ. Supply αὐτόθι εἶναι. For similar parentheses see *Symp.* 176 B; *Laches*, 180 A, ἐγὼ μὲν . . . κοινωνεῖν ἕτοιμος, οἶμαι δὲ καὶ Λάχητα τόνδε.

Πρόδικον τὸν Κεῖον. Born between 465 and 460 B.C. He visited Athens as accredited agent of Ceos. Ethics were prominent in his teaching; the Choice of Hercules (Xen. *Mem.* ii. 1, 21) was included in one of his discourses (ὧραι). He is spoken of with respect by Socrates and by Aristophanes (*Nub.* 360) for his simple morality. Another side of his teaching dealt with the distinction of terms, and a course of lectures, περὶ ὀνομάτων ὀρθότητος, is in several places alluded to by Plato. Theramenes, Euripides, Isocrates are reputed to have been his hearers.

δόξαν ἡμῖν ταῦτα. A very irregular construction in which the rule that a neuter plural subject takes a singular verb is extended to the agreement of the participle; cp. Xen. *Anab.* iv. 1, 13, δόξαν δὲ ταῦτα ἐκήρυξαν οὕτω ποιεῖν; but Xen. *Hellen.* iii. 2, 19, δόξαντα δὲ ταῦτα καὶ περανθέντα, τὰ μὲν στρατεύματα ἀπῆλθεν; Andoc. i. 81, δόξαντα ὑμῖν ταῦτα εἵλεσθε ἄνδρας εἴκοσιν; Jelf, § 384, *obs.* 1; Krueger, 56, 9, 5 and 6.

προθύρῳ. As the name (it is sometimes used in the plural, *Phileb.* 64 C) denotes, this is a passage leading up to, or a space immediately before the doors of a house, sometimes roofed over for the convenience of those waiting to enter. The door (αὔλεια θύρα), which opened inwards in this case (below, τὴν θύραν ... ἐπήραξεν, 314 D), gave entrance past the porter's office (θυρωρεῖον) to the court (αὐλή) round the four sides of which ran porticoes (προστῷα). On to these porticoes opened the eating, living, and sleeping rooms for the men, and as here sometimes store-rooms (315 D).

314 C. **διαπερανάμενοι.** Used, as is the simple verb, in this sense both in act. and mid.: *Gorg.* 510 A, ἵνα διαπεράνῃς τὸν λόγον; *Phileb.* 53 C, διαπερανοῦμαί σοι τοῦτ' αὐτό. For οὕτως see 310 D above.

ἐπιστάντες. *Phileb.* 64 C. In *Symp.* 175 A Socrates is represented as acting in the same way, and 175 B it is remarked ἔθος γάρ τι τοῦτ' ἔχει. Later in the *Symposium* striking instances of this habit of absorption are given by Alcibiades.

δοκεῖ οὖν μοι. When used apart from the construction of the sentence ordinarily δοκεῖ and οἶμαι take a less prominent position, as *Menex.* 236 B, ὅτε μοι δοκεῖ συνετίθει τὸν ἐπιτάφιον λόγον; and below, 323 D, 327 B; but cp. Thuc. i. 3, 1, δοκεῖ δέ μοι οὐδὲ τοὔνομα τοῦτο ξύμπασά πω εἶχεν, ἀλλὰ τὰ μὲν πρὸ Ἕλληνος τοῦ Δευκαλίωνος καὶ πάνυ οὐδὲ εἶναι ἡ ἐπίκλησις αὕτη, where it is noticeable that δοκεῖ influences the construction of the second part of the sentence; and *Gorg.* 460 A, ἀλλ' ἐγὼ μὲν οἶμαι, ὦ Σώκρατες, ἐὰν τύχῃ μὴ εἰδώς, καὶ ταῦτα παρ' ἐμοῦ μαθήσεται, where, as Thompson says, Stallbaum defends the text by "a cloud of quotations"; Krueger, 55, 4, 8.

314 D. **κατήκουεν ἡμῶν.** He was in the θυρωρεῖον: see note above.

κινδυνεύει. A common usage in Plato: cp. *Apol.* 20 D, τῷ ὄντι γὰρ κινδυνεύω ταύτην εἶναι σοφός; but Wayte says, "only found once in Hdt. (iv. 105), twice in Thucyd. (iv. 117, 2, vi. 87, 4), and about as often in Demosthenes."

ἄχθεσθαι. Apparently he had been a servant of Hipponicus, and disapproved of these people wasting his young master's substance.

τοῖς φοιτῶσιν. This verb means (1) "to go frequently": *Gorg.* 523 B, ἔλεγον πρὸς τὸν Δία ὅτι φοιτῷέν σφιν ἄνθρωποι ἑκατέρωσε ἀνάξιοι; *Crit.* 43 A, διὰ τὸ πολλάκις δεῦρο φοιτᾶν; *Laches*, 181 C, etc.; (2) in a special sense "to frequent, attend" a master: below, 326 C; *Alcib. I.* 109 D, φοιτῶν εἰς διδασκάλου.

ἀμφοῖν τοῖν χεροῖν. T has ταῖν: see Krueger, 14, 9, 2, and 58, 1, 3; Jelf, § 388, 3; Thompson, pp. 19, 20. The Attic dialect usually makes no distinction between masc. and fem. in the dual. *Phaedr.* 237 D, δεῖ αὖ νοῆσαι ὅτι ἡμῶν ἐν ἑκάστῳ δύο τινέ ἐστον ἰδέα ἄρχοντε καὶ ἄγοντε, οἷν ἑπόμεθα, where the Zürich editors notice no varr. lectt.; *Phaedo*, 71 E, οὐκοῦν καὶ τοῖν γενεσέοιν τοῖν περὶ ταῦτα ἢ γ' ἑτέρα σαφής οὖσα τυγχάνει, where there is a v.l., ταῖν γενεσ. ταῖν; *Laws*, x. 898 A, τούτοιν δὴ τοῖν -κινησέοιν; *Phileb.* 57 C, τούτοιν αὐτοῖν (sc. τεχναῖν); *Symp.* 213 D, λοιδορεῖταί τε καὶ τὼ χεῖρε μόγις ἀπέχεται, in none of which passages is there any v.l. in Zürich edition; *Theaetet.* 155 E, οὗ ἂν δύνωνται ἀπρὶξ τοῖν χεροῖν λαβέσθαι, where there is a v.l. τοῖν.

314 D. ἐγκεκλῃμένης. Bekker's correction (for ἐγκεκλειμένης B and Zürich ed., and ἐγκεκλεισμένης T and Heindorf) adopted by Schanz, Sauppe, Kroschel, Deuschle. Krueger (§ 40) gives κλῄω, κέκληκα, κέκλημαι, ἐκλῄσθην, as the Attic forms of the verb: see W. H. Thompson ad *Phaedr.* 251 D, and Dr. Rutherford's *New Phrynichus*, p. 102.

οὐ σχολὴ αὐτῷ. "Master is not at home." For αὐτός used thus cp. Ar. *Nub.* 219, τίς οὗτος; Αὐτός. Τίς αὐτός; Σωκράτης; *Rep.* i. 327 B, καί μου ὄπισθεν ὁ παῖς λαβόμενος τοῦ ἱματίου, Κελεύει ὑμᾶς, ἔφη, Πολέμαρχος περιμεῖναι. Καὶ ἐγὼ μετεστράφην τε καὶ ἠρόμην, ὅπου αὐτὸς εἴη; below, 315 B; Krueger, 51, 5, 4; Thompson, p. 55.

314 E. μόγις . . . ποτε. As ποτε often = *tandem* (cp. in Lat. *aliquando* for *tandem aliquando*)—*Laws*, viii. 832 D, μνησθῆναί ποτε περὶ ἁπάντων τῶν ἀγώνων τῶν γυμνικῶν; Arist. *Ran.* 268, ἔμελλον ἄρα παύσειν ποθ' ὑμᾶς τοῦ κοάξ; Xen. *Cyrop.* vii. 2, 19, πάμπολλα δὲ θύων ἐξιλασάμην ποτὲ αὐτόν—so the phrase here = *vix tandem*: cp. *Theaetet.* 160 E, τοῦτο μὲν δὴ μόγις ποτε ἐγεννήσαμεν.

ἄνθρωπος. BT ἄνθρωπος, but see note on 309 A. Most editors are agreed to read here as in the text. Heindorf reads ἄνθρωπος, but the passages he quotes are not to the point, as in both a descriptive clause is added to the substantive and takes the place of the article.

ἐν τῷ προστῴῳ. See note on 314 C. Protagoras seems to have been in the portico upon which the entrance passage opened, and Hippias in the one opposite (315 C).

ἑξῆς δ' αὐτῷ. *Cratyl.* 420 D, ὅτι τούτοις ἑξῆς ἐστί.

ἐκ μὲν τοῦ ἐπὶ θάτερα. The ἐκ is the appropriate preposition from the Greek point of view to correspond with our "on" or "towards": Thuc. i. 64, 1, τὸ δ' ἐκ τοῦ ἰσθμοῦ τεῖχος εὐθὺς οἱ Ἀθηναῖοι ἀποτειχίσαντες ἐφρούρουν (the wall on the side of the neck of land); cp. i. 62, 1, ἐστρατοπεδεύοντο πρὸς Ὀλύνθου (on the Olynthus side of the city). The general form of the expression may as easily be paralleled: Thucydides has τὰ ἐπὶ Θρᾴκης *passim*; i. 2, 5, ἐκ τοῦ ἐπὶ πλεῖστον; vii. 37, 2, ἐκ τοῦ ἐπὶ θάτερα προσῄει τῷ τείχει; Xen. *Anab.* v. 4, 10, εἰς τὴν χώραν εἰσβάλλειν ἐκ τοῦ ἐπὶ θάτερα. Plato does not apparently use elsewhere the particular phrase, but he has ἐκ τοῦ ἐπ' ἀριστερά, *Euthyd.* 297 C, and εἰς τὸ ἐπ' ἐκεῖνα in *Phaed.* 112 B; *Rep.* ix. 587 B.

Καλλίας ὁ Ἱππονίκου. See note on 311 A.

315 A. Χαρμίδης ὁ Γλαύκωνος. The man after whom the dialogue of the same name is called, brother of Perictione, Plato's mother: see the table given on 316 A. From a passage in Andocides (*Or.* i. 26) it appears likely that Callias was married to another sister of Charmides.

Φιλιππίδης ὁ Φιλομήλου. Mentioned here only by Plato.

315 A. **'Αντίμοιρος ὁ Μενδαῖος.** Kroschel quotes Themistius, *Or.* 29, p. 347 D, Καλλίας οὐ μόνον Πρωταγόραν ἐθεράπευε καὶ περιεῖπεν, ἀλλὰ καὶ 'Αντίμοιρον τὸν Μενδαῖον. He is not otherwise known.

ἐπὶ τέχνῃ. See on 312 B.

τούτων δὲ οἱ ὄπισθεν. BT omit οἱ which was added by Stephanus, and is adopted by Schanz. Sauppe after Baiter, ὄπισθεν οἱ; but if οἱ was in the original text it would have more readily dropped out *before* ὄπισθεν. Heindorf does not insert it, but inserts ὧν before τὸ μὲν πολύ, following Ficinus' version. After λεγομένων it might easily have fallen out, but it is a cumbrous addition in this part of the sentence where there are already two other relatives.

ἐξ ἑκάστων τῶν πόλεων. *Rep.* x. 600 C, Plato says if people had derived as much benefit from Homer and Hesiod as they did from Protagoras and Prodicus they would not have let them stroll about singing (ῥαψῳδεῖν περιόντας), but, οὐχὶ μᾶλλον ἂν αὐτῶν ἀντείχοντο ἢ τοῦ χρυσοῦ καὶ ἠνάγκαζον παρὰ σφίσιν οἴκοι εἶναι, ἤ, εἰ μὴ ἔπειθον, αὐτοὶ ἂν ἐπαιδαγώγουν (attended on them) ὅπῃ ᾖεσαν, ἕως ἱκανῶς παιδείας μεταλάβοιεν; *Apol.* 19 E, he says of Gorgias, Prodicus, and Hippias, τούτων γὰρ ἕκαστος . . . ἰὼν εἰς ἑκάστην τῶν πόλεων τοὺς νέους, οἷς ἔξεστι τῶν ἑαυτῶν πολιτῶν προῖκα ξυνεῖναι ᾧ ἂν βούλωνται, τούτους πείθουσι τὰς ἐκείνων ξυνουσίας ἀπολιπόντας σφίσι ξυνεῖναι χρήματα διδόντας καὶ χάριν προσειδέναι.

κηλῶν τῇ φωνῇ. A very favourite word with Plato: amongst many other passages compare *Symp.* 215 C, ὁ μέν γε (Μαρσύας) δι' ὀργάνων ἐκήλει τοὺς ἀνθρώπους τῇ ἀπὸ τοῦ στόματος δυνάμει. See Valcken. *ad* Eur. *Hipp.* 303.

οἱ δὲ κατὰ τὴν φωνὴν ἕπονται. An irregular continuation of the relative sentence οὓς ἄγει κ.τ.έ. See note on 313 B, and add Shilleto *adnn. critt. ad* Thuc. i. 74, 1, ὃς αἰτιώτατος ἐν τῷ στενῷ ναυμαχῆσαι ἐγένετο . . . καὶ αὐτὸν (v.l. αὐτοὶ) διὰ τοῦτο δὴ μάλιστα ἐτιμήσατε. He quotes Tac. *Ann.* iii. 24, *ob impudicitiam filiae ac neptis, quas urbe depulit adulterosque earum morte aut fuga punivit.*

315 B. **ἐν τῷ χορῷ.** The term is used playfully here with reference to the organised movements of Protagoras' followers. Sauppe compares the arrangement of the tragic chorus of 15 which was often disposed in three ranks of five each. The κορυφαῖος, whose place is here taken by Protagoras, was in the middle of the front line, and when this went right about face, the two other ranks fell back to right and left to let it pass through and then closed up again in the rear. In *Rep.* vi. 490 C there is an allusion to this order of priority in the chorus: καὶ δὴ τὸν ἄλλον τῆς φιλοσόφου φύσεως χορόν, τί δεῖ πάλιν ἐξ ἀρχῆς ἀναλαμβάνοντα τάττειν; see Donaldson's *Theatre of the Greeks* (7th ed.), p. 243, and Müller's *Eumeniden* as there referred to.

τὸν δὲ μετ' εἰσενόησα. That is, after Sisyphus, to whom, with his vain labour, Protagoras is perhaps likened. The passage is from *Od.* xi. 601, out of the Νέκυια, and the educated Athenian would supply the rest,—βίην Ἡρακληείην | εἴδωλον. Plato is perhaps hinting at the "shadowy," unsubstantial reputation of the sophists, and the want of reality in their philosophy. Some see in the mention of Hercules an allusion to Hippias' pugnacity, as below Prodicus is represented by Tantalus in consequence of his desire for wealth.

315 B. ἔφη "Ομηρος. Omitted by Schleiermacher, bracketed by Schanz. The words are not necessary, for a quotation from Homer stands in *Cratyl.* 415 A without them; but cp. *Theaetet.* 170 E, νὴ τὸν Δία, ὦ Σώκρατες, μάλα μυρίοι δῆτα, φησὶν Ὅμηρος.

315 C. ἐν θρόνῳ. Repeated below, ἐν θρόνῳ καθήμενος, with special emphasis. The θρόνος was the usual seat of the master, and is always in Plato (v. Ast's *Lexicon*, s.v.) a seat of authority, differing as such from the ordinary καθέδρα. The βάθρα (but see on 325 E) are the scholars' benches. Plato emphasises Hippias' position, because from Socrates' point of view the teacher's function was not to dogmatise but to evoke knowledge. Sauppe quotes Plutarch, περὶ τοῦ ἀκούειν, c. 12, ἀναστάντες γὰρ ἀπὸ τοῦ θρόνου καὶ ἀποθέμενοι τὰ βιβλία . . . (οἱ σοφισταὶ) μικροὶ φαίνονται. See Mayor's note on Juvenal, *Sat.* vii. 152.

Ἐρυξίμαχός τε ὁ Ἀκουμενοῦ. As one of the interlocutors in the *Symposium* he gives (176 D) his opinion, ὅτι χαλεπὸν τοῖς ἀνθρώποις ἡ μέθη ἐστί, and that he would advise no one to drink, especially on the morrow of a debauch. He and his father (*Symp.* 214 B; *Phaedr.* 268 A) were notable physicians.

Φαῖδρος ὁ Μυρρινούσιος. The person after whom the dialogue is named.

Ἄνδρων ὁ Ἀνδροτίωνος. Mentioned (*Gorg.* 487 C) as κοινωνὸς γεγονὼς σοφίας with three others who held it right μὴ προθυμεῖσθαι εἰς τὴν ἀκρίβειαν φιλοσοφεῖν. His son, inheriting his grandfather's name as was usual, was the Androtion attacked by Demosthenes.

περὶ φύσεως. Grote, *History of Greece*, chap. lxvii., says, "Hippias is represented as distinguished for the wide range of his accomplishments. . . . He could teach astronomy, geometry, and arithmetic." See *Hipp. Mai.* 285 B, ἃ σὺ κάλλιστα ἐπίστασαι, τὰ περὶ τὰ ἄστρα τε καὶ τὰ οὐράνια πάθη; pseudo-Plat. *Hipp. Min.* 367 E, ἧς αὖ σὺ τέχνης (τῆς ἀστρονομίας) ἔτι μᾶλλον ἐπιστήμων οἴει εἶναι ἢ τῶν ἔμπροσθεν.

τῶν μετεώρων. *Apol.* 43 D, τὰ μετέωρα καὶ τὰ ὑπὸ γῆς; but the term also connoted fanciful speculation, and Socrates (*Apol.* 18 B) complains that he, as τὰ μετέωρα φροντιστής, was under the condemnation which attached to such speculations of being little better than an atheist. Cp. Ar. *Nub.* 227, where Socrates is made to say οὐ γὰρ ἄν ποτε | ἐξηῦρον ὀρθῶς τὰ μετέωρα πράγματα, | εἰ μὴ κρεμάσας τὸ νόημα καὶ τὴν φροντίδα (*i.e.* in the basket) | λεπτὴν καταμίξας ἐς τὸν ὅμοιον ἀέρα κ.τ.ἑ.;

Rep. vi. 489 C, τοὺς ὑπὸ τούτων ἀχρήστους λεγομένους καὶ μετεωρολέσχας; *Phaedr.* 270 A, προσδέονται ἀδολεσχίας καὶ μετεωρολογίας; *Cratyl.* 401 B, μετεωρολόγοι καὶ ἀδολέσχαι τινές; *Rep.* vi. 488 E, μετεωροσκόπον τε καὶ ἀδολέσχην.

315 C. ἀστρονομικά. Bracketed by Schanz; retained by Sauppe, Deuschle, and Kroschel.

καὶ μὲν δὴ καὶ Τάνταλόν γε εἰσεῖδον. *Od.* xi. 582, καὶ μὴν Τάνταλον εἰσεῖδον χαλέπ' ἄλγε' ἔχοντα. Possibly an allusion to Prodicus' ill-health; see note above.

ἐπεδήμει γὰρ ἄρα. As Socrates is telling the story on the same day as it happened we should expect him to say, "For Prodicus is in the town," and Heindorf courageously says, "ergo rescribendum ἐπιδημεῖ." There is, however, a reference to 314 B where Socrates had expressed his belief that Prodicus was at Callias' house: tr. "for, as I expected, P. was in the town." For this use of ἄρα, in combination with γάρ, compare *Rep.* iv. 438 A, no one, says Socrates, has a desire for drink only but for good drink, πάντες γὰρ ἄρα τῶν ἀγαθῶν ἐπιθυμοῦσιν (for all *naturally*, etc.); *Sympos.* 205 B, do not be surprised at our restricted use of the word 'love,' ἀφελόντες γὰρ ἄρα (v.l. γάρ alone) τοῦ ἔρωτός τι εἶδος ὀνομάζομεν, τὸ τοῦ ὅλου ἐπιτιθέντες ὄνομα (taking one species of love, as is common, we give it the class name); *Rep.* ii. 358 C, men, says Glaucon, in acting unjustly act rationally, πολὺ γὰρ ἀμείνων ἄρα ὁ τοῦ ἀδίκου ἢ ὁ τοῦ δικαίου βίος, ὡς λέγουσιν (for naturally in the opinion of the mass, etc.)

315 D. ὡς ταμιείῳ ἐχρῆτο. Callias had so wasted his substance on the entertainment of the sophists that one of his store-rooms could be emptied for their accommodation. *Apol.* 20 A, ἔτυχον γὰρ προσελθὼν ἀνδρί, ὃς τετέλεκε χρήματα σοφισταῖς πλείω ἢ ξύμπαντες οἱ ἄλλοι, Καλλίᾳ τῷ Ἱππονίκου.

ἐγκεκαλυμμένος ἐν κῳδίοις. Arist. *Nub.* 10, ἐν πέντε σισύραις ἐγκεκορδυλημένος. | ἀλλ', εἰ δοκεῖ, ῥέγκωμεν ἐγκεκαλυμμένοι. Stallb. refers to Philostratus, *Vit. Sophist.* vii. p. 496, ed. Olear., to show that Prodicus was *mollis et delicatulus*. Sauppe quotes Plutarch, εἰ πρεσβυτ. πολιτευτέον, p. 791 E, to show that, in youth at all events, Prodicus was ἰσχνός and νοσώδης, and τὰ πολλὰ κλινοπετὴς δι' ἀρρωστίαν.

τισὶν . . . καὶ μάλα πολλοῖς. *Phaed.* 58 D, ἀλλὰ παρῆσάν τινες καὶ πολλοί γε; *Gorg.* 455 C, ὡς ἐγώ τινας σχεδὸν καὶ συχνοὺς αἰσθάνομαι; *Laws*, iii. 678 E, παμπόλλαις τισί (γενεαῖς); 682 B, ἐν πολλοῖς τισὶ χρόνοις. For the intensive force of καί see Riddell, *Digest*, § 133.

Παυσανίας. An interlocutor in the *Symposium* of Plato (where he is Agathon's guest) and of Xenophon. In both his relations to Agathon are mentioned. Agathon (schol. ad *Symp.* 172 A), the son of Tisameuus, was the tragedian who went with Pausanias to the court of Archelaus in Macedonia. He is one of the characters in Aristophanes' *Thesmophoriazousae*. See particularly Holden's *Onomasticon Aristophaneum*, s.v. Ἀγάθων, where his style is alluded to

L

as founded on that of Gorgias ; add Donaldson's *Theatre of the Greeks*, p. 160.

315 D. ἐκ Κεραμέων. Probably the same as the Κεραμεικός, a deme in Attica just outside Athens.

315 E. τὴν δ' οὖν ἰδέαν πάνυ καλός. Agreeing with μειράκιον according to the sense: cp. *Laches*, 180 E, τὰ γὰρ μειράκια τάδε πρὸς ἀλλήλους . . . διαλεγόμενοι θαμὰ ἐπιμέμνηνται Σωκράτους; *Symp.* 179 A, ἐγκαταλιπεῖν γε τὰ παιδικὰ ἢ μὴ βοηθῆσαι κινδυνεύοντι. Tr. "of a fine natural disposition, I believe; at all events of pleasing exterior."

ἔδοξα ἀκοῦσαι. "I fancy, I heard," etc.

τοῦτ' ἦν τὸ μειράκιον. If the words are retained (as they are by Schanz, Sauppe, Deuschle) we must translate "there was this youth"; but the passages adduced for this usage of εἰμι are not conclusive, the initial position of the verb in them giving it the requisite strength, as in *Rep.* x. 615 D, ἦσαν δὲ καὶ ἰδιῶταί τινες, and *Phaed.* 59 B. No alterations are however satisfactory. Heindorf, with Schleiermacher's approval, suggests τοῦτο τ' οὖν which the Zürich edd. adopt.

ὅ τε Κήπιδος. This Adeimantus is otherwise unknown. The other, the son of Leucolophides, is best known as colleague of Philocles and Conon, who were elected generals after the battle of Arginusae. He is reputed to have betrayed the Athenian fleet at Aegospotami, and falling with Philocles into Lysander's hands to have been spared on this account when Philocles was put to death. For this he seems to have been afterwards accused by Conon. He is mentioned as unpopular in Ar. *Ran.* 1513. See Xen. *Hell.* i. 4, 21, ii. 1, 32; Demosth. *De F. L.* § 211, and Shilleto's note; Holden's *Onomast. Aristoph.* s.v. Ἀδείμαντος.

λιπαρῶς ἔχων. Cp. 335 B.

πάσσοφος. Used in the same ironical sense, *Rep.* x. 598 D, ἐντυχὼν γόητί τινι καὶ μιμητῇ ἐξηπατήθη, ὥστε ἔδοξεν (ὁ γόης) αὐτῷ πάσσοφος εἶναι; *Euthyd.* 287 C, Socrates is bantering Dionysodorus for choosing his own time to answer questions; on what ground do you exercise this discretion? ἢ δῆλον ὅτι κατὰ τόνδε (τὸν λόγον), ὅτι σὺ νῦν πάσσοφός τις ἡμῖν ἀφῖξαι περὶ λόγους; *Lys.* 216 A, οὗτοι οἱ πάσσοφοι ἄνδρες, οἱ ἀντιλογικοί; *Theaetet.* 152 C, ἆρ' οὖν πρὸς Χαρίτων πάσσοφός τις ἦν ὁ Πρωταγόρας.

316 A. ἀνήρ. See on 309 A, 314 E.

ἡμεῖς μὲν ἄρτι εἰσεληλύθειμεν. This co-ordination of a temporal sentence instead of its subordination is often found with the pluperfect, Xen. *Anab.* i. 9, 14, τούς γε μέντοι ἀγαθοὺς εἰς πόλεμον ὡμολόγητο διαφερόντως τιμᾶν. καὶ πρῶτον μὲν κ.τ.ἑ.

ὡς φῂς σὺ καὶ ἐγὼ πείθομαι. A very common phrase with Plato: *Rep.* iv. 424 C, ὡς φησί τε Δάμων καὶ ἐγὼ πείθομαι; *Sympos.* 186 E, ὡς φασιν οἵδε οἱ ποιηταὶ καὶ ἐγὼ πείθομαι.

Κριτίας ὁ Καλλαίσχρου. The man infamous in history as president of the Thirty Tyrants. The following table will explain the relationship of some of the characters.

NOTES 147

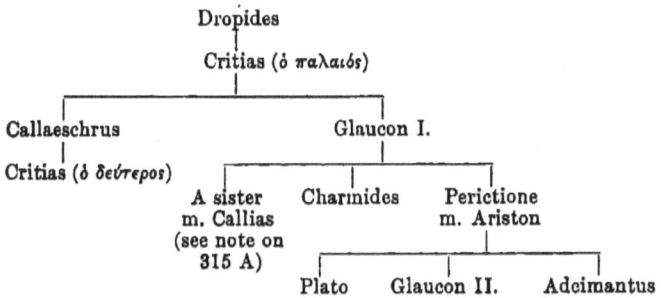

316 A. **ἔτι σμίκρ' ἄττα διατρίψαντες.** They stood out of sight in the end of the passage leading into the αὐλή from the street. Heindorf says, *paullulum morati*, male Cornarius, *pauca quaedam collocuti*. The latter meaning might be supported by *Phileb*. 20 C, σμίκρ' ἄττα . . . διομολογησώμεθα, but διατρίβω in Plato never occurs in the derived sense of "conversing" with an accusative of the conversation held. For the adverbial use of σμίκρ' ἄττα cp. *Polit*. 259 C, ὡς βασιλεὺς ἅπας χερσὶ . . . σμίκρ' ἄττα εἰς τὸ κατέχειν τὴν ἀρχὴν δύναται.

316 B. **πρὸς σέ τοι.** The particle emphasises the personality of the person addressed. Arist. *Plut*. 1099, σέ τοι λέγω; Soph. *Ai*. 1228, σέ τοι, τὸν ἐκ τῆς αἰχμαλωτίδος λέγω; Krueger, 69, 61, 1. Notice the same use of δή: Soph. *Ant*. 442, σὲ δή, σὲ τὴν νεύουσαν ἐς πέδον κάρα. It is remarkable that BT both give τι, which Bekker retains. Kroschel says, τοι *in* BT *recentiore Graecorum pronuntiatione mutatum est in* τι.

μόνῳ βουλόμενοι διαλεχθῆναι. It is not necessary with Schanz, after Cobet (var. lectt. p. 112), to insert μόνοι before μόνῳ.

ἐνάμιλλος εἶναι τοῖς ἡλικιώταις. "To hold his own with his contemporaries." So used with a dative in *Rep*. iv. 433 D, twice.

316 C. **μάλιστα γενέσθαι.** So BT, followed by Heind., Stallb., and Zürich edd.; later editions mostly insert ἄν after Stephanus, and Sauppe says that the particle is always present unless the principal verb itself makes the reference to the future manifest. Heindorf and Stallbaum, however (add Krueger, 54, 6, 9), imagine that its omission is an indication of Hippocrates' confidence. Whatever the explanation, we must with Goodwin (*Greek Moods and Tenses*, new ed. § 127) recognise the existence of many passages in which the ἄν is omitted, and not with Madvig correct them. Compare the following: Thuc. i. 127, 1, νομίζοντες ἐκπεσόντος αὐτοῦ ῥᾷον σφίσι προχωρεῖν τὰ ἀπὸ τῶν 'Αθηναίων (see *ad loc*. Shilleto, who regards the present as the graphic present of the *or. recta*); iii. 24, 1, νομίζοντες ἥκιστα σφᾶς ταύτην αὐτοὺς

ὑποτοπῆσαι τραπέσθαι τὴν ἐς τοὺς πολεμίους ; ii. 3, 2, ἐνόμισαν ἐπιθέμενοι ῥᾳδίως κρατῆσαι.

316 C. μόνος οἴει δεῖν. For μόνον; cp. Dem. 51, 1, πεποίηκα τοῦτ' ἐγώ, διό φημι δεῖν αὐτὸς στεφανοῦσθαι.

316 D. τὸν ταῦτα πράττοντα. Summing up and emphasising the foregoing words ; a not uncommon use of οὗτος, cp. *Laws*, iv. 713 C, where ταῦτ' οὖν διανοούμενος is resumptive. Krueger, 65, 9, 2.

φοβουμένους τὸ ἐπαχθὲς αὐτῆς. *Lach.* 184 B, ἐπίφθονος γὰρ ἡ προσποίησις τῆς τοιαύτης ἐπιστήμης.

προκαλύπτεσθαι, τοὺς μὲν ποίησιν. For the construction L. and S. compare Eur. *Iph. in Taur.* 312, πέπλων . . . προὐκαλύπτετ' εὐπήνους ὑφάς.

οἷον Ὅμηρον. Diog. Laert. *Prooem.* 12, οἱ σοφοὶ καὶ σοφισταὶ ἐκαλοῦντο, καὶ οὐ μόνον, ἀλλὰ καὶ οἱ ποιηταὶ σοφισταί, καθὰ καὶ Κρατῖνος ἐν Ἀρχιλόχῳ τοὺς περὶ Ὅμηρον καὶ Ἡσίοδον ἐπαινῶν οὕτως καλεῖ ; see L. and S. *s.v.* σοφιστής ; Ar. *Ranae*, 1031, Ὀρφεὺς μὲν γὰρ τελετάς θ' ἡμῖν κατέδειξε φόνων τ' ἀπέχεσθαι, | Μουσαῖος δ' ἐξακέσεις τε νόσων καὶ χρησμούς, Ἡσίοδος δὲ | γῆς ἐργασίας, καρπῶν ὥρας, ἀρότους· ὁ δὲ θεῖος Ὅμηρος | ἀπὸ τοῦ τιμὴν καὶ κλέος ἔσχεν, πλὴν τοῦδ' ὅτι χρῆστ' ἐδίδαξε, | τάξεις, ἀρετάς, ὁπλίσεις ἀνδρῶν ; Onomacritus in Peisistratus' time collected the works of Orpheus and Musaeus, in consequence of which they are often mentioned in combination : *Apol.* 41 A ; *Ion*, 536 B ; *Rep.* ii. 364 E.

316 E. Ἴκκος τε ὁ Ταραντῖνος. Won in the *pentathlum* in the 77th Olympiad, *c.* 470 B.C., and afterwards established himself as a γυμναστής, *i.e.* παιδοτρίβης (Pausan. vi. 10, 2) or ἰατρός. He is mentioned in the *Laws* (viii. 839 E) as a singular instance of temperance ; Eustathius (quoted by Heind.) refers to the proverb Ἴκκου δεῖπνον· ἐπὶ ἀπερίττως δειπνούντων.

Ἡρόδικος. Mentioned also *Rep.* iii. 406 A, μίξας γυμναστικὴν ἰατρικῇ ἀπέκναισε πρῶτον μὲν καὶ μάλιστα ἑαυτόν, ἔπειτ' ἄλλους ὕστερον πολλούς ; *Phaedr.* 227 E (where see Heindorf). Suffering from ill-health himself he devised a rigid regimen which restored him to good health. Eustathius (quoted by Stallb. on *Rep. l.c.*) says, τοῦ δὲ διαιτητικοῦ (φασί) Ἱπποκράτην μὲν κατάρξαι, Ἡρόδικον δὲ συντελέσαι.

τὸ δὲ ἀρχαῖον Μεγαρεύς. This pointless addition is introduced by Plato, Sauppe thinks, to exhibit Protagoras' love of displaying his universal knowledge.

Ἀγαθοκλῆς τε ὁ ὑμέτερος. The scholiast, ad *Alcib. I.* 118 C, says that Pythocleides was teacher of Agathocles, and he (*Laches*, 180 D) of Damon. Pericles was himself acquainted (*Alcib. I. l.c.*) with the first and the last, and Aristotle (quoted by Plutarch, *Pericles* 14) says that Damon was his instructor in music.

317 A. κατὰ τοῦτο εἶναι. Goodwin (*Greek Moods and Tenses*, new ed. §§ 781-783) regards this as the infinitive used like a limiting accusative. Instances are very numerous with ἑκών ; for other phrases compare Thuc. iv. 28, 1 ; viii. 48, 5, τὸ ἐπ' ἐκείνοις εἶναι; Plato, *Laches*, 201 C; *Rep.* vi. 506 E, τὸ νῦν εἶναι; *Cratyl.* 396 D, τὸ τήμερον εἶναι; and see Goodwin, *l.c.*, and Krueger, 55, 1, 1; Thompson, p. 157. Ast reads τὸ κατὰ τοῦτο εἶναι, but though the article is very commonly present it is not necessary: cp. *Gorg.* 517 B; Isaeus, ii. 32, ὡμόσαμεν εὖ ποιεῖν ἀλλήλους κατὰ δύναμιν εἶναι.

317 A. **οὔ τι διαπράξασθαι.** Verbs like νομίζω, ἡγοῦμαι, which introduce what is very like *or. obl.*, regularly take οὐ with the infinitive, though μή is sometimes found, as in *Apol.* 27 D; Goodwin, *Greek Moods and Tenses*, new ed. § 685; Thompson, pp. 351, 352. For οὔ τι = *ne—point*, cp. *Phaed.* 81 D, καὶ οὔ τί γε τὰς τῶν ἀγαθῶν ταύτας εἶναι, and see Ast, *s.v.*

πράττειν. "To take a part in the government": cp. Demosth. *De Coron.* p. 240 extr., αἱ δὲ πόλεις ἐνόσουν, τῶν μὲν ἐν τῷ πολιτεύεσθαι καὶ πράττειν δωροδοκούντων καὶ διαφθειρομένων ἐπὶ χρήμασι.; Xen. *Mem.* i. 2, 15, ἱκανὸς πράττειν; Thuc. viii. 72, 1, πεντακισχίλιοί τε ὅτι εἶεν καὶ οὐ τετρακόσιοι μόνον οἱ πράττοντες.

ἐπεὶ οἵ γε πολλοί. "Though indeed," a meaning which ἐπεί (generally in combination with γε) often assumes owing to an ellipse: cp. below 333 C, 335 C, 336 D, 338 C, 353 A; *Gorg.* 526 A, ὀλίγοι δὲ γίγνονται οἱ τοιοῦτοι· ἐπεὶ καὶ ἐνθάδε καὶ ἄλλοθι γεγόνασιν; *Rep.* ii. 358 C, πολὺ γὰρ ἀμείνων ἄρα ὁ τοῦ ἀδίκου ἢ ὁ τοῦ δικαίου βίος, ὡς λέγουσιν· ἐπεὶ ἔμοιγε, ὦ Σώκρατες, οὔτι δοκεῖ οὕτως; x. 601 A, B.

ὡς ἔπος εἰπεῖν. This phrase is used seventy-seven times in Plato (Goodwin, *Greek Moods and Tenses*, new ed. § 777); its use in qualifying a statement is best seen from *Rep.* i. 341 B, διόρισαι ποτέρως λέγεις τὸν ἄρχοντά τε καὶ τὸν κρείττονα, τὸν ὡς ἔπος εἰπεῖν ἢ τὸν ἀκριβεῖ λόγῳ. Varieties are ὡς εἰπεῖν—ἔπος εἰπεῖν—ὡς συνελόντι εἰπεῖν—ὡς συντόμως, ἁπλῶς, τὸ ὅλον, τὸ ξύμπαν εἰπεῖν—ὡς ἐν κεφαλαίῳ εἰρῆσθαι. Krueger, 55, 1, 2; Thompson, p. 157.

ταῦτα ὑμνοῦσιν. Cp. 343 B; *Rep.* viii. 549 D, ὅσα καὶ οἷα φιλοῦσιν αἱ γυναῖκες περὶ τῶν τοιούτων ὑμνεῖν.

τὸ οὖν ἀποδιδράσκοντα κ.τ.ἑ. For the form of the sentence see Heind. ad *Theaetet.* 144 A, τὸ γὰρ εὐμαθῆ ὄντα ὡς ἄλλῳ χαλεπόν, πρᾷον αὖ εἶναι διαφερόντως, καὶ ἐπὶ τούτοις ἀνδρεῖον παρ' ὁντινοῦν, ἐγὼ μὲν οὔτ' ἂν ᾠόμην γενέσθαι οὔτε ὁρῶ γιγνομένους; and *Rep.* i. 331 B; *Gorg.* 517 E. It is an accusative absolute or a construction which has been abandoned for another. The present ἀποδιδράσκοντα denotes an attempted act.

317 B. **πρὸς τοῖς ἄλλοις.** "In addition to *being* other things": the *constructio compendiaria*, a variety of which is so common after comparatives. Jelf, § 781 D; Thompson, p. 414.

τὴν ἐναντίαν ἅπασαν ὁδόν. "The entirely opposite way": cp. Thuc. vi. 37, 3, ἐν πάσῃ πολεμίᾳ Σικελίᾳ; vi. 21, 2, ἐς ἀλλοτρίαν πᾶσαν ἀπαρτήσαντες; Soph. *El.* 301, ἡ πᾶσα βλάβη (= ὁ πάντως βλαβερός); Krueger, 50, 11, 10.

ἔξαρνον. With a more general reference than simply to the subject of ὁμολογῶ, in which case it would have been ἔξαρνος. For the omission of τινα see note on 318 E, and add *Apol.* 39 A, ἄλλαι μηχαναί πολλαί εἰσιν ἐν ἑκάστοις τοῖς κινδύνοις, ὥστε διαφεύγειν θάνατον ; *Meno*, 97 A, ὅτι δ' οὐκ ἔστιν ὀρθῶς ἡγεῖσθαι, ἐὰν μὴ φρόνιμος ᾖ, τοῦτο ὅμοιοί ἐσμεν οὐκ ὀρθῶς ὡμολογηκόσιν.

317 B. **ἄλλας.** Sc. εὐλαβείας.

317 C. **σὺν θεῷ εἰπεῖν.** Used to avert nemesis for a boast : *Theaetet.* 151 B, καί, σὺν θεῷ εἰπεῖν, πάνυ ἱκανῶς τοπάζω, οἷς ἂν συγγενόμενοι ὄναιντο ; Ar. *Plut.* 114, οἴμαι γάρ, οἴμαι, ξὺν θεῷ δ' εἰρήσεται, | ταύτης ἀπαλλάξειν σε τῆς ὀφθαλμίας.

εἰμὶ ἐν τῇ τέχνῃ. For the fact cp. *Meno*, 91 E, οἴμαι γὰρ αὐτὸν ἀποθανεῖν ἐγγὺς καὶ ἐβδομήκοντα ἔτη γεγονότα, τετταράκοντα δὲ ἐν τῇ τέχνῃ ὄντα ; for the phrase, Soph. *O. T.* 562, τότ' οὖν ὁ μάντις οὗτος ἦν ἐν τῇ τέχνῃ ; Hdt. ii. 82, οἱ ἐν ποιήσει γενόμενοι ; *Phaed.* 59 A, ὡς ἐν φιλοσοφίᾳ ἡμῶν ὄντων ; 319 C, below.

οὐδενὸς ὅτου. For this attraction cp. 323 B below. Cobet, *Nov. Lect.* 320, proposes to strike out πάντων, but compare Demosth. *Adv. Lept.* 458, § 3, οὐ γάρ ἐστ' ἐφ' ὅτου τοῦτ' οὐ πεπόνθατε τῶν πάντων.

ἁπάντων. To be joined with τῶν ἔνδον ὄντων, put out of its proper place for emphasis' sake.

ὑπώπτευσα γάρ. Schanz, *Nov. Comm.* p. 84, quotes many instances in which a causal sentence is thus inserted immediately after a personal pronoun.

ἐρασταί. "Admirers" ; often used by Plato in this sense with an abstract object : *Phaedr.* 253 D, τιμῆς ἐραστὴς μετὰ σωφροσύνης τε καὶ αἰδοῦς ; but not so frequently in this modified sense with reference to persons : cp. *Symp.* 178 B, Σωκράτους ἐραστὴς ὢν ἐν τοῖς μάλιστα τῶν τότε.

317 D. **τί οὖν κ.τ.ἑ.** See note on 310 A.

συνέδριον. Only used here in Plato apparently ; mostly of the "meeting" and not of the place : see L. and S. *s.v.*

καθιζόμενοι. So B ; καθεζόμενοι T, which Kroschel prefers, but his attempt to draw a distinction in meaning between the two forms is not successful, and it is better to follow the best MS.

ἐδόκει χρῆναι. Cp. 338 E for a similar asyndeton.

αὐτοί τε. So BT; Schanz, Sauppe, Kroschel, Deuschle, omit τε ; Ast alters to γε. If retained it is answered by ἐν δὲ τούτῳ κ.τ.ἑ. Such an irregularity is not uncommon, see Stallb. ad *Rep.* ii. 367 C, ἃ τῶν τε ἀποβαινόντων ἀπ' αὐτῶν ἕνεκα ἄξια κεκτῆσθαι, πολὺ δὲ μᾶλλον αὐτὰ αὑτῶν ; *Politic.* 270 D, ἄλλα τε παθήματα πολλὰ καὶ θαυμαστὰ καὶ καινὰ ξυμπίπτει, μέγιστον δὲ τόδε ; Shilleto *ad* Thuc. i. 25, 4, κατά τε τὸ δίκαιον . . . ἅμα δὲ καὶ μίσει ; and *adnn. critt. ad* Demosth. *De F. L.* § 176. Generally, however, a climax is to be marked in such cases, and here there is none. The meaning of the αὐτοί is that they were too eager to wait for servants.

317 E. **ἀναστήσαντες.** Heind. proposes ἀναστήσαντε, but there is so

much irregularity in the treatment of the dual, which after all is but an old form of the plural, that it is unwise to make any correction, though the presence of ἄγοντε makes *Euthyd.* 273 D, ἄμφω βλέψαντες, hardly a parallel.

317 E. **νῦν δὴ ἄν, ἔφη, λέγοις.** The common formula of polite request. The protasis need not be consciously present to the speaker. Thompson, § 196, 2; Krueger, 54, 3, 8.

ὅτι Ἡ αὐτή μοι. For ὅτι introducing *or. rect.* see Jelf, § 802, obs. 8; Krueger, 65, 11, 8. Both consider it as the final result of the tendency in Greek for the *or. obl.* to assimilate itself to the *or. rect.*: cp. *Crito*, 50 C, ἴσως ἄν εἴποιεν ὅτι, ὦ Σώκρατες, μὴ θαύμαζε τὰ λεγόμενα.

318 A. **τοσοῦτος ὅ γε ἡμέτερος λόγος.** "That is all we have to say." *Rep.* x. 608 C, οἴει ἀθανάτῳ πράγματι ὑπὲρ τοσούτου (so little) δεῖν χρόνου ἐσπουδακέναι, ἀλλ' οὐχ ὑπὲρ τοῦ παντός; *Phaed.* 83 B.

ἐν τῇ ὑστεραίᾳ. Hirschig proposes to omit ἐν, and Schanz brackets it; Kroschel, however, aptly quotes Thuc. 1, 44, 1, τῇ μὲν προτέρᾳ . . . ἐν δὲ τῇ ὑστεραίᾳ.

ταὐτὰ ταῦτα. See Stallb. ad *Symp.* 178 E, ταὐτὸν δὲ τοῦτο καὶ τὸν ἐρώμενον ὁρῶμεν. Either ἔσται must be supplied or the words are an adverbial accusative qualifying βελτίονι γεγονότι.

ἐπιδιδόναι. Ast, *Lex.* i. p. 774, quotes only two instances, out of a large number, in which the verb has not the meaning of to "improve" (*donner en avant*) in Plato.

318 B. **ὃ μὴ τυγχάνεις.** Bekker, τυγχάνοις, but no one appears to follow him. The indicative is more appropriate since it implies that there are some things which he does not know: cp. Xen. *Anab.* i. 9, 28, προσκαλῶν τοὺς φίλους ἐσπουδαιολογεῖτο, ὡς δηλοίη οὓς τιμᾷ; Krueger, 54, 6, 2; Jelf, § 888; Thompson, §§ 321, 322.

ἀλλὰ μὴ οὕτως. A case of ellipse rather than aposiopesis, for there is no special animation intended: cp. below, 331 C; *Rep.* ii. 381 E, μὴ γάρ, ἔφη; x. 597 A, μὴ γάρ; *Meno*, 74 D, ἀλλὰ μή μοι οὕτως, ἀλλ' ἐπειδή κ.τ.ἑ.; Ar. *Ach.* 345, ἀλλὰ μή μοι πρόφασιν, ἀλλὰ κατάθου τὸ βέλος.

ὥσπερ ἄν εἰ. See note on 311 B.

Ζεύξιππου. It has been suggested (by Coraes *ad* Plutarch, *Pericl.* 13) that this is the lengthened form of Zeuxis, the famous painter, who was also of Heraclea. Sauppe quotes from Herodian (*Etym. Magn.* 93, 50) "Ἀμφις for Ἀμφιάραος (Aesch.) and Ἶφις for Ἰφιγένεια. Later many such abbreviations were common: Lucas for Lucanus; Annas for Ananas; Zenos for Zenodorus; Apollos for Apollonius.

318 C. **Ὀρθαγόρᾳ τῷ Θηβαίῳ.** The Thebans excelled in the use of the flute (*Anthol.* ed. Jacobs, ii. p. 633). This Orthagoras is apparently the same as the one who (Athenaeus, 184 E) is mentioned as Epaminondas' teacher.

ἐπανέροιτο αὐτόν. For αὐτόν after ἐκείνου see note on 309 B.

318 D. **Πρωταγόρᾳ.** Instead of the natural σοι; imitating the pomposity of the man.

318 E. τὰς γὰρ τέχνας αὐτοὺς πεφευγότας. Τέχναι here = "the sciences," "lessons," "learning": Müller, "die Künste"; Schleierm., "die Schulkünste." With the views expressed here about higher education (φιλοσοφία in its widest sense) compare *Gorg.* 484 C, φιλοσοφία γάρ τοί ἐστιν, ὦ Σώκρατες, χαρίεν, ἄν τις αὐτοῦ μετρίως ἅψηται ἐν τῇ ἡλικίᾳ, and a passage quoted by Thompson *ad loc.* from Isocrates, *Panathen.* p. 238 B, in which the orator recommends young men to pay attention to the ordinary subjects of education, as at least likely to keep them out of mischief, but deprecates too much application in their elders as likely to make them censorious, pedantic, unpractical.

τὸ δὲ μάθημα. *Meno*, 91 A. The sophists professed to be teachers ταύτης τῆς σοφίας καὶ ἀρετῆς, ᾗ οἱ ἄνθρωποι τάς τε οἰκίας καὶ τὰς πόλεις καλῶς διοικοῦσι καὶ τοὺς γονέας τοὺς αὑτῶν θεραπεύουσι, καὶ πολίτας καὶ ξένους ὑποδέξασθαί τε καὶ ἀποπέμψαι ἐπίστανται.

ὅπως ἂν ἄριστα ... διοικοῖ. For the omission of τις see 317 B, and add *Apol.* 29 B, ἡ τοῦ οἴεσθαι εἰδέναι (ἀμαθία) ἃ οὐκ οἶδεν; *Rep.* x. 611 C, τοιοῦτον ἱκανῶς λογισμῷ διαθεατέον, καὶ πολὺ κάλλιον αὐτὸ εὑρήσει; *Gorg.* 456 D; Jelf, § 373, 6. For the construction see Jelf, § 810, 4; Riddell, *Digest*, § 68; Thompson, § 229, n. 3.

319 A. ἄνδρας ἀγαθοὺς πολίτας. To be taken together; "to promise to make (of them) good citizens": cp. Thuc. i. 74, 1, ἄνδρα στρατηγὸν ξυνετώτατον; Ar. *Eq.* 1304, ἄνδρα μοχθηρὸν πολίτην; Plat. *Rep.* x. 620 C, ἀνδρὸς ἰδιώτου ἀπράγμονος; without au adj. it is very common, cp. above, 312 C, ἀνδρὶ σοφιστῇ; *Phaed.* 64 D, φιλοσόφου ἀνδρός; *Rep.* x. 620 B, ἀθλητοῦ ἀνδρός.

ἦ καλὸν ... τέχνημα ἄρα κέκτησαι. For the sarcastic sense of καλός cp. *Rep.* x. 595 C, and 607 E. For the form of the sentence cp. Soph. *Ai.* 1121, οὐ γὰρ βάναυσον τὴν τέχνην ἐκτησάμην.

εἴπερ κέκτησαι. So BT; Schanz ἔκτησαι, on the ground (*Praefat. ad* vol. xii. § 16) that Plato uses this form after consonants; see Kroschel *ad* 340 D, and Krueger, 28, 10, 4.

οὐκ ᾤμην διδακτὸν εἶναι. That in fact it (*Meno*, 99 E) θείᾳ μοίρᾳ παραγίγνεσθαι. Ἀρετὴ μετὰ φρονήσεως is communicable by teaching, but not the πολιτικὴ or δημοτικὴ ἀρετή, which the sophist professed to teach; see App. I. to Mr. Archer-Hind's edition of the *Phaedo*.

319 B. ὅπως ἀπιστῶ. BT ὅπως ἄν: the correction is Heindorf's. ὅπως in the modal sense as here, with a deliberative conjunctive, almost universally dispenses with the ἄν; it was probably inserted either from a reminiscence of ὅπως ἄν above, or by writing twice over the first syllable of the verb. See, however, Thompson, § 234, n. 4.

ἡγοῦμαι οὐ διδακτὸν εἶναι μηδ' ὑπ' ἀνθρώπων παρασκευαστόν. See note on 317 A, and add Jelf, § 745, obs. 1; Thompson, § 283, n. 3; Krueger, 67, 7, 4. The peculiarity of this passage consists in the occurrence of both οὐ and μή: cp. Soph. *Phil.* 1058, ἐγώ θ' ὅς οἶμαι σοῦ κακίον οὐδὲν ἂν | τούτων κρατύνειν, μηδ' ἐπιθύνειν χερί; in *Rep.* iii. 407, C, D, οὐκοῦν ταῦτα γιγνώσκοντα φῶμεν καὶ 'Ασκληπιὸν . . . οὐκ ἐπιχειρεῖν . . . μακρὸν καὶ κακὸν βίον ἀνθρώπῳ ποιεῖν . . . ἀλλὰ . . . τὸν μὴ δυνάμενον ἐν τῇ καθεστηκυίᾳ περιόδῳ ζῆν μὴ οἴεσθαι δεῖν θεραπεύειν, perhaps in the former clause a fact, in the latter a conception, is negatived. In all three instances notice that the οὐ occurs nearest to the verb of *thinking*, etc. It was possibly regarded as belonging to the principal verb in accordance with the ordinary Greek idiom, cp. below, 319 D, οὐχ ἡγοῦνται διδακτὸν εἶναι. Naber (*Comm.* ii. 81) wishes to make a similar transposition here.

319 B. ἐγὼ γάρ. Not the anticipative γάρ (= since), which is always parenthetic, cp. below, 347 A, but the γάρ which so often, as 320 C, introduces narration. Krueger, 69, 14, 1.

ὥσπερ καὶ οἱ ἄλλοι "Ελληνες. Sc. φασί. Hippias also (337 D, where Kroschel gives other instances) prefaces his remarks by a compliment to the Athenians. Here the praise is utilised as a proof: "if the Athenians, who are wise, hold this opinion, it must be true."

μεταπεμπομένους. In all the other passages quoted by Ast (*Lex.* ii. p. 320), the verb is undoubtedly middle. L. and S. (after Heindorf), however, here take it as passive; but they only cite an instance of the *aorist* so used. The subject, τοὺς 'Αθηναίους, can easily be supplied from above ("I see the Athenians sending for builders"), and its presence in this sentence is implied by ἡγοῦνται and αὐτοῖς.

319 C. τἆλλα πάντα οὕτως. See 312 D.

ἀποδέχονται. An instance of the common ellipse of the object: cp. Xen. *Cyrop.* iii. 2, 5, ἤν τις μαλακύνηται, μὴ ἐπιτρέπετε. See Krueger, 60, 7, 1.

ἀποστῇ. Sc. τοῦ βήματος.

οἱ τοξόται. Police armed with bows, alias Σκύθαι, the majority being Scythian slaves. Their institution dated from the Persian wars. Originally their number was 300, afterwards 1200. Heindorf quotes a number of passages, the most interesting of which are Xen. *Mem.* iii. 6, 1 (Glaucon having a desire to make his mark as an orator, no one but Socr. was able to keep him from being ἐλκόμενόν τε ἀπὸ τοῦ βήματος καὶ καταγέλαστον), and Ar. *Eq.* 665 (Cleon is outbid by the speech of the sausage-seller, κᾆθ' εἷλκον αὐτὸν οἱ πρυτάνεις χοἰ τοξόται). The πρυτάνεις presided in the assembly in the person of the ἐπιστάτης for the day

ἐξαίρωνται. So T followed by Sauppe, Kroschel, Deuschle; ἐξέρωνται B corr. by Bekker to ἐξάρωνται which Schanz adopts. The instances of the middle given by L. and S. are certainly mostly of the aor. but in a slightly different sense. The simple verb in the *active* is found, in the same context, in Ar. *Eccl.* 261, but the middle is obviously more regular, since αἴρω = I lift; αἴρομαι = I lift for myself; take away.

319 D. περὶ [τῶν] τῆς πόλεως διοικήσεως. B τῶν τῆς π. δ. (but with a mark of error in the margin); T the same, but a second hand has marked τῶν as doubtful. Schanz (*Nov. Comm.* p. 61) brackets διοικήσεως, and Sauppe retains the words intact. It seems harsh, however, to take τῶν τῆς πόλεως as objective genitive after διοικήσεως which is thus too far removed from περί. If τῶν is omitted the difficulty disappears: for πόλεως can readily dispense with the article, similar forms of it not being written in juxtaposition till the time of Aristotle and later writers: cp. *Politic.* 296 E, τὸν ὅρον ὀρθῆς πόλεως διοικήσεως. The plural περὶ τούτων need create no difficulty (see Stallb. *ad loc.*), but may serve to explain the interpolation.

μαθών. For the change of number cp. below, 324 B; *Rep.* i. 347 A; iii. 413 D; vi. 489 D, 496 C; ix. 574 A, 591 A. See Heind. ad *Gorg.* 478 B, C; and Krueger, 61, 4, 1.

μὴ τοίνυν ὅτι. There is an ellipse of εἴπω or εἴπῃς: cp. Lat. *ne dicam*. For the idiom consult Riddell, *Digest*, § 154; Jelf, § 762, 2, 3; Krueger, 67, 14, 3. For the unusual omission of καί after ἀλλά in the second part cp. *Apol.* 40 D, οἶμαι ἂν μὴ ὅτι ἰδιώτην τινά, ἀλλὰ τὸν μέγαν βασιλέα εὐαριθμήτους (τὰς νύκτας) ἂν εὑρεῖν; and Livy, i. 10, *Nec domi tantum indignationes continebant, sed congregabantur undique ad regem*; Cic. *Ad Fam.* i. 6, *Pollio omnibus negotiis non interfuit solum, sed praefuit*.

τὸ κοινόν. Hdt. vi. 14, τὸ κοινὸν τῶν Σαμίων.

319 E. Περικλῆς. For the chronology see Introduction, p. 33. In the *Meno* (94 B) Socrates makes the same remarks about Pericles' education of his sons: τούτους μέντοι ἱππέας μὲν ἐδίδαξεν οὐδενὸς χείρους Ἀθηναίων, καὶ μουσικὴν καὶ ἀγωνίαν καὶ τἆλλα ἐπαίδευσεν, ὅσα τέχνης ἔχεται, οὐδενὸς χείρους· ἀγαθοὺς δὲ ἄρα ἄνδρας οὐκ ἐβούλετο ποιῆσαι; δοκῶ μέν, ἐβούλετο, ἀλλὰ μὴ οὐκ ᾖ διδακτόν.

ὅσα διδασκάλων. Everything that concerned, or depended upon, good teachers.

320 A. παραδιδῶσιν. The usual elliptical construction after verbs of this kind. It is most common with ἐπιτρέπω, see note on 319 C, and *Gorg.* 504 C, ἔλεγχε καὶ μὴ ἐπίτρεπε.

νέμονται ὥσπερ ἄφετοι. Originally used of beasts which roamed about at large, being dedicated to some god. Heind. quotes Arrian, *Exp. Alex.* vii. 20, 7, νέμεσθαί τε τὴν νῆσον αἰξί τε ἀγρίαις καὶ ἐλάφοις καὶ ταύτας ἀνεῖσθαι ἀφέτους τῇ Ἀρτέμιδι; add *Critias*, 119 D, ἀφέτων ὄντων ταύρων ἐν τῷ Ποσειδῶνος ἱερῷ. For the applied sense cp. Eur. *Ion*, 821, ὁ δ' ἐν θεοῦ | δόμοισιν ἄφετος, ὡς λάθοι, παιδεύεται; *Rep.* vi. 498 C, τότε ἤδη ἀφέτους (δεῖ) νέμεσθαι (of those who are past the age for service).

εἰ δὲ βούλει. Giving an alternative proof: cp. *Rep.* iv. 432 A, εἰ μὲν βούλει, φρονήσει, εἰ δὲ βούλει, ἰσχύϊ.

Κλεινίαν. Alcibiades and Cleinias were sons of Cleinias, who had married Deinomache, daughter of Megacles, who was the brother of Agariste, the mother of Pericles and Ariphron.

320 A. μὴ διαφθαρῇ δή. "Lest he should be *corrupted*": δή in adding emphasis to a statement frequently does so for the purpose of irony; below, 342 C, ὡς δὴ τούτοις κρατοῦντας τῶν Ἑλλήνων τοὺς Λακεδαιμονίους. Socrates here assumes the appearance of talking ironically in deference to the presence of Alcibiades. For δή and δῆθεν see Shilleto *ad* Thuc. i. 92, 1.

καταθέμενος ἐν Ἀριφρονος. Κατατίθεσθαι is used technically = deposit for safe keeping. Ast quotes, among other passages, *Laws*, xi. 913 C, ἃ μὴ κατέθου, μὴ ἀνέλῃ. For ἐν Ἀριφρονος, cp. *Theaetet.* 206 A, ἐν κιθαριστοῦ.

πρὶν ἓξ μῆνας γεγονέναι. "Before six months had passed." Heind. quotes *Phaed.* 108 C, ἕως ἂν δή τινες χρόνοι γένωνται; Lysias, *Or.* vii. 9, πρὶν ἡμέρας πέντε γενέσθαι; Xen. *Hell.* ii. 4, 25, πρὶν δὲ ἡμέρας δέκα γενέσθαι.

ἀπέδωκε τούτῳ. That is, to the vicious Alcibiades, who has throughout the sentence been referred to by οὗτος; there is no need, with Heindorf, to make any correction. Cleinias is called even by his brother (*Alcibiades I.* 118 E) a μαινόμενος ἄνθρωπος.

320 B. κάμπτομαι. "I am inclined to give way": the same force of the present as in ἀποδιδράσκοντα (317 A). For the metaphorical use of the verb, cp. *Laches*, 192 E, εἴ τις ἰατρὸς ὤν, περιπνευμονίᾳ τοῦ υἱέος ἐχομένου ἢ ἄλλου τινὸς καὶ δεομένου πιεῖν ἢ φαγεῖν δοῦναι, μὴ κάμπτοιτο ἀλλὰ καρτεροῖ; Thuc. iii. 58, 1, ἀξιοῦμεν . . . καμφθῆναι ὑμᾶς καὶ μεταγνῶναι.

πολλῶν μέν κ.τ.ἑ. Protagoras has (1) had much experience, (2) heard many *dicta*, (3) made many original reflexions.

320 C. ἐπιδείξω. Not in the sense of making a show speech, from which later ἐπίδειξις was derived, and which is confined to the middle voice, but simply = "demonstrate": *Gorg.* 464 B, σαφέστερον ἐπιδείξω ὃ λέγω.

μῦθον . . . λόγῳ. See below, 324 D, where, after giving the Promethean myth and the reflexions suggested by it, Protagoras passes to the actual facts of experience with the words, τούτον δὴ πέρι, ὦ Σώκρατες, οὐκέτι μῦθόν σοι ἐρῶ ἀλλὰ λόγον. The words are contrasted also in *Gorg.* 523 A; *Laws*, ii. 664 A; *Phaed.* 61 B; *Rep.* iii. 398 B.

Zeller (*Plato and the Older Academy*, Eng. Trans. p. 160, n. 23) gives a complete list of the myths to be found in the writings of Plato. Besides the *Timaeus*, which is mythic in treatment throughout, and the present myth, the more important are—the accounts of "the last things" in *Rep.* x. 614 B ff., *Phaedo*, 107 D ff., *Gorgias*, 523 A ff.; the description of the soul's nature and the heavenly regions in *Phaedr.* 246 A ff.; the story of the world's life in *Politic.* 268 E ff. In general, the nature, history, and future of the soul, or the origin of the material world and its inhabitants, were the subjects of the mythus, for which Plato's system provided no adequate explanation while the data were necessarily few. His unfixed speculations were embodied in the mythus because its poetical form lent itself to a vaguer delineation of his beliefs, the details of which might be filled in by fuller knowledge. About the essential truth of the teaching so conveyed Plato felt no doubts: ἄκουε δή, he says when introducing the myth in the *Gorgias*, μάλα καλοῦ λόγου, ὃν σὺ μὲν ἡγήσει μῦθον, ὡς ἐγὼ οἶμαι, ἐγὼ δὲ λόγον· ὡς ἀληθῆ γὰρ ὄντα σοι λέξω ἃ μέλλω λέγειν; in the *Politicus* the story is a "fairly credible tale," and the words with which he concludes the mythus in the *Phaedo* are: τὸ μὲν οὖν ταῦτα διισχυρίσασθαι οὕτως ἔχειν, ὡς ἐγὼ διελήλυθα, οὐ πρέπει νοῦν ἔχοντι ἀνδρί· ὅτι μέντοι ἢ ταῦτ' ἐστὶν ἢ τοιαῦτ' ἄττα περὶ τὰς ψυχὰς ἡμῶν καὶ τὰς οἰκήσεις, . . . τοῦτο καὶ πρέπειν μοι δοκεῖ καὶ ἄξιον κινδυνεῦσαι οἰομένῳ οὕτως ἔχειν.

320 C. **λόγῳ διεξελθών;** So BT; Cobet (*Var. Lect.* 91), followed by Schanz, changes it to διεξέλθω, since the present would be more regular than the aorist participle here. However, the meaning of the aorist participle is so unfixed that this is not sufficient ground for upsetting the MS. reading, and in *Theaetet.* 167 D occurs a very parallel expression, ἀμφισβήτει λόγῳ ἀντιδιεξελθών. Kroschel observes that any such alteration weakens the emphasis intended to be laid on ἐπιδείξω.

ἦν γάρ ποτε χρόνος. The preface answers to our "Once upon a time": cp. *Timaeus*, 23 C, ἦν γὰρ δή ποτε, ὦ Σόλων, ὑπὲρ τὴν μεγίστην φθορὰν ὕδασιν κ.τ.ἑ.; Theocr. *Id.* vii. 1, ἦν χρόνος, ἁνίκ' ἐγώ κ.τ.ἑ.; Achilles Tatius, ii. 11, ἦν γὰρ χρόνος, ὅτε τῆς πορφύρας ὁ κόσμος ἀνθρώποις ἀπόρρητος ἦν.

320 D. **γῆς ἔνδον.** Krueger (ii. 47, 29, 3) says that ἔνδον with gen. is found in prose only in this passage and in the phrase ἔνδον εἶναι αὐτοῦ (Antiphon, 5, 45), which appears to belong more to the older poetic Attic. Much of the phraseology of this myth, indeed, is poetic, as ἰσχὺν ἄνευ τάχους προσῆπτεν, ἄοπλον φύσιν, σμικρότητι ἠμπισχεν, πτηνὸν φυγήν, γένος δύστωθείη, ὀλιγογονίαν προσῆψε, σωτηρίαν τῷ γένει πορίζων, τὴν ἔμπυρον τέχνην, θείας μετέσχε μοίρας, etc.

ἐκ γῆς καὶ πυρὸς μίξαντες. *Timaeus*, 42 E, the created gods μιμούμενοι τὸν σφέτερον δημιουργόν, πυρὸς καὶ γῆς ὕδατός τε καὶ ἀέρος ἀπὸ τοῦ κόσμου δανειζόμενοι μόρια, ὡς ἀποδοθησόμενα πάλιν, εἰς ταὐτὸν τὰ λαμβανόμενα συνεκόλλων; Hor. *Od.* 1, 16, 13-16, where Orelli says that this portion of the fable is unknown to Homer and Hesiod.

τῶν ὅσα πυρὶ καὶ γῇ κεράννυται. Compare Ritter and Preller, *Historia Philosophiae*, n. 19 (Anaximenes) and n. 131 b, 135 (Empedocles), where similar instances of the passing of elements into one another are given, and fire and earth mentioned as the two poles between which air and water lie. The article used as a demonstrative is *frequent* before relatives in Plato only (Krueger, 50, 1, 20): see Heind. *ad* Plat. *Soph.* 241 E, περὶ τεχνῶν τῶν ὅσαι περὶ ταῦτά εἰσι, where *Rep.* v. 469 B, and vi. 510 A are referred to, and Stallbaum on *Phaedo*, 75 B.

320 D. Προμηθεῖ καὶ Ἐπιμηθεῖ. A very different version of the same story appears in Hesiod, Ἔργα καὶ Ἡμέραι, 42 ff. Zeus had taken fire from men since at Prometheus' suggestion they had cheated him in their offerings, but Prometheus stole fire and restored it to mankind. In punishment Zeus sent woman as a present to the blundering Epimetheus (After-thought), whom Prometheus had warned against receiving any such present, and by Pandora's agency all the ills to which men are heirs came upon the earth. The *Prometheus Vinctus* is based upon the version of the story which makes Prometheus provide men with fire to make them 'as gods,' Zeus having determined to destroy them off the face of the earth. The name Prometheus is apparently from a root which gives Sansk. Pramantha = "fire-drill."

παραιτεῖται. The original meaning "to beg off," *deprecor*, is, as in 358 A ff. below and *Rep.* iii. 387 B, παραιτησόμεθα Ὅμηρον . . . μὴ χαλεπαίνειν, somewhat disguised. The fact that the object of παραιτ. is not the same as that of νεῖμαι creates a little awkwardness: compare Xen. *Mem.* i. 5, 5, ἱκετεύειν δεῖ τοὺς θεοὺς δεσποτῶν ἀγαθῶν τυχεῖν; Krueger, 55, 3, 12.

νείμαντος δέ μου. So Deuschle with BT. It is not absolutely necessary with Bekker, Schanz, Sauppe, to correct to νείμαντος δ' ἐμοῦ, since the emphasis is on the actions not on the persons, or it would be, as indeed Naber (*Comm.* ii. 81) proposes to read, σύ, ἔφη, ἐπίσκεψαι.

320 E. τοῖς μὲν ἰσχύν. Cp. Pope's *Essay on Man*, i. 179 ff.

τὰ δ' ἀσθενέστερα . . . τὰ δὲ ὥπλιζε. Changed by Heind., Schanz, Sauppe, Kroschel, Deuschle, from τοὺς δὲ . . . τοὺς δέ of BT. The change seems necessary: *Lach.* 197 B, C, quoted by Kroschel, is hardly a parallel.

321 A. τῷδε αὐτῷ. *Poeticé* for the usual τούτῳ.

εὐμάρειαν. BT and Schanz εὐμαρίαν, but Heind. gives metrical examples of the spelling in the text.

ἱκανοῖς . . . δυνατοῖς . . . καὶ . . . ὅπως κ.τ.ἑ. The clauses all express intention, and are rightly co-ordinated. This co-ordination of sentences, dissimilar in form, is one of the characteristics of a masculine style: cp. Thucyd. vi. 8, 2, ἐψηφίσαντο ναῦς ἑξήκοντα πέμπειν ἐς Σικελίαν καὶ στρατηγοὺς αὐτοκράτορας, . . . βοηθοὺς μὲν Ἐγεσταίοις πρὸς Σελινουντίους, ξυγκατοικίσαι δὲ καὶ Λεοντίνους.

321 B. ὑποδῶν. From ὑποδέω, *v.* L. and S.: Cobet's correction for ὑπὸ ποδῶν of BT: vulg. ὑποδέων.

[θριξὶν καὶ.] This, the reading of B and T (by a correction), affords no good sense. Schanz (after Ast), Sauppe, and Kroschel omit the words as having been introduced from above. Deuschle, after Baiter, reads ὄνυξι καί, which is better than the τύλοις καί of Steph., but by no means a certain emendation.

ἐκ γῆς βοτάνην. The adverbial phrase ἐκ γῆς is irregularly used as an attribute: cp. Thuc. vi. 90, 3, ἐκ γῆς ἐφορμαῖς;

Xen. *Hell.* vi. 1, 6, νόσων θεραπείαις καὶ περὶ ταφὰς κόσμῳ; Sallust, *De Cat. Con.* 3, *quae sibi quisque facilia factu putat aequo animo accipit*, supra ea *veluti ficta pro falsis ducit.*

321 B. ἔστι δ' οἷς. So 346 E, ἔστιν οὕς; but 342 E, εἰσὶν οἵ, which is the more usual Attic form of the *nominative.* See, however, Krueger, 61, 5, 3, and Xen. *Anab.* v. 10, 6 (vi. 2, 6), ἔστι δ' οἳ καὶ Ξενοφῶντα (προὐβάλοντο).

ὀλιγογονίαν . . . πολυγονίαν. This and many other reflexions in the myth are accepted as facts by modern science.

οὐ πάνυ τι σοφὸς ὤν. "Not being very wise." For the meaning of οὐ πάνυ and πάνυ οὐ, consult Shilleto *ad* Thucyd. i. 3, 2, Thompson on *Gorg.* 457 E, and especially Note C to E. M. Cope's *Translation of the Gorgias*, pp. 139-146, all of whom, in opposition to Donaldson's statement that οὐ πάνυ means "altogether not," agree that, though it may mean this, it frequently means "not altogether."

τὰς δυνάμεις. After this T has εἰς τὰ ἄλογα : Ficinus *in bruta.* No modern editor inserts it against the authority of B.

321 C. ὅ τι χρήσαιτο. Ὅ τι is the adverbial accusative, αὐτῷ being understood : cp. *Lysis*, 213 C ; *Rep.* ii. 368 B, ὅσῳ δὲ μᾶλλον πιστεύω, τοσούτῳ μᾶλλον ἀπορῶ, ὅ τι χρήσωμαι ; Xen. *Cyrop.* v. 5, 1, ὅπως περὶ τῶν φρουρίων ὧν εἰλήφεσαν, βουλεύσαιντο, ὅ τι χρήσαιντο.

ἐμμελῶς πάντων ἔχοντα. The genitive of general connexion : *Phileb.* 62 A, οὗτος ἱκανῶς ἐπιστήμης ἕξει ; *Phaed.* 108 A ; *Rep.* v. 456 D, πῶς ἔχεις δόξης τοῦ τοιοῦδε πέρι ; Thuc. iii. 92, 5, with another word than ἔχειν ; *Rep.* iv. 421 C ; Thuc. i. 36, 2, τῆς τε γὰρ Ἰταλίας καὶ Σικελίας καλῶς παράπλου κεῖται ; Eur. *Alc.* 291, καλῶς ἧκον βίου.

321 D. ἐχόμενος. So T : B σχόμενος (with mark of error). Heindorf, the Zürich edd., Schanz, and Kroschel read as in text. There seems no reason for deserting the best accredited reading : σχόμενος (adopted by Orelli, Sauppe, Deuschle) is mostly found in the passive sense in compounds. See Schanz, *Nov. Comm.* p. 31.

εὕροι. The oblique form in historic sequence of the deliberative subjunctive.

τὴν ἔντεχνον σοφίαν σὺν πυρί. Cp. Aesch. *P. V.* 109, πυρὸς | πηγὴν κλοπαίαν, ἣ διδάσκαλος τέχνης | πάσης βροτοῖς πέφυκε. In the *Politicus* (274 C) Prometheus is said to have given fire to mortals, Hephaestus and Athene the arts. The meaning of the phrase in the text is illustrated by the words below τὴν περὶ τὸν βίον σοφίαν (the arts which attend to physical wants), which are opposed to ἡ πολιτικὴ σοφία.

ἔσχε. "Came into possession of": εἶχε = "was in possession of."

τὴν ἀκρόπολιν. Olympus is regarded, after Homer, as built like any other Grecian town, though inhabited by gods.

οὐκέτι ἐνεχώρει. He had no longer *time* to go to Zeus' palace, besides the fact that it was guarded, so he went into the workshop of Hephaestus and Athene which was nearer.

321 D. αἱ Διὸς φυλακαί. Hesiod, *Theogon.* 385, Κράτος and Βία, children of Styx; Aesch. *P. V.* 12.

321 E. εἰς δὲ τὸ τῆς κ.τ.ἑ. This action has already been referred to above, κλέπτει Ἡφαίστου καὶ Ἀθηνᾶς κ.τ.ἑ. As is seen *passim* in the Old Testament, the ancients paid less attention to strictness of sequence in narration than we do.

322 A. δι' Ἐπιμηθέα. Epimetheus' want of foresight was the original cause. Schanz and Sauppe needlessly reject the words.

θείας μετέσχε μοίρας. "Shared the privilege of gods": Genesis iii. 5, 22.

διὰ τὴν τοῦ θεοῦ συγγένειαν. So BT foll. by Heindorf and previous edd. Schanz and Deuschle strike out the words, and Hermann strikes out τοῦ θεοῦ, Kroschel altering to τῶν θεῶν. No offence need be found with the singular, whether τοῦ θεοῦ is generic, like ὁ ἄνθρωπος above, or refers to Ζεύς. Nor is it an objection that the words repeat θείας μετέσχε μοίρας; and to those who, on the contrary, argue that the words are unwarranted by any previous statement, it may be replied that the adj. συγγενής often means no more than "of like kind."

ἔπειτα. As usual after πρῶτον μέν: Thuc. i. 121, 2; *Rep.* i. 337 E, viii. 545 B.

φωνὴν καὶ ὀνόματα διηρθρώσατο. "Produced articulate language," the art which Prometheus had given him directing his natural capacities.

322 B. ὅτ' οὖν ἁθροισθεῖεν. "In all cases where they were collected together."

δείσας περὶ τῷ γένει ἡμῶν. Contrast 320 A, δεδιὼς περὶ αὑτοῦ. See Heindorf ad *Euthyd.* 275 B, φοβούμεθα δὴ περὶ αὑτοῦ; *Theaetet.* 148 C, θάρρει τοίνυν περὶ σαυτῷ; *Phaed.* 114 D, τούτων δὴ ἕνεκα θαρρεῖν χρὴ περὶ τῇ αὑτοῦ ψυχῇ ἄνδρα. There seems no difference in meaning between the constructions.

322 C. αἰδῶ τε καὶ δίκην. Mentioned in conjunction in Hesiod (Ἔργα καὶ Ἡμέραι, 192, of the people in the iron age, δίκη δ' ἐν χερσὶ καὶ αἰδὼς | οὐκ ἔσται) and Theognis (291, 2, αἰδὼς μὲν γὰρ ὄλωλεν, ἀναιδείη δὲ καὶ ὕβρις | νικήσασα δίκην καὶ κατὰ πᾶσαν ἔχει), and the poetical expressions, πόλεων κόσμοι τε καὶ δεσμοὶ φιλίας συναγωγοί, require little alteration to turn them into a hexameter. The last two words should be taken together as in *Timaeus*, 31 C, δεσμὸν ... ἐν μέσῳ δεῖ τινὰ ἀμφοῖν ξυναγωγὸν γίγνεσθαι.

τίνα οὖν τρόπον δοίη. Δοίη is the historic sequence of the deliberative subjunctive. For οὖν retained in *orat. obliq.* cp. *Sympos.* 219 D, ὥστε οὔθ' ὅπως οὖν ὀργιζοίμην εἶχον: ἆρα is used in the same way, *Phaedr.* 228 D; *Menex.* 240 D. The vivacity of the reproduced dialogue of which this particle is an indication leads to a relapse into the *or. rect.* below. Cobet's suggestion δῶ for δοίη, however, is needless, as Heind. *ad loc.* gives other instances of the transition: cp. 320 D, 325 D, 338 B.

καὶ οἱ ἄλλοι δημιουργοί. Sc. πολλοῖς ἕκαστος ἰδιώταις ἱκανοί εἰσι.

322 C. ἐπὶ πάντας. This is inconsistent with the view that people can be ἄδικοι and that virtue is communicable by teaching. Possibly Plato purposely puts the inconsistency in the mouth of a sophist.

322 D. νόσον πόλεως. Aesch. *P. V.* 1068, τοὺς προδότας γὰρ μισεῖν ἔμαθον, | κοὐκ ἔστι νόσος, | τῆσδ' ἥντιν' ἀπέπτυσα μᾶλλον.

Ἀθηναῖοι. Used generically without the article: cp. *Rep.* iii. 406 A, τῇ νῦν ἰατρικῇ πρὸ τοῦ Ἀσκληπιάδαι οὐκ ἐχρῶντο; Xen. *Sympos.* iv. 47, Ἕλληνες καὶ βάρβαροι θεοὺς ἡγοῦνται πάντα εἰδέναι.

ᾗ λόγος. More ordinarily ὁ λόγος (see Heind. *ad loc.*), but in meaning it is merely a difference between "when the discussion is upon, etc." and "when there is a discussion upon, etc."

323 A. ἣν δεῖ διὰ δικαιοσύνης πᾶσαν ἰέναι. Which must proceed within the limits, must follow the path of, must be argued on the ground of justice and prudence: *Laws*, i. 632 C, ὁ θεὶς τοὺς νόμους ἅπασι τούτοις φύλακας ἐπιστήσει, τοὺς μὲν διὰ φρονήσεως, τοὺς δὲ δι' ἀληθοῦς δόξης ἰόντας; compare phrases like δι' ἔχθρας γίγνεσθαι, and those compounded with πορεύεσθαι, ἐλθεῖν διά.

ἢ μὴ εἶναι πόλεις. Compare 323 C; here some word like ἀναγκαῖον must be supplied out of προσῆκον, as in *Phaedr.* 245 D, τοῦτο δὲ οὔτ' ἀπόλλυσθαι οὔτε γίγνεσθαι δυνατόν, ἢ πάντα τε οὐρανὸν πᾶσάν τε γένεσιν συμπεσοῦσαν στῆναι; 271 D; *Parmen.* 164 C, τοῦτο γὰρ αὐτοῖς ἔτι λείπεται ἡ μηδένος εἶναι ἄλλοις; Soph. *O. C.* 1402. See Stallb. on *Rep.* v. 463 D.

ὡς τῷ ὄντι ἡγοῦνται. Connect with ἀπατᾶσθαι (as Heind.), not with τεκμήριον (Sauppe, Kroschel, Deuschle), which is at too great a distance, though 324 C shows the possibility of so doing: "That you may not think you are being deceived about the real fact that all men imagine," etc. Cp. *Cratyl.* 413 D, ἴσως γὰρ ἂν σε καὶ τὰ ἐπίλοιπα ἐξαπατήσαιμι ὡς οὐκ ἀκηκοὼς λέγω; *Rep.* i. 345 A, ἐμέ γε οὐ πείθει ὡς ἔστι τῆς δικαιοσύνης κερδαλεώτερον.

323 B. ἐν δὲ δικαιοσύνῃ. "Where it is a case of being just."

ἐάν τινα ... ἐὰν οὗτος. Cp. 311 B for the accumulation of conditions.

ἐκεῖ ... ἐνταῦθα. Cp. *Gorg.* 459 B, τοῦτο ἐνταῦθά γε συμβαίνει; *Symp.* 187 C, τὴν δὲ ὁμολογίαν πᾶσι τούτοις, ὥσπερ ἐκεῖ ἡ ἰατρική, ἐνταῦθα ἡ μουσικὴ ἐντίθησιν. For the ellipse of ἡγοῦνται after μανίαν, Heind. quotes *Rep.* viii. 550 E.

προσποιούμενον. Ast quotes no other instances of the simple accusative as object; ordinarily the verb is followed by an infinitive or object clause. The primary meaning, however, *sibi arrogare*, makes the construction here natural; it is found sparingly in other authors.

ὡς ἀναγκαῖον. Thompson, on *Gorg.* 495 C, ὡς ἕτερον τὴν ἀνδρείαν τῆς ἐπιστήμης, δύο ταῦτα ἔλεγες; proposes to insert ὄν; but see Stallb. on *Rep.* ii. 358 C, ἐπιτηδεύουσιν ὡς ἀναγκαῖον ἀλλ' οὐχ ὡς ἀγαθόν; vi. 449 C; Xen. *Cyrop.* v. 1, 13, ὡς οὐκ ἀναγκαῖον τὸ κλέπτειν, αἰτιᾷ τὸν κλέπτοντα. In 324 E ἐστι is to be supplied.

323 B. **οὐδένα ὄντιν' οὐχί.** See 317 C.

323 C. **ᾧ ἂν παραγίγνηται.** For the inconsistency see 322 C, ἐπὶ πάντας.

323 D. **διδάσκει.** For διδάσκειν in such contexts = "correct," see 325 A below, and *Apol.* 26 A, οὐ δεῦρο νόμος εἰσάγειν ἐστίν, ἀλλ' ἰδίᾳ λαβόντα διδάσκειν καὶ νουθετεῖν. It is the embodiment in language of the doctrine that Vice is ignorance: see a note by Mr. Adam on *Euthyphr.* 2 C (Pitt Press Series).

τοὺς αἰσχρούς. Governed by τι τούτων ποιεῖν.

†**τὰ καλά**† **καὶ τἀναντία τούτοις.** So BT and Heindorf, Zürich edd., Deuschle; Schanz brackets τὰ καλά; Sauppe and Kroschel, on the authority of Ficinus (*haec mala eorumque contraria*), read τὰ κακά. The reading of the MSS. is unpleasing, for no one following the sentence from ὅσα ἡγοῦνται κ.τ.ἑ. can fail to see that the words come in awkwardly and unexpectedly. But (1) there is no warrant for omitting the words, and (2) the correction, τὰ κακά, repeating ταῦτα, is equally unpleasing and superfluous. It has occurred to me that to transpose the offensive words so as to follow and explain τἀναντία τούτοις would avoid much of the difficulty. Sauppe's objection to reading τὰ καλά at all, as not being the antithesis to κακά, is of little weight here where the κακά referred to are also αἰσχρά, "deformities."

324 A. **ἡ ἀσέβεια.** Not specially a part of πολιτικὴ ἀρετή except in the most extended sense of this phrase, in which it is almost equivalent to ἀρετή without qualification. See note on p. 11 of the Introduction.

δύναται. "What the chastisement of evil-doers means": *Cratyl.* 429 D, ἆρα τοῦτό σοι δύναται ὁ λόγος; *Euthyd.* 286 C, τοῦτο γὰρ δύναται ὁ λόγος.

αὐτό σε διδάξει. "The case will prove of itself": cp. *Hipp. Mai.* 288 B, αὐτὸ δείξει; *Theaetet.* 200 E; below, 329 B, αὐτὸ δηλοῖ; *Critias*, 108 C; Demosth. 19, 157, αὐτὸ δηλώσει; Eur. *Phoen.* 632, αὐτὸ σημανεῖ; Soph. *Fr.* 352, αὐτὸ δείξει τοὔργον; *Phileb.* 20 C, προϊὸν δ' ἔτι σαφέστερον δείξει; Ar. *Ran.* 1261, δείξει δὴ τάχα; *Rep.* vi. 497 C, and Stallb. *ad loc.*

324 B. **ὅτι ἠδίκησεν.** For the change of number see on 319 D.

οὐ τοῦ παρεληλυθότος ἕνεκα ἀδικήματος. For the opinion cp. *Gorg.* 505 B, οὐκοῦν τὸ εἴργειν ἐστὶν ἀφ' ὧν ἐπιθυμεῖ κολάζειν, and 525 A; *Laws*, xi. 934 A, οὐχ ἕνεκα τοῦ κακουργῆσαι (διδοὺς) τὴν δίκην, οὐ γὰρ τὸ γεγονὸς ἀγένητον ἔσται ποτέ, τοῦ δ' εἰς τὸν αὖθις ἕνεκα χρόνον ἢ τὸ παράπαν μισῆσαι τὴν ἀδικίαν αὐτόν τε καὶ τοὺς ἰδόντας αὐτὸν δικαιούμενον, ἢ λωφῆσαι μέρη πολλὰ τῆς τοιαύτης ξυμφορᾶς. Such is also the view taken by Diodotus, Thuc. iii. 45, and the modern view (*Student's Blackstone*, p. 439). The older view that punishment was *retributive* is seen, in part, in the Mosaic Law, and the

Greek legends *passim;* cp. Aesch. *Choeph.* 313, δράσαντι παθεῖν, τριγέρων μῦθος τάδε φωνεῖ.

324 C. τιμωροῦνται δὲ καὶ κολάζονται. Distinguished in Arist. *Rhet.* i. 10, 17, διαφέρει δὲ τιμωρία καὶ κόλασις· ἡ μὲν γὰρ κόλασις τοῦ πάσχοντος ἕνεκά ἐστιν, ἡ δὲ τιμωρία τοῦ ποιοῦντος ἵνα ἀποπληρώθη; but often combined without any apparent distinction, as in Demosth. 9, 45, and Arist. *Eth. Nic.* iii. 7 (5). For the unusual present middle of κολάζεσθαι cp. Ar. *Vesp.* 405, νῦν ἐκεῖνο, νῦν ἐκεῖνο τοὐξύθυμον, ᾧ κολαζόμεσθα, κέντρον ἐντέτατ' ὀξύ.

Ἀθηναῖοι. See note on 322 D.

εἰσι τῶν ἡγουμένων. Cp. *Euthyd.* 277 C, τῶν λαμβανόντων ἄρ' εἰσὶν οἱ μανθάνοντες; Xen. *Cyrop.* i. 2, 15, οἳ ἂν ἐν τοῖς τελείοις διαγένωνται ἀνεπίληπτοι, οὗτοι τῶν γεραιτέρων γίγνονται; *Rep.* ii. 367 C. See Krueger, 47, 9, 2.

ἀποδέχονται. Cp. 337 C, 339 D below; *Laws,* i. 634 C, πράως ἀποδεχώμεθα ἀλλήλων. In *Phaed.* 96 E, ὅς γε οὐκ ἀποδέχομαι ἐμαυτοῦ οὐδὲ ὡς, ἐπειδὰν ἑνί τις προσθῇ ἕν, ἢ τὸ ἓν ᾧ προσετέθη δύο γέγονεν, κ.τ.ἑ., the explanation of the idiom is seen, the genitive denoting the person from whom some statement is accepted.

324 D. ἔτι δή. The same combination introduces the last section of a discussion in *Euthyd.* 277 D.

λοιπὴ ἀπορία. Heind., whom Kroschel follows, inserts ἡ. This is not necessary, even if the reference is directly to 319 E, for Sauppe quotes instances in which the article is omitted with a substantive to which a relative clause is attached, as *Rep.* iii. 413 E, φύλαξ αὐτοῦ ὧν ἀγαθὸς καὶ μουσικῆς ἧς ἐμάνθανεν (see note on 314 E, ἄνθρωπος). We avoid all difficulty, however, by translating "There is still a difficulty remaining."

διδάσκουσιν. For διδάσκονται ("get them taught") as παιδεύω in 320 A, and *Meno,* 94 B, cp. Xen. *Anab.* i. 4, 10, Κῦρος δ' αὐτὸν (τὸν παράδεισον) ἐξέκοψεν. See Krueger, 52, 1, 4. Heind. refers to Porson *ad* Eur. *Med.* 297.

ἃ διδασκάλων ἔχεται. See 319 E, and cp. ὅσα τέχνης ἔχεται in *Meno,* 94 B.

οὐδενὸς βελτίους. So 335 A. More ordinarily with words implying inferiority, as οὐδενὸς δεύτερος, ὕστερος, ἥσσων, ἐλάττων, ἐνδεής, as in English we only say, "second to none": cp. however, Demosth. 2, 17, οὐδένων εἰσὶ βελτίους.

οὐκέτι μύθον. At 322 D his discourse had already abandoned the myth form, but he has since been engaged on deductions from it. He is now professing to treat the subject scientifically.

324 E. οὐ ἀναγκαῖον. The omission of the verb ἐστι is unusual, as is that of εἰσι in ἣν δὲ αὐτοὶ ἀρετὴν ἀγαθοί above. Krueger, 62, 1, 3 and 4.

εἰ μὲν γὰρ ἔστιν. The sentence is a close imitation of the oral delivery in its accumulated conditions, its resumptions, and the tendency of the subordinate sentences to usurp the place of the principal.

324 E. οὐ τεκτονική. The negative belongs to the word and not to the sentence, or it would be μή.

325 A. καὶ μετὰ τούτου πάντ' ἄνδρα. For μεθ' οὗ πάντ' ἄνδρα κ.τ.έ., in accordance with the usual Greek idiom noticed on 313 B and 315 A.

325 B. οὕτω δ' αὐτοῦ πεφυκότος. "This being the nature of it," *i.e.* of virtue.

ὡς θαυμάσιοι γίγνονται. The MS. reading is ὡς θαυμασίως γίγνονται which can only be translated, as Heindorf has seen, *quam miris modis boni in civitate existunt*. This meaning, however, is quite foreign to the context; and the expressions which Sauppe quotes to prove that θαυμασίως γίγνονται differs little from θαυμάσιοι γίγν., such as ἡδέως, καλῶς γίγνεσθαι from Plutarch, and θαυμασίως πέφυκε from *Phaed.* 60 B, are not conclusive. Schanz, Kroschel, Deuschle, read θαυμάσιοι ;. Schleiermacher, θαυμάσιοί σοι. The common phrase ὡς θαυμασίως might easily have been written by a copyist's mistake.

ἐφ' ὧν. Heind. ἐφ' ᾧ. The plural, ταῦτα δ' ἄρα is against the change, and the genitive may be defended (1) as a pleasant variation after ἐφ' οἷς, and (2) as more adequately expressing the connection of the punishment with (not actual crime, but) ignorance of what is right: tr. "Things in the case of which," etc. : cp. *Laws*, vii. 793 E, for the same variation, ὅπερ ἐπὶ τῶν δούλων γ' ἐλέγομεν, . . . ταὐτὸν δραστέον τοῦτό γε καὶ ἐπ' ἐλευθέροισι ; Krueger, 68, 40, 5 ; Thompson, p. 321.

ἥ τε ζημία θάνατος. The article is added because it is "the customary penalty." The position of τε, after ζημία instead of θάνατος, is irregular. Such a displacement, common enough in the rugged style of Thucydides, is not frequent in Plato: compare, however, 336 C, below; *Gorg.* 460 D, ἐὰν ὁ πύκτης τῇ πυκτικῇ μὴ καλῶς χρῆταί τε καὶ ἀδικῇ ; *Apol.* 18 D, σκιαμαχεῖν ἀπολογούμενόν τε καὶ ἐλέγχειν μηδενὸς ἀποκρινομένου ; *Rep.* v. 470 C.

325 C. ξυλλήβδην. Hirschig omits this word ; it is certainly cumbrous in conjunction with ὡς ἔπος εἰπεῖν : tr. however, "so to speak, the subversion of houses generally."

ταῦτα δ' ἄρα. For the iterative δέ see note on 313 B above. For the ἄρα see Heind. ad *Phaedo*, 68 A ; and *Meno*, 91 E, *Phileb.* 30 B (where also it is combined with the iterative δέ) ; *Laws*, xi. 931 C ; *Apol.* 34 C, 37 D ; *Rep.* ix. 589 E ; x. 600 C. It is used in this regretful sense (*animi dolorem significat*, Cobet quoted by Shilleto on Thuc. i. 69, 8) as early as Homer ; *Od.* xvii. 454, ὦ πόποι, οὐκ ἄρα σοί γ' ἐπὶ εἴδεϊ καὶ φρένες ἦσαν. The combination δ' ἄρα (where δέ answers regularly to μέν) is common in Plato ; for its usage consult Stallb. ad *Rep.* iv. 445 A, who remarks, *Concludit a minore ad maius; in qua conclusionis forma, μέν . . . δ' ἄρα frequentatur.*

οἴεσθαί γε χρή. Sc. "that they do get them taught these

things." It is a common formula, often used where the speaker is answering himself: cp. *Crito*, 53 D, 54 B; *Phaed.* 68 B.

325 C. ἐκ παίδων σμικρῶν ἀρξάμενοι. *Hipp. Mai.* 296 C, κακὰ δέ γε πολὺ πλείω ποιοῦσιν ἢ ἀγαθὰ πάντες ἄνθρωποι, ἀρξάμενοι ἐκ παίδων. For notices on Greek education see R. L. Nettleship's Essay in *Hellenica*, pp. 88 ff.; Bekker's *Charicles*; *Laws*, i. 643 A-C, vii. 809 E-812 A; Introd. to Mr. Warren's *Republic*, i.-v., pp. xlvi. ff. Plato while attaching his own interpretation to it passes a favourable verdict upon the traditional system which was intended to produce the *mens sana in corpore sano*: *Rep.* ii. 376 E, τίς οὖν ἡ παιδεία; ἢ χαλεπὸν εὑρεῖν βελτίω τῆς ὑπὸ τοῦ πολλοῦ χρόνου εὑρημένης; **μέχρι οὗπερ ἂν ζῶσι.** "So long as the persons to be educated live": cp. below, 326 C; Kroschel, however, understands, "so long as the good fathers live." For illustration of the phrase which should mean "until" compare the corresponding employment of ἕως. Shilleto, on Thuc. i. 90, 3, remarks that, "whereas *we* have now a marked distinction between *while* and *until*, the Greeks and Romans had the same words ἕως, ἔστε, μέχρι or μέχριπερ, *dum, donec*, the tenses following alone fixing the meaning of the particles." He points out a similar indifference in Elizabethan English: Stow's *Annales*, p. 574, "In the feast of the Purification (A.D. 1416) seven dolphins of the sea came up the river Thames, and plaid there whiles four of them were killed."

ἐπειδὰν θᾶττον. For ἐπειδὰν τάχιστα: cp. *Alcib. I.* 105 A, ἐὰν θᾶττον (*cum primum*) εἰς τὸν Ἀθηναίων δῆμον παρέλθῃς; pseudo-Plat. *Ep.* vii. 324 B, εἰ θᾶττον ἐμαυτοῦ γενοίμην κύριος; Xen. *Cyrop.* iii. 3, 20, ἢν τὰ τῶν θεῶν ἡμῖν θᾶττον συγκαταινῇ, ἐξίωμεν ὡς τάχιστα.

325 D. ὅπως ὡς βέλτιστος. BT omit ὡς (and so Schanz and Sauppe), but it is inserted by the second hand of T (Heind. Kroschel, Deuschle). It seems necessary to the sense, and might easily have fallen out after the similar termination of ὅπως.

παρ' ἕκαστον. So παρ' αὐτὰ τὰ ἀδικήματα quoted by Heind. from Demosth. = *eo ipso tempore quo peccaverint*.

τὰ μὲν ποιεῖ. So B: τάδε μὲν . . . τάδε δέ T, which is due to the influence of the previous clause. The reading in the text (adopted by all modern editors) avoids monotony.

ἐὰν μὲν ἑκὼν πείθηται. See on 311 D: here εὖ ἔχει may be supplied.

εἰς διδασκάλων πέμποντες. At the age of ten, is Plato's own recommendation: *Laws*, vii. 809 E.

325 E. ἐπιμελεῖσθαι εὐκοσμίας. See Juv. *Sat.* vii. *ad fin.*

γραμμάτων. Reading and writing: κιθάρισις = singing and playing.

ὥσπερ τότε. On the other occasion, *i.e.* ἐπειδὰν θᾶττον συνιῇ τις τὰ λεγόμενα. *Phileb.* 38 E, ὃ τότε δόξαν ἐκαλοῦμεν; below, 355 E, and frequently.

ἐπὶ τῶν βάθρων. See on 315 C. In Demosth. *De Coron.* p. 313, παῖς μὲν ὢν μετὰ πολλῆς ἐνδείας ἐτράφης ἅμα τῷ πατρὶ πρὸς τῷ διδασκαλείῳ προσεδρεύων, τὸ μέλαν τρίβων καὶ τὰ βάθρα σπογγίζων καὶ τὸ παιδαγωγεῖον κορῶν, it is sometimes translated "desks," and the meaning would certainly be more appropriate here.

325 E. **ποιητῶν ἀγαθῶν.** Such as Homer, Hesiod, Theognis. In Latin schools Homer was read as well as Virgil and Horace (see Mayor on Juv. *Sat.* vii. 227). Compare *Laws,* vii. 810 E; *Euthyd.* 276 C, ὁπότε ἀποστοματίζοι ὑμῖν ὁ γραμματιστής, πότεροι ἐμάνθανον τῶν παίδων τὰ ἀποστοματιζόμενα, οἱ σοφοὶ ἢ οἱ ἀμαθεῖς; Xen. *Symp.* iii. 5, ὁ πατὴρ ἐπιμελούμενος ὅπως ἀνὴρ γενοίμην, ἠνάγκασέ με πάντα τὰ Ὁμήρου ἔπη μαθεῖν.

326 A. **νουθετήσεις.** "Maxims": **διέξοδοι** = "tales," "narratives," "histories."
ἕτερα τοιαῦτα. See 312 D.

326 B. **εἰς τὰ κιθαρίσματα ἐντείνοντες.** Heind. ad *Phaed.* 60 D, ἐντείνας τοὺς τοῦ Αἰσώπου λόγους, shows that the expression means putting into metrical form, as well as setting to music. It is used in a still wider sense, *Phileb.* 38 E, τὰ πρὸς αὑτὸν ῥηθέντα ἐντείνας εἰς φωνήν. For the close connection between music and poetry see *Rep.* iii. 398 D. Sauppe reads ἐντείναντες as the aor. occurs in other passages.
ῥυθμούς τε καὶ ἁρμονίας. "Times (rhythms) and tunes." Ἁρμονία, from the root ἀρ-, = "a fitting succession of musical sounds," *i.e.* "melody," not "harmony," which was perhaps unknown to the Greeks.
οἰκειοῦσθαι ταῖς ψυχαῖς τῶν παίδων. *Rep.* iv. 424 D; Arist. *Pol.* v. (8) 5, 1339; Cicero, *Legg.* ii. 15, 38, *Assentior enim Platoni, nihil tam facile in animos teneros atque molles influere quam varios canendi sonos quorum dici vix potest quanta vis sit in utramque partem;* cp. Wordsworth's expression, "Beauty born of murmuring sound." Mahaffy, *Rambles and Studies in Greece,* pp. 438 ff.; Stallb. quotes Den Tex, *De vi Musices,* etc. pp. 34, 132.
ἵνα ἡμερώτεροί τε ὦσιν. For the opinion see *Rep.* iii. 401 D, κυριωτάτη ἐν μουσικῇ τροφή, ὅτι μάλιστα καταδύεται εἰς τὸ ἐντὸς τῆς ψυχῆς ὅ τε ῥυθμὸς καὶ ἁρμονία, καὶ ἐρρωμενέστατα ἅπτεται αὐτῆς, φέροντα τὴν εὐσχημοσύνην, καὶ ποιεῖ εὐσχήμονα, ἐάν τις ὀρθῶς τραφῇ; *ib.* iv. 424 C, οὐδαμοῦ γὰρ κινοῦνται μουσικῆς τρόποι ἄνευ πολιτικῶν νόμων τῶν μεγίστων, ὥς φησί τε Δάμων καὶ ἐγὼ πείθομαι; Haweis, *Music and Morals,* pp. 38 ff.

326 C. **μὴ ἀναγκάζωνται ἀποδειλιᾶν.** An echo of Socrates' own teaching: cp. Xen. *Mem.* iii. 12, 2, πολλοὶ δὲ δόξαν αἰσχρὰν κτῶνται, διὰ τὴν τοῦ σώματος ἀδυναμίαν δοκοῦντες ἀποδειλιᾶν; Socrates is censuring the neglect of physical education.
καὶ ταῦτα ποιοῦσιν οἱ μάλιστα δυνάμενοι †μάλιστα†· μάλιστα δέ κ.τ.ἑ. So Schanz, Sauppe, Kroschel, Deuschle; Heind., ποιοῦσιν μάλιστα οἱ μ. δυνάμενοι· μάλιστα δέ. Wayte and Zürich edd., after BT, omit μάλιστα after δυνάμενοι. It is,

however, necessary to the sense, and would naturally have dropped out.

326 C. τῆς ἡλικίας. To be joined with πρῳαίτατα, as in phrases like πόρρω τῶν νύκτων, *Symp.* 217 D; τῆς ὥρας ἐγίγνετο ὀψέ, Dem. 21, 84; Krueger, 47, 10, 4; Thompson, p. 85.

ἐκ διδασκάλων ἀπαλλαγῶσιν. "Get free of masters": *Cratyl.* 408 D, ἀπαλλαγῶμεν ἐκ τῶν θεῶν, and *ib.* 407 D. It is not necessary with Sauppe to suppose an ellipse as with εἰς διδασκάλων; the verb does not then suit so well.

326 D. [κατὰ παράδειγμα.] Expunged by Schanz, Sauppe, and Kroschel. Wayte retains it, quoting passages to illustrate the absence of ὡς, and Deuschle follows; Heind. reads καθάπερ παράδειγμα. The objection that the laws are not so much example as exemplar is not weighty, as the two meanings run into one another so much; and that the word is here used in an unusual sense is an argument against its being a gloss.

ὑπογράψαντες γραμμάς. "Ruling lines for guidance," not as understood by Seneca, *Ep.* 94, § 51; Quintil. i. 1, 27, and v. 14, 31 (*literae praeformatae*), of tracing letters (γράμματα) for the boy's pen to follow. For the use of the word in the same connection as here, see *Laws*, v. 734 E, νόμους πολιτείας ὑπογράφειν. In composition ὑπό is not unfrequently used of "laying something down as a basis"; cp. ὑφηγέομαι: ὑποκρούω (give time by beating): ὑποσημαίνω σάλπιγγι: ὑποτείνω; *Gorg.* 448 E, ὥσπερ τὰ ἔμπροσθέν σοι ὑπετείνατο Χαιρεφῶν, and *Theaetet.* 179 D; see note on ὑπειπεῖν, 343 E.

ὡς δέ. Ὡς is a rare form in Attic prose, chiefly used (1) in combinations with οὐδέ, μηδέ, καί; (2) in the phrase ὡς οὖν, 338 A, below; Thuc. iii. 37, 5; (3) in answer to a preceding ὡς as here, and *Rep.* vii. 530 D. The δέ (see 328 A) is interposed irregularly after it, as after ὡσαύτως in *Phaed.* 72 C, where Heind. quotes *Soph.* 258 C; *Cratyl.* 394 B, 425 C; Soph. *Ant.* 426, *El.* 27, *Trach.* 116. It is a trace of the simpler co-ordinating tendency of earlier literature, Jelf, § 770 *b*; Krueger, 25, 10, 11.

εὐθῦναι. Properly only the official examination of a magistrate at Athens on leaving office. Here, in reference to 325 D, ὥσπερ ξύλον διαστρεφόμενον καὶ καμπτόμενον εὐθύνουσιν ἀπειλαῖς καὶ πληγαῖς, extended to all correction by punishment.

326 E. εἰ διδακτόν ἐστιν ἀρετή. And yet, as Sauppe points out, Protag. has only shown that it is *thought to be* teachable.

ἐν τοῖς ἔμπροσθεν. 324 E.

τούτου τοῦ πράγματος, τῆς ἀρετῆς. Schanz (*Nov. Comm.* p. 70) compares *Euthyd.* 274 E.

327 A. ἰδιωτεύειν. In opposition to δημιουργὸν τούτου τοῦ πράγματος. The verb is joined here with a genitive of general connection; cp. the construction of the substantive, *Timaeus*, 20 A, Κριτίαν δέ που πάντες οἱ τῇδ' ἴσμεν οὐδενὸς ἰδιώτην ὄντα ὧν λέγομεν; below, 345 A, ἰατρικῆς ἰδιῶται. In *Laws*, xi. 916 B;

Soph. 221 C, there is the same antithesis between ἰδιώτης and δημιουργός, or τέχνην τινα ἔχων.

327 A. καὶ τοῦτο. That is καὶ (εἰ) τοῦτο κ.τ.ἑ., the apodosis coming, after the resumptive εἰ οὖν οὕτω, at οἴει ἄν.

πάντα ... τὸν μὴ καλῶς αὐλοῦντα. Governed by the combined expression, ἐδίδασκε καὶ ἐπέπληττε, and not by ἐπέπληττε, which in prose and, with one or two exceptions, in verse takes the dative. For similar instances cp. below, 327 A, τῶν νομίμων οὐδεὶς φθονεῖ οὐδ' ἀποκρύπτεται ὥσπερ τῶν ἄλλων τεχνημάτων; *Gorg.* 460 D, μὴ τῷ διδάξαντι ἐγκαλεῖν μηδὲ ἐξελαύνειν ἐκ τῆς πόλεως, ἀλλὰ τῷ ἀδικοῦντι. Shilleto on Thuc. i. 39, 1 (cp. iii. 68, 2) supplies interesting instances in Plaut. *Aulul.* ii. 3, 3, *Vascula intus pure propera atque elue*; Ter. *Adelph.* v. 7, 19, *Tu illas abi et traduce*; St. Mark, i. 7, "The latchet of whose shoes I am not worthy to stoop down and unloose"; where the original does not suggest such a rendering. Add Soph. *El.* 709, 710; *Antig.* 1280; and consult Riddell's *Digest,* §§ 301, 302.

327 B. οἴει ἄν τι, ἔφη, μᾶλλον. For the position of τι cp. Xen. *Cyrop.* i. 6, 11, οἴει τι, ἔφη, ἧττον τοῦτο εἶναι αἰσχρόν;

327 C. ὅτου ἔτυχεν. "Whoever a man's father was, if he was apt by nature."

ἐλλόγιμος. Proleptic: cp. *Rep.* iv. 424 E, ἐννόμους τε καὶ σπουδαίους ἐξ αὐτῶν ἄνδρας αὐξάνεσθαι; so with τρέφειν, *ib.* x. 606 B, θρέψαντα γὰρ ἐν ἐκείνοις ἰσχυρὸν τὸ ἐλεεινὸν οὐ ῥᾴδιον ἐν τοῖς αὑτοῦ πάθεσι κατέχειν; viii. 565 C, τοῦτον τρέφειν τε καὶ αὔξειν μέγαν. Heindorf on this passage gives many other instances: see Krueger, 57, 4, 1-3; Jelf, § 439, 2.

ἀλλ' οὖν αὐληταί γ ἄν. Corrected for αὐληταὶ γοῦν of BT, independently by Shilleto, Nattmann, Hirschig; the ἄν is required and γοῦν here would be ugly and superfluous. For ἀλλ' οὖν ... γε, introducing what, in spite of possible objections to the rest of a preceding statement, is undoubted, Stallb. quotes Soph. 254 C, ἀλλ' οὖν λόγου γε ἐνδεεῖς μηδὲν γιγνώμεθα; Aeschin. *Or.* 3, 11, ἀλλ' οὖν προβάλλεταί γέ τι πρὸ τῆς αἰσχύνης; for other instances, and ἀλλ' οὖν δὴ ... γε, see Ast, *Lex.* i. p. 103, and compare ἀταρ οὖν δὴ ... γε, *Politic.* 269 D.

ἱκανοὶ ὡς πρὸς τοὺς ἰδιώτας. Soph. *O. T.* 1118, πιστὸς ὡς νομεὺς ἀνήρ.

οὕτως οἴον καὶ νῦν. Sauppe, ᾤου κἂν νῦν, which is not necessary. The sense is, So be assured, as matters are, the most unjust man is just, supposing he were matched against men uncivilised. For the irregularity cp. *Apol.* 19 E, τοῦτό γέ μοι δοκεῖ καλὸν εἶναι, εἴ τις οἷός τ' εἴη παιδεύειν ἀνθρώπους ὥσπερ Γοργίας τε κ.τ.ἑ.

τῶν ἐν νόμοις καὶ ἀνθρώποις. BT, foll. by Sauppe, Kroschel, Deuschle. Schanz, ἐν ἐννόμοις ἀνθρώποις; Cobet, ἐν νομίμοις ἀνθρώποις. There is no need for correction: ἄνθρωποι, partaking of virtue *ex hypothesi,* 323 C, are fittingly coupled with νόμοις, and the combination is opposed to ἄγριοι.

327 D. οἶς μήτε παιδεία ἐστὶν ... ἀλλ' εἶεν ἄγριοί τινες. For ἀλλ' οἳ εἶεν: see above, on 313 B, 315 A, 325 A, and add Thuc. v. 2, 4. In the first part of the clause ἐστί is not attracted, as is usual, into the optative, see on 318 B, but the optative reappears in the latter part where the necessary condition is most obviously expressed.

οἴους περ πέρυσιν. So Schanz. BT, οἷοι περ οὓς πέρυσιν; retained by Heind., Hirschig (who compares *Cratyl.* 432 E, ἵνα κομιδῇ ᾖ τοιοῦτον οἷονπερ οὗ ὄνομά ἐστιν), Kroschel and Deuschle. Sauppe reads οἴους πέρυσιν, explaining the MSS. reading as the result of writing οἷοι οὓς over οἴους, so that the οὓς extended over the first syll. of πέρυσιν. Athenaeus, quoting the passage, reads οἴους.

Φερεκράτης. A poet of the Old Comedy (Donaldson's *Theatre of the Greeks*, p. 170), first exhibited with success in 438 B.C. Eighteen of his plays are recognised by the Alexandrian canon. In this play, the Ἄγριοι, produced 421 B.C., possibly the savages were intended to represent the demoralised and degraded condition to which the war was tending to reduce the Athenians (Steinh. and Müller, i. p. 504). Men who, from hatred of their own kind, had fled to the Ἄγριοι found that the worst of those they had left were preferable.

ἐπὶ Ληναίῳ. This cannot mean, directly, "at the Lenaea," for which the Greek name is Διονύσια τὰ ἐπὶ Ληναίῳ or τὰ Λήναια, but only, "at the Lenaeum," *i.e.* "at the enclosure sacred to Bacchus," the article being omitted as with ἐν ἄστει, etc. As this included the temple of Dionysus, which was (Donaldson's *Theatre of the Greeks*, p. 220) the regular place for all dramatic representations, Sauppe thinks that the phrase here is simply = "put on the stage." Considering, however, its special connection with the name for the second of the four great Dionysiac festivals, it is inconceivable that it should refer here to the production of a play at any but the Lenaean festival. See Holden's *Lexicon Aristoph.* s.v. Λήναιον, and Hesychius; Leake's *Topography of Athens*, pp. 137, 284.

ὥσπερ οἱ ἐν ἐκείνῳ τῷ χορῷ μισάνθρωποι. It is better to suppose a slight irregularity in the order and to translate, "You, finding yourself in the middle of such men, as the misanthropes did in the middle of the chorus in that play, would be content," than to alter μισάνθρωποι in such a way (Heinrich, ἡμιάνθρωποι; Jacobs, μιξάνθρωποι; Lehrs, μεσάνθρωποι) that it will be a synonym for Ἄγριοι. Such a change is necessary if we render "Finding yourself among such men as the —— in that chorus," for the chorus must (though Heind. thinks otherwise) have consisted of Ἄγριοι, in accordance with the common nomenclature of plays, and they can hardly be described as μισάνθρωποι.

Εὐρυβάτῳ καὶ Φρυνώνδᾳ. Proverbial scoundrels. Aeschin. *in Ctesiph.* p. 73, § 137, ἀλλ', οἶμαι, οὔτε Φρυνώνδας οὔτε Εὐρύβατος οὔτ' ἄλλος οὐδεὶς πώποτε τῶν πάλαι πονηρῶν τοιοῦτος μάγος καὶ γόης ἐγένετο; Isocr. c. Callimach. p. 382 A, ὥσπερ ἂν εἴ τῳ Φρυνώνδας πανουργίαν ὀνειδίσειεν; Lucian, in Alexandr. c. 4, τῶν ἐπὶ κακίᾳ διαβοήτων ἀκρότατος ἀπετελέσθη, ὑπὲρ τοὺς Κέκρωπας, ὑπὲρ τὸν Εὐρύβατον ἢ Φρυνώνδαν. Hence Hesychius, Φρυνώνδας· πονηρούς, and Ephoros (apud Harpocr.), καὶ ἐντεῦθεν τοὺς πονηροὺς Εὐρυβάτους καλεῖσθαι. Eurybatus, an Ephesian sent by Croesus to hire mercenaries in Peloponnesus for the war against Cyrus, revealed to the latter the whole plan. With ὑπερευρύβατος, a late Greek word, compare to "out-Herod."

327 E. **φαίνεται εἶναι.** The conjecture of Heind. for εἶθ', B; εἶθ', T, adopted by Schanz, Sauppe, Deuschle. Kroschel reads φαίνεται. ἔσθ' ὥσπερ κ.τ.ἑ. For the asyndeton in our text Heind. compares *Rep.* iii. 413 D; iv. 432 D; vi. 497 B; viii. 557 C; *Theaetet.* 172 D. For the sentiment compare Xen. *Mem.* iv. 4, 5, διὰ χρόνου γὰρ ἀφικόμενος ὁ Ἱππίας Ἀθήναζε παρεγένετο τῷ Σωκράτει λέγοντι πρός τινας, ὡς θαυμαστὸν εἴη, τό, εἰ μέν τις βούλοιτο σκυτέα διδάξασθαί τινα ἢ τέκτονα ἢ χαλκέα ἢ ἱππέα, μὴ ἀπορεῖν ὅποι ἂν πέμψας τούτου τύχοι, ... ἐὰν δέ τις βούληται ἢ αὐτὸς μαθεῖν τὸ δίκαιον, ἢ υἱὸν ἢ οἰκέτην διδάξασθαι, μὴ εἰδέναι ὅποι ἂν ἐλθὼν τύχοι τούτου.

οὐδέ γ' ἄν. The sentence starts as though, as in the former one, εἶς φανείη would be the apodosis. Instead of this, to the destruction of the formal syntax, a clause expressing the same in a different form, οὐ ῥᾴδιον κ.τ.ἑ., is introduced. Another disturbance is produced by the resumptive and explanatory clause in the protasis, τούτους ἔτι τίς ἂν διδάξειεν;

328 A. **οὕτω δὲ ἀρετῆς.** See note on 326 D. The sentence, ὥσπερ ἂν εἰ ζητοῖς κ.τ.ἑ., refers to νῦν δὲ τρυφᾷς and needs no corresponding clause introduced by οὕτω, but according to a common pleonasm this is here supplied: cp. *Phaedo,* 61 A, καὶ ἐγὼ ἔν γε τῷ πρόσθεν χρόνῳ, ὅπερ ἔπραττον, τοῦτο ὑπελάμβανον αὐτό μοι παρακελεύεσθαί τε καὶ ἐπικελεύειν, ὥσπερ οἱ τοῖς θέουσι διακελευόμενοι, καὶ ἐμοὶ οὕτω τὸ ἐνύπνιον, ὅπερ ἔπραττον, τοῦτο ἐπικελεύειν; below, 330 A, and the passages cited in the last note but one. See a similar tendency noticed on 344 C.

ἀλλὰ κἄν. See note on 311 B.

328 B. **διαφέρει ... προβιβάσαι.** Cp. *Gorg.* 517 B, ἀλλὰ γὰρ μεταβιβάζειν τὰς ἐπιθυμίας καὶ μὴ ἐπιτρέπειν ... οὐδὲν τούτων διέφερον ἐκεῖνοι.

ὀνῆσαί τινα. So Dobree (*Advers.* ii. 391) for νοῆσαι of the MSS: a certain correction accepted by all recent editions. Compare *Rep.* x. 600 D, εἴπερ οἷός τ' ἦν πρὸς ἀρετὴν ὀνῆσαι ἀνθρώπους. For a similar confusion see vv. 11. on *Gorg.* 512 A; *Theaetet.* 169 C.

τοῦ μισθοῦ ὃν πράττομαι. Diog. Laert. ix. 52, οὗτος πρῶτος μισθὸν εἰσεπράξατο μνᾶς ἑκατόν; Arist. *Eth. Nic.* ix. 1, ὅπερ φασὶ καὶ Πρωταγόραν ποιεῖν· ὅτε γὰρ διδάξειεν ἀδήποτε, τιμῆσαι τὸν μαθόντα ἐκέλευεν ὅσον δοκεῖ ἄξια ἐπίστασθαι, καὶ ἐλάμβανε τοσοῦτον. Comparing the statement of Diog. Laert. it is probable that the account here given is truer than Aristotle's, and that it was only when the pupil objected to pay the regular fee that recourse was had to this method of "payment by results." Thompson on *Gorg.* 520 C remarks, "our modern honoraria answer in theory to the suggestion"; cp. 519 C, and his note on 520 D.

328 B. ἀποδέδωκεν. Bracketed by Schanz: omitted by Sauppe. Kroschel, ἀπέδωκεν, Deuschle as in the text. The perfect perhaps denotes rapidity; the action is complete before it can be described: Xen. *Cyrop.* iv. 2, 26, ὁ κρατῶν ἅμα πάντα συνήρπακεν; Plat. *Cratyl.* 432 B (with εὐθύς); Arist. *Plut.* 569 (co-ord. with present).

ἐλθὼν εἰς ἱερόν. Aeschin. *in Timarch.*, λαβὼν εἰς τὴν ἑαυτοῦ χεῖρα τὰ ἱερὰ καὶ ὀμόσας μὴ λαβεῖν δῶρα ... εἰληφὼς ἠλέγχθη. See Smith's *Dict. of Antiqq.* p. 660 b, s.v. *jusjurandum*. Κατέθηκε = "he puts down": the gnomic aorist.

328 C. οἱ Πολυκλείτου υἱεῖς. Nothing more is known of them.

τῶνδε. Because they were present; see 314 E, 315 A. Heindorf says, *Addit haec adolescentium gratiae captator propter illa quae de iis supra Socrates dixerat*, referring to 319 E.

328 D. ἐπιδειξάμενος. See on 320 C.

ἐπὶ μὲν πολὺν χρόνον. Repeated in ἔτι and marking the continuance of the entranced gaze: cp. *Menex.* 235 B, οὕτως ἔναυλος ὁ λόγος τε καὶ ὁ φθόγγος παρὰ τοῦ λέγοντος ἐνδύεται εἰς τὰ ὦτα, ὥστε μόγις τετάρτῃ ἢ πέμπτῃ ἡμέρᾳ ἀναμιμνήσκομαι ἐμαυτοῦ καὶ αἰσθάνομαι οὗ γῆς εἰμι. For ἐπί cp. 344 B; *Gorg.* 524 D; *Phaed.* 84 C. Schanz wishes to read ἔτι μὲν πολὺν χρόνον, striking out ἔτι before πρός.

συναγείρας. *Charm.* 156 D, καί μοι κατὰ σμικρὸν πάλιν ἡ θρασύτης ξυνηγείρετο.

ὦ παῖ Ἀπολλοδώρου. In mock deference; cp. 335 D, ὦ παῖ Ἱππονίκου; the ironical mood is evinced in the words νῦν δὲ πέπεισμαι, πλὴν σμικρόν τι κ.τ.ἑ.

ὧδε = δεῦρο. Photius and Suidas say that this is a Platonic usage, but Ast gives no other instance.

328 E. ἐπεκδιδάξει. Schanz (*Nov. Comm.* p. 103) cites *Crito*, 44 D; *Rep.* i. 336 E; *Gorg.* 473 E; *Cratyl.* 399 A; *Euthyd.* 281 C, etc., for the alternation of a compound with a simple verb.

καὶ γάρ. On the difficult question of the meaning of γάρ in these combinations see Shilleto on Thuc. i. 25, 4; Riddell's *Digest*, §§ 147-149; Krueger, 69, 32, 21. The sense here = *etenim*; Protagoras will explain, *for* while orators like books cannot answer questions, and like bells once struck go on sounding, he is able not only to make speeches but ἐρωτηθεὶς ἀποκρίνασθαι κατὰ βραχύ.

329 A. καὶ τοιούτους λόγους. Sauppe, whom Schanz follows, proposes to insert τούτου since καί cannot belong in sense to τοιούτους nor by position to Περικλέους. That neither objection is sufficient to justify alteration of the MSS. reading will be seen by consulting Riddell's *Digest*, §§ 132 ff. The instances

there given, especially of the *intensive* καί, make it impossible to say that we may not translate "*precisely* such," or that καί cannot be carried over to Περικλέους. Kroschel and Deuschle make no alteration.

329 A. εἰπεῖν. Instead of λέγειν: see Heindorf *ad loc.* and *Symp.* 177 E; *Phaedr.* 235 A; 239 A.

ὥσπερ βιβλία. *Phaedr.* 275 D, δεινὸν γάρ που, ὦ Φαῖδρε, τοῦτ' ἔχει γραφή, καὶ ὡς ἀληθῶς ὅμοιον ζωγραφίᾳ· καὶ γὰρ τὰ ἐκείνης ἔκγονα ἕστηκε μὲν ὡς ζῶντα, ἐὰν δ' ἀνέρῃ τι, σεμνῶς πάνυ σιγᾷ· ταὐτὸν δὲ καὶ οἱ λόγοι· δόξαις μὲν ἄν ὥς τι φρονοῦντας αὐτοὺς λέγειν, ἐὰν δέ τι ἔρῃ τῶν λεγομένων βουλόμενος μαθεῖν, ἕν τι σημαίνει μόνον ταὐτὸν ἀεί.

χαλκία. So Dindorf, Sauppe, Kroschel; see L. and S. *s.v.* χαλκίον; Schanz, χαλκεῖα.

μακρὸν ἠχεῖ καὶ ἀποτείνει. "Sound loud and long": μακρόν in the sense of "loud" qualifies ἠχεῖ only; it is too harsh (with Wayte) to make it qualify ἀποτείνει also in the sense of "long." Ἀποτείνω is used absolutely also in *Gorg.* 458 B, καὶ νῦν ἴσως πόρρω ἀποτενοῦμεν, ἣν διαλεγώμεθα.

καὶ οἱ ῥήτορες οὕτω. For οὕτω καὶ οἱ ῥήτορες, the emphasis being laid upon the personality of the ῥήτορες: cp. *Rep.* i. 354 B, ἀλλ' ὥσπερ οἱ λίχνοι τοῦ ἀεὶ παραφερομένου ἀπογεύονται ἁρπάζοντες, καὶ ἐγώ μοι δοκῶ οὕτω κ.τ.ἑ.; ix. 585 A; *Phaedr.* 230 D.

329 B. δολιχὸν κατατείνουσι τοῦ λόγου. So BT. The construction is difficult; it is hardly parallel to such expressions as συχνοὺς τείνω τῶν λόγων, *Gorg.* 519 E; ἄτοπα τῆς σμικρολογίας, *Theaetet.* 175 A; ἀμήχανον τῆς εὐδαιμονίας, *Apol.* 41 C; χαλεπόν τοῦ βίου, *Rep.* i. 328 E. Perhaps we may take δολιχὸν κατατείνουσι together (κατατείνω being used absolutely, cp. *Rep.* ii. 358 D, 367 B) = "are long-winded," and τοῦ λόγου as a genitive of general connection = "*in* their speech." Stephanus, followed by Schanz, Sauppe, Kroschel, reads δόλιχον = "a long race," cp. 335 E; but the metaphor is most unfitted to the context.

αὐτὸ δηλοῖ. BT αὐτά; corrected by Stephanus, whom later edd. follow; see note on 324 A. Heind., however, retains the MSS. reading, comparing Xen. *Cyrop.* vi. 1, 7, αὐτὰ τὰ ἔργα δείκνυσι; Soph. *O. T.* 341.

σμικροῦ τινος. Cp. *Lysis*, 215 E, λέγων ὡς ἄρα παντὸς δέοι τὸ ὅμοιον τῷ ὁμοίῳ φίλον εἶναι; *Cratyl.* 432 D, ὅσου ἐνδέουσιν αἱ εἰκόνες ταὐτὰ ἔχειν ἐκείνοις ὧν εἰκόνες εἰσίν; *Theaetet.* 158 A, πολλοῦ δεῖ τὰ φαινόμενα ἑκάστῳ ταῦτα καὶ εἶναι; Xen. *Hell.* iv. 1, 36, τίνος ἄν δέοιο μὴ οὐχὶ πάμπαν εὐδαίμων εἶναι; see Krueger, 47, 16, 2 and 3; 55, 3, 4.

εἴπερ ἄλλῳ τῳ ἀνθρώπων πειθοίμην ἄν, καί σοι πείθομαι. So BT, and Heindorf, adducing *Meno*, p. 98 B, εἴπερ τι ἄλλο φαίην ἄν εἰδέναι; add Demosth. *De Cor.* 190, εἰ μήτ' ἔστι μήτ' ἦν μήτ' ἄν εἰπεῖν ἔχοι μηδεὶς μηδέπω καὶ τήμερον τί τὸν σύμβουλον ἐχρῆν ποιεῖν; Goodwin, *Greek Moods and Tenses*, § 50, note 2, regards the expression as containing an apodosis to an omitted protasis : "If I would trust any other man (if he would give me his word), I trust you." See Krueger, 54, 11, 2 ; Thompson, *Greek Syntax*, pp. 206, 207 ; Shilleto on *De F. L.* § 190. It is difficult to see how such a hard reading could have been developed out of the simple εἴπερ ἄλλῳ τῳ ἀνθρώπων, πειθοίμην ἂν καὶ σοί, but this is what Schanz, Sauppe, and Cron read. Kroschel's alteration, εἴπερ ἄλλῳ τῳ ἀνθρώπων, καὶ σοὶ πείθομαι, is more satisfactory. A copyist might easily have supplied πειθοίμην if not πειθοίμην ἄν, and as Sauppe remarks the verb is rarely supplied with the combination εἴπερ ἄλλος.

329 C. ὃ δ' ἐθαύμασά σου λέγοντος. *Rep.* i. 329 D, ἀγασθεὶς αὐτοῦ εἰπόντος ταῦτα ; *Theaetet.* 161 B, οἶσθ' οὖν . . . ὃ θαυμάζω τοῦ ἑταίρου σου Πρωταγόρου ; *Phaed.* 89 A, ἔγωγε μάλιστα ἐθαύμασα αὐτοῦ, πρῶτον μὲν τοῦτο κ.τ.ἑ. ; *Apol.* 17 A ; *Rep.* ii. 376 A ; *Crit.* 50 C ; cp. *Rep.* ii. 367 D, τοῦτ' αὐτὸ ἐπαίνεσον δικαιοσύνης ; *Menex.* 241 B, τοῦτο ἄξιον ἐπαινεῖν τῶν ἀνδρῶν. See Krueger, 47, 10, 8 and 9.

αὖ. "On the contrary": as if they were not distinct ; πολλαχοῦ, 323 A, E, 325 A, 326 E.

νῦν δή or νυνδή. See Krueger, 69, 17, 1 ; Shilleto, *De F.L.* § 72 ; Heindorf ad *Soph.* 221 C. Ast gives as instances (1) of νῦν alone, with a past reference, *Soph.* 241 D ; *Politic.* 307 C ; *Laws*, iv. 719 E ; xii. 962 A : (2) of νῦν δή, (a) with a past tense, a large number ; (b) with a present tense, *Phaedr.* 277 A ; *Gorg.* 462 B ; *Politic.* 287 C ; add 349 A below, in none of which cases is it certain that the δή belongs exclusively to the νῦν ; (c) with a future reference, *Soph.* 221 C ; *Rep.* i. 353 A ; *Laws*, iii. 683 E, in the last of which only, οὐκοῦν νῦν δὴ μᾶλλον βεβαιωσόμεθα τὸ τοιοῦτον, does δή belong without dispute to νῦν. There is the same flexibility in our phrase "just now."

329 D. ὥσπερ προσώπου τὰ μόρια. Contrast below ὥσπερ τὰ τοῦ χρυσοῦ μόρια and ὥσπερ τὰ τοῦ προσώπου μόρια. Perhaps we should translate strictly, "Is it in the same sense that its (the face's) parts are parts of a face."

τὰ ἕτερα τῶν ἑτέρων. The MSS. after this add ἀλλήλων, which Sauppe strikes out. Schanz retains it and brackets τὰ ἕτερα τῶν ἑτέρων, relying upon the restatement of the argument in 349 C. It is more likely, however, that ἀλλήλων is a gloss upon τὰ ἕτ. τῶν ἑτ. than *vice versâ*, and the position would be stated with more precision at first than is afterwards found necessary.

ἀλλ' ἤ. Riddell (*Digest*, § 148) says, "The joint meaning is 'except.' By the ἀλλά the exception to the negative which has preceded is stated flatly : the ἤ allows the negative meaning to revive subject to this exception alone." See Jelf, § 773, 5, obs. 1 ; Krueger, 69, 4, 6. The expression is found only after negatives or questions equivalent to negatives : cp. 354 C, 356 A.

329 E. μεταλαμβάνουσιν . . . ἄλλο. This verb ordinarily takes a genitive of the thing divided (partitive gen.), the accusative of the part taken being understood. Here it is expressed as well as the genitive. Thus similar verbs are often found followed by the accusative of such words as μέρος, μοῖρα, τὸ ἥμισυ, etc. See Jelf, § 535, obs. 1; Krueger, 47, 15, 1; Thompson, § 96, n. 1.

330 A. ἄλλο, τὸ δὲ ἄλλο. For τὸ μὲν ἄλλο, τὸ δὲ ἄλλο: cp. *Phileb.* 56 D, πῇ ποτε διορισάμενος οὖν ἄλλην, τὴν δὲ ἄλλην θείη τις ἂν ἀριθμητικήν; *Sophist.* 221 E; *Rep.* vi. 451 E; below 331 B, 334 A, 343 E, 355 D; see Schanz, *Nov. Comm.* p. 72, Krueger, 50, 1, 12. For an instance in Latin see Livy, iii. 37, 8, *virgis caedi, alii securi subiici*.

ἆρ' οὖν οὕτω καί. See note on 328 A.

330 B. οὔτε αὐτὸ οὔτε ἡ δύναμις αὐτοῦ. "Neither in itself nor by its functions."

ἦ δῆλα δή. See 309 A.

330 C. πρᾶγμά τί ἐστιν. The Socratic method begins from the beginning, and takes nothing for granted: see below 330 D, 332 A, 358 D.

κἀμοί. Hirschig's correction, adopted by Schanz and Sauppe, for καὶ μοι, B; T, καὶ ἐμοί, read by Heindorf, Kroschel, Deuschle. See Schanz, *Nov. Comm.* p. 101.

αὐτὸ τοῦτο. Emphasising the fact that it is justice in itself, apart from concrete examples of it, that is in question.

τὴν αὐτὴν ἐμοί. For the brachylogy cp. Xen. *Cyrop.* v. 14, ὁμοίαν ταῖς δούλαις εἶχε τὴν ἐσθῆτα, and on 317 B above; Krueger, 48, 13, 9; Thompson, p. 416. For the omission of πότερον see Heind. ad *Gorg.* 488 D, who says *omissum πότερον s. εἰ more scriptoribus Graecis inde ab Homero frequentissimo* ... *Odyss.* iv. 109, οὐδέ τι ἴδμεν, | ζώει ὅ γ' ἢ τέθνηκεν. *In Platone exampla ubivis sunt obvia. Theaetet.* 151 E, 169 D, 173 B, 203 A, etc.

τοιοῦτον ... οἷον δίκαιον εἶναι. Cp. below D and 331 A, 352 C; *Rep.* vi. 499 A, οὐδέ γε αὖ λόγων, ὦ μακάριε, καλῶν τε καὶ ἐλευθέρων ἱκανῶς ἐπήκοοι γεγόνασιν, οἵων ζητεῖν μὲν τὸ ἀληθές κ.τ.ἑ.; *Crito*, 46 B, ἀεὶ τοιοῦτος, οἷος τῶν ἐμῶν μηδενὶ ἄλλῳ πείθεσθαι ἢ τῷ λόγῳ; Thuc. i. 2, 2, νεμόμενοι τὰ αὑτῶν ἕκαστοι ὅσον ἀποζῆν.

330 D. ὁσιότητά τινα. "A certain quality called holiness."

οὐκοῦν φατί. The plural shows that the imaginary interlocutor is still addressing Protagoras and Socrates. The same is the case in the next sentence: though εἰ δὲ ἐπανέροιτο is not written, the fact is implied in the apodosis, ἀγανακτήσαιμ' ἂν ... τῷ ἐρωτῶντι.

καὶ τοῦτο. "That this too (ὁσιότης) is something." For the violence done to the formal grammar cp. *Gorg.* 484 C, φιλοσοφία γάρ τοί ἐστιν, ὦ Σώκρατες, χαρίεν, ἄν τις αὐτοῦ μετρίως ἅψηται ἐν τῇ ἡλικίᾳ; *Theaetet.* 176 B; *Menex.* 237 D; below 357 C. See Krueger, 58, 3, 6; Thompson, p. 18.

εὐφήμει. So in *Gorg.* 469 A, when Polus has said that he would like absolute power to use justly or unjustly,

Socrates cries Εὐφήμει, ὦ Πῶλε; cp. *Rep.* i. 329 C; vi. 509 A, etc.

330 E. σχολῇ. *Phaed.* 65 B, εἰ αὗται τῶν περὶ τὸ σῶμα αἰσθήσεων μὴ ἀκριβεῖς εἰσι μηδὲ σαφεῖς, σχολῇ γε αἱ ἄλλαι; *Rep.* x. 610 E, and other passages, for which see Ast. Compare our old English 'by leisure': Shakespeare, *Titus Andronicus*, I. ii. 301.

ἡ ὁσιότης ὅσιον ἔσται. Grote (*Plato*, ii. p. 279, smaller edition) says, "The intermediate position (which is assumed to form the proof that virtue is one)—viz. that holiness is holy, and that justice is just—is either tautological or unmeaning, and cannot serve as a real proof of anything. It is, indeed, so futile that if it were found in the mouth of Protagoras, and not in that of Socrates, commentators would probably have cited it as an instance of the futilities of the sophists."

ἆρ' οὐκ ὀρθῶς. "Did I hear you incorrectly?"

††τὰ† τῆς ἀρετῆς μόρια. So Schanz, Sauppe, Kroschel, Deuschle; BT om. τά. Perhaps, as the variation εἶναι οὕτως ἔχοντα for οὕτως ἔχειν is otherwise unmeaning, the passage might be corrected by reading φάναι τῆς ἀρετῆς τὰ μόρια μόρια εἶναι οὕτως ἔχοντα. The similar passage, 329 D, is obviously referred to, and such a reading as that suggested would be very susceptible of corruption.

ὡς οὐκ εἶναι. The infinitive is rare after ὡς in the sense of ὥστε (in such phrases as ὡς εἰπεῖν the infinitive stands absolutely and ὡς merely modifies), though it is of the same kind as the common one after οἷος, etc. I can find no other instance in Plato; in Xenophon it is somewhat more frequent: see Krueger, 65, 3, 4; Thompson, p. 273.

331 A. ἀνάγκη, ἔφη, ὦ Σώκρατες, ὁμολογεῖν. Sc. that I did assert that the parts of virtue were different in quality from one another.

οἷον δίκαιον εἶναι πρᾶγμα. "Holiness is not of the nature to be a just thing." For the concord see on 330 C. Notice that in the preceding dialogue (330 E) Socrates has expressly distinguished himself in opinion from Protagoras. It is only for purposes of discussion that he now (Τί οὖν, ὦ Πρωταγόρα, ἀποκρινούμεθα αὐτῷ;) formally joins himself to him.

331 B. ἀλλ' ἄδικον ἄρα, τὸ δὲ ἀνόσιον. This is Heindorf's reading for ἀλλὰ δίκαιον ἄρα of BT. It is adopted by most editors, and seems the most satisfactory emendation of a *locus desperatus*. We may translate either (a), "Holiness is of the nature to be not just, but consequently unjust, whereas justice is unholy," and the viciousness of the argument (see note on 333 B) is, I fear, no objection to adopting the reading: so Sauppe, Deuschle, Müller, and Schleierm. who reads ἀλλ' ἄδικον, τὸ δὲ αὖ ἀνόσιον; or (b) supplying τὸ μέν (see on 330 A), "But the one is unjust, the other unholy": so Heind., Ficinus, Kroschel. Stephanus, omitting ἀλλά, reads δίκαιον ἄρα τόδε ἀνόσιον (*iustum igitur hoc non sanctum*). Still another correction, which keeps more closely than others to the reading of BT, is ἀλλὰ δίκαιον ἆρα τὸ ἀνόσιον = "but in that case what is unholy is just." Socrates' answer, φαίην ἂν καὶ τὴν δικ. κ.τ.ἑ., follows much more easily and intelligibly if from ἀλλά to ἀνόσιον is omitted. This is perhaps too drastic a remedy to employ, but the words, however read, undoubtedly savour of a gloss.

331 B. **καὶ ὑπὲρ σοῦ δέ.** "Yes, and in your name."
ἤτοι ταὐτόν γε. For the sentiment cp. *Gorg.* 507 B, καὶ μὴν περὶ μὲν ἀνθρώπους τὰ προσήκοντα πράττων δίκαι' ἂν πράττοι, περὶ δὲ θεοὺς ὅσια. The form δικαιότης, apparently found in only one other passage in Plato (*Gorg.* 508 A), is here adopted from its correspondence to ὁσιότης; see note on 356 A. In Xenophon it is more common.

καὶ μάλιστα πάντων. These words seem an anticlimax, and Kroschel for other reasons suspects the passage. We must translate "And *most undoubtedly* that justice," etc.

οὐ πάνυ. See note on 321 B.

331 C. **ἀλλά τί μοι κ.τ.ἑ.** "There seems to me to be a little difference in the case. But what difference does that make?"
μή μοι. See on 318 B.
τὸ εἰ βούλει τοῦτο. Socrates does not wish to make opinions politely conceded the subject of investigation, but convictions with which their holders are identified, τὸ δ' ἐμέ τε καὶ σέ τοῦτο; cp. 333 C, τὸν γὰρ λόγον ἔγωγε μάλιστα ἐξετάζω, συμβαίνει μέντοι ἴσως καὶ ἐμὲ τὸν ἐρωτῶντα καὶ τὸν ἀποκρινόμενον ἐξετάζεσθαι. For this use of the article cp. below, 333 A; *Rep.* i. 352 D, περὶ τοῦ ὅντινα τρόπον χρὴ ζῆν; v. 449 C, τὸ ὀρθῶς τοῦτο.

οὕτω. For the orthography of this word see Schanz, *Nov. Comm.* pp. 4-8.

331 D. **ὅπῃ.** BT ὃ μή.

331 E. **ταῦτα ἐλέγχοις.** "You would prove about these," the ταῦτα according to the usual idiom being transposed from the subordinate clause.

τὸ ὁμοῖον. Rejected by Hirschig, Henneberger, Schanz, and Sauppe; Heindorf proposes to read τὸ ἀνόμοιον ἢ τὸ ὁμοῖον after the conjecture, which Schleierm. afterwards abandoned, founded upon the version of Ficinus. Kroschel, Deuschle, and Hier. Müller (in his translation) retain the reading of the MSS. As Schleierm. remarks, in sentences like the present often only the *first* of two clauses has its corresponding clause supplied: cp. 345 C. Here the omission is further justified by the fact that "likeness" is the prominent idea: cp. all that has preceded, and below, ὥστε ὁμοῖόν τι σμικρὸν ἔχειν ἀλλήλοις.

332 A. **οὐ μέντοι οὐδὲ αὖ.** "It is not, however, as you seem to think either." *Phaedr.* 278 E, οὐδὲ γὰρ οὐδὲ τὸν σὸν ἑταῖρον δεῖ παρελθεῖν.
ἀφροσύνην τι καλεῖς; Cp. 330 C.
ἢ τοὐναντίον. Stallbaum's correction, adopted by all edd., for

ἢ εἰ τοὐναντίον ἔπραττον, to which σωφρονεῖν is an inappropriate answer.

332 A. οὐκοῦν σωφροσύνῃ σωφρονοῦσιν; See a similar course of argument in *Gorg.* 476 B ff.

332 C. ὡσαύτως. "If anything is done in the same manner, it is done by the same." This generalisation completes this step in the proof.

ὀξὺ ... βαρύ. "Acute ... grave": "high ... low."

332 D. ἀναλογισώμεθα τὰ ὡμολογημένα ἡμῖν. "Let us reckon up the points agreed upon": cp. *Rep.* vii. 524 D, ἀλλ' ἐκ τῶν προειρημένων ... ἀναλογίζου; but the simple meaning "think over" is more common, see Ast. For similar phrases of recapitulation cp. ἀνομολογησώμεθα τὰ εἰρημένα (*Symp.* 200 E) and ἀναλαμβάνειν ἐξ ἀρχῆς τὸν λόγον (*Gorg.* 506 C).

333 A. πότερον ... λύσωμεν τῶν λόγων; Cp. *Gorg.* 480 E, κἀκεῖνα λυτέον; 509 A, where the metaphor is expanded; *Phaedr.* 256 D, (πίστεις) λῦσαι.

τὸ ἓν ἑνὶ μόνον ἐναντίον εἶναι. See on 331 C; add *Phaed.* 94 A, εἰ ὀρθὴ ἡ ὑπόθεσις ἦν τὸ ψυχὴν ἁρμονίαν εἶναι.

πρὸς τῷ ἑτέρῳ εἶναι. The more idiomatic expression is seen in *Symp.* 195 C, νέος μὲν οὖν ἐστι· πρὸς δὲ τῷ νέῳ ἁπαλός; *Rep.* x. 610 E, καὶ πρός γ' ἔτι τῷ ζωτικῷ ἄγρυπνον; *Theaetet.* 185 E, καλός τε κἀγαθός· πρὸς δὲ τῷ καλῷ εὖ ἐποίησάς με.

οὐ πάνυ μουσικῶς. The metaphor is carried out in συνᾴδουσι, and συναρμόττουσι. Heind. regards it as a mocking echo of Protagoras' words (326 B), πᾶς γὰρ ὁ βίος τοῦ ἀνθρώπου εὐρυθμίας τε καὶ ἁρμοστίας δεῖται, but it is too common a metaphor for the allusion to be very marked : cp. συνῳδός, *Phaed.* 92 C; συμφωνεῖν and διαφωνεῖν, *Gorg.* 480 B; *Phaed.* 101 D; σύμφωνος, *Gorg.* 457 E; a highly metaphorical passage, *Laches,* 188 D; συναρμόττειν and ἀναρμοστεῖν, *Soph.* 261 D; ἐμμελῶς, *Rep.* viii. 569 C; πλημμελεῖν, *Phileb.* 27 C; ἀντίφωνος, *Laws,* iv. 717 B.

333 B. πλείοσι δὲ μή. Modern edd. πλείω δὲ μή following a conjecture of Heindorf, who compares 332 D. Ficinus, however, translates *pluribus vero nequaquam,* and the meaning in the end is the same with either case. We may say ἀφροσύνη is opposite to no more than one thing, or that it has no more than one opposite, though certainly the latter method of expression is more suited to this passage.

ἢ γάρ; Sc. οὕτως ἔχει.

τὸ πρότερον. See 331 A, B.

καὶ τὰ λοιπά. Δικαιοσύνη and ὁσιότης have been proved nearly the same, σωφροσύνη and σοφία absolutely the same. For the conclusion it is required to prove the identity of one of the first pair, δικαιοσύνη, with σωφροσύνη, one of the second.

ὅτι ἀδικεῖ. Limiting ἀδικῶν : "in so far as he acts unjustly." So in 332 B, οὕτω πράττοντες limits ὅταν πράττωσιν.

333 C. ἐπεὶ πολλοί γε. See on 317 A. The doctrine is akin to that upheld by Polus in the *Gorgias,* and countered by Socrates with the proposition, κρεῖττον ἀδικεῖσθαι ἢ ἀδικεῖν.

333 C. τὸν τῶν πολλῶν. "The argument of the many *you alluded to*"; not "of the majority."
εἶτ' οὖν δοκεῖ σοι ταῦτα, εἴτε μή. For μή see note on 313 A; for οὖν cp. *Apol.* 34 E, εἴτ' οὖν ἀληθὲς εἴτ' οὖν ψεῦδος. Where οὖν appears in only one clause, it is in that on which emphasis is laid, as in *Laws*, vii. 808 A, εἴτ' οὖν νόμον εἴτ' ἐπιτήδευμα τὸ τοιοῦτον καλεῖν ἐστὶ χρεών; and so with οὔτε ... οὐδ' οὖν, *Rep.* vi. 492 E.

καὶ ἐμὲ τὸν ἐρωτῶντα. See on 331 C. Plato's conclusions are here vitiated by the fact that he does violence to the laws of thought. His course of argument since 330 B has been as follows:—

(A)   All Justice is just,
       All Holiness is holy,
but, on Protagoras' hypothesis, that the virtues are qualitatively different—
       Justice is not holy,
       Holiness is not just,
       ∴ Justice is unholy,
       and Holiness is unjust.

(B)   ἀφροσύνη is the opposite of σωφροσύνη,
       ἀφροσύνη is the opposite of σοφία,
and, on the assumption that ἓν ἑνὶ μόνον ἐναντίον εἶναι,
       ∴ σωφροσύνη is σοφία.

In both arguments Plato ignores the distinction between contradictory and contrary terms. *Contradictory* terms are those which, like "white" and "not white," "holy" and "not holy," "just" and "not just," "intelligent" and "not intelligent," admit of no medium, one or the other being always predicable of anything; *contrary* terms are those which, like "white" and "black," "holy" and "unholy," "just" and "unjust," "intelligent" and "foolish," admit of a medium such as "gray," "devoid of the moral sense" (as idiots), "devoid of intelligence" (as stones). Now in (A) when Plato regards "not holy" and "unholy," "not just" and "unjust" (331 A, B), as convertible terms he proceeds as though he argued, Roses are not black, therefore roses are white, whereas a medium "red or yellow" may be obviously predicated of them. Similarly in (B) he has assumed the opposition to be *contradictory*, in which sense there can be only one opposite, whereas it is really *contrary* and allows many opposites. In this case, too, his reasoning is further vitiated by using ἀφροσύνη in its *two* senses of "want of moderation" and "want of understanding" (Grote's *Plato*, ii. p. 279, smaller edition).

It is undoubted that Plato was acquainted with the fallacy of the proof which he here employs, for (*Symp.* 202 A) he makes one of the interlocutors object to a similar argument put in Socrates' mouth, in the words, οὐκ εὐφημήσεις, ἔφη, ἢ οἴει ὅ τι ἂν μὴ καλὸν ᾖ, ἀναγκαῖον αὐτὸ εἶναι αἰσχρόν ... καὶ ἂν μὴ σοφόν, ἀμαθές, ἢ οὐκ ᾔσθησαι ὅτι ἔστι τι μεταξὺ σοφίας καὶ ἀμαθίας. Bonitz (*Plat. Stud.* p. 265 and n. 6; cp. Steinhart, *Einleit.* pp. 413, 414) supposes that the very grossness of the fallacies used (das Umdeuten des contradictorischen Gegensatzes in den conträren und die Benützung der Unbestimmtheit im Gebrauche von ἀφροσύνη) is intended to mark the absence of the critical faculty in Protagoras (so nearly Sauppe, p. 81 of his ed., and Kroschel, p. 8). That this is not entirely true is seen by 331 C ff. and 350 C ff., where Protagoras is allowed to object. A less inconsistent explanation of the difficulty may be found in the tentative method which is a marked characteristic of all Plato's dialogues, and particularly of the Socratic series. Westermayer, p. 86, supposes that Plato is imitating the historical Socrates.

333 D. **ἐκαλλωπίζετο.** "Gave himself airs"; *Phaedr.* 236 D, παῦσαι πρός με καλλωπιζόμενος.

ὅτι ἀδικοῦσιν. Bracketed by Schanz; but cp. above, 333 B, σωφρονεῖν ὅτι ἀδικεῖ, where the addition is necessary to the accuracy of the argument. The same is the case here where εὖ βουλεύεσθαι is substituted for σωφρονεῖν. Plato is considering whether the notions σωφρονεῖν (εὖ βουλεύεσθαι) and ἀδικεῖν are compatible *in the same act;* if not, then σωφρονεῖν is the opposite of ἀδικεῖν, and by a similar argument to that employed above σωφροσύνη will be identified with δικαιοσύνη.

ταῦτ' ἐστὶν ἀγαθά, ἅ κ.τ.ἑ. Xen. *Mem.* iv. 6, 8, ἄλλο ἄν τι φαίης ἀγαθὸν εἶναι ἢ τὸ ὠφέλιμον; Οὐκ ἔγωγ', ἔφη. Τὸ ἄρα ὠφέλιμον ἀγαθόν ἐστιν ὅτῳ ἂν ὠφέλιμος ᾖ.

333 E. **ἀγωνιᾶν καὶ παρατετάχθαι.** "To be showing fight and marshalling his force for the reply" ("against replying" would require πρὸς τὸ μὴ ἀποκρ.) On these two words see L. and S. The former, according to Ast, is only found besides in Plato in *Charm.* 162 C, and *Lysis*, 210 E. In form it is a desiderative = "to be eager for fight." For παρατετάχθαι cp. *Rep.* iii. 399 B, παρατεταγμένως καὶ καρτερούντως ἀμυνομένου τὴν τύχην. There seems no need to read παρατετάσθαι (Schanz after Kock) or παρατεταράχθαι (Cornarius).

334 A. **ἃ ἀνθρώποις μέν κ.τ.ἑ.** A sentence which reproduces Protagoras' own confusion. Τὸ ἀνθρώποις μὲν ἀνωφελῆ we expect as antithesis τοῖς δὲ ἄλλοις ζῴοις καὶ φυτοῖς ὠφέλιμα. In consequence, however, of the threefold division into beneficial, harmful, neutral, a sub-antithesis to ἀνωφελῆ is inserted in the words τὰ δέ γε ὠφέλιμα κ.τ.ἑ., in the last member of which ἀνθρώποις is repeated to prepare afresh for the main antithesis, ἵπποις δέ κ.τ.ἑ., in which ὠφέλιμα is to be supplied. For οὐδέτερα cp. below 351 D; ἀνωφελής is more than "not beneficial," it = "harmful" (as *inutilis* in Latin, Livy, iii. 33): cp. Xen. *Hell.* i. 7, 27, ἀναμνήσθητε ὡς ἀλγεινὸν καὶ ἀνωφελὲς ἤδη ἐστί; *Rep.* viii. 560 D, on which passage Stallb. compares Pindar's use (*Olymp.* i. 85) of ἀκέρδεια for βλαβή.

334 A. οὐδενί. What is not good for individuals is not by implication good for classes ; so that there is no need (with Schanz after Naber) to read οὐδέσι ("to none of these classes ").

334 B. εἰ δ' ἐθέλοις . . . ἀπόλλυσιν. The certainty of the result is indicated by the irregularity. The optative in protasis followed by fut. indic. is fairly common ; it is rare to find the present : Goodwin (*Greek Moods and Tenses*), § 54, 2 *a*, quotes none, Krueger (54, 12, 7) only one ; Thompson, § 195.

τὸ ἔλαιον. Sauppe quotes Theophr. *De Causis Plant.* 5, 16, 6, καὶ γὰρ ταῦτα (*oleum, pix, adeps*) φθείρει καὶ μάλιστα τὰ φυτὰ τὰ νέα ; Plinius, *N.H.* 17, 234.

ἐνταῦθα. "In man": cp. later ἀγαθὸν τῷ ἀνθρώπῳ.

334 C. ταὐτόν. For the orthography of this and similar words see Schanz, *Nov. Comm.* pp. 1 ff.

μέλλει. For the change of number after ἀσθενοῦσιν see on 319 D.

ὅσον μόνον . . . κατασβέσαι. See on 330 C, and compare the phrase ὅσον ἀφοσιοῦσθαι.

ὡς εὖ λέγοι. Equivalent to ὅτι οὕτως: *Phaed.* 58 E, εὐδαίμων γάρ μοι ἀνὴρ ἐφαίνετο . . . ὡς ἀδεῶς καὶ γενναίως ἐτελεύτα ; 117 D, τὴν ἐμαυτοῦ τύχην (ἀπέκλαιον), οἵου ἀνδρὸς ἑταίρου ἐστερημένος εἴην ; above, 315 B.

334 E. καὶ μακρὰ λέγειν . . . καὶ αὖ βραχέα. In *Phaedr.* 267 B it is said of Tisias and Gorgias that they συντομίαν τε λόγων καὶ ἄπειρα μήκη περὶ πάντων ἀνεῦρον ; and, *Gorg.* 449 C, Gorgias says, καὶ γὰρ αὖ καὶ τοῦτο ἕν ἐστιν ὧν φημί, μηδένα ἂν ἐν βραχυτέροις ἐμοῦ τὰ αὐτὰ εἰπεῖν, and Socrates replies, τούτου μὴν δεῖ, ὦ Γοργία· καί μοι ἐπίδειξιν αὐτοῦ τούτου ποίησαι, τῆς βραχυλογίας, μακρολογίας δὲ εἰσαῦθις. Thompson on the latter passage quotes the words from Sextus Empiricus (*adv.* Matth. ii. 7), in which Zeno likens dialectic to the clenched, rhetoric to the open hand.

335 A. εἰ τοῦτο ἐποίουν . . . διελεγόμην. The omission of the conjunction between two sentences where the second is in explanation of the former is very common in Plato, below 340 E, 341 A, 341 D. Heindorf (ad *Soph.* § 52=239 E) quotes a very similar passage, *Rep.* ii. 359 C, εἰ τοιόνδε ποιήσαιμεν τῇ διανοίᾳ, δόντες ἐξουσίαν ἑκατέρῳ . . . εἶτ' ἐπακολουθήσαιμεν θεώμενοι, where see Stallb. In his index to the *Republic*, s.v. *Asyndeton in epexegesi*, he quotes a large number of passages : iii. 416 B ; iv. 442 A ; vi. 487 B, 508 B ; ix. 589 D ; x. 613 C, 615 B. Krueger, 59, 1, 5.

οὐδενὸς βελτίων. See on 324 D. The remark is one calculated to contrast Protagoras unfavourably with Socrates, who always professes to be a seeker after truth only : see on 348 C.

Πρωταγόρου ὄνομα. *Apol.* 20 D, ὃ ἐμοὶ πεποίηκε τό τε ὄνομα καὶ τὴν διαβολήν ; *Hipp. Mai.* 281 C, ὧν ὀνόματα μεγάλα λέγεται ἐπὶ σοφίᾳ ; Thuc. ii. 64, 4, γνῶτε δὲ ὄνομα μέγιστον αὐτὴν ἔχουσαν.

ἤρεσεν . . . ἐθελήσοι. The immediate fact and its remoter consequences. Often, however, no such distinction is apparent: Xen. *Anab.* ii. 1, 3, οὗτοι ἔλεγον ὅτι Κῦρος μὲν τέθνηκεν, Ἀριαῖος δὲ πεφευγὼς ἐν τῷ σταθμῷ εἴη; Goodwin, *Greek Moods and Tenses*, § 70, 2, remark 1; Jelf, § 802; Krueger, 65, 11, 2 and 3; Thompson's *Greek Syntax*, p. 184.

335 C. **τὰ μακρὰ ταῦτα ἀδύνατος.** So τὸν ἀμφότερα δυνάμενον below: cp. *Meno*, 94 B, ἀδυνάτους γεγονέναι τοῦτο τὸ πρᾶγμα, and perhaps *Phaed.* 85 C; τοῦτο δυνατὸς ὤν occurs in *Polit.* 295 B.

ἐπεὶ ἐβουλόμην ἄν. Add ἐπεὶ καὶ ταῦτ' ἄν κ.τ.έ. below, and see note on 317 A.

ἵνα συνουσία ἐγίγνετο. *Crito*, 44 D; *Euthyd.* 304 E; *Symp.* 181 D; *Laws*, xii. 959 C, are other instances of the construction in Plato. The principal sentence is either an unfulfilled wish or an unfulfilled apodosis, but that the subordinate sentence was regarded as final and not (Krueger) as the apodosis of a condition is shown by the fact that μή and not οὐ is the negative employed in it. Krueger, 54, 8, 8; Thompson, § 230; Prof. Jebb on Soph. *El.* 1134.

335 D. **τρίβωνος.** By derivation a "*threadbare* mantle"; then any mantle of a coarse description. It was worn by Socrates, as here and *Symp.* 219 B, where he uses it as bed-clothes too: cp. Xen. *Mem.* i. 6, 2, ἱμάτιον ἠμφίεσαι οὐ μόνον φαῦλον, ἀλλὰ τὸ αὐτὸ θέρους τε καὶ χειμῶνος, and Ar. *Nub.* 870; and by those who wished to exhibit simplicity of life, as philosophers, Spartans, and their imitators: cp. below, 342 B, C; Demosth. 54, § 34, οἱ μεθ' ἡμέραν ἐσκυθρωπάκασι καὶ λακωνίζειν φασὶ καὶ τρίβωνας ἔχουσι καὶ ἁπλᾶς ὑποδέδενται; Plut. *Phoc.* 10, ἦν δέ τις Ἀρχιβιάδης ἐπικαλούμενος Λακωνιστής, πώγωνά τε καθειμένος ὑπερφυῆ μεγέθει καὶ τρίβωνα φορῶν ἀεὶ καὶ σκυθρωπάζων.

οὐδ' ἂν ἑνός. The division of the word οὐδείς does not necessarily give it any special force, such as "not even one": compare this passage and 343 D below with 328 A.

ἀνειστήκη. B and second hand of T, ἀνεστήκη, and so Wayte. The correction, adopted by Sauppe, Kroschel, Deuschle, is Schanz's, who, vol. vii. § 13, gives five instances where the MSS. give the augment (*Euthyd.* 271 A; *Lysis*, 206 E; *Sympos.* 220 C (on the second occurrence of the word); *Rep.* i. 343 A; ix. 587 C), and two (*Sympos.* 220 C; *Theaetet.* 208 E) besides the present where they do not: Krueger, 28, 6, 2. The termination -η, Krueger (30, 6) says, originates from the Ionic -εα, and is used by Plato as an archaism. Rutherford (*New Phrynichus*, pp. 229 ff.) says that Dawes discovered that -η, -ης, -ει or -ει(ν), were the only genuine terminations of the pluperf. sing., later Greek forms having been introduced into MSS. by copyists, and (p. 235) that the better the MSS. of Plato are, the more frequently they exhibit the -η forms. See Stallb. ad *Sympos.* 198 C.

ἀεὶ μὲν ἔγωγε . . . ἄγαμαι. A kind of present perfect; for the shape of the sentence cp. Xen. *Symp.* viii. 8, ἀεὶ μὲν οὖν ἔγωγε ἠγάμην τὴν σὴν φύσιν, νῦν δὲ καὶ πολὺ μᾶλλον; *Rep.* ii. 367 E, ἀεὶ μὲν δὴ τὴν φύσιν τοῦ τε Γλαύκωνος καὶ τοῦ

Ἀδειμάντου ἡγάμην, ἀτὰρ οὖν καὶ τότε πάνυ γε ἥσθην ; and, for ἀτάρ answering μέν, *Hipp. Mai.* 282 C ; Krueger, 69, 35, 3.

335 D. φιλοσοφίαν. "Desire for knowledge": cp. *Lysis*, 213 D; φιλόσοφος is also coupled with φιλομαθής in *Rep.* ii. 376 B, ix. 581 B: cp. v. 475 B, οὐκοῦν καὶ τὸν φιλόσοφον σοφίας φήσομεν ἐπιθυμητὴν εἶναι . . . πάσης.

335 E. Κρίσωνι τῷ Ἱμεραίῳ. He won as σταδιοδρόμος in three successive Olympic festivals, 448, 444, 440 B.C., and is mentioned (*Laws*, viii. 840 A) as an instance of extreme continence. Schanz, followed by Sauppe, brackets δρομεῖ ἀκμάζοντι, and Cobet ejects τε καὶ ἕπεσθαι, both without any justification. The former words are in fact important, for at the assumed date of the dialogue Criso, who last won in 440 B.C., would no longer be a δρομεὺς ἀκμάζων. The least, and most satisfactory, alteration would be to omit the first ἕπεσθαι.

δολιχοδρόμων. Those who run the δόλιχος or long course, *i.e.* probably twelve times the δίαυλος or distance of the στάδιον from start to finish = twenty-four times the στάδιον, from start to turning-point alone, about three miles.

ἡμεροδρόμων. Liv. xxxi. 24, *hemerodromos vocant Graeci ingens die uno cursu emetientes spatium.* Pheidippides (see Browning's poem named after him) is mentioned (Cornel. Nep. *Milt.* c. 4, and Herod. vi. 105) as having covered the distance between Athens and Lacedaemon, 140 to 150 miles, in two days.

διαθεῖν. Heind. *cursu certare*: compare διαγωνίζεσθαι, διαμάχεσθαι, διαμιλλᾶσθαι, διαλέγεσθαι, διαδάκνεσθαι, διασκώπτειν. The dative is not attached to this word but to ἕπεσθαι ("keep up with"); see note on 327 A.

336 A. πολὺ σοῦ μᾶλλον. "I require of myself far more earnestly than you do to keep up with them as they run."

ἀλλ' οὐ γάρ. See note on 328 E.

συγκαθεῖναι. Intransitive as in *Theaetet.* 168 B, ἵλεῳ τῇ διανοίᾳ συγκαθεὶς ὡς ἀληθῶς σκέψει τί ποτε λέγομεν ; *Rep.* viii. 563 A, οἱ δὲ γέροντες ξυγκαθιέντες τοῖς νέοις εὐτραπελίας τε καὶ χαριεντισμοῦ ἐμπίπλανται. So many compounds of ἰέναι, as ἐξιέναι (to debouch), ἀνιέναι (to desist), ἐφιέναι (to give oneself up to); see below, 338 A.

αὐτὰ τὰ ἐρωτώμενα. Co-ordinated with διὰ βραχέων as an expression similar in effect but not in form. The accusative after ἀποκρίνεσθαι generally consists of the answer given; here, however, and in *Gorg.* 448 D, and 461 E, σοῦ μακρὰ λέγοντος, καὶ μὴ ἐθέλοντος τὸ ἐρωτώμενον ἀποκρίνεσθαι, and *Hipp. Mai.* 287 E, it denotes that to which answer is made, the usual mode of expressing which is seen in 338 D, πρὸς αὐτὸ τὸ ἐρωτώμενον ἀποκρίνεσθαι.

336 B. χωρίς. *Euthyd.* 289 C, ἐνταῦθα γὰρ δὴ χωρὶς μὲν ἡ ποιοῦσα τέχνη, χωρὶς δὲ ἡ χρωμένη ; *Phileb.* 44 A, εἴπερ χωρὶς τοῦ μὴ λυπεῖσθαι καὶ τοῦ χαίρειν ἡ φύσις ἑκατέρου ; Eur. *Aeol.* 2, 3, οὐκ ἂν γένοιτο χωρὶς ἐσθλὰ καὶ κακά ; Soph. *O. C.* 808 ; Eur.

Iph. in Aul. 865. In all these passages the adverb is used predicatively as here, a usage which is almost confined to adverbs of place : Krueger, 62, 2, 4.

336 B. **δημηγορεῖν.** Containing the two notions of making a long speech and speaking for effect, *contionari: Gorg.* 519 D, ὡς ἀληθῶς δημηγορεῖν με ἠνάγκασας ; see Stallb. *ad* 482 C ; *Rep.* i. 350 E, εἰ οὖν λέγοιμι, εὖ οἶδ' ὅτι δημηγορεῖν ἄν με φαίης ; *Laws*, vii. 817 C, δημηγορεῖν πρὸς παῖδάς τε καὶ γυναῖκας καὶ τὸν πάντα ὄχλον ; cp. *Gorg.* 520 B, τοῖς δημηγόροις τε καὶ σοφισταῖς.

ὁρᾷς. "You understand": some editors write a note of interrogation after this phrase, and in Plato it is mostly found in interrogative sentences. For other instances cp. Xen. *Cyrop.* iv. 5, 45 ; *Hier.* i. 16 ; Arist. *Thesmoph.* 496, ταῦθ', ὁρᾷς, οὐδεπώποτ' εἶπεν ; *Pac.* 331 ; Eur. *Orest.* 581, ὁρᾷς, 'Οδυσσέως ἄλοχον οὐ κατέκτανε | Τηλέμαχος ; *Bacch.* 315. See Schanz, *Nov. Comm.* p. 138.

τοῦ δὲ διαλέγεσθαι οἱός τ' εἶναι. This genitive (of separation) is to be constructed with παραχωρεῖ as in Xen. *Mem.* ii. 3, 16, (νομίζεται) καὶ ὁδοῦ παραχωρῆσαι τὸν νεώτερον τῷ πρεσβυτέρῳ . . . καὶ λόγων ὑπεῖξαι. Ast gives no other instances, however, from Plato.

336 C. **λόγον τε δοῦναι.** For the position of τε see note on 325 B.

εἰ . . . παραχωρεῖ. See 312 C, θαυμάζοιμ' ἂν εἰ οἶσθα.

ἀντιποιεῖται. Elsewhere in Plato followed by an accus. or gen. of what is claimed ; here we must supply διαλεχθῆναι.

ἀποτείνων. Cp. 335 C ; notice that μή is joined with it while the influence of the imperative is still strong : below we find οὐκ ἐθέλων.

ἐκκρούων. The simple verb is found in *Theaetet.* 154 E, ἀλλήλων τοὺς λόγους τοῖς λόγοις ἐκρούομεν, and the compound in its primary sense in *Phaedr.* 228 E, ἐκκέκρουκάς με ἐλπίδος. From meaning "knock out of" (as a weapon out of the hand), or "knock aside," it means to "disarm," "make useless," and so "elude." Arist. *Eth. Nic.* iii. 15, κἂν μεγάλαι καὶ σφοδραὶ ὦσι (αἱ ἐπιθυμίαι), καὶ τὸν λογισμὸν ἐκκρούουσιν. Heindorf takes it to be a metaphor from boxing ; he quotes Demosth. 40, § 43, δίκην ἐκκρούειν.

336 D. **ἐπεὶ Σωκράτη γε.** See note on 317 A.

οὐχ ὅτι παίζει. Sc. οὐ λέγω ὅτι παίζει, "not but what he has his joke and says he is forgetful": cp. *Gorg.* 450 E, οὐχ ὅτι τῷ ῥήματι οὕτως εἶπες ; *Theaetet.* 157 B ; *Lysis*, 220 A, οὐχ ὅτι πολλάκις λέγομεν.

ὦ Πρόδικε καὶ Ἱππία. Heindorf refers to 330 C ; 337 A, E ; 353 A, where τε is attached to the first of the two persons addressed. A comparison of the passages given in his note shows that it is more ordinarily inserted, but chiefly where the voc. does not end, as here, in -ε and create an unpleasant jingle. In *Laws*, v. 747 D, however, we find ὦ Μέγιλλέ τε καὶ Κλεινία, but there the long penult. aids.

πρὸς Πρωταγόρου. In favour of Protagoras: cp. πρὸς λόγου in *Gorg.* 459 C, ἐάν τι ἡμῖν πρὸς λόγου ᾖ, and πρὸς τρόπου, *Phaedr.* 252 D : = Lat. *stare a partibus Protagorae.* Thompson, p. 337.

337 A. κοινοὺς ... ἴσους. Prodicus is mentioned (*Cratyl.* 384 B) as giving advanced lectures (ἡ πεντηκοντάδραχμος ἐπίδειξις) for fifty drachmae, περὶ ὀρθότητος ὀνομάτων (cp. *Euthyd.* 277 E), aud elementary for one drachma (ἡ δραχμιαία); of which Socrates professes to have heard the latter, as below, 341 A, he gives himself out as a pupil of Prodicus. That Prodicus' distinctions, useful in themselves, were not free from exaggeration and arbitrariness is seen, besides in the present passage, from the way in which Socrates elsewhere alludes to them: below, 340 A; 358 A, D; *Charm.* 163 D, and *Meno*, 96 D (where he also alludes to his discipleship); *Laches*, 197 D; *Meno*, 75 E. The words κοινός ... ἴσοs are found combined in a similar context, Demosth. 18, § 7 (= *De Coron.* p. 227), παρασχὼν ἑαυτὸν ἴσον καὶ κοινὸν ἀμφοτέροις ἀκροατήν; 29, § 1 (= *in Aphob.* p. 844), ἄνπερ ἴσοι καὶ κοινοὶ γένησθε ἀκροαταί; Andoc. *in Alcib.* p. 114 (Reiske), δέομαι ὑμῶν, τῶν λόγων ἴσους καὶ κοινοὺς ἡμῖν ἐπιστάτας γενέσθαι.

337 B. ἀμφισβητεῖν μέν, ἐρίζειν δὲ μή. Cicero (*ap.* Priscian, viii. § 35) translates, *Nunc a vobis, o Protagora et Socrate, postulo, ut de isto concedatis alter alteri, et inter vos de huiuscemodi rebus controversemini, non concertetis.*

καὶ οὐκ ἐπαινοῖσθε. The ordinary usage, as Heind. points out, would write ἀλλά for καί, or omit both.

337 C. εὐφραινοίμεθα. Arist. *Top.* ii. 6, Πρόδικος διῃρεῖτο τὰς ἡδονὰς εἰς χαρὰν καὶ τέρψιν καὶ εὐφροσύνην· ταῦτα γὰρ πάντα τοῦ αὐτοῦ, τῆς ἡδονῆς, ὀνόματά ἐστι.

ἀπεδέξαντο. See note on 324 C.

ἡγοῦμαι ἐγὼ ἡμᾶς. Heindorf, followed by all modern editors, for ὑμᾶς, BT.

337 D. φύσει, οὐ νόμῳ. A disregard of *convention* was one of the characteristics of the Sophists, so far as they can be regarded as a body or school, and in one of its aspects this was identified with a rejection of law as a device for over-riding natural rights. There is a distinct echo here of the fragment of Pindar, Νόμος ὁ πάντων βασιλεὺς θνατῶν τε καὶ ἀθανάτων ἄγει Δικαιῶν τὸ βιαιότατον ὑπερτάτᾳ χειρί, used by Callicles (*Gorgias*, 484 B; cp. 482 E) to justify his view that laws are made in favour of the weaker and many, the natural tendency being "that they should take who have the power, and they should keep who can." See W. H. Thompson on *Gorg.* 484 B; Arist. *de Soph. El.* c. 12, 6. Hippias is similarly represented by Xenophon (*Mem.* iv. 4, 14) as wanting in respect for the laws, and a like opinion is attributed to Protagoras in *Theaetet.* 172 B; cp. *Laws*, x. 889 E.

τὸ γὰρ ὅμοιον τῷ ὁμοίῳ. *Gorg.* 510 B, φίλος μοι δοκεῖ ἕκαστος ἑκάστῳ εἶναι ὡς οἷόν τε μάλιστα, ὅνπερ οἱ παλαιοί τε καὶ σοφοὶ λέγουσιν, ὁ ὅμοιος τῷ ὁμοίῳ, where Thompson quotes Hom. *Od.* xvii. 218, ὡς αἰεὶ τὸν ὅμοιον ἄγει θεὸς ὡς τὸν ὅμοιον, and Arist. *Rhet.* i. 11, 25; cp. *Sympos.* 195 B; *Lysis*, 214 B.

337 D. κατ' αὑτὸ τοῦτο. As being σοφώτατοι.

τὸ πρυτανεῖον. A building which was the centre of authority in every Greek city, and of its common life, in which was the ἑστία of the state. Thus in Athenaeus, v. p. 187 D, a Pythian oracle calls Athens ἑστίαν καὶ πρυτανεῖον τῆς Ἑλλάδος. Like flattering denominations, very dear to the Athenian (Isocr. 15, 166), are Pericles' τῆς Ἑλλάδος παίδευσις (Thuc. ii. 41, 1), cp. τὸ τῆς Ἑλλάδος μουσεῖον (Athenaeus, *l.c.*); Thucydides' Ἑλλάδος Ἑλλάς (*Epigr.* to Euripides, *Anthol.* 7, 45); Pindar's Ἑλλάδος ἔρεισμα (*Fr.* 54 [46]).

ἀποφήνασθαι. "To give utterance to": used almost universally by Plato in the middle voice; see Ast.

337 E. συμβῆναι ὑμᾶς ὥσπερ ὑπὸ διαιτητῶν ἡμῶν. The verb συμβῆναι is regarded as a passive, "to be brought to a compromise," and is so constructed with ὑπό; cp. a similar use of φεύγειν and ἐκπίπτειν (to be banished), ἀποθνήσκειν (to be killed), κεῖσθαι (to be laid down), Krueger, 52, 3, 1. For the position of ἡμῶν cp. *Timaeus*, 27 B, ὡς εἰς δικαστὰς ἡμᾶς; 79 A; *Rep.* iii. 414 E; viii. 545 E, ὡς πρὸς παῖδας ἡμᾶς παιζούσας. The preposition is rarely repeated like it is in *Rep.* i. 328 D, παρ' ἡμᾶς φοιτᾷ ὡς παρὰ φίλους.

338 A. τὸ ἀκριβὲς τοῦτο εἶδος. See on 313 B.

λίαν. To be joined with ζητεῖν; it is in the emphatic position as showing the one extreme to be avoided, while πάντα κάλων ἐκτείναντα indicates the other.

τὰς ἡνίας. The richness of metaphor is probably a characteristic of Hippias' style, purposely exaggerated; like Hotspur's it "apprehends a world of figures." For the expression here cp. *Laws*, iii. 701 C, δεῖν φαίνεται ἔμοιγε οἱόνπερ ἵππον τὸν λόγον ἑκάστοτε ἀναλαμβάνειν, καὶ μὴ καθάπερ ἀχάλινον κεκτημένον τὸ στόμα, βίᾳ ὑπὸ τοῦ λόγου φερόμενον κατὰ τὴν παροιμίαν ἀπό τινος ὄνου πεσεῖν.

ἡμῖν φαίνωνται. BT ὑμῖν. Socrates and Protagoras, however, are being addressed on the subject of their style, which is to be modified to the taste, not of them, but of the speaker and the rest of the company. Deuschle alone of modern edd. retains the 2nd person.

πάντα κάλων ἐκτείναντα. Not as Heindorf, *omni fune contento*, but expressing the same as κάλων ἐξιέναι (Eur. *Med.* 278, ἐχθροὶ γὰρ ἐξιᾶσι πάντα δὴ κάλων), a nautical term, like others in this passage, for "crowding all sail"; because letting out the sheet to the full is, in the case of square-rigged ships like those of the Greeks, equivalent to "sailing before the wind," οὐρίᾳ ἐφεῖναι. For ἐφεῖναι used intransitively see on 336 A.

εἰς τὸ πέλαγος τῶν λόγων. *Parmen.* 137 A, πῶς χρὴ τηλικόνδε ὄντα διανεῦσαι τοιοῦτόν τε καὶ τοσοῦτον πέλαγος λόγων; *Rep.* v. 453 D, οὐκοῦν καὶ ἡμῖν νευστέον καὶ πειρατέον σώζεσθαι ἐκ τοῦ λόγου; *Rep.* iv. 441 C; v. 472 A; *Phaedr.* 264 A.

338 A. **ἀποκρύψαντα γῆν.** "Sinking land": Thuc. v. 65, 5, ἐπειδὴ ἀναχωροῦντες ἐκεῖνοί τε ἀπέκρυψαν (αὐτοὺς) καὶ σφεῖς ἡσύχαζον; Verg. Aen. iii. 291, *Phaeacum abscondimus arces.*

μέσον τι ... τεμεῖν. "Take a kind of middle course": *Laws,* vii. 793 A, μέσον δέ τινα (βίον) τέμνειν ἀεί; *Polit.* 262 B, διὰ μέσων δὲ ἀσφαλέστερον ἰέναι τέμνοντας; *Laws,* vii. 810 E, τὴν νῦν ἐκ τῶν παρόντων λόγων τετμημένην ὁδὸν τῆς νομοθεσίας πορεύεσθαι; pseudo-Plat. *Epist.* viii. 355 D, μέσον τέμνειν. The idea is partly that of bisection, partly that of taking a given course (Lat. *secare viam*).

ὡς οὖν ποιήσετε, καὶ πείθεσθε. This is the reading of BT, except that T reads ὡς, and B has ὡς marked as dubious. Stallbaum therefore reads ὡς, explaining ὡς ποιήσετε as = ὅρα ὅπως ποιήσετε, the imperative following as in Soph. *Ant.* 885, οὐκ ἄξετε ... καὶ ἄφετε. This, however, so far as I can find, is a use of ὡς unparalleled not only in Plato but in classical Greek. Reading ὡς = οὕτως (with Ast, Bekker, Sauppe, Kroschel, Deuschle) and comparing Thuc. iii. 37, 5, ὡς οὖν χρὴ καὶ ἡμᾶς ποιοῦντας ... παραινεῖν, we translate, "So you must do; and take my advice," etc. The imperative after the future is certainly awkward, but is condoned by Heindorf. An obvious alteration is Bekker's πείσεσθε, which Sauppe adopts. Schanz reads ὡς οὖν ποιήσατε, καὶ πίθεσθε, which is a considerable departure from the MSS., and which, I confess, I cannot translate.

ῥαβδοῦχον. The scholiast on Ar. *Pac.* 734 explains ῥαβδοῦχοι as either officers to keep order among the spectators, or judges. The word is used here in the latter sense; it is thus a synonym of ἐπιστάτης, which occurs, *Laws,* xii. 949 A, in the combination ἄθλων ἐπιστάτας καὶ βραβέας, and probably of πρύτανις (president), though the word is not found elsewhere in this special application.

338 B. **ἐμέ τε.** Τε is altered by Ast, after Heindorf's suggestion, to γε, but there is no difficulty about it; it is not even displaced as in 325 B: transl. "Not only would not Callias let me go, but there was a request made (to us) to choose an umpire."

ᾑρήσεται. So Schanz, Sauppe, Kroschel, Deuschle: B ᾑρήσεται, T ᾑρήσεται and εἱρήσεται by second hand. Krueger (31, 11, 2) remarks that the third future is rare in verbs whose perfects only take the temporal augment, the only other instance which he quotes besides this being ᾐτιμώσομαι, Demosth. *De F. L.* § 284.

ἐκ περιττοῦ. "Superfluously": Soph. 265 E, χρόνος γὰρ ἐκ περιττοῦ γίγνοιτ᾽ ἄν.

338 C. **ἀλλὰ δή.** *At enim,* introducing a rhetorical objection: *Rep.* ii. 365 D, ἀλλὰ δὴ θεοὺς οὔτε λανθάνειν οὔτε βιάσασθαι δυνατόν; *Crito,* 54 A, ἀλλὰ δὴ τῶν παίδων ἕνεκα βούλει ζῆν.

ὥστε. Badham proposes to alter to ἀδύνατον ὂν ὑμῖν ἴστε, but Heind. quotes several instances of this pleonastic use of ὥστε after δύνασθαι, *Phaedr.* 269 D; after ἱκανός, *Polit.* 295

A; after ἐστι, Soph. *Philoct.* 656; after δύναμιν παρέσχεν, *Rep.* iv. 433 B; after ἕξεις, *Laws*, iy. 709 D; after ἐξέσται, *Crito*, 51 A.

338 C. ἐπεὶ τό γ' ἐμόν. For ἐπεί see on 317 A; τὸ ἐμόν is the adverbial accusative qualifying διαφέρει: cp. *Rep.* i. 345 A, τό γ' ἐμὸν οὐ πείθομαι. Ast (*Lex.* i. 689) gives a dozen other instances.

338 D. λόγον ὑποσχέτω. In a more literal interpretation than the usual sense of "rendering an account": so δώσειν λόγον below.

338 E. πάνυ μὲν οὐκ ἤθελεν. "Was clearly unwilling": for πάνυ οὐ see on 321 B.

339 A. περὶ ἐπῶν. Ἔπη is used in the sense of 'poetry.' Protagoras' views here are in accordance with what is known of his teaching. In *Phaedr.* 267 C he is mentioned as giving instruction in ὀρθοέπεια: Aristotle (*Poet.* 19; *Soph. El.* 14) gives two of his criticisms. That such criticism was fashionable can be inferred from Socrates' remark, 347 C, and the words which (Ar. *Ran.* 1120 ff.) usher in the contest between Aesch. and Eur.; Prodicus (*Cratyl.* 384 B) is also mentioned as teaching τὴν ἀλήθειαν περὶ ὀνομάτων ὀρθότητος; Hippias (pseudo-Plat. *Hipp. Min.* 368 D) is said by Socrates to be ἐπιστήμων περὶ ῥυθμῶν καὶ ἁρμονιῶν καὶ γραμμάτων ὀρθότητος, and professes (347 A, below) himself to have a dissertation on the poem of Simonides.

διελεῖν. "To divide into its parts, analyse, explain": so *Hipp. Mai.* 285 C, ἃ σὺ ἀκριβέστατα ἐπίστασαι ἀνθρώπων διαιρεῖν; and in the middle, 314 B, above.

νῦν δὴ διελεγόμεθα. Stallbaum's necessary correction for νῦν διαλεγόμεθα of BT: for (1) there must be an opposition to νῦν ἔσται above, as in 340 B; (2) ἀρετή was not the subject they were at the actual moment discussing.

Σιμωνίδης πρὸς Σκόπαν. Simonides, son of Leoprepes, was born at Iulis in Ceos, 559 or 556 B.C. He was invited by Hipparchus to Athens, and after his death he visited Thessaly, and as guest of the Aleuadae and Scopadae (Theocr. *Id.* xvi. 36 ff.), the ruling families in Thrace, to which this Scopas, son of Creon, in Crannon, belonged, immortalised them in his verse. After 490 B.C. we find him again in Athens, where he was acquainted with the most famous of his contemporaries, including Aeschylus and Themistocles. Finally he settled in Syracuse, where he gained much influence with Hiero, at whose court he died in his ninetieth year, c. 469 B.C. Of his poems—elegies, lyrics, epigrams—a considerable number of fragments are printed in Bergk's collection. Some of the best known of them—the epitaphs on those killed at Marathon and Thermopylae, and the fragment on the battle of Artemisium—were inspired by the struggle of Greece for freedom against the Persians. Wordsworth (Sept. 1819) talks of "One precious, tender-hearted, scroll of pure Simonides." Lessing (*Laocoon*, Vorrede) calls him "the Greek Voltaire."

339 B. τετράγωνον. Arist. *Rhet.* iii. 11, τὸν ἀγαθὸν ἄνδρα φάναι εἶναι τετράγωνον μεταφορά· ἄμφω γὰρ τέλεια ; *Eth. Nic.* i. (10) 11, 11, ἀεὶ γὰρ ἢ μάλιστα πάντων πράξει καὶ θεωρήσει τὰ κατ' ἀρετὴν καὶ τὰς τύχας οἴσει κάλλιστα καὶ πάντῃ πάντως ἐμμελῶς ὅ γ' ὡς ἀληθῶς ἀγαθὸς καὶ τετράγωνος ἄνευ ψόγου. The square and the number four were the symbols of perfection and divinity to the Pythagoreans, but it was the passage of Simonides which made the idea commonly current. Horace has a similar idea in his *totus teres atque rotundus* (*Sat.* ii. 7, 86).

τυγχάνει μεμελητηκός. *Soph.* 227 A, τῇ τῶν λόγων μεθόδῳ σπογγιστικῆς ἢ φαρμακοποσίας οὐδὲν ἧττον οὐδέ τι μᾶλλον τυγχάνει μέλον ; *Phaedr.* 235 A, ἢ ἴσως οὐδὲν αὐτῷ μέλον τοῦ τοιούτου.

ἔφην ἐγώ, †καλῶς† τε καὶ ὀρθῶς. Bekker's correction, adopted by Schanz, Sauppe, Kroschel, Deuschle, for ἐγώ τε καί B, and ἔγωγε καί T. The emphatic ἔγωγε it is impossible to retain.

339 C. ὅρα δή. Protagoras thinks that Socrates answered without reflection.

ἐμμελέως. To be joined with εἰρημένον.

νέμεται. The simple verb instead of the derivative νομίζω: cp. Soph. *O. C.* 879, τἀνδ' ἆρ' οὐκ ἔτι νέμω πόλιν ; *O. T.* 1080, ἐγὼ δ' ἐμαυτὸν παῖδα τῆς τύχης νέμων ; *El.* 150, σὲ δ' ἔγωγε νέμω θεόν ; *Ai.* 1331.

χαλεπὸν φάτ' ἐσθλὸν ἔμμεναι. The scholiast on *Cratyl.* 384 A, and *Hipp. Mai.* ad fin. (Bekker, pp. 369, 394) tells us that Pittacus, the tyrant of Mitylene, on hearing that Periander of Corinth κατ' ἀρχὰς δημοτικὸς ὢν ὕστερον εἰς τὸ τύραννος εἶναι μετῆλθε, made solemn request that he should be relieved of his authority, giving as his reason, χαλεπὸν ἐσθλὸν ἔμμεναι, and that Solon on learning it remarked, χαλεπὰ τὰ καλά.

ὁμολογεῖσθαι . . . ὁμολογεῖν. The middle in Plato is regularly used of things, the active of persons. Instances to the contrary, such as *Timaeus*, 32 C, τὸ τοῦ κόσμου σῶμα ἐγεννήθη δι' ἀναλογίας ὁμολογῆσαν, and *Rep.* iv. 436 C, ἀκριβέστερον ὁμολογησώμεθα, are exceptional.

339 D. τοῦ ποιήματος. To be joined with εἰς τὸ πρόσθεν : *Laws*, iii. 682 A, εἰς δὴ τὸ πρόσθεν προέλθωμεν ἔτι τοῦ νῦν ἐπελθόντος ἡμῖν μύθου ; below, 357 D.

τοῦτον. The personality of Pittacus is emphasised by the pleonastic pronoun: see *Rep.* iii. 391 D, where Stallb. quotes *Sympos.* 219 B, and Xen. *Cyrop.* ii. 2, 26, ὥσπερ ἵππους οἳ ἂν ἄριστοι ὦσιν, οὐχ οἳ ἂν πατριῶται, τούτους ζητεῖτε, οὕτω καὶ ἀνθρώπους οἳ ἂν ὑμῖν μάλιστα δοκῶσι συνισχυριεῖν τε ὑμᾶς καὶ συγκοσμήσειν, τούτους λαμβάνετε.

ἀποδέχεσθαι. See on 324 C.

ἤτοι τὸ πρότερον. "At the first or afterwards": τὸ πρότερον is an adverb; if taken as object of λέγει, the article would be required with ὕστερον also.

θόρυβον παρέσχεν καὶ ἔπαινον. Θόρυβος is used of favourable or unfavourable manifestations; contrast the employment of the verb in 319 C and 334 C. Sauppe objects to the harshness of the combination ἔπαινον παρέσχεν; but (1) παρέχω and παρέχομαι (="excite," "afford material for") are used very widely (v. Ast, s.v.) in a large number of apparently unnatural conjunctions, and (2) any awkwardness is softened by the fact that ἔπαινος, ἐπαινῶ, are constantly found in the same context with θόρυβος: cp. *Laws*, ix. 876 B, θορύβου μεστὰ καθάπερ θέατρα ἐπαινοῦντά τε βοῇ καὶ ψέγοντα; *Rep.* vi. 492 B, ὅταν . . . ξὺν πολλῷ θορύβῳ τὰ μὲν ψέγωσι . . . τὰ δὲ ἐπαινῶσι.

339 E. **ὑπὸ ἀγαθοῦ πύκτου πληγείς.** *Euthyd.* 303 A, ὥσπερ πληγεὶς ὑπὸ τοῦ λόγου ἐκείμην ἄφωνος; *Phileb.* 22 E, ἔμοιγε δοκεῖ νῦν ἡδονή σοι πεπτωκέναι καθάπερ πληγεῖσα ὑπὸ τῶν νῦν δὴ λόγων.

ἰλιγγίασα. Schanz εἰλιγ. with BT, see vol. vii. p. v.; but the instances seem to Sauppe to go against spelling it with the diphthong. The word is a very favourite one with Plato: *Lysis*, 216 C, ἀλλὰ τῷ ὄντι αὐτὸς ἰλιγγιῶ ὑπὸ τῆς τοῦ λόγου ἀπορίας; *Gorg.* 486 B, 527 A (coupled with χασμῶμαι); *Phaed.* 79 C, ἰλιγγιᾷ ὥσπερ μεθύουσα (ἡ ψυχή).

ὥς γε . . . εἰρῆσθαι. See on 309 A.

ἐγγένηται. Heindorf's correction, universally adopted, for ἐκγένηται of BT; he quotes *Sympos.* 184 A, ἵνα χρόνος ἐγγένηται; *Phaedo*, 86 E, χρόνου ἐγγενομένου.

σὸς μέντοι Σιμωνίδης πολίτης. Both were born at Iulis in Ceos: μέντοι = vero, cp. *Rep.* i. 329 C, ἀσμεναίτατα μέντοι αὐτὸ ἀπέφυγον; 309 A, above; Krueger, 69, 36.

340 A. **παρακαλεῖν.** There is no need to take παρακαλεῖν as the future, for, although δοκῶ in this sense ordinarily takes a future infinitive, c.g. *Theaetet.* 183 D, ἀλλά μοι δοκῶ . . . οὐ πείσεσθαι αὐτῷ, it also takes the present, as *Phaedr.* 230 E, ἐγὼ μέν μοι δοκῶ κατακεῖσθαι.

ἔφη "Ομηρος. *Il.* xxi. 307 ff., Σιμόεντι δὲ κέκλετ' ἀΰσας, | Φίλε κασίγνητε, σθένος ἀνέρος ἀμφότεροί περ | σχῶμεν, ἐπεὶ τάχα ἄστυ μέγα Πριάμοιο ἄνακτος | ἐκπέρσει.

ἐκπέρσῃ. An echo of the unquoted lines. Heindorf gives several instances of the metaphor from the poets: Eur. *Phoen.* 565; Soph. *Ai.* 896; *Trach.* 1104, τυφλῆς ὑπ' ἄτης ἐκπεπόρθημαι τάλας; but the word would not without reason have been so employed in prose.

τὸ ὑπὲρ Σιμωνίδου ἐπανόρθωμα. The correction (of Protagoras' statement) in Simonides' behalf.

τῆς σῆς μουσικῆς. "Your skill." Μουσική is a general term for education (*Rep.* ii. 376 E, ἔστι . . . ἡ μὲν ἐπὶ σώμασι (παιδεία) γυμναστική, ἡ δὲ ἐπὶ ψυχῇ μουσική), including literary studies (*Rep.* iii. 398 B, τῆς μουσικῆς τὸ περὶ λόγους τε καὶ μύθους). Socrates is obviously alluding to Prodicus' speech in 337 A ff. No such distinction is found there, but Socrates had (341 A) attended Prodicus' lectures. Notice the absence of the article before ἐπιθυμεῖν, though it is to be distinguished from βούλεσθαι : cp. *Rep.* x. 604 B, τοῦ ἀγαθοῦ τε καί κακοῦ.

340 B. τὸ γενέσθαι καὶ τὸ εἶναι. A fundamental distinction with the Eleatic school, Heracleitus, and the Atomists.

340 C. ἔλεγεν τὸ χαλεπόν, γενέσθαι ἐσθλόν. So BT and Deuschle: transl. "This is not the difficult thing (that Pittacus spoke of), *becoming* good, but being good." The omission of τό before γενέσθαι is unpleasant, but the article is not unfrequently dropped with an infinitive if, as here and in 345 B, a demonstrative has preceded : Krueger, 57, 10, 6. Schanz and Kroschel read ἔλεγε χαλεπόν, τὸ γεν. ; Sauppe ἔλεγε χαλεπόν, γενέσθαι ; Heind. ἔλεγε, τὸ χαλεπὸν γενέσθαι.

οὐκ ἐναντία λέγει ὁ Σιμωνίδης αὐτὸς αὑτῷ. Simonides (1) says it is difficult to become good, (2) blames Pittacus for saying it is difficult to be good. May he not be right in both cases? asks Socrates. Hesiod, too, says the road to where virtue is seated is steep, but when one reaches the top she is easily won.

340 D. καθ' Ἡσίοδον. *Works and Days*, 289 ff., τῆς δ' ἀρετῆς ἰδρῶτα θεοὶ προπάροιθεν ἔθηκαν | ἀθάνατοι· μακρὸς δὲ καὶ ὄρθιος οἶμος ἐπ' αὐτήν, | καὶ τρηχὺς τὸ πρῶτον· ἐπὴν δ' εἰς ἄκρον ἵκηται, | ῥηϊδίη δὴ ἔπειτα πέλει χαλεπή περ ἐοῦσα (sc. κτᾶσθαι) ; alluded to also in *Rep.* ii. 364 C ; *Laws*, iv. 718 E ; Xen. *Mem.* ii. 1, 20.

ἐκτῆσθαι. This form common in Plato (by Eustathius, *ad* Hom. *Il.* ii. 272, 30, wrongly counted as an Attic form, and more correctly by Krueger (28, 10, 4) as a form of the old Attic) is found outside Plato only in Aesch. *P.V.* 795, and Thuc. ii. 62, 3 (v.l.). Schanz vol. xii. § 16, thinks that ἐκτῆσθαι should be restored after a final consonant, Sauppe either ἐκτῆσθαι or κεκτῆσθαι, and κεκτῆσθαι after a final vowel.

340 E. ἰώμενος. For the asyndeton see above on 335 A. The sentence evidently recalls a proverb such as κακὸς κακῷ ἰᾶσθαι, Thuc. v. 65, 2 : cp. Soph. *Ai.* 362, μὴ κακὸν κακῷ διδοὺς | ἄκος πλέον τὸ πῆμα τῆς ἄτης τίθει.

εἴη . . . φησιν. See 312 C, and cp. *Apol.* 25 B, πολλὴ γὰρ ἄν τις εὐδαιμονία εἴη περὶ τοὺς νέους εἰ εἷς μὲν μόνος αὐτοὺς διαφθείρω, οἱ δὲ ἄλλοι ὠφελοῦσιν.

εἶναι πάλαι. A sarcastic allusion to Protagoras' contention in 316 D, ἐγὼ δὲ τὴν σοφιστικὴν τέχνην φημὶ μὲν εἶναι παλαιάν, and to the fact that Simonides too dealt in distinctions such as that between εἶναι and γίγνεσθαι.

341 A. οὐχ ὥσπερ ἐγὼ ἔμπειρος. Εἰμί not ὤν is understood with ἔμπειρος, so *Gorg.* 522 A, πικρότατα πώματα διδοὺς καὶ πεινῆν καὶ διψῆν ἀναγκάζων, οὐχ ὥσπερ ἐγὼ πολλὰ καὶ ἡδέα καὶ παντοδαπὰ εὐώχουν ὑμᾶς ; *Sympos.* 179 E, ἐποίησαν τὸν θάνατον αὐτοῦ ὑπὸ γυναικῶν γενέσθαι, οὐχ ὥσπερ Ἀχιλλέα τὸν τῆς Θέτιδος υἱὸν ἐτίμησαν ; 189 C ; Ar. *Eq.* 783, ἐπὶ ταῖσι πέτραις οὐ φροντίζει σκληρῶς σε καθήμενον οὕτως, | οὐχ ὥσπερ ἐγὼ ῥαψάμενός σοι τουτὶ φέρω.

καὶ νῦν μοι δοκεῖς. "You seem to think that Simonides did not understand the word χαλεπός as you do, but that, just as

Prodicus quarrels about my usage of the term δεινός..., so the Ceians and Simonides by χαλεπός mean perhaps κακός or something of the sort." The difficulty in the sentence is owing to the fact that ἐρωτᾷ looks like a principal verb, instead of being in the clause introduced by ἀλλ' ὥσπερ and co-ordinated *per asyndeton* (see on 335 A) with νουθετεῖ. In consequence the verb for which ἀλλά is waiting, ὑπολαμβάνουσιν, is introduced when it comes by ἴσως οὖν as though a fresh sentence were beginning. For εἰ οὐκ αἰσχύνομαι see on 313 A.

341 A. σοφὸς καὶ δεινός. Combined, pseudo-Plat. *Hipp. Min.* 373 B; *Theaetet.* 154 D, 173 B; Arist. *Ran.* 968; *Eccles.* 245: opposed, *Theaetet.* 164 C; *Phaedr.* 245 C; often a sarcastic description of sophists; in the last two passages these are opposed as δεινοί to those who are really σοφοί.

341 B. λέγει ἑκάστοτε. "Says in each instance."

δεινοῦ πλούτου κ.τ.ἑ. Genitives of exclamation, as Theocr. *Id.* xv. 75, χρηστῶ κῴκτίρμονος ἀνδρός; generally in connection with an interjection, *Rep.* vi. 509 C, Ἄπολλον δαιμονίας ὑπερβολῆς; *Euthyd.* 303 A, ὦ Πόσειδον δεινῶν λόγων, and mostly with the article in the absence of an epithet as Xen. *Cyrop.* ii. 2, 3; Arist. *Eccles.* 787; *Ach.* 87; but occasionally without, Eur. *Orest.* 412.

τὴν Σιμωνίδου φωνήν. "Ask him about Simonides' dialect": *Phaedo*, 62 A, Ἴττω Ζεύς, ἔφη, τῇ αὑτοῦ φωνῇ εἰπών; *Cratyl.* 398 D, ἐν τῇ Ἀττικῇ φωνῇ; below, 341 C, 346 D.

341 C. ἅτε Λέσβιος ὤν. And so using the Aeolic and not the Attic dialect, which Prodicus used and considered the only true form of the Greek language. Simonides did not himself use the pure Attic, but a dialect which was far more akin to it than the "barbarous" Aeolic.

341 D. Προδικόν γε τόνδε εἰδέναι. Socrates cleverly turns the tables on Prodicus. His assent to the identity of χαλεπός and κακός had been given seriously, and now Socrates tells him that he could not have been in earnest. Prodicus is incapable of protest, for the sense of the audience is evidently against the identification.

δοκεῖν ἀποπειρᾶσθαι. The pleonasm of δοκεῖν after οἶμαι is illustrated by *Soph.* 235 D, δοκῶ μὴν τό γε δι' ἡδονὴν τῆς περὶ ταῦτα διατριβῆς ἀμελὲς τῶν οἰκείων γιγνόμενον ... καλεῖσθαι κατὰ γνώμην τὴν ἐμὴν οὐχ ἕτερον ἀδολεσχικοῦ; *Phileb.* 32 C; *Lach.* 192 C, τοῦτο τοίνυν ἐμοὶ γε φαίνεται, ὅτι οὐ πᾶσά γε, ὡς ἐγῷμαι, καρτερία ἀνδρία σοι φαίνεται; *Phaed.* 60 C.

341 E. τοῦτ' ἔχοι γέρας. "Have this *as* a privilege"; γέρας is predicate, as the absence of the article shows: cp. 323 A.

εἶτα. Kroschel reads εἴπερ with a comma only after ἔχοι γέρας, objecting to the full stop and want of a conjunction before οὐ δήπου; for the asyndeton, however, see note on 335 A, adding Dem. 4, 20, ὅπως μὴ ποιήσετε ὃ πολλάκις ὑμᾶς ἔβλαψεν· πάντ' ἐλάττω νομίζοντες εἶναι τοῦ δέοντος ... ἐπὶ τῷ πράττειν οὐδὲ τὰ μικρὰ ποιεῖτε. For εἶτα after a participle introducing an opposition, a fairly common usage, cp. *Rep.* ii. 359 C, μάλιστ' ἂν αἰσθοίμεθα, εἰ... δόντες ἐξουσίαν ... εἶτ' ἐπακολουθήσαιμεν; *Phaedr.* 236 A; *Phileb.* 13 B; *Sympos.* 200 A, πότερον ἔχων αὐτὸ ... εἶτα ἐπιθυμεῖ;

341 E. **οὐδαμῶς Κεῖον.** The inhabitants of Ceos enjoyed such a reputation for morality that, *Laws*, i. 638 B, the conquest of the Ceians by the Athenians is given as a proof that virtue does not necessarily find its reward in victory; Ar. *Ran.* 970, Κεῖος is opposed to Χῖος, the Chians being as famous for the laxness of their morals.

342 A. **ὃ σὺ λέγεις τοῦτο.** "The expression you make use of"; with reference rather to the whole phrase, ὅπως ἔχω περὶ ἐπῶν (see 338 E), with which τοῦτο is in apposition; cp. τὸ λεγόμενον δὴ τοῦτο in *Gorg.* 514 E.

φιλοσοφία γάρ. This discourse of Socrates is a parody of Protagoras', 316 C ff. He accepts Protagoras' statements regarding (1) the antiquity of the profession, and (2) the necessity for concealment, and then proceeds, εἰρωνεύων, to enunciate solemnly the paradox that, in consequence, the countries which least seem to be devoted to the search after knowledge, Lacedaemon and Crete, really abound in σοφισταί. Lest, however, others should imitate this source of their success, they conceal the fact under roughness of habits and speech. Nay, their very brevity is a mark of the highest wisdom.

πλείστη τῶν Ἑλλήνων. Thuc. iv. 60, 1, δύναμιν ἔχοντες μεγίστην τῶν Ἑλλήνων. Probably γῆς is in the same construction with πλεῖστοι, but it may be taken with ἐκεῖ.

342 B. **σχηματίζονται.** *Gorg.* 511 D, οὐ σεμνύνεται (ἡ κυβερνητικὴ) ἐσχηματισμένη ὡς ὑπερήφανόν τι διαπραττομένη; *Phaedr.* 255 A, οὐχ ὑπὸ σχηματιζομένου τοῦ ἔρωτος ἀλλ' ἀληθῶς τοῦτο πεπονθότος.

ὥσπερ οὓς κ.τ.ἑ. For the attraction cp. 359 D, below; *Crito*, 48 C, ἃς δὲ σὺ λέγεις τὰς σκέψεις; Heind. ad *Gorg.* 483 A; add *Rep.* x. 602 D, ᾧ δὴ ἡμῶν τῷ παθήματι τῆς φύσεως ἡ σκιαγραφία ἐπιθεμένη γοητείας οὐδὲν ἀπολείπει.

τοὺς ἐν ταῖς πόλεσι λακωνίζοντας. "The party in each state which aped Spartan manners," *i.e.* the oligarchical faction: see *Gorg.* 515 E; Ar. *Av.* 1281, ἐλακωνομάνουν ἅπαντες ἄνθρωποι τότε, | ἐκόμων, ἐπείνων, ἐρρύπων, ἐσωκράτουν; Demosth. *in Conon.* (54, § 34), and Plut. *Phoc.* 10 (p. 746), quoted above on 335 D.

ὦτά τε κατάγνυνται. Are battered in glove-fights. Theocr. *Id.* xxii. 45, δεινὸς ἰδεῖν, σκληραῖσι τεθλαγμένος οὔατα πυγμαῖς; *Gorg.* 515 E, τῶν τὰ ὦτα κατεαγότων ἀκούεις ταῦτα. The ἱμάντες were the thongs which, wrapped round fist and arm, served, unlike our gloves, to make the blows more punishing: Virg. *Aen.* v. 401.

342 C. **βραχείας ἀναβολάς.** "Short cloaks": the same as the τρίβων in 335 D; the derivation is illustrated by *Theaetct.* 175 E,

ἀναβάλλεσθαι δὲ οὐκ ἐπισταμένου ἐπιδέξια ἐλευθέρως. For the shortness cp. Thuc. i. 6, 3, μετρίᾳ δ' αὖ ἐσθῆτι καὶ ἐς τὸν νῦν τρόπον πρῶτον Λακεδαιμόνιοι ἐχρήσαντο; Arist. Eth. Nic. iv. (7) 13, 15, καὶ ἐνίοτε ἀλαζονεία φαίνεται· οἷον ἡ τῶν Λακώνων ἐσθής· καὶ γὰρ ἡ ὑπερβολὴ καὶ ἡ λίαν ἔλλειψις ἀλαζονικόν.

342 C. ὡς δὴ τούτοις κρατοῦντας. The accusative absolute (Thompson, p. 167) in conjunction with ὡς, as frequently the genitive absolute: *Rep.* i. 345 E, ὡς οὐχὶ αὑτοῖσιν ὠφέλειαν ἐσομένην ; ii. 383 A, ὡς μήτε αὐτοὺς γόητας ὄντας ; iv. 426 C ; *Phaed.* 109 D, where see Stallb. For the sarcastic use of ὡς δή see two good instances in *Gorg.* 468 E, 499 B.

ξενηλασίας ποιούμενοι. Plut. *Lycurg.* p. 56 C, οὐδ' ἀποδημεῖν ἔδωκε (Λυκοῦργος) τοῖς βουλομένοις καὶ πλανᾶσθαι ξενικὰ συνάγοντας ἤθη καὶ μιμήματα βίων ἀπαιδεύτων καὶ πολιτευμάτων διαφοράν, ἀλλὰ καὶ τοὺς ἀθροιζομένους ἐπ' οὐδενὶ χρησίμῳ καὶ παρεισρέοντας εἰς τὴν πόλιν ἀπέλαυνεν . . . ὅπως μὴ διδάσκαλοι κακοῦ τινος ὑπάρξωσι ; so Aristotle (*apud* Harpocrat. s.v. κάθετος), οὐκ ἐξεῖναί φησιν ἀποδημεῖν τοῖς Λακεδαιμονίοις ὅπως μηδὲ ἐθίζωνται ἄλλων νόμων εἶναι φίλοι ; Thuc. i. 144, 2 ; cp. *Hipp. Mai.* 284 A ff. (Hippias complains that he may not teach at Sparta). In *Laws,* xii. 949 E ff. Plato allows ἡ πόλεων ἐπιμιξία πόλεσιν only under certain conditions which will minimise the danger ˌfor τοῖς εὖ πολιτευομένοις of evil communications, admitting that complete seclusion is neither possible nor politic: cp. Pericles' boast (Thuc. ii. 39, 2), οὐκ ἔστιν ὅτε ξενηλασίαις ἀπείργομέν τινα ἢ μαθήματος ἢ θεάματος. That the same seclusion was affected by Cretans is to be inferred from a passage in *Laws,* xii. 950 C.

342 D. ἀλλὰ καὶ γυναῖκες. Socrates' proof of the wisdom of the Lacedaemonians is based upon their laconic utterances. The like evidence is forthcoming in the case of the women. A work is attributed to Plutarch entitled Λακαινῶν ἀποφθέγματα ; compare the well-known words of a Spartan mother giving his shield to her son, ἢ τὰν ἢ ἐπὶ τᾶς.

εἰ γὰρ ἐθέλει τις. See 324 A.

342 E. ἐνέβαλεν ῥῆμα. The tense, being an aorist, describes the mere action without accessories of progress or completion ; the time, being past, intimates that the action is over as soon as it occurs. Stallb. ad *Rep.* iii. 406 D, ἐὰν δέ τις αὐτῷ μακρὰν δίαιταν προστάττῃ . . . ταχὺ εἶπεν ὅτι οὐ σχολὴ κάμνειν, cites many passages of a similar kind ; *Gorg.* 484 A, 511 D, 524 E, 525 A, 526 C ; *Rep.* iii. 411 A, B ; v. 462 C ; vi. 495 B, 508 D ; ix. 586 A (add x. 609 A) ; *Soph.* 262 C ; *Phaed.* 73 D ; *Sympos.* 188 B, 197 A. For the metaphor (συνεστραμμένον, Lat. *contortum*, meaning "condensed" in reference to style, and "drawn tight" of a bow string) compare *Theaetet.* 180 A, ὥσπερ ἐκ φαρέτρας ῥηματισκία αἰνιγματώδη ἀνασπῶντες ἀποτοξεύουσι ; *Sympos.* 219 B, ἐγὼ μὲν δὴ ταῦτα ἀκούσας καὶ εἰπών, καὶ ἀφεὶς ὥσπερ βέλη, τετρῶσθαι αὐτὸν ᾤμην ; *Laws,* iii. 698 D, καί τινα λόγον εἰς τὴν ἡμετέραν πόλιν ἀφῆκε φοβερόν ; *Phileb.* 23 B, οἷον βέλη ἔχειν ἕτερα τῶν ἔμπροσθεν λόγων; Juv. Sat. vi. 448, *Non habeat matrona, tibi quae iuncta recumbit, | dicendi genus, aut curtum sermone rotato | torqueat enthymema;* Hor. Sat. i. 4, 79, *unde petitum | hoc in me iacis?*

342 E. **παιδὸς μηδὲν βελτίω.** *Theaetet.* 177 B, καὶ ἡ ῥητορικὴ ἐκείνη πως ἀπομαραίνεται, ὥστε παίδων μηδὲν δοκεῖν διαφέρειν;

343 A. **Θαλῆς ὁ Μιλήσιος.** Best known as the physical philosopher who *aquam dixit rerum initium* (Cicero, *de Nat. D.* i. 10); mentioned (Hdt. i. 74, 75) as foretelling (610 B.C.) an eclipse to the Ionian Greeks, enabling Croesus to cross the Halys, and suggesting a confederation of the Ionian cities. He is enumerated by Cicero (*Rep.* i. 7) among the Seven Sages, of whom he remarks, *omnes paene video in media republica esse versatos,* Ritter and Preller, n. 8 a.

Βίας ὁ Πριηνεύς. Diog. Laert. i. 82-86; Hdt. i. 170. Son of Teutamus, flourished middle of sixth century B.C.; an eloquent speaker who used his powers on behalf of the oppressed, and author of many apophthegms, some of which are retailed by Diog. Laert. *l.c.* without discrimination as to their authenticity. Aristotle too (*Rhet.* ii. 13, 4) ascribes to him the maxim, φιλεῖν ὡς μισήσοντας, which is in entire contradiction to his character.

Κλεόβουλος ὁ Λίνδιος. Son of Evagoras, and of influence in, if not tyrant of, Lindus; invited Solon (560 B.C.) to take refuge with him when Peisistratus made himself tyrant of Athens: famous for his riddles and for more liberal views than the ordinary Greek ones on female education, which proved successful in the case of his daughter, Cleobuline.

Μύσων ὁ Χηνεύς. Not included in the usual list of the Seven Sages. He here takes the place of Periander who, by becoming a tyrant, is here appropriately (see note on 339 C) supposed to have forfeited his position. Little is known of Myson, who is only included by Plato among the Seven (Diog. Laert. i. 106 and 108), though Sauppe compares Hipponax (44 Bergk) καὶ Μύσων ὃν ὡπόλλων ἀνεῖπεν ἀνδρῶν σωφρονέστατον πάντων. Diog. Laert. *l.c.* says he was called Χηνεύς from a village (Χήν or Χῆναι) in the district of Oeta in Thessaly (Pausanias) or Laconia (Steph. Byzant. who elsewhere, p. 387, says Myson came from Eteia in Crete or Laconia). It is argued that if he had been born in Laconia he would have been coupled with Χίλων as Λακεδαιμόνιος.

Χίλων. Diog. Laert. i. 68-73. A Lacedaemonian, son of Evagoras, a contemporary of Peisistratus' father (Hdt. i. 59). According to one account he created the office of ephors, more probably he only strengthened it against the kings; in 556 B.C. he was ephor eponymous; he died of joy on hearing of his son's success at the Olympic games. He was also author of many apophthegms.

343 B. **εἰρημένα· οὗτοι.** So BT, followed by Hermann and the Deuschle-Cron ed. The asyndeton is quite idiomatic, 335 A. Corrections, like the simple one of Sauppe, εἰρημένα ἅ,

connect too closely the *individual* dicta with the maxims said to be chosen by all for inscribing in the temple. For the tradition cp. Pausan. x. 24, οὗτοι οἱ ἄνδρες ἀφικόμενοι εἰς Δελφοὺς ἀνέθεσαν τῷ· Ἀπόλλωνι τὰ ᾀδόμενα Γνῶθι σαυτόν καὶ Μηδὲν ἄγαν; a third maxim, Ἐγγύα, πάρα δ' ἄτα, is mentioned by Plutarch (*De Garrul.* p. 511 A) and Diodorus Siculus. See Mayor's note on Juv. *Sat.* xi. 27.

343 B. **τοῦ δὴ ἕνεκα ταῦτα λέγω;** This device of a question so addressed by the speaker to himself is seen 349 A below; *Gorg.* 453 C; *Phaedr.* 235 C, 237 D; *Laws*, i. 630 B; iii. 701 C, *atque ita sexcenties* (Heind.) See Riddell's *Digest*, § 325.

τῶν παλαιῶν. The less ambiguous order would be ὁ τῶν παλαιῶν τρόπος τῆς φιλοσοφίας: cp. Xen. *Anab.* vi. 1, 1, ἡ Χειρισόφου ἀρχὴ τοῦ παντὸς κατελύθη; *Laws*, i. 648 E, τὴν πάντων ἧτταν φοβούμενος ἀνθρώπων τοῦ πώματος; *Phaed.* 85 A, οἱ ἄνθρωποι διὰ τὸ αὑτῶν δέος τοῦ θανάτου καὶ τῶν κύκνων καταψεύδονται; Thuc. iii. 12, 2, δοκοῦμεν ἀδικεῖν διὰ τὴν ἐκείνων μέλλησιν τῶν ἐς ἡμᾶς δεινῶν; but there is no rule: cp. *Charm.* 164 D, ὡς δὴ πρόσρησις οὖσα τοῦ θεοῦ τῶν εἰσιόντων, and advantage is taken of this to place τῶν παλαιῶν in a more emphatic position. Krueger, 47, 9, 6.

343 C. **εἰ καθέλοι.** "If he gained a victory over": cp. 344 C (bis), and see L. and S.; the verb is mostly so used in the poets, as Aesch. *Eum.* 286, χρόνος καθαιρεῖ πάντα.

τούτῳ ἐπιβουλεύων κολοῦσαι αὐτό. For the change of pronoun see on 309 B; and for the infinitive after the verb cp. *Sympos.* 203 B, ἡ οὖν Πενία ἐπιβουλεύουσα διὰ τὴν αὑτῆς ἀπορίαν παιδίον ποιήσασθαι ἐκ τοῦ Πόρου κ.τ.ἑ., and *Rep.* viii. 566 E. To take τούτῳ as "with it" (sc. τῷ ᾄσματι) with Sauppe and Kroschel is less convenient.

κολοῦσαι. *Rep.* vii. 528 C, ὑπὸ τῶν πολλῶν ἀτιμαζόμενα καὶ κολουόμενα, and see L. and S.

343 D. **ἔπειτα ἐνέβαλε τὸ μέν.** "He had yet thrown in, on the one hand": ἔπειτα is used much like εἶτα after a participle; see on 341 E. The argument is that the word μέν in the first line of the song implies a subsequent opposition which is found only in the contrast between εἶναι and γενέσθαι.

οὐδὲ πρὸς ἕνα λόγον. "To no purpose at all": for οὐδὲ ... ἕνα, see 335 D; for πρὸς λόγον, 344 A, 351 E.

λέγοντος τοῦ Πιττακοῦ κ.τ.ἑ. A sentence explanatory of ἐρίζοντα λέγειν; see on 335 A.

ὡς ἀληθῶς. To be connected with χαλεπόν. With οὐκ ἀληθείᾳ ἀγαθόν begins a parenthesis, which in its course develops into the main sentence. The passage should run, "No; but to *become* good is really difficult,—'really' refers to 'difficult,' not to 'good,'—but to *be* good is not so." The parenthesis is, however, so long that instead of εἶναι δέ κ.τ.ἑ. we have in οὐ γὰρ εἶναι a restatement of the opposition between γενέσθαι and εἶναι.

343 E. **οὐ μέντοι ἀληθῶς.** Notice the method of avoiding οὐ δὲ ἀληθῶς. Plato might have written οὐ μὴν ἀληθῶς γε: cp.

Phileb. 12 D, εἰσὶ μὲν γὰρ ἀπ' ἐναντίων, ὦ Σώκρατες, αὗται πραγμάτων, οὐ μὴν αὐταί γε ἀλλήλαις ἐναντίαι.

343 E. καὶ οὐ Σιμωνίδου. This (possessive) genitive acting as predicate is most commonly found after such verbs as νομίζω, καλέω, etc.: *Apol.* 27 D, ὧν δὴ καὶ λέγονται; Demosth. 1, § 10, τὸ πολλὰ ἀπολωλέναι τῆς ἡμετέρας ἀμελείας ἄν τις θείη δικαίως; Krueger, 47, 6, 11; Thompson, p. 79.

ὑπερβατόν. "One must suppose the word 'truly' to be displaced in the poem." The term (ὑπερβατός) is here first employed in the technical sense which it afterwards acquired (Lat. *transgressio verbi*). Heindorf quotes Arist. *Rhet. ad Alex.* 31, ἐὰν . . . μὴ ὑπερβατῶς αὐτὰ (sc. τὰ ὀνόματα) τιθῶμεν, ἀλλ' ἀεὶ τὰ ἐχόμενα ἑξῆς τάττομεν; and Longinus, *De Sublim.* τῆς δὲ αὐτῆς ἰδέας καὶ τὰ ὑπερβατὰ θετέον· ἔστι δὲ λέξεων ἢ νοήσεων ἐκ τοῦ κατ' ἀκολουθίαν κεκινημένη τάξις.

ὑπειπόντα. "Interpreting Pittacus' saying somewhat as though," etc. The verb is used irregularly here; it ordinarily means (1) *praefari* (Shilleto *ad* Thuc. i. 35, 5, and 90, 4); cp. Arist. *Vesp.* 55, φέρε νυν κατείπω τοῖς θεαταῖς τὸν λόγον, | ὀλίγ' ἅτθ' ὑπειπὼν πρῶτον αὐτοῖσιν τάδε, and (2) "to suggest"; cp. Soph. *Ai.* 212, ὥστ' οὐκ ἂν ἄϊδρις ὑπείποις, *dicendo suggeras* (Hermann), and αἰτίας ὑπειπεῖν. Here it acquires the secondary meaning, "explain," "interpret."

εἰπόντα. Supply τὸν μέν; see note on 330 A.

344 A. γενέσθαι μέν. The μέν is a reminiscence of the original probably, but its occurrence here is not inconsistent with its primary meaning. Like μήν, a strengthened form of it (cp. ἦ μέν alternating with ἦ μήν in Homer), μέν serves to lay special emphasis upon the statement it introduces. Such emphasis ordinarily implies opposition from a subsequent statement, and thus μέν is generally answered by δέ or some other adversative particle; but this is not necessarily or always the case: cp. *Rep.* i. 334 C, εἰκὸς μέν; iv. 423 B, οἶμαι μέν; v. 475 E; *Sophist.* 221 A; and *Crito,* 43 D, δοκεῖ μέν; Soph. *O. T.* 82; in all which passages the δέ clause is wanting.

φαίνεται πρὸς λόγον. So Heindorf (or φαίνεταί τοι), Schanz, Sauppe, Kroschel, Deuschle, for φαίνεται τὸ πρὸς λόγον BT. The article is difficult, and interpolations, especially of similar syllables, are not uncommon in B.

τὰ ἐπιόντα. See 345 C, and Introduction, p. 49.

344 B. τύπον. "General outline or character"; *Rep.* iii. 414 A, ὡς ἐν τύπῳ, μὴ δι' ἀκριβείας, εἰρῆσθαι, where Stallb. τύπος, *quod proprie de imaginum adumbratione dicitur, indicat generalem neque singula persequentem rei descriptionem.* He quotes *Rep.* vi. 491 C; viii. 559 A; *Phileb.* 61 A.

λέγει γάρ. In the words οὐδέ μοι ἐμμελέως κ.τ.ἑ., 339 C.

ὡς ἂν εἰ λέγοι λόγον. "As if he were pursuing an argument."

οἷόν τε μέντοι. A similar antithesis in *Gorg.* 493 E, δυνατὰ μὲν πορίζεσθαι χαλεπὰ δέ.

344 C. ἕξει. "A permanent state," opposed to διάθεσις, "a transitory disposition": *Phileb.* 11 D.

οὐκ ἀνθρώπειον, ἀλλὰ θεός κ.τ.ἑ. Arist. *Met.* i. 2 (982 b, *ad fin.*), ὥστε κατὰ Σιμωνίδην θεὸς ἂν μόνος τοῦτ' ἔχοι τὸ γέρας, ἄνδρα δ' οὐκ ἄξιον μὴ οὐ ζητεῖν τὴν καθ' αὑτὸν ἐπιστήμην (q.v. Bonitz).

μὴ οὐ κακὸν ἔμμεναι. See Jelf, § 750; Krueger, 67, 12, 6; Thompson, § 298 C.

καθέλῃ. See 343 C.

καταβάλοι. A wrestling metaphor: pseudo-Plat. *Hipp. Min.* 374 A, αἴσχιον ἐν πάλῃ τὸ πίπτειν ἢ τὸ καταβάλλειν.

τὸν δὲ κείμενον οὔ. A pleonastic iteration, as is so frequent in comparisons, see on 328 A above: cp. *Gorg.* 452 E; 521 D, E, ἅτε οὖν οὐ πρὸς χάριν λέγων τοὺς λόγους οὓς λέγω ἑκάστοτε, ἀλλὰ πρὸς τὸ βέλτιστον, οὐ πρὸς τὸ ἥδιστον; *Rep.* iii. 411 E.

344 D. καὶ ἰατρὸν ταὐτὰ ταῦτα. See 312 D; ἰατρόν is governed by some verb understood from the context, which verb is qualified by ταὐτὰ ταῦτα (internal accusative), as may be seen from *Rep.* vii. 535 D, ταὐτὸν τοῦτο ἀνάπηρον ψυχὴν θήσομεν, where Stallb. cites *Polit.* 308 E; *Meno*, 90 D; *Phileb.* 37 D; *Sympos.* 178 E.

παρ' ἄλλου ποιητοῦ. Quoted Xen. *Mem.* i. 2, 20, but the author is unknown. The passage is alluded to possibly in Eur. *Hec.* 591 ff.; Soph. *Antig.* 365.

344 E. οὐκ ἐγχωρεῖ γενέσθαι. Sc. κακῷ: *Meno*, 89 A, εἰ φύσει οἱ ἀγαθοὶ ἐγίγνοντο.

τὸ δ' ἐστίν κ.τ.ἑ. "Whereas it is difficult though possible to become (good), but impossible to be so (permanently)." For τὸ δέ = whereas (lit. "but as for that") cp. *Apol.* 23 A, οἴονται γάρ με ἑκάστοτε οἱ παρόντες ταῦτα αὐτὸν εἶναι σοφόν, ἃ ἂν ἄλλον ἐξελέγξω· τὸ δὲ κινδυνεύει, ὦ ἄνδρες, τῷ ὄντι ὁ θεὸς σοφὸς εἶναι; *Rep.* i. 340 D, and many instances given by Ast, *Lex.* i. pp. 421 ff.

[ἐσθλόν]. Bracketed by Schneidewin (*Coni. Crit.* p. 152) originally, and since rejected by Schanz, Sauppe, Kroschel, Deuschle. It is a weak and useless repetition of ἐσθλὸν ἔμμεναι above, which injures the antithesis between εἶναι and γενέσθαι.

πράξας μὲν γὰρ εὖ. The μέν is not part of the original, but the γάρ is, and introduces a justification of the two preceding lines, ἄνδρα δ' οὐκ ἔστι . . . καθέλῃ. Thus in the original context πράξας εὖ = "when all goes well," "in prosperity," κακῶς πράττειν = "to be afflicted with disaster (from an external source)," and an idea is presented which is constant in the Greek drama. Plato in his commentary reads into the passage the Socratic view that it is *well* with a man only when he is possessed of knowledge, the loss or absence of it alone constituting misfortune, αὕτη γὰρ μόνη ἐστὶ κακὴ πρᾶξις, ἐπιστήμης στερηθῆναι.

κακὸς δ' εἰ κακῶς. Sc. ἔπραξε: thus εἰ κακῶς ἔπραξε = κακῶς πράξας as Socrates quotes it below, where Ast in fact reads κακὸs δ' εἰ κακῶs against MS. authority on the slender hypothesis, upset by a comparison of 341 E with 344 C, that Socrates must always repeat the *ipsissima verba* of Simonides.

345 A. δῆλον ὅτι ᾧ κ.τ.ἑ. He can become a bad physician who is already in the first place a physician, in the second place a good one; for by the misfortune of losing the knowledge of nursing he can become a bad one. But we who know nothing of medicine cannot by such misfortune become physicians at all, and if not physicians at all, then not bad physicians. In the same way although the already bad man cannot *become* a bad man, the good man can actually become a bad one if he has the misfortune to lose the knowledge of what is right. And this he may easily do: so that to be permanently good is impossible, though a man may *become* good and bad again, and "those whom the gods love are best and stay so longest."

345 C. διατελοῦντα ἀγαθόν. For διατελοῦντα ἀγαθὸν ὄντα. Ast gives no other instances of the omission of the participle, and Schanz suggests that the words should be omitted. Sauppe, however, points out that ὄντα is easily supplied from the words immediately preceding, and instances of the omission are producible from other authors: *e.g.* Thuc. i. 34, 3, ἀσφαλέστατος ἂν διατελοίη; Xen. *Mem.* i. 6, 2, ἀνυπόδητός τε καὶ ἀχίτων διατελεῖς. Krueger, 56, 5, 4; Jelf, § 693, obs. 1.

ἐπὶ πλεῖστον. We may either (1) supply ἀγαθοὶ γίγνονται and translate "longest" as in Thuc. i. 2, 5, and vi. 54, 5, or (2) as in Plato, cp. *Rep.* ii. 383 C, it always elsewhere means "to the greatest extent," we may couple ἄριστοι to it irregularly: see 336 A, and cp. *Phaedo*, 79 D, καλῶs καὶ ἀληθῆ λέγεις, and 352 D, 356 A, below. Krueger, 59, 2, 3.

δηλοῖ. Sc. εἰρημένα, "are manifestly directed against the saying of Pittacus": cp. below, οὕτω σφόδρα καὶ δἰ ὅλου τοῦ ᾄσματος ἐπεξέρχεται τῷ τοῦ Πιττακοῦ ῥήματι, and καὶ τοῦτ' ἐστὶ πρὸς τὸ αὐτὸ τοῦτ' εἰρημένον. For the construction see Andoc. 4, 14 ('Αλκιβιάδης) ἐδήλωσε... τῶν νόμων καταφρονῶν; Soph. *Antig.* 20, δηλοῖς τι καλχαίνουσ' ἔπος. Krueger, 56, 7, 5.

τοὔνεκεν κ.τ.ἑ. "Therefore never will I waste the allotted span of life in vain upon a barren hope, seeking that which may not be, a man unblemished, from the number of us who feed on the fruits of the wide earth": κενεάν is proleptic. For the phrase εὐρυεδοῦς ὅσοι κ.τ.ἑ. cp. Homer, *Il.* vi. 142, βροτῶν οἳ ἀρούρης καρπὸν ἔδουσιν, and Horace's imitation, *Od.* ii. 14, 10, *quicunque terrae munere vescimur*.

ἔπειθ' ὑμῖν εὑρών. So BT, but it is unmetrical. Sauppe's correction, ἐπὶ δή μιν εὑρών, is the best, Schneidewin (ἐπί τ' ὕμμιν) and Bergk (ἐπὶ δ' ὕμμιν) introducing between the verb and the preposition separated by tmesis from it a word not in construction with the verb. Kroschel reads ἐπεὶ οὔ τιν' εὑρών. Perhaps ἔπειτα should be taken as used by Socrates to introduce a further part of the quotation. For φησίν, which is pleonastic, see 314 A.

345 D. ἐπεξέρχεται. *Euthyph.* 4 D, τῷ πατρὶ φόνου ἐπεξέρχομαι; *Rep.* viii. 549 E; *Laws*, ix. 866 B; *Gorg.* 492 D.

ἔρδῃ. The usage of the conjunctive without ἄν after a relative is very frequent in Homer, see Krueger, ii. 54, 15, 2, and Monro's *Hom. Gr.* § 283 *a.* In Attic it is confined to a few passages, *e.g.* Eur. *Or.* 795, ὡς ἀνήρ, ὅστις τρόποισι συντακῇ θυραῖος ὤν; Soph. *O. C.* 395, γέροντα δ' ὀρθοῦν φλαῦρον ὃς νέος πέσῃ.

ἀνάγκῃ. A proverbial expression: *Laws,* v. 741 A, ἀνάγκην δὲ οὐδὲ θεὸς εἶναι λέγεται δυνατὸς βιάζεσθαι; vii. 818 A, ἔοικεν ὁ τὸν θεὸν πρῶτον παροιμιασάμενος εἰς ταῦτα ἀποβλέψας εἰπεῖν, ὡς οὐδὲ θεὸς ἀνάγκῃ μήποτε φανῇ μαχόμενος; Aesch. *P. V.* 518, οὐκοῦν ἂν ἐκφύγοι γε τὴν πεπρωμένην; *Gorg.* 512 E, πιστεύσαντα ταῖς γυναιξὶν ὅτι τὴν εἱμαρμένην οὐδ' ἂν εἷς ἐκφύγοι.

ὥστε τούτους. A change in number common where the allusion is general; repeated below in τούτων φησὶν ἐπαινέτης εἶναι: cp. Xen. *Oecon.* 21, 8, τούτους δὴ δικαίως ἄν τις καλοίη μεγαλογνώμονας, ᾧ ἂν ταῦτα γιγνώσκοντες πολλοὶ ἕπωνται; see 324 B; Krueger, 58, 4, 5; Jelf, § 390, 1.

οὐδένα ἀνθρώπων ἑκόντα ἐξαμαρτάνειν. A constant maxim with Socrates, read into the context to support the position that all virtue is knowledge, 352 D, 358 E, though obviously, as is seen by the studied opposition in the original between ἀνάγκῃ and ἑκών, Simonides intended ἑκών and ἔρδῃ to be taken in close connection. For the Socratic sentiment see Zeller's *Socrates and the Socratic Schools* (Eng. trans.), p. 140, especially n. 1; *Gorg.* 509 E, ὡμολογήσαμεν μηδένα βουλόμενον ἀδικεῖν, ἀλλ' ἄκοντας τοὺς ἀδικοῦντας πάντας ἀδικεῖν; the ἀπορίαι discussed in *Laws,* ix. 861 A ff.; Ritter and Preller, *Hist. Philos.* n. 201, where are quoted *Apol.* 25 D, pseudo-Plat. *Hipp. Min.* 365 D, Xen. *Mem.* iii. 9, 4, Arist. *Eth. Nic.* vii. 3, etc.

346 A. [φιλεῖν καὶ ἐπαινεῖν]. So BT; rejected rightly as a gloss by Heind. and succeeding edd.

οἷον. "As for instance"; grammatically οἷον is in apposition to the sentence which it introduces.

μητέρα ἢ πατέρα. This is the usual order. Heindorf quotes *Crito,* 51 A; Hom. *Od.* ix. 367.

ἀλλόκοτον. *Rep.* vi. 487 D, τοὺς μὲν πλείστους καὶ πάνυ ἀλλοκότους γιγνομένους, ἵνα μὴ παμπονήρους εἴπωμεν: the word is a derivative of ἄλλος, expressing deviation from the ordinary course of nature, "unnatural."

ὥσπερ ἀσμένους. "As it were gladly": *Phaed.* 88 D, ὥσπερ ὑπέμνησέ με; *Rep.* v. 451 B, ἀφίεμέν σε ὥσπερ φόνου ... καθαρὸν εἶναι.

346 B. ὥστε ἔτι μᾶλλον. "So that they (the sons) not only blame their parents more (than is justifiable), but also voluntarily exaggerate their ill-will beyond what the facts demand":

lit. take upon themselves voluntary in addition to the necessary hatred. BT ἀνάγκαις, corr. by Heusde, whom other edd. follow. For μᾶλλον in this sense cp. *Phaedo*, 63 D, φησὶ γὰρ θερμαίνεσθαι μᾶλλον τοὺς διαλεγομένους.

346 B. **ἀναγκάζεσθαι.** Passive: "feel themselves compelled."
ἑαυτοὺς παραμυθεῖσθαι. "Overcome their feelings and are reconciled": παραμυθ., like παράφημι (Hom.), παρηγορέω (Trag.), from the simple sense of "speak to" acquires in different contexts the further meanings of "exhort," "admonish," "persuade," "control."
ἡγήσατο. "Thought it right himself to praise," etc. Heindorf compares a similar usage of λογίζεσθαι (Eur. *Or.* 548), of οἴεσθαι (Lysias *in Eratosth.* 12, § 26), and νομίζειν (Xen. *Cyrop.* viii. 1, 12). The old explanation was that δεῖν was omitted; it is more reasonable to regard the infinitive as virtually the oblique form of a command (Krueger, 55, 3, 15), as in Thuc. iii. 44, 4, νομίζω περὶ τοῦ μέλλοντος ἡμᾶς μᾶλλον βουλεύεσθαι, quoted by Riddell who (*Digest,* § 83) takes a somewhat different view; see Jelf, § 665. For the fact stated about Simonides see Theocr. *Id.* xvi. 36, and Cic. *de Orat.* ii. 86.

346 C. **ἀναγκαζόμενος.** By motives of gain.
τ' ὀνησίπολιν. BT γε ὀνήσει πόλιν; the text is G. Hermann's correction.
οὔ μιν. BT οὐ μήν; Schleiermacher's correction.
ἀπείρων. Nom. fem. sing. agreeing with γενέθλα (γενέθλη); BT reads γένεθλα, which must be a neut. plur.
πάντα τοι καλά. Heind. notices the customary use of τοι in aphorisms, and quotes numerous instances. The meaning of the proverb here, as is subsequently explained, is that Simonides finds everything καλός which involves nothing absolutely αἰσχρός; καλός in Simonides' language includes many gradations of τὸ καλόν. For the position of these words in the original song see Introd. p. 49.

346 D. **τούτου γ' ἕνεκα.** "So far as that goes": "if I am to wait till I find a perfect man." See a number of passages quoted by Heind. on *Charm.* 158 E; *Politic.* 304 A; *Theaetet.* 148 D; *Rep.* i. 337 D; *Phaed.* 85 B, ἀλλὰ τούτου γε ἕνεκα λέγειν τε χρὴ καὶ ἐρωτᾶν ὅ τι ἂν βούλησθε.
ὡς πρὸς Πιττακὸν λέγων. This is not meant seriously by Socrates. It is true that ἐπαίνημι is an Aeolic form, but such forms are common to Epic and Doric dialects: Jelf, § 190, 1; Krueger, ii. 37, 2, 6.

346 E. **διαλαβεῖν.** "We must divide the sentence at ἑκών."

347 A. **νῦν δέ.** This phrase followed by a clause with γάρ frequently involves an apparent aposiopesis: cp. *Apol.* 38 B, εἰ μὲν γὰρ ἦν μοι χρήματα, ἐτιμησάμην ἂν χρημάτων ὅσα ἔμελλον ἐκτίσειν· οὐδὲν γὰρ ἂν ἐβλάβην· νῦν δέ, οὐ γὰρ ἐστιν, εἰ μὴ ἄρα ὅσον ἂν ἐγὼ δυναίμην ἐκτῖσαι, τοσούτου βούλεσθέ μοι τιμῆσαι. By the interposition of the γάρ clause the main statement introduced by νῦν δέ is in such cases diverted

200   PROTAGORAS

from its original course—even here the resumptive διὰ ταῦτα is needed to recall it—but is not left unexpressed. Riddell (*Digest*, § 149) collects a large number of instances, but explains the combination νῦν δὲ . . . γάρ, as well as ἀλλὰ γάρ, by his theory of the "simultaneous entrance" of the particles into the sentence; he too allows of no ellipse. See Heind. ad *Theaetet.* 143 D.

347 B. **ἐπιδείξω.** For the meaning of the verb see on 320 C. That this conceit was characteristic of Hippias is seen by a like boast in *Hipp. Mai.* 286 A, ἔστι γάρ μοι περὶ αὐτῶν πάγκαλος λόγος συγκείμενος, καὶ ἄλλως εὖ διακείμενος καὶ τοῖς ὀνόμασι: cp. pseudo-Plat. *Hipp. Min.* 368 B.

ἃ **ὡμολογησάτην.** The antecedent to ἃ is the conditions which are here repeated, Πρωταγόρας μὲν . . . τὸν ἕτερον.

347 C. **περὶ μὲν ᾀσμάτων τε καὶ ἐπῶν ἐάσωμεν.** Here, as in *Alcib. I.* 113 D, ἐάσαντες οὖν περὶ αὐτῶν σκοποῦσιν ὁπότερα συνοίσει πράξασι, the infinitive σκοπεῖσθαι or some expression to the same effect must be understood after ἐάσωμεν.

τοῖς συμποσίοις. Compare Socrates' own proposal, *Sympos.* 176 E, εἰσηγοῦμαι τὴν μὲν ἄρτι εἰσελθοῦσαν αὐλητρίδα χαίρειν ἐᾶν, αὐλοῦσαν ἑαυτῇ, ἤ, ἂν βούληται, ταῖς γυναιξὶ ταῖς ἔνδον, ἡμᾶς δὲ διὰ λόγων ἀλλήλοις συνεῖναι τὸ τήμερον.

ἀγοραίων. Men ἐν ἀγορᾷ τεθραμμένοι (Ar. *Eq.* 292, 636), and so devoid of real culture. 'Αγοραῖος is the word used in *Acts* xvii. 5, "Certain lewd fellows of the baser sort."

τιμίας ποιοῦσι τὰς αὐλητρίδας. "Make flute-players dear": cp. *Euthyd.* 304 B, τὸ γὰρ σπάνιον, ὦ Εὐθύδημε, τίμιον· τὸ δὲ ὕδωρ εὐωνότατον. The opposite word is ἄξιος (cheap) used when you "get your money's worth." For the custom alluded to see *Sympos.* 176 E, quoted above, and Xen. *Sympos.* 2, 1.

347 D. **συμπόται καὶ πεπαιδευμένοι.** BT om. καί which is supplied in a correction to T, and is read by Athenaeus (3, p. 97 b). Schanz strikes out πεπαιδευμένοι as well, as a gloss. The text is read by Sauppe, Kroschel, Deuschle. καί could readily have dropped out after the -ται, and πεπαιδευμένοι is important since it is the want of παίδευσις which is blamed in οἱ ἀγοραῖοι.

347 E. **κἂν πάνυ πολὺν οἶνον πίωσιν.** As Socrates himself does in the *Symposion* without, however, being affected. Alcibiades mentions as one of Socrates' good points that he had a steadier head than anyone else: *ibid.* 214 A, 220 A.

ἐὰν μὲν λάβωνται ἀνδρῶν. "If they catch men." The συνουσίαι are personified and regarded as "laying hold of" those they want, and in the sentence ἀλλὰ τὰς μὲν τοιαύτας συνουσίας κ.τ.ἑ. the subject is supplied from this personification. The opposition to ἐὰν μέν is left unstated as not being pertinent to the discussion, as below, 349 D, for the same reason there is nothing to correspond to μόρια μέν ἐστιν ἀρετῆς.

ἐπαγόμενοί τε αὐτούς. The pronoun here represents the relative, see note on 313 B. For ἐπάγεσθαι, "cite as a witness," cp.

Rep. ii. 364 C, μάρτυρας ποιητὰς ἐπάγονται; *Laws*, vii. 823 A, οἷον μάρτυρα ἐπαγόμεθα.

347 E. †δ† ἀδυνατοῦσιν. BT om. δ, which Heind. restores on the strength of Ficinus' version, and which an inferior MS. reads. It is adopted by all modern edd.

τοιαύτας συνουσίας. That is τῶν ἀπαιδεύτων.

348 A. καταθεμένους. For the asyndeton see on 335 A. The only other instance of καταθέσθαι, in the sense of "putting away or aside," quoted by Ast, is *Timaeus*, 59 C, τοὺς περὶ τῶν ὄντων ἀεὶ καταθέμενος λόγους, but it is used in connection with armour, garments, etc., fairly often.

παρέχειν. "To put myself at your service." The omission of the reflexive Heindorf (ad *Gorg.* 456 B) calls a *creberrima ellipsis*: cp. also *ibid.* 475 D, ἀλλὰ γενναίως τῷ λόγῳ, ὥσπερ ἰατρῷ, παρέχων ἀποκρίνου; 480 C; *Theaetet.* 191 A, τῷ λόγῳ παρέξομεν ὡς ναυτιῶντες πατεῖν τε καὶ χρῆσθαι ὅ τι ἂν βούληται. The pronoun is as frequently added: *Apol.* 33 B, καὶ πλουσίῳ καὶ πένητι παρέχω ἐμαυτὸν ἐρωτᾶν.

348 B. καὶ νῦν. As in 336 B, where Callias had said, ἀλλ' ὁρᾷς, ὦ Σώκρατες· δίκαια δοκεῖ λέγειν Πρωταγόρας κ.τ.ἑ.

τούτῳ μὲν ταῦτα συνειδῶμεν. "We may know this about him": *i.e.* his refusal. Cases, in which the dative after σύνειδ. is not that of a reflexive, are rare: e.g. *Phaed.* 92 D, τοῖς . . . λόγοις ξύνοιδα οὖσιν ἀλαζόσι; *Sympos.* 193 E, εἰ μὴ ξυνῄδειν Σωκράτει τε καὶ Ἀγάθωνι δεινοῖς οὖσι περὶ τὰ ἐρωτικά; Hdt. ix. 58, τούτους τοῖσί τι καὶ συνῃδέατε.

348 C. σχεδόν τι. Qualifying the universal statement implied in τῶν ἄλλων ("all the rest"). Heind. quotes *Laws*, i. 644 A, οἵ γε ὀρθῶς πεπαιδευμένοι σχεδὸν ἀγαθοὶ γίγνονται.

προὐτράπετο. In accordance with indications of the MSS. for προὐτρέπετο. The aorist denotes the act of decision which led to the giving of the order (imperf.)

μὴ οἴου. Over and over again in the *Gorgias* Socrates in like manner disclaims a contentious spirit: *e.g.* 458 A, ἐγὼ δὲ τίνων εἰμί; τῶν ἡδέως μὲν ἂν ἐλεγχθέντων, εἴ τι μὴ ἀληθὲς λέγω, ἡδέως δ' ἂν ἐλεγξάντων εἴ τίς τι μὴ ἀληθὲς λέγοι, οὐκ ἀηδέστερον μέντ' ἂν ἐλεγχθέντων ἢ ἐλεγξάντων; and 505 E ff. Contrast the aim of Protagoras (335 A).

τὸν Ὅμηρον. Bracketed by Schanz with Sauppe's approbation, who then makes τό and the following verse subj. to λέγειν. Retaining the words we may translate "that Homer speaks to the point in the line," etc.: τι being internal accusative qualifying λέγειν like an adverb, and τὸ κ.τ.ἑ. the direct accusative after it. The quotation is from *Il.* x. 224 ff. σύν τε δύ' ἐρχομένω, καί τε πρὸ ὃ τοῦ ἐνόησεν | ὅππως κέρδος ἔῃ· μοῦνος δ' εἴπερ τε νοήσῃ, | ἀλλά τέ οἱ βράσσων τε νόος λεπτὴ δέ τε μῆτις. Plato cites the passage again, *Sympos.* 174 D, and it is alluded to in pseudo-Plat. *Alcib. II.* 140 A.

348 D. πρὸ δ τοῦ. "The one before the other": the same confused order as in the English "before one another."

εὐπορώτεροι γάρ. Sc. in the case where two combine.

348 D. ἐπιδείξηται ... βεβαιώσηται. "To whom he is to exhibit and with whom he can confirm it"; the deliberative conjunctive in accordance with the reading of BT, which Schanz, Sauppe, Kroschel alter to the future.

ἡγούμενος. Explanatory of ἕνεκα τούτου: *Phaedo*, 102 D, λέγω δὲ τοῦδ' ἕνεκα βουλόμενος δόξαι σοι ὅπερ ἐμοί, where Heind. quotes *Parmen.* 126 A, πάρειμί γε ἐπ' αὐτὸ τοῦτο, δεησόμενος ὑμῶν; *Theaetet.* 151 B, ταῦτα δή σοι, ὦ ἄριστε, ἕνεκα τοῦδ' ἐμήκυνα, ὑποπτεύων σε ... ὠδίνειν τι κυοῦντα ἔνδον.

348 E. σὺ δὲ καὶ αὐτός. This clause, a mere repetition of ὅς γε οὐ μόνον κ.τ.ἑ., interrupts the regular course of the sentence which should have proceeded, ἀλλὰ καὶ ἄλλους οἷός τ' εἶ κ.τ.ἑ.; see Riddell's *Digest*, § 300.

ἄλλων ταύτην τὴν τέχνην ἀποκρυπτομένων. See 316 D.

ὑποκηρυξάμενος. "Having got yourself cried as a sophist": cp. Aeschin. *in Ctesiph.* p. 432 (§ 41), ἄλλοι δέ τινες ὑποκηρυξάμενοι τοὺς αὑτῶν οἰκέτας ἀφίεσαν ἀπελευθέρους; for εἰς τοὺς Ἕλληνας see 312 A.

349 A. μισθὸν ἀξιώσας ἀρνυσθαι. See 328 B.

πῶς οὖν οὔ σε χρῆν. For the rhetorical question see on 343 B.

νῦν δή. See note on 329 C.

349 B. ἦν δὲ ... τὸ ἐρώτημα. See 329 C ff.

οὐκ ὂν οἷον τὸ ἕτερον. In irregular partitive apposition to πρᾶγμα.

349 C. ὑπόλογον. "I put down nothing to be accounted for by you": *Lach.* 189 B, μηδὲν τὴν ἡμετέραν ἡλικίαν ὑπόλογον ποιούμενος. Riddell (*Digest*, § 131) regards the ὑπό as meaning "against" in ὑπολογίζεσθαι = "to reckon one thing against another"; in this word however, as in ὑπεύθυνος, there is the notion of being *subject* to a reckoning.

349 D. μόρια μέν. See on 347 E.

διαφερόντως. Bracketed by Schanz, and wanting in 359 B. Cobet reads ἀνδρείους διαφερόντως. It is indeed hard to see how διαφερόντως could have been interpolated, and Sauppe defends the reading of the text by citing *Timaeus*, 23 C, πόλις ἀρίστη πρός τε τὸν πόλεμον καὶ κατὰ πάντα εὐνομωτάτη διαφερόντως; Thuc. viii. 68, 3, παρέσχε δὲ καὶ ὁ Φρύνιχος ἑαυτὸν πάντων διαφερόντως προθυμότατον ἐς τὴν ὀλιγαρχίαν.

349 E. ἔχε δή. "Hold": see *Gorg.* 460 A (*q.v.* Thompson), 490 B; *Rep.* i. 353 B; it is used alone in *Alc. I.* 109 B, ἔχε· πῶς ἕκαστα τούτων πάσχοντες; Arist. *Pac.* 1193; *Vesp.* 1149.

ἴτας. From ἰέναι. "People ready to go at that," etc., Jowett; used also in *Sympos.* 203 D, ἐπίβουλός ἐστιν (ὁ Ἔρως) τοῖς ἀγαθοῖς καὶ τοῖς καλοῖς, ἀνδρεῖος ὢν καὶ ἴτης καὶ σύντονος; Ar. *Nub.* 444, θρασύς, εὔγλωττος, τολμηρός, ἴτης; Hesych. ἴτης· ἰταμός, θρασύς.

εἰ μὴ μαίνομαί γε. "Unless I am out of my senses": *Euthyd.* 283 E, ἦ δοκεῖ σοι οἷόν τ' εἶναι ψεύδεσθαι; Νὴ Δία, ἔφη, εἰ μὴ μαίνομαί γε; cp. *Charm.* 156 A, καὶ τοὔνομά μου σὺ ἀκριβοῖς; Εἰ μὴ ἀδικῶ γε (if I am not wrong); and *Rep.* x. 612 D, where the sentence is thrown into a rather more natural form.

349 E. τὸ μέν τι αὐτοῦ. *Rep.* viii. 547 D, ἦ φανερόν, ὅτι τὰ μὲν μιμήσεται τὴν προτέραν πολιτείαν, τὰ δὲ τὴν ὀλιγαρχίαν, ἅτ᾽ ἐν μέσῳ οὖσα, τὸ δέ τι καὶ αὑτῆς ἕξει ἴδιον ; i. 339 C, τοὺς μὲν (νόμους) ὀρθῶς τιθέασι, τοὺς δέ τινας οὐκ ὀρθῶς ; *Phileb.* 13 C ; Thuc. vii. 48, 2 ; Xen. *Cyrop.* iii. i. 41.

κολυμβῶσιν. "Who in the course of their vocation descend wells"; *i.e.* to clean or repair them. The same two instances of courage are given in *Laches*, 193 B and C, where the argument takes much the same line.

350 A. τὰ ἄλλα γε πάντα. The accusative (adverbial) is in loose construction with the thought contained in the sentence : cp. 310 E, and Krueger, 46, 3, 2-5 ; Thompson, p. 414.

350 B. οἱ θαρραλέοι οὗτοι. These kind of courageous people.

τοὺς ἀνδρείους. For the constr. with λέγω cp. *Phaedr.* 265 C, πῶς . . . αὐτὸ λέγεις ; *Cratyl.* 407 A, τὸ ἕτερον πῶς λέγεις ; and translate, "What do you mean by the brave ? Do you not mean that they are the courageous ? I still mean it." There seems no need with Schanz and Sauppe to omit the article with θαρραλέους. The argument does not wish to prove that "the brave are courageous," but to establish an identity, that "the brave" and "the courageous" are coextensive terms, an identity which Protagoras in C demurs to. Throughout the discussion, however, the "intelligently courageous" alone are in question as being brave, and with this modification the identity is true. It is upon this ground—that ἐπιστήμη is an *essential* to ἀνδρεία—that Plato actually identifies ἐπιστήμη (the unscientific term σοφία is substituted for it in 350 C) with ἀνδρεία. Plato's conclusion is indeed not warranted by the arguments which he has adduced (cp. note on 333 C), but Protagoras in his objections has not taken into consideration the restricted sense to which θαρραλέος is by implication confined, and has failed to put his finger upon the real defect in Plato's reasoning.

350 D. τοὺς δὲ ἀνδρείους ὡς οὐ θαρραλέοι εἰσίν. A confused construction : "You never proved that my admission that the brave are courageous was wrong." The οὐ is introduced because Protagoras is thinking immediately of the *disproof* of his admission, the negation of which is ὡς οἱ ἀνδρεῖοι οὐ θαρραλέοι εἰσίν. For the pleonasm of the negative Heindorf compares *Lysis*, 222 B, οὐ ῥᾴδιον ἀποβαλεῖν τὸν πρόσθεν λόγον, ὡς οὐ τὸ ὅμοιον τῷ ὁμοίῳ κατὰ τὴν ὁμοιότητα ἄχρηστον ; add *Meno*, 89 D, ὅτι δ᾽ οὐκ ἔστιν ἐπιστήμη (ἡ ἀρετή), σκέψαι ἐάν σοι δοκῶ εἰκότως ἀπιστεῖν ; *Charm.* 169 E, after ἀμφισβητῶ ; *Gorg.* 508 A. Krueger, 67, 12, 2 ; Thompson, p. 365.

τούτῳ δὲ τῷ τρόπῳ μετιών. Protagoras forgets that while it could be said above οἱ ἄνευ ἐπιστήμης θαρραλέοι οὐκ ἀνδρεῖοί εἰσιν, it cannot be said that οἱ ἄνευ ἐπιστήμης δυνατοὶ οὐκ ἰσχυροί εἰσιν, and that so his comparison fails in a vital point. Intelligence is not such an inalienable accompaniment of ἰσχύς as it is of ἀνδρεία.

351 A. τὸ μὲν καὶ ἀπὸ ἐπιστήμης γίγνεσθαι, τὴν δύναμιν. For the difference of genders see on 330 D.

351 B. ἀνδρεία δὲ ἀπὸ φύσεως καὶ εὐτροφίας τῶν ψυχῶν. Protagoras wishes to say that courage is a "natural" quality dependent upon a healthy condition of the soul; but inasmuch as the *food* of the soul consists of μαθήματα (313 C), he is really so far in agreement with Socrates' present contention that he acknowledges that wisdom is an essential of courage. Cp. *Rep.* iii. 410 C ff.

351 C. μὴ εἴ τι. BT εἰ μή τι, which Thompson suggests may be a relic of a reading εἰ μὴ εἴ τι, Lat. *nisi si*, cp. *Gorg.* 480 B. Translate, "not according to whether anything undesirable will result"; μή is written since there is a notion of *forbidding* the question to be considered on these grounds.

351 D. ἔστι μὲν ἃ τῶν ἡδέων οὐκ ἔστιν ἀγαθά. Contrast what Dr. Martineau says, *Types of Ethical Theory*, ii. p. 110: "I cannot be content to use, even for argument's sake, the assumption of two dimensions of pleasure, without again insisting on its fallaciousness. If there are *sorts* of pleasure they must be something more than pleasure; each must have its *differentia* added on to what suffices for the genus; and the addition cannot be *pleasurable quality*, else it would not detach anything from the genus; to mark a species at all, it must be an *extra-hedonistic quality*."

καὶ τρίτον ἃ οὐδέτερα. Possibly this exhaustive division was a part of Protagoras' own method; cp. 334 A.

351 E. πρὸς λόγον. Protagoras means to say, "Let us consider it, if the discussion is to the point, and if good and pleasant seem to us identical we will agree"; what he actually says is nonsense. For πρὸς λόγον cp. *Gorg.* 459 C.

δίκαιος ... σύ. The second person of εἰμί is omitted also in *Gorg.* 487 D, καὶ μὴν ὅτι γε οἷος παρρησιάζεσθαι καὶ μὴ αἰσχύνεσθαι, αὐτός τε φῆς κ.τ.ἑ.; Aesch. *P.V.* 320, 475; but the omission is rare. Krueger, 62, 1, 5; Jelf, § 376.

352 A. ὥσπερ εἴ τις κ.τ.ἑ. The apodosis to εἰ ... εἶπα in the simile is merged in the statement of the reality καὶ ἐγὼ τοιοῦτόν τι κ.τ.ἑ. Τὰς χεῖρας ἄκρας = "the hands at the end (of the arms)."

θεασάμενος. This is in explanation of the foregoing, whence the omission of the conjunction; see on 335 A.

352 B. καὶ τοῦτο. "Whether knowledge too (like pleasure, 351 C) appears to you to be like it does to the majority." There is the same ellipse in *Phaedr.* 234 C, τί σοι φαίνεται ... ὁ λόγος; *Meno*, 82 E; *Phileb.* 22 A.

οὐδὲ ὡς περὶ τοιούτου αὐτοῦ ὄντος. See on 337 E.

352 C. ὥσπερ περὶ ἀνδραπόδου. Arist. *Eth. Nic.* vii. 3, δεινὸν γὰρ ἐπιστήμης ἐνούσης, ὡς ᾤετο Σωκράτης, ἄλλο τι κρατεῖν καὶ περιέλκειν αὐτὸν (τὸν ἐπιστάμενον) ὥσπερ ἀνδράποδον.

ἢ ἂν ἐπιστήμη κελεύῃ. Β ᾖ ἃ η; Τ ᾖ ἄν. The reading in the text, practically almost the same as that of B written in uncials, is Sauppe's conjecture followed by Schanz and others.

For the crasis ἄν see Schanz, *Nov. Comm.* p. 97, who remarks, *haec crasis apud Platonem dubia*, and gives only three other passages to support it—*Gorg.* 486 E, *Cratyl.* 395 A, and possibly *Rep.* x. 606 C, in all of which the crasis is a conjecture.

352 D. **μὴ οὐχί.** Since αἰσχρόν ἐστι is virtually a negative expression, it takes after it the doubled negative (Krueger, 67, 12, 6; Thompson, p. 367): cp. *Theaetet.* 151 D, σοῦ γε οὕτω παρακελευομένου, αἰσχρὸν μὴ οὐ παντὶ τρόπῳ προθυμεῖσθαι, though in *Gorg.* 472 C, and commonly, μή only is written. As Protagoras here identifies himself with the view upon which the succeeding argument relies, he is logically exhibited as approving its conclusion—that all virtue is knowledge.

καλῶς γε, ἔφην ἐγώ, σὺ λέγων. In *Gorg.* 451 C, εἴποιμ' ἂν ὅτι περὶ τὴν τῶν ἄστρων φορὰν καὶ ἡλίου καὶ σελήνης, πῶς πρὸς ἄλληλα τάχους ἔχει. Γοργ. Ὀρθῶς γε λέγων σύ, ὦ Σώκρατες, we must supply εἴποιμ' ἂν from the preceding sentence; here we must supply φῆς, as though the previous sentence had been in the form φημὶ αἰσχρὸν εἶναι. For the co-ordination of ὀρθῶς and ἀληθῆ see on 345 C.

353 A. **ὅ φασιν κ.τ.ἑ.** "Which they call being overcome by pleasure." **ἐπεὶ γιγνώσκειν γε αὐτά.** See on 317 A. For the infinitive cp. *Rep.* x. 614 B, 616 B, ἔφη ἀφικνεῖσθαι τεταρταίους ὅθεν καθορᾶν κ.τ.ἑ. See Krueger, 55, 4, 9; Thompson, 320, 4.

ἀλλὰ τί ποτ' ἐστίν. Ἀλλά (often ἀλλ' οὖν or ἀλλά . . . γε) = "yet" is frequent after εἰ: cp. *Gorg.* 470 D, εἰ δὲ μή, ἀλλ' ἀκούω γε; *Phaed.* 91 B, εἰ δὲ μηδέν ἐστι τελευτήσαντι, ἀλλ' οὖν τοῦτόν γε τὸν χρόνον . . . ἧττον τοῖς παροῦσιν ἀηδὴς ἔσομαι ὀδυρόμενος.

ὅ τι ἂν τύχωσι. Sc. λέγοντες: *Gorg.* 522 C, ὅ τι ἂν τύχω, τοῦτο πείσομαι; *Rep.* viii. 561 D, ὅ τι ἂν τύχῃ, λέγει τε καὶ πράττει; *Crito,* 44 D, 45 D.

353 B. **εἴ σοι φίλον.** Sc. ἐμὲ χαίρειν ἐᾶν.

353 C. **ἄλλο τι γάρ.** Riddell (*Digest*, § 22) says that it does not stand, as is the common view, for ἄλλο τι ἤ (from which it differs in referring to the whole clause and not to one particular portion of it), but that it "represents an unexpressed sentence." This sentence, he explains, is "any different" proposition, put forward momentarily, only to give way to the expression of the real truth. He quotes *Rep.* i. 337 C; ii. 369 D; *Gorg.* 467 D; *Phaed.* 79 B; *Sympos.* 201 A; see Thompson, p. 414. For the question here discussed consult Bain's *Mental and Moral Science*, bk. iv. ch. viii. § 2, ch. ix. § 4.

πράττειν. Supply from the principal clause φατέ.

353 D. **ὅμως δέ.** See note on 326 D.

εἴη. For ἦν of BT which Deuschle alone of modern editors retains.

ὅ τι μαθόντα. This is the reading of BT, and if retained we must translate either (1) as Ast, "because (ὅτι) when one has knowledge of it," etc., or (2) "because from some reason or other they make a man feel pleasure," μαθόντα being either nom. plur. neut. or accus. sing. masc. without detriment to the sense. In support of the latter explanation, which is adopted by Wayte and Deuschle, we may adduce *Apol.* 36 B, τί ἄξιός εἰμι παθεῖν ἢ ἀποτῖσαι, ὅ τι μαθὼν ἐν τῷ βίῳ οὐχ ἡσυχίαν ἦγον ("for having taken it into my head to deny myself rest," Riddell); *Euthyd.* 283 E, εἶπον ἄν, Σοὶ εἰς κεφαλήν, ὅ τι μαθὼν ἐμοῦ καὶ τῶν ἄλλων καταψεύδει τοιοῦτο πρᾶγμα; and other passages in which the phrase is used, whatever the explanation of it, in the general sense of *propterea quod* (Jelf, § 872 κ). Kroschel's objection that it is only so used of persons is not a grave one, as (a) it is possible to take μαθόντα here as accus. masc. sing. with τινα omitted (see Stallb. ad *Crit.* 43 B), and (β) Deuschle points out that though originally so employed, it may easily have been extended in its application to things. Sauppe writes as more suitable to the passage ὅ τι παθόντα (accus. sing.), and translates "through whatever influence and in whatever way they make a man rejoice." Stallbaum has ὅτι παθόντα, translating *quia faciunt ut quis quomodocunque affectus gaudeat*, which Schanz reads and Kroschel prefers though confessing to a wish to expunge the sentence. C. F. Hermann's correction, ὅτι παρόντα, is neat but not conclusive.

354 A. **πάλιν αὖ αὐτούς.** Πάλιν ἂν αὐτούς, the reading of BT, is retained by Deuschle alone of modern editors. He justifies the ἄν as anticipating the apodosis φαῖεν ἄν, according to the common idiom of the Greek language which marks the character of a sentence from its beginning. Sauppe omits εἰ; Schanz more reasonably reads αὖ, to which Kroschel assents, hinting, however, that it is merely a mistaken repetition of the first syllable of αὐτούς.

λιμοκτονιῶν. "Cures by abstinence."

354 B. **ἄλλων ἀρχαί.** "Rule over other states." Ast gives several instances of the objective genitive with the word: *Gorg.* 514 A, ἀρχήν τινων; *Politic.* 275 A, τῆς ἀρχῆς τῆς πόλεως; *Rep.* i. 341 D, τὴν τῶν ναυτῶν ἀρχήν; *Critias*, 114 A. Heindorf however, objecting that the plur. ἀρχαί should in this context mean "magistracies," suspects the passage.

354 C. **ἀλλ' ἢ ἡδονάς.** Stephanus' correction, rejected by C. F. Hermann, for ἀλλ' ἡδονάς of BT. For the phrase see on 329 D. For the view compare what Bentham says in the opening paragraph of *Morals and Legislation*: "Nature has placed mankind under the governance of two sovereign masters, pain and pleasure. It is for them to point out what we ought to do, as well as to determine what we shall do. On the one hand the standard of right and wrong, on the other the chain of cause and effect, are fastened to their throne. They govern us in all we do, in all we say, in all we think; every effort we can make to throw off our subjection will serve but to demonstrate and confirm it.

354 C. ὡς ἀγαθὸν ὄν. For οὖσαν by attraction: cp. 329 D, 359 D; *Rep.* i. 354 C, ὁπότε γὰρ τὸ δίκαιον μὴ οἶδα ὅ ἐστι, σχολῇ εἴσομαι, εἴτε ἀρετή τις οὖσα (for ὄν) τυγχάνει, εἴτε καὶ οὔ; see Stallb. ad *Rep.* i. 333 E, who quotes *ibid.* 336 A; iv. 420 C, οἱ γὰρ ὀφθαλμοί, κάλλιστον ὄν, οὐκ ὀστρέῳ ἐναληλιμμένοι εἶεν; *Gorg.* 463 E; *Meno*, 79 E, etc.

ὅταν μειζόνων ἡδονῶν ἀποστερῇ. See *Phaedo*, 68 E ff., where Plato in a fine passage stigmatises this position as unworthy of philosophers.

354 D. ἄλλο τι οὖν. See note on 353 C.

354 E. εἴ με ἀνέροισθε. In the heat of the argument οἱ ἄνθρωποι are directly addressed without the fiction (inaugurated in 353 A) of regarding them as third persons.

ἐν τούτῳ. "Upon this the whole proof turns"; *i.e.* the meaning of the expression τῶν ἡδονῶν ἥττω εἶναι. See note on 310 D.

355 A. ἀναθέσθαι. Generally regarded as a metaphor from draughts, "retracting" a move, as in pseudo-Plat. *Hipparch.* 229 E, ὥσπερ πεττεύων ἐθέλω σοι ἐν τοῖς λόγοις ἀναθέσθαι ὅ τι βούλει τῶν εἰρημένων; but Riddell (*Digest*, § 111) says not necessarily so. It is used also in *Gorg.* 461 D, καὶ ἐγὼ ἐθέλω τῶν ὡμολογημένων, εἴ τί σοι δοκεῖ μὴ καλῶς ὡμολογῆσθαι, ἀναθέσθαι ὅ τι ἂν σὺ βούλῃ; *Phaed.* 87 A, οὐκ ἀνατίθεμαι μὴ οὐχὶ πάνυ χαριέντως . . . ἀποδεδεῖχθαι. Thompson, on *Gorg.* 493 C, supposes that μετατίθεσθαι is a metaphor drawn from the same source, comparing *Rep.* i. 345 B, ἐὰν μετατιθῇ, φανερῶς μετατίθεσο, καὶ ἡμᾶς μὴ ἐξαπάτα.

ἢ τὸ κακὸν ἄλλο τι. BT ἢ ἄλλο τι: a manifest error corrected by the second hand of T.

ἄνθρωπος. Sauppe's correction for ἄνθρωπος BT, which is retained by Wayte, Kroschel, Deuschle. As in 321 D, the word without the article can mean "man" in the generic sense as well as it does with the article below. It is not, however, likely that the two varieties of the expression should occur so close together, and Schanz adopts Sauppe's correction. We cannot translate ἄνθρωπος, "*a* man," the ἄνθρωπος on its second occurrence being written with the article to refer to the first mention, because this would have been expressed by γιγνώσκων τις τὰ κακά, at all events not by ἄνθρωπος.

355 B. καὶ αὖθις αὖ λέγετε. If the sentence ran its due course we should have ὅταν λέγητε here also; but the form of it lapses into a direct unconditional statement of the illogical popular position. Schanz, however, brackets λέγετε; Kroschel and Deuschle after Heind. read λέγητε.

χρώμεθα ἄρα. "If we do not use consequently a number of terms"; it is the result of the discussion above that ἀγαθόν and ἡδύ, κακόν and ἀνιαρόν are respectively identified. For the peculiar position of ἄρα Heindorf quotes *Gorg.* 519 B, πολλὰ καὶ ἀγαθὰ τὴν πόλιν πεποιηκότες ἆρα ἀδίκως ὑπ' αὐτῆς ἀπόλλυνται; *Phileb.* 41 C, ἕως ἂν αἱ λεγόμεναι ἐπιθυμίαι ἐν ἡμῖν ὦσι δίχα ἆρα, τότε ͺτὸ σῶμα καὶ χωρὶς τῆς ψυχῆς τοῖς παθήμασι διείληπται; see also *Sympos.* 199 A, ἀλλὰ γὰρ ἐγὼ οὐκ ᾔδη ἆρα τὸν τρόπον τοῦ ἐπαίνου; 177 E, ταῦτα δὴ καὶ οἱ ἄλλοι πάντες ἆρα ξυνέφασαν; *Rep.* viii. 547 B; *Laws*, x. 906 B; *Soph.* 224 E, 229 C. Kroschel alone changes to ἅμα, which is certainly suitable to the sense.

355 B. **ταῦτα.** These conceptions.

355 C. **θέμενοι δὴ οὕτω.** "Making this arrangement."

ὑπὸ μὲν ἡδονῆς. "We shall not now be allowed to say 'by pleasure.'" The μέν is not formally answered by a sentence like "but we must say 'by the good,'" but irregularly by ἐκείνῳ δή κ.τ.έ.

τοῦ ἀγαθοῦ. Stallb. ad *Gorg.* 449 E shows that the omission of the preposition in answers is common.

355 D. **ἐν ὑμῖν.** "In your eyes"; lit. "amongst you": cp. 337 B, ἐν ἡμῖν τοῖς ἀκούουσιν; *Gorg.* 464 D, εἰ δέοι ἐν παισὶ διαγωνίζεσθαι ὀψοποιόν τε καὶ ἰατρόν. Ast gives a large number of instances (*Lex.* i. p. 701); amongst them, *Laws*, x. 886 E, οἷον κατηγορήσαντός τινος ἐν ἀσεβέσιν ἀνθρώποις ἡμῶν; xi. 916 B, δικαζέσθω . . . ἔν τισι τῶν ἰατρῶν.

οὐ γὰρ ἂν ἐξημάρτανεν. A thing which *ex hypothesi* he has done.

ἀνάξιά ἐστιν τἀγαθὰ τῶν κακῶν. "In what respect are good things inferior in value to bad things?"

ἢ πλείω. For the omission of τὰ μέν cp. 330 A, 331 B.

355 E. **μεταλάβωμεν.** "Let us use conversely the terms pleasant and painful for these same conceptions." The use of ἐπί here is adapted from the phrase καλεῖν τι ἐπί τινι; for a very similar passage cp. *Cratyl.* 433 E, ἐπὶ μὲν ᾧ νῦν σμικρόν, μέγα καλεῖν, ἐπὶ δὲ ᾧ μέγα, σμικρόν.

356 A. **ἄνθρωπος.** For ἄνθρωπος BT: see on 355 A.

καὶ τίς ἄλλη ἀναξία ἡδονῇ πρὸς λύπην; Kroschel defends ἀναξία, the reading of BT, as meaning "inferiority," arguing (1) that it is a naturally formed opposite to ἀξία, as ἀγυμνασία from γυμνασία, (2) that Plato is accustomed to coin words to suit an argument, *e.g.* ἀχρηστία (*Rep.* vi. 489 B), δικαιότης (above, 331 B), ἀψεύδεια (*Rep.* vi. 485 C), διαφορότης (*passim*). Considering further (3) the parallelism of the clause with 355 D, κατὰ τί δέ, φήσει ἴσως, ἀνάξια . . . ἢ κατ' ἄλλο τι κ.τ.έ., (4) the fact that Cicero's translation (*apud* Priscian. 5, § 64) and Ficinus' both give *indignitas*, and lastly (5) that the MSS. indicate no variant, it is perhaps best, with Heind., to acquiesce in the reading. Schanz reads δὴ ἀξία, followed by Sauppe, who shows that the step from ΔΗ to ΑΝ is not a great one. The necessary change from ἡδονή BT to ἡδονῇ is due to Schleiermacher.

ταῦτα δ' ἐστὶ μείζω. Ταῦτα refers not so much to ὑπερβολή and ἔλλειψις as to things exhibiting them; it is in consequence of this that we find μείζω . . . γιγνόμενα instead of τὸ μείζω γίγνεσθαι.

356 A. μᾶλλον καὶ ἧττον. "And doing so in a greater or less degree": likewise coupled with an adjectival expression in *Phaed.* 93 B, μᾶλλόν τε ἂν ἁρμονία εἴη καὶ πλείων.

τὸ παραχρῆμα ἡδύ. The question immediately under discussion is (ἡττώμενος ὑπὸ τῶν ἡδέων, 355 E) about the inferiority of *pleasures* to pleasures or pains in varying amounts. Thus we have here only ἡδύ, not ἡδὺ καὶ λυπηρόν. For the subject cp. *Rep.* ix. 583 B ff.

356 B. ἐάν τε τὰ ἐγγὺς κ.τ.ἑ. Two cases in which τὰ ἀνιαρά may be exceeded by τὰ ἡδέα; in ἐν ᾗ ἂν ταῦτ' ἐνῇ the word ταῦτα refers to τὰ ἡδέα.

356 C. μεγέθη. "Magnitudes": *Phileb.* 41 E, ἐν μὲν ὄψει τὸ πόρρωθεν καὶ ἐγγύθεν ὁρῶν τὰ μεγέθη τὴν ἀλήθειαν ἀφανίζει; *Rep.* x. 602 C, ταὐτόν που ἡμῖν μέγεθος ἐγγύθεν τε καὶ πόρρωθεν διὰ τῆς ὄψεως οὐκ ἴσον φαίνεται; cp. Eur. *Ion*, 585.

καὶ αἱ φωναὶ †αἱ† ἴσαι. BT om. αἱ before ἴσαι. The slight correction is due to Heindorf. Deuschle omits αἱ before φωναί. If we retain the MS. reading, with Ast and C. F. Hermann, we must translate "sounds, equal though they be."

356 D. μήκη . . . πράττειν. The expression is formed on the analogy of the expression ἡδέα, λυπηρὰ πράττειν which underlies the words, 356 B, ἐὰν δὲ τὰ ἡδέα ὑπὸ τῶν ἀνιαρῶν, οὐ πρακτέα (τὰ ἡδέα).

ἡ ἡ. BT ἡ only. Ἡ τοῦ φαινομένου δύναμις = the influence of the appearance or the property of the appearance. For the sentiment cp. *Rep.* x. 602 D, ἆρ' οὖν οὐ τὸ μετρεῖν καὶ ἀριθμεῖν καὶ ἱστάναι βοήθειαι χαριέστατα πρὸς αὐτὰ ἐφάνησαν, ὥστε μὴ ἄρχειν ἐν ἡμῖν τὸ φαινόμενον.

ἐπλάνα καὶ ἐποίει. The ἂν is supplied out of the context: Aesch. *Ag.* 1049, πείθοι' ἄν, εἰ πείθοι', ἀπειθοίης δ' ἴσως; Plat. *Rep.* iv. 439 B, ἕτερον ἄν τι ἐν αὑτῇ εἴη· . . . οὐ γὰρ δή, φαμέν, τό γε αὐτό . . . πράττοι; i. 352 E, ἔσθ' ὅτῳ ἂν ἄλλῳ ἴδοις ἢ ὀφθαλμοῖς; Οὐ δῆτα. Τί δέ; ἀκούσαις ἄλλῳ ἢ ὠσίν; ii. 360 C, 382 D; iii. 398 A, 410 B; *Phaedr.* 229 C; *Phaed.* 87 E; *Lys.* 208 B. Krueger, 69, 7, 4.

356 E. αὐτὸ πρὸς ἑαυτό κ.τ.ἑ. Even with even, or odd with odd, or even with odd.

357 A. ἆρα ἄλλη τις ἢ ἀριθμητική; Generally ἀριθμητική is the science of abstract numbers for which τὸ περιττὸν καὶ ἄρτιον is a combined expression, all numbers being necessarily one or the other: cp. *Politic.* 262 E, εἰ τὸν μὲν ἀριθμὸν ἀρτίῳ καὶ περιττῷ τις τέμνοι. Λογιστική is the same in its application to the concrete; but the distinction was confused as here and in *Gorg.* 451 B, C: see Thompson *ad loc.* who disputes Olympiodorus' statement that ἡ μὲν ἀριθμητικὴ περὶ τὸ εἶδος αὐτῶν (ἀρτίου καὶ περιττοῦ) ἡ δὲ λογιστικὴ περὶ τὴν ὕλην. So below, 357 B, μετρητική is a τέχνη as well as an ἐπιστήμη.

ἐδόκουν ἄν. The ἄν of course belongs to ὁμολογεῖν.

τοῦ τε πλείονος κ.τ.ἑ. The article belongs to the whole list and is supplied with πόρρωθεν καὶ ἐγγύθεν as well. In enumerations it is often omitted, as *Crit.* 47 C, περὶ τῶν δικαίων καὶ ἀδίκων καὶ αἰσχρῶν καὶ καλῶν καὶ ἀγαθῶν καὶ κακῶν.

357 C. ὑμεῖς δὲ δὴ ἔφατε. The reference is to 352 C ff. The original structure of the sentence is abandoned, for we cannot subordinate the words to ἡνίκα, in order to emphasise the statement ὑμεῖς δὲ δή κ.τ.ἑ. by making an independent sentence of it. This necessitates the repetition ἐπειδὴ δὲ . . . μετὰ τοῦτο ᾔρεσθε κ.τ.ἑ. A similar irregularity has been noticed on 355 A, αὖθις αὖ λέγετε.

357 D. εἴπομεν . . . κατεγελᾶτε. See on 311 D.
εἰς τὸ πρόσθεν. See 339 D.

357 E. ἀμαθίᾳ πράττεται. See 332 B.
τοῦτ' ἐστίν. "So that this being overcome by pleasure is ignorance in its extremest form."
οὔτε αὐτοί. Sc. προσέρχεσθε, to be understood out of the context. Madvig ingeniously writes αὐτοὶ ἴτε, but Sauppe compares a similar irregularity in Demosth. 29, § 54, ὁ δ' οὔτ' αὐτὸς (ὀμόσαι) οὔτ' ἐκείνοις οὔτ' ἐμοὶ δοῦναι τὸν ὅρκον ἠξίωσεν, and 49, § 52, οὐ γὰρ δήπου ἄνευ γε σταθμοῦ ἤμελλεν οὔθ' ὁ ὑποτιθέμενος (παραλήψεσθαι) οὔθ' ὁ ὑποτιθεὶς τὸν χαλκὸν παραδώσειν.

358 A. ἐρωτῶ, †ὦ†'Ιππία. BT om. ὦ which has dropped out after the -ῶ of the preceding termination; the same has happened and been similarly corrected in 358 E, 359 A.
ὑμῖν. Sauppe reads ἡμῖν against MS. authority. Socrates means that Hippias and Prodicus as well as Protagoras share in the answer, as before, 343 C, they are invited to join in the investigation, and hereafter, 358 D, they are in agreement with the conclusion.
διαίρεσιν τῶν ὀνομάτων. See 337 A, B, C; for παραιτοῦμαι see 320 D.
ὁπόθεν. "Of whatever extraction and of whatever form the name you *rejoice* to designate it by." Socrates plays upon a common formula in which the Greeks deprecated the anger of a god miscalled: *Cratyl.* 400 E, ὥσπερ ἐν ταῖς εὐχαῖς νόμος ἐστὶν ἡμῖν εὔχεσθαι, οἵτινές τε καὶ ὁπόθεν χαίρουσιν ὀνομαζόμενοι; Aesch. *Ag.* 160, Ζεύς, ὅστις ποτ' ἐστίν, εἰ τόδ' αὐτῷ φίλον κεκλημένῳ, τοῦτό νιν προσεννέπω; *Phaedr.* 273 C; *Crit.* 50 A; *Phileb.* 12 C. Orelli (ad Hor. *Carm. Sacc.* 15) says, Πολυωνυμία *numinibus divinis exoptatissima est gloria quam a Iove postulat Diana apud Callim.* Hymn. 3, 6, Δός μοι παρθενίην αἰώνιον, ἄππα, φυλάσσειν | καὶ πολυωνυμίην κ.τ.ἑ., quoting also *Sat.* ii. 6, 20, *Matutine pater seu Iane libentius audis.*

358 B. ὦ βέλτιστε Πρόδικε. A mocking jingle, like ὦ λῷστε Πῶλε in *Gorg.* 467 B. See Thompson *ad loc.*
τοῦτο. "Use that term in answering."
αἱ ἐπὶ τούτου πράξεις. *Actiones huc ducentes*, says Heindorf, and so Kroschel, doubting however if ἐπὶ τούτῳ should not be read in the absence of any expressions more parallel than

those in which ἐπί is constructed with a genitive of place, as Thuc. i. 116, 1, πλεῖν ἐπὶ Σάμου. Perhaps we may translate "actions in this case, in the case of a painless and pleasant existence," comparing *Rep.* iii. 399 A, ἐπὶ πολεμικῶν ἀνδρῶν; v. 460 A, ἐφ' ἑκάστης συνέρξεως; so Sauppe almost, but he compares a genitive of time, ἐπὶ τοῦ σοῦ βίου, *Phaedr.* 242 A.

358 B. **καλαί.** In BT follow καὶ ὠφέλιμοι, which Schleiermacher, Heindorf approving, rejects as confusing the course of the argument. Socrates wishes to prove that those actions which are connected with τὸ ἡδέως ζῆν will be chosen in preference to any others. This he does by extracting the admissions (1) that all such actions are καλός, (2) that, being καλός, they are ἀγαθός, and so ὠφέλιμος; whence it follows directly that they will be chosen by any one who can discern the fact.

358 C. **ἢ ἃ ποιεῖ, καὶ δυνατά.** The almost meaningless reading of BT is ἃ ἐποίει καὶ δύναται. The text is Schleiermacher's correction, adopted by Schanz, Sauppe, Kroschel, Deuschle. Ast proposes to strike out καὶ δυνατά, as repeated by ἐξὸν τὰ βελτίω; but the repetition is quite in accordance with the custom of Plato, and does not require Sauppe's defence that δυνατά means "practicable generally," ἐξὸν τ. β. defining it as practicable for an individual case.

358 D. **ἀντὶ τῶν ἀγαθῶν.** For this condensed form of expression see note on 317 B.

καλεῖτέ †τι† δέος. BT καλεῖτε δέος. The correction is Heindorf's adopted by subsequent editors: cp. 332 A. Schanz (*Nov. Comm.* p. 119) in 1871 refused the correction, quoting *Cratyl.* 399 D, ψυχὴν γάρ που καὶ σῶμα καλοῦμεν τοῦ ἀνθρώπου; pseudo-Plat. *Alc. II.* 145 A, καλεῖς γὰρ δήπου φρονίμους τε καὶ ἄφρονας; but in his 1880 edition adopts it.

προσδοκίαν κακοῦ. *Laches,* 198 B, δέος γὰρ εἶναι προσδοκίαν μέλλοντος κακοῦ; Arist. *Eth. Nic.* iii. 9, διὸ καὶ τὸν φόβον ὁρίζονται προσδοκίαν κακοῦ.

358 E. **δέος, φόβος δ' οὔ.** Shilleto on Thuc. i. 36, 1 supports Prodicus' distinction, translating τὸ δεδιός, "cautious apprehension of danger," and so Ammonius, *s.v.* Δέος, says, δέος καὶ φόβος διαφέρει· δέος μὲν γάρ ἐστι πολυχρόνιος κακοῦ ὑπόνοια, φόβος δὲ ἡ παραυτίκα πτόησις. The distinction, like most, is more honoured in the breach than in the observance.

ἀλλὰ τόδε. Some general expression is to be supplied such as "look at this," "there is this." Krueger (62, 3, 10) quotes several similar instances, among them *Hipp. Mai.* 283 D, τί δῆτ' ἂν εἴη ὅτι ... οὐ πλήρη σε ἀργυρίου ἀπέπεμψαν; ἀλλ' ἐκεῖνο, μῶν μὴ Λακεδαιμόνιοι σοῦ βέλτιον ἂν παιδεύσειαν τοὺς αὑτῶν παῖδας;

359 A. **ὑποκειμένων.** The usual perf. part. pass. of ὑποτίθημι: cp. 339 D.

τὸ πρῶτον παντάπασι. See 330 A, B.

τὸ ὕστερον. See 349 B.

359 B. **ἔτι μᾶλλον.** Sc. θαυμάζω.

ἠρόμην. See 349 E.

359 C. ἀποκρινόμενος. Schanz (*Nov. Comm.* p. 70) quotes several instances of the present used with verbs of remembering, as *Gorg.* 460 C, D; *Charm.* 156 A; *Lach.* 180 E; *Theaetet.* 207 D; Xen. *Anab.* v. 9, 23; Dem. *De F. L.* § 253.

ἐπὶ τί. So BT and modern editors: cp. ἐπὶ τί below, and *Phaed.* 58 C, τί ἦν τὰ λεχθέντα; Bekker and Stallb. in consideration of the plurals, however, read τινα which is written over τί in B.

τὰ θαρραλέα. "Things about which confidence is felt": *Laches*, 194 E, τὴν τῶν δεινῶν καὶ θαρραλέων ἐπιστήμην. Ast gives many instances: *Rep.* v. 450 E; *Laws*, xii. 959 B, etc.

359 D. ἐν οἷς ... τοῖς λόγοις. See on 342 B, and add Riddell, *Digest*, § 216.

ἐπειδὴ τὸ ἥττω εἶναι ἑαυτοῦ κ.τ.ἑ. Ast wishes to strike out these words as out of place and anticipating 360 B. But the sense, however ill expressed, is, No one goes to meet τὰ δεινά if he knows them to be such; if he does go to meet τὰ δεινά, here too it will be through ignorance, just as giving way to one's passions was shown to be ignorance of good and evil. For οὖσα see on 354 C.

359 E. αὐτίκα. In 318 B possibly it also means "for instance." The notion is that the first fact which comes to hand provides an example; the usage is common in Aristophanes, and εὐθύς is sometimes so employed. See Riddell, *Digest*, § 143 γ.

360 A. κάλλιον. Stephanus' correction for κάλον BT.

360 B. οὐκ αἰσχροὺς φόβους. They do of course have an "honest fear" of what is really evil.

εἰ δὲ μὴ αἰσχρά, ἆρ' οὐ καλά; See note on 333 C.

[καὶ οἱ θαρσεῖς]. "The over-confident," the class alluded to above, 350 B, C, as not ἀνδρεῖοι: cp. *Laches*, 197 B. The words are omitted by Dobree, whom Schanz and Sauppe follow. It is not however necessary to assume a correspondence between δειλοί and φόβους, and μαινόμενοι and θάρρη, which is upset by the introduction of θαρσεῖς. Rather all three classes are at fault both in their fear and in their confidence. That θρασύς (or θαρσύς) is a rare word in Plato, and that it does not occur elsewhere in this dialogue, are additional difficulties in the way of regarding it as a gloss.

360 C. ἐπένευσεν. "Nodded assent": he sees defeat imminent and loses his temper; see what Socrates says, *Gorg.* 457 C, D, and notice the ascending scale below, ἔτι ἐπένευσεν—μόγις ἐπένευσεν—οὔτ' ἐπινεῦσαι ἠθέλησεν ἐσίγα τε.

360 D. αὐτός, ἔφη, πέραινον. So Callicles in the *Gorgias*, 506 C, λέγε, ὠγαθέ, αὐτὸς καὶ πέραινε.

360 E. φιλονεικεῖν ... τὸ ἐμὲ εἶναι τὸν ἀποκρινόμενον. Contrast *Rep.* i. 338 A, προσεποιεῖτο δὲ φιλονεικεῖν πρὸς τὸ ἐμὲ εἶναι τὸν ἀποκρινόμενον, which is the ordinary construction of the verb which is intransitive. No other instance in Plato of the direct accusative after the verb (*Gorg.* 457 D is not one) is given by Ast, but Heindorf quotes Thuc. v. 111, 5, τὰ χείρω φιλονεικῆσαι, and the construction is not uncommon with similar words; *Hipp. Mai.* 297 B, σπουδάζομεν τὴν φρόνησιν; after σπεύδειν in 361 A, B, below; Thuc. ii. 53, 4, τὸ μὲν προσταλαιπωρεῖν οὐδεὶς πρόθυμος ἦν; v. 17, 1, προύθυμήθη τὴν ξύμβασιν. Krueger, 46, 6, 3; Jelf, § 560.

360 E. **αὐτὸ ἡ ἀρετή.** Cp. *Cratyl.* 411 D, αὐτὸ ἡ νόησις; *Rep.* ii. 363 A, οὐκ αὐτὸ δικαιοσύνην ἐπαινοῦντα, etc.: lit. "the thing, virtue, by itself." See Stallb. *ad loc.*

361 A. **ἀπετείναμεν.** See on 329 A.

361 B. **πάντα χρήματα.** The argument's comic exaggeration of the position of Socrates at the conclusion.

ἡ ἐπιστήμη ἡ. For ἡ ἐπιστήμη ἢ BT.

ὅλον. Adverbial, "in its entirety": cp. 349 E, and *Meno*, 81 D, τὸ γὰρ ζητεῖν ἄρα καὶ τὸ μανθάνειν ἀνάμνησίς ὅλον ἐστίν; often τὸ ὅλον, as *ibid.* 79 C, ὅ τι ἀρετή ἐστι τὸ ὅλον.

ὑποθέμενος. See 339 D, 359 A.

ἔοικεν σπεύδοντι. A very common idiom in Plato: cp. *Rep.* iii. 414 C, ὡς ἔοικας, ἔφη, ὀκνοῦντι λέγειν; vi. 508 D, ἔοικεν αὖ νοῦν οὐκ ἔχοντι; vii. 527 D, ὅτι ἔοικας δεδιότι τοὺς πολλούς; *Phaed.* 86 D, οὐ φαύλως ἔοικεν ἀπτομένῳ τοῦ λόγου.

361 C. **ἄνω κάτω.** Cp. 356 D.

ἐξελθεῖν. Nowhere else apparently used by Plato in the sense of "proceed," and there is a variant ἐλθεῖν by the second hand of T, which inclines Kroschel to reject the word. Sauppe however quotes Thuc. i. 70, 5, κρατοῦντές τε τῶν ἐχθρῶν ἐπὶ πλεῖστον ἐξέρχονται καὶ νικώμενοι ἐπ' ἐλάχιστον ἀναπίπτουσιν.

μὴ πολλάκις. After μὴ and εἰ, πολλάκις often has the meaning of "perchance": Heind. ad *Phaed.* 60 E, εἰ ἄρα πολλάκις ταύτην τὴν μουσικήν μοι ἐπιτάττοι ποιεῖν, quotes a number of passages, *Laches*, 179 B, 194 A; *Politic.* 283 B; Ar. *Eccles.* 791; Thuc. ii. 13, 1. The origin of the usage is apparently the notion of a common occurrence, frequently reproduced (cp. the German *vielleicht*); so *saepe* in Latin is used with *cum* and *quoniam* in the sense of *ut saepe fit;* see Munro on Lucr. v. 1231, *quoniam violento turbine saepe | correptus nilo fertur minus ad vada leti.*

ὁ Ἐπιμηθεὺς ἐκεῖνος. We must be sure of our ground and call in the aid of Forethought (ᾧ χρώμενος κ.τ.έ.) to order our lives, lest we find that here too Afterthought does us an injury as he did in the fable (321 B ff.)

361 D. **κατ' ἀρχάς.** See 320 B, 335 C, and especially 348 C, D.

συνδιασκοποίην. The aorist is more common in such phrases, but see Schanz, *Nov. Comm.* p. 85.

361 E. **ὧν ἐντυγχάνω.** For τούτων οἷς ἐντυγχάνω: so Aeschin. 2, 117, παρ' ὧν βοηθεῖς οὐκ ἀπολήψῃ χάριν; *Gorg.* 509 A, ὧν ἐγὼ ἐντετύχηκα, but the attraction is rare. Krueger, 51, 10, 3.

τῶν μὲν τηλικούτων. "Among those indeed who are your equals in age, particularly so." Socrates in this dialogue is depicted as still young: see 314 B, 317 C, 320 C.

362 A. **οἷπερ ἔφην ἰέναι.** See 335 C.

362 A. Καλλίᾳ τῷ καλῷ. The term καλός in such contexts is a merely conventional compliment (*vulgare illud Atticae urbanitatis blandimentum*, Heind.) like "our good host": cp. *Hipp. Mai.* 281 A, Ἱππίας ὁ καλός τε καὶ σοφός; *Phileb.* 11 C; *Phaedr.* 278 E; Xen. *Mem.* iv. 2, 1; *Hellen.* ii. 3, 56 (Theramenes' last words), Κριτίᾳ τοῦτ' ἔστω τῷ καλῷ.

ἀπῇμεν. Socrates and Hippocrates.

INDICES

I

ABBREVIATED construction 317 B
Accusative absolute 317 A, 342 C
  Omission of ὄν in . . 323 B
Accusative, Adverbial, 344 D, 350 A
Acumenus . . . 315 C
Adeimantus . . . 315 E
Adverbial phrase as attri-
  bute . . . . 321 B
Adverbs as predicates . 336 B
Agathocles . . . 316 E
Agathon . . . 315 D
  his age in the *Protagoras* p. 33
Alcibiades a model for busts
  of Hermes . . . 309 B
  his age in the *Protagoras* p. 33
  his wife . . . 311 A
Alcibiades I., Position of
  the . . . pp. 21, 45
Anacoluthon 317 A, 327 E, 341 A
Andron . . . 315 C
Answers, Prep. omitted in . 355 C
Antecedent, Attraction of,
  into rel. clause 342 B, 359 D
Antimoiros . . . 315 A
Aorist, Meaning of . . 342 E
  and imperfect distin-
  guished . . . 313 A
  and present optative in
  protasis and apodosis . 312 D
  Idiomatic use of, in
  questions . . . 310 A
  participle, meaning of . 320 C
Apodosis supplied in an
  answer . . . 311 E

Aristotle, his estimate of
  Plato's style . . p. 17
Article, The, as demonstra-
  tive . . . . 320 D
  Generic . . . . 322 A
  Same forms of, not written
  consecutively 310 E, 319 D
  prefixed to a clause, 331 C, 333 A
  with τις . . . 349 E
  Omission of, 313 D, 314 A, 357 A
  omitted with an infinitive 340 C
Asclepiadae, The . . 311 B
Asyndeton . 317 D, 327 E
in epexegesi . { 335 A, 341 E
  { 343 B, 348 A
Athenaeus on the date of
  the *Protagoras* . pp. 32, 33
Athens, Protagoras at . p. 1
Attraction, Gender changed
  by . . . . 354 C

B (Codex Clarkianus) . p. 51
Bias . . . . 343 A
Bodleianus codex . . p. 51
Bonitz's view of the *Pro-
  tagoras* . . . p. 8
Brachylogy 317 B, 330 C, 358 D

CALLAESCHRUS . . 316 A
Callias an entertainer of
  the Sophists p. 34, 315 D
  his family . . . 311 A
Cardinal virtues . . p. 45

Ceos, morality of its inhabitants . . . 341 E
Charmides . 315 A, 316 A
Charmides, Position of the pp. 21, 45
Chilon . . . . 343 A
Cicero, Rendering of passages by . . 309 A, 337 B
Clarkianus codex . p. 51
  Authority of, depreciated 309 A
Cleinias . . . . 320 A
Cleobulus . . . . 343 A
Colloquial style imitated . 324 E
  Socrates' . . . 311 B
Combined expression governing the accusative . 327 A
Comparisons, Pleonasm in . 344 C
Compound alternating with simple verb . . 328 E
Conditional sentences, Irregular . 334 B, 340 E
Constructio compendiaria . 317 B
Convention disregarded by Sophists . . . 337 D
Co-ordination of dissimilar clauses . . . 336 A
Crison . . . . 335 E
Critias . . . . 316 A

Damon . . . . 316 E
Derivation, Incorrect . 312 C
Dialogue form of Platonic compositions, reasons for . . . . p. 18
Dissimilar expressions connected . 345 C, 356 A
Dramatic nature of the Platonic dialogues . p. 6
  of the *Protagoras*, various testimonies to . pp. 18, 19
Draughts, Metaphors from 355 A
Dual, Irregular use of . 317 E
  No distinction between masculine and feminine in . . . . 314 D

Education, Athenian, p. 15, 312 B
  Greek . . . . 325 C
  Higher . . . . 318 E
Elements, Transmutation of the . . . 320 D

Ellipse of sentence . . 311 D
  Case of peculiar 357 E, 358 E
Epimetheus • . . . 320 D
Eryximachus . . . 315 C
Eupolis, mention of Protagoras by . . . p. 1
Eurybatus . . . . 327 D
Euthyphro, position of the. p. 21

Final conjunctions with past tense of indicative 335 C
Flute-girls at feast . . 347 C
Foreigners, Intolerance of, in Greek states . . 342 C
Future, Third . . . 338 B

Games of hazard, Metaphors from . . 314 A
Gender, Irregularity of . 315 E
  351 A, 354 C
Generic use of words without article . . . 322 D
Genitive as predicate 324 C, 343 E
  of exclamation . . 341 B
  of general connexion . 321 C
  327 A, 329 B
  with adverb of time . 326 C
Genitives, Order of . . 343 B
Glaucon . . . . 316 A
Gorgias . . . . p. 16
Gorgias, Position of the . p. 44
Grammar, Formal, disregarded . 330 D, 331 A
Grote's estimate of Plato's style . . . . p. 17
  view of the *Protagoras* . p. 6

Hedonism, Dr. Martineau on . . p. 42, note 3
Heracleitus, coupled with Protagoras . . . p. 2
Herodicus . . . . 316 E
Hippias . . . . 314 B
  his attainments . . 315 C
  his conceit . . . 347 B
  his literary criticism . 339 A
  his style . . . . 338 A
Hippias Maior, Position of the . . . pp. 21, 45
Hippocrates of Cos . . 311 B
Hipponicus . . . . 311 A

INDICES

Homer read in schools . 325 E
Iccus . . . . 316 E
Ideal theory, Traces of, discovered in the *Protagoras* by Schleiermacher . . . p. 5
Imperative, Singular, with plural subject . . 311 D
Indicative in subordinate clause of *or. obliqua* . 318 B
Infinitive after ὀνομάζω, etc. 311 E
after παρέχω . . . 312 B
Limitative, with ἑκών, etc. 317 A
in sub-oblique clauses . 353 A
Ion, Position of the . . p. 21

LACHES, Position of the, pp. 21, 45
Laconic utterances . . 342 D
Lesbos, Aeolic dialect in . 341 C
Liberales artes . . . 312 B
Logic, Laws of, violated by Plato . . 333 C, 350 B
Lysis, Position of the pp. 21, 45

MEINARDUS' view of the *Protagoras* . . . p. 8
Meno, Position of the pp. 21, 45
Metaphors from games of hazard . . . 314 A
MSS. of Plato . . . p. 50
Musaeus . . . . 316 D
Music, Effect of, on the soul 326 B
Metaphors from . . 333 A
Myson . . . . 343 A
Myth, The, in the *Protagoras* . . . p. 11
The Platonic . . . 320 C

NEC . . . ET = οὔτε . . . τε 309 B
Number, Change of {319 D, 324 B / 334 C, 345 D}
Irregularity of . . 359 C

OBJECT of the *Protagoras* . p. 4
Indications of, from the dialogue itself . . p. 9
Grote's view . . . p. 6
Meinardus' view . . p. 8
Sauppe's view . . . p. 8
Schleiermacher's view . p. 4
Schöne's view . . . p. 6

Object of the *Protagoras*—
Stallbaum's view . . p. 21
Steinhart's view . . p. 21
Westermayer's view p. 22, note
Oenoe . . . . 310 C
Oral nature of Plato's teaching . . p. 7 and note 1
Oratio obliqua, tendency to pass into *or. rect.* . . 317 E
Orpheus . . . . 316 D
Orthagoras . . . 318 C
Oxoniensis codex . . p. 51

PAGING, Marginal . p. 57, note
Participle, Omission of, in accusative absolute . 323 B
omitted after τυγχάνειν . 353 A
Pausanias . . . . 315 D
Payment of Sophists . . 328 B
Perfect denoting rapidity . 328 B
Pericles, his education of his sons . . . 319 E
his fortitude commended by Protagoras . . p. 1
living at time of the *Protagoras* . . . p. 33
Protagoras a friend of . p. 1
taught music by Damon 316 E
his wife . . . . 311 A
Perictione . . 315 A, 316 A
Phaedros, Object of the pp. 4, 6
Phaedrus . . . . 315 C
Pheidias . . . . 311 C
Pherecrates . . . 327 D
Ἄγριοι of . . pp. 33, 34
Philosophy, The study of, to be limited . . 318 E
Phrynondas . . . 327 D
Pittacus . . . . 339 C
Plato, his dramatic bent . p. 16
his poetical license . . p. 2
oral nature of his teaching p. 7 and note 1
Platonic views in the mouth of Protagoras . . p. 6
Pleasurable identified with good . . . . p. 7
Pleasure, Kinds of . . 351 D
Pluperfect, Augment in the 335 D
termination of 1st sing. of 335 D
Poetry learnt in schools . 325 E

Poets, Exegesis of, by
  Sophists . . pp. 13, 49
Police . . . . 319 C
Polycleitus . . . 311 C
Pregnant construction . 311 A
Present and aorist optative
  in protasis and apodosis 312 D
Present denoting attempted
  act . . 317 A, 320 A
Prodicus . . . . 314 B
  his delicate health . . 315 D
  his lectures . . . 337 A
Prolepsis . . 327 C, 345 C
Prometheus, fable of . . 320 D
Pronoun, Change of . . 309 B
              318 C, 343 C
  Omission of . . . 310 E
  irregularly in attributive
    position . . . 313 B
  neuter, in apposition to a
    sentence . . . 310 E
Protagoras at Athens. . p. 33
  his age . . . . p. 2
  charged by Aristotle with
    immoral teaching . p. 3
  The discourse of . . p. 11
  his disregard of convention 337 D
  Life of . . . . p. 1
  his literary criticisms . 339 A
  paid for teaching . . p. 4
  his philosophy . . p. 3
  his scepticism . . p. 2
  Seclusion of . . . 311 A
Protagoras and *Gorgias* com-
  pared . . . . p. 42
  Date of composition of . p. 45
  The excellence and dram-
    atic nature of . . p. 18
  Object of the . . . p. 4
  Position of the . . p. 44
  Title of the . . . p. 4
  Views expressed in, after-
    wards modified . . p. 44
Protases accumulated, 311 B, 323 B
Punishment, Rationale of . 324 B
Pythocleides . . . 316 E
Pythodorus accuser of Pro-
  tagoras . . . p. 2

QUESTION addressed by
  speaker to himself . 343 B

REASONING, Vicious, by
  Plato . . . . 333 C
Reflexive pronouns, Inver-
  sion of order in . . 309 A
  Omission of . . . 348 A
  Third person of, for first
    and second . . 312 A
Relative and demonstrative,
  connexion between . 313 B
  attraction, irregular . 317 C
              323 B, 361 E
  construction, irregularity
    in . 313 B, 315 A, 325 A
  in apposition . . . 313 A
  with subjunctive (with-
    out ἄν) . . . 345 D
Remembering, verbs of,
  with present . . 359 C
Repetition of words . . 314 A
Rhetoric taught by Pro-
  tagoras . . . p. 3

SAUPPE's view of the *Pro-
  tagoras* . . . p. 8
Schanz on the MSS. of Plato p. 50
Schleiermacher's views about
  the *Protagoras* . . p. 4
Schöne's explanation of the
  dialogue form in Plato's
  compositions . . p. 18
  view of the *Protagoras* . p. 6
School, Age for going to . 325 D
Sentences, Dissimilar, co-
  ordinated . . . 321 A
Simonides . . . 339 A
  his adulation of the great 346 B
  his birthplace . . 339 E
  not a pure Attic writer . 341 C
Simonides' poem, Purpose
  of . . . . p. 12
  Bergk's version . . p. 47
  Blass' version . . p. 48
  Sauppe's version . . p. 49
  Schneidewin's version . p. 46
Sisyphus, Protagoras likened
  to . . . . 315 B
Socrates accused of atheism 315 C
  his age in the *Protagoras*
                   pp. 2, 33
  Autobiographical state-
    ments of, in *Phaedo* . p. 16

INDICES

Socrates, Colloquial style of, 311 B
  disclaims a contentious
    spirit . . . . 348 C
  his habit of absorption . 314 C
  Identification of virtue
    and knowledge by . p. 20
  Paradox of, that "no one
    sins wittingly" . . 345 D
  his penetrating gaze . 311 B
  his public life . . 311 A
  a pupil of Prodicus . 337 A
  his teaching . . . p. 20
Socratic dialectic, The . p. 20
"Socratic" dialogues . p. 44
Sophists, The . p. 15, note 2
  and conventional moral-
    ity . . . . p. 15
  Declamatory style of . p. 5
  a dramatic necessity in
    the *Protagoras* . . p. 16
  Followers attracted by . 315 A
  Payment of . 310 D, 328 B
  Prominence of, in the
    Protagoras . . pp. 13, 14
  Rhetoric taught by . 312 D
  teachers of πολιτικὴ ἀρετή 318 E
  unpopular . . . 316 D
Spiritus asper or *lenis* con-
  fused in B . 309 A, 310 C
    314 E, 316 A, 355 A
Stephanus' edition of Plato
    p. 57, note
Style the criterion of date in
  the dialogues . . p. 6
Symposium of Xenophon 311 A

T (Codex Venetus, append.,
  class 4, cod. 1) . . p. 53
Tantalus, Prodicus likened
  to . . . . 315 C
Temporal sentences, co-or-
  dination of . . . 316 A
Thales . . . . 343 A

Theaetetus, The, contrasted
  with the *Protagoras* . p. 14
Thebans skilled in flute-
  playing . . . 318 C
Third person of reflexive
  pronoun for first and
  second . . . 312 A
Thrasyllus, his classifica-
  tion of the Platonic dia-
  logues . . pp. 4, 17
Thurii, laws drawn up for,
  by Protagoras . . p. 1
Title of the *Protagoras* . p. 4
Titles, Alternative, of the
  dialogues . . . p. 4
  of gods . . . 358 A
Transgressio verbi . . 343 E
Trilogies, Arrangement of
  dialogues in . . p. 17
Tubingensis codex . . p. 51

VATICANUS Δ codex . . p. 51
Venetus II codex . . p. 51
Verb omitted after μήπω
  (μή) . . . . 311 A
Singular, with plural sub-
  ject . . . . 311 D
Virtue and knowledge iden-
  tified by Socrates . p. 20
is knowledge, Truth of
  the proposition . . p. 23
Two kinds of, p. 11, note 1, and
    p. 45, 319 A
Virtues, the, Number of . p. 45

WORDS coined by Plato . 356 A
Written instruction depre-
  ciated . . . p. 7, 329 A

XENOPHON'S picture of So-
  crates . . . . p. 20

ZEUXIPPUS . . . 318 B

II

ἀγοραῖος	347 C
Ἄγριοι, the, of Pherecrates pp. 33, 34,	327 D
ἀγωνιᾶν	333 E
ἀδικεῖν = ἠδικηκέναι .	310 D
ἀδύνατος, etc., with accus.	335 C
ἀλλά = "yet" . .	353 A
for ἀλλὰ καί . .	319 D
ἀλλὰ δή = at enim .	338 C
ἀλλ' ἦ	329 D
ἀλλ' ἦ	309 C
ἀλλ' οὖν . . . γε .	327 C
ἄλλο τι	353 C
ἀλλόκοτος . . .	346 A
Ἄμφις = Ἀμφίδραος .	318 B
ἀμφισβητεῖν and ἐρίζειν	337 B
ἄν omitted with pres. or aor. infin. after νομίζω, etc.	316 C
omitted with relatives	345 D
pleonasm of . .	354 A
supplied from context	356 D
ἄν = ἃ ἄν . . .	352 C
ἀναβολή	342 C
ἀνάγκη μάχεσθαι (proverb)	345 D
ἀναλογίζεσθαι . .	332 D
ἀναξία = "inferiority" .	356 A
ἀνατίθεσθαι . . .	355 A
ἀνδρεία or ἀνδρία .	310 D
ἀνῆκεν (ὕπνος) . .	310 D
ἀνήρ (εἰς ἄνδρας ἐγγράφεσθαι)	309 A
with another substantive	319 A
ἀνομολογεῖσθαι . .	332 C
ἀντιποιεῖσθαι . . .	336 C
ἀνωφελής	334 A
ἄξιος = "cheap" . .	347 C
ἀπαλλάσσεσθαι (ἐκ) .	326 C
ἀποδέχεσθαι . . 319 C,	324 C
ἀποκρίνεσθαι, construction after	336 A
ἀποκρύπτειν (γῆν) . .	338 A
ἀποπειρᾶσθαι . . .	311 B
ἀποτείνειν . . .	329 A
ἀποφαίνεσθαι . . .	337 E
ἄρα animi dolorem significans	325 C
displacement of .	355 B
retained in or. obl.	322 C

ἆρα = nonne . . .	313 C
ἆρ' οὐ	313 C
Ἀρετή identified with ἡ πολιτικὴ τέχνη p. 11, note 1	324 A
ἀριθμητική . . .	357 A
ἁρμονία	326 B
Ἄρτεμις, derivation of .	312 C
ἀρχή with object. genitive .	354 B
ἀσέβεια	324 A
ἀτὰρ οὖν δή . . . γε	327 C
αὔλεια θύρα . . .	314 C
αὐλή	314 C
αὐξάνειν	327 C
αὐτὰ ταῦτα . . .	310 E
αὐτίκα = "for instance" .	359 E
αὐτό in apposition = "by itself"	360 E
αὐτὸ δείξει, etc. . .	324 A
αὐτός = "master" . .	314 D
= solus . . .	309 A
and ἐκεῖνος with same reference . 309 B,	318 C
ἄφετος	320 A
βάθρα . . . 315 C,	325 E
βαθύς (of seasons) . .	310 A
βελτίων οὐδενός . .	324 D
γάρ	328 E
introducing a narration .	319 B
γὰρ ἄρα	315 C
γίγνεσθαι = "pass," of time	320 A
γιγνώσκω for ἔγνωκα .	313 B
γνῶθι σαυτόν . .	343 B
δᾳδοῦχος	311 A
δ' ἄρα	325 C
δέ clause omitted . .	347 E
iterative, or in apodosi .	313 B
325 C,	326 D
δεῖ, Nom. of subject with .	316 C
with genitive followed by infinitive . . .	329 B
δεινός and σοφός combined .	341 A
δείξει (αὐτό) . . .	324 A
δέος and φόβος . .	358 E

INDICES

δεῦρο	311 A
δή (ironical) . . .	320 A
with pronouns .	316 B
δῆθεν	320 A
δηλοῖ (αὐτό) . . 324 A,	329 B
δῆλον (or δῆλα) ὅτι . .	309 A
δημηγορεῖν	336 B
διά in composition . .	335 E
with genitive . . .	323 A
διαθεῖν	335 E
διάθεσις	344 C
διαιρεῖν	339 A
διακινδυνεύω with infinitive	313 A
διαπεραίνω	314 C
διασκοπεῖν	311 B
διατελεῖν, Participle omitted after	345 C
διατρίβω with accusative .	316 A
διαφέρειν (with infinitive) .	328 B
διαφερόντως with superlative	349 D
διδάσκειν = "correct" .	323 D
= διδάσκεσθαι . .	324 D
δικαιότης . . 331 B,	356 A
δοκεῖ used parenthetically .	314 C
δοκεῖν pleonastic . .	341 D
δοκῶ with present or future infinitive . . .	340 A
δολιχοδρόμος . . .	335 E
δόλιχος	329 B
δόξαν, accusative absolute with plural pronoun .	314 C
δύνασθαι = significare . .	324 A
ἐὰν περί	347 C
ἑαυτόν not used in sing. for first and second persons	312 A
ἐγγίγνεσθαι . . .	339 E
ἐγκλῆω	314 D
εἰ . . . ἄν with optative .	329 B
εἶεν	311 D
εἰμί, Second person of, omitted	351 E
εἶναι, limitative, with ἑκών, etc.	317 A
εἰπεῖν for λέγειν . .	329 A
εἰς (τοὺς Ἕλληνας) . .	312 A
εἰσί, Ellipse of . . .	324 E
εἶτα after participles .	341 E
εἶτ' οὖν	333 C
ἐκ = after	310 D
ἐκ, of position or direction .	314 E
ἐκ παίδων	325 C
ἐκ τοῦ ἐπὶ θάτερα . .	314 E
ἐκεῖ	323 B
ἐκεῖνος and αὐτός with same reference . . 309 B,	318 C
ἐκκρούειν	336 C
ἐκπέρθειν	340 A
ἐκτείνειν πάντα κάλων .	338 A
ἐκτῆσθαι	340 D
or κεκτῆσθαι . . .	319 A
ἐλεύθερος = "liberal" . .	312 B
ἔμπορος	313 C
ἐν = "before" . . .	355 D
with genitive . .	320 A
with note of time .	318 A
ἐν τῇ τέχνῃ . . .	317 C
ἐν τούτῳ εἶναι = "to depend on this" . . .	310 D
ἐνάμιλλος	316 B
'Ενδεικτικός, p. 4	
ἔνδον with genitive . .	320 D
ἕνεκα τούτου . . .	346 D
ἐνταῦθα	323 B
ἐντείνειν	326 B
ἐξαίρεσθαι	319 C
ἐξελθεῖν = "proceed" . .	361 C
ἑξῆς	314 E
ἕξις	344 C
ἔοικα used personally and impersonally . .	313 C
with dat. of participle .	361 B
ἐπάγεσθαι	347 E
ἐπαίνημι	346 D
ἔπαινον παρέχειν . .	339 D
ἐπεί = "although," by an ellipse	317 A
ἐπειδὰν θᾶττον . . .	325 C
ἔπειτα after πρῶτον μέν .	322 A
ἐπεξέρχεσθαι . . .	345 D
ἔπη = "poetry" . . .	339 A
ἐπί, with accusative of time	328 D
with genitive . . .	358 B
with dative . . .	312 B
with genitive or dative = "in the case of" .	325 B
with καλεῖν, etc. . .	355 E
ἐπὶ πλεῖστον . . .	345 C
ἐπιβουλεύειν with infinitive	343 C
ἐπιδεικνύναι . . .	320 C
ἐπιδιδόναι	318 A

222 PROTAGORAS

ἐπιλείπειν = "to leave untouched"	.	310 E
ἐπιπλήσσω	.	327 A
ἐπιστάτης	.	338 A
ἐπιτρέπω	.	320 A
ἐπιψηλαφᾶν	.	310 C
ἔπος εἰπεῖν (ὡς ἔπος εἰπεῖν, etc.)	.	317 A
ἐραστής = "admirer"	.	317 C
ἔρχεσθαι = "return"	.	310 C
with future participle	.	311 B
ἐστι, Ellipse of	.	324 E
ἔστιν οἵ, or εἰσὶν οἵ	.	321 B
ἔτι (implying an obstacle)	.	310 C
ἔτι δή	.	324 C
εὔθυνα	.	326 D
εὐμάρεια or εὐμαρία	.	321 A
εὐφήμει	.	330 D
εὐφραίνεσθαι	.	337 C
ἔχε	.	349 E
ἔχεσθαι with genitive	.	324 D
ἕως	.	325 C
ἦ = eram	.	310 E
ἡγεῖσθαι = "think right to"	.	346 B
ἡδύ and ἀγαθόν identified	.	p. 7
Relations of, in the *Gorgias*	.	p. 38
Relations of, in the *Memorabilia*	.	p. 37
Relations of, in the *Philebus*	.	p. 39
Relations of, in the *Protagoras*	.	p. 35
Relations of, in the *Republic*	.	p. 41
ᾔειν	.	310 B
ἡμεροδρόμος	.	335 E
ἦν = "there was"	.	315 E
ᾑρήσεται	.	338 B
ἠτιμώσομαι	.	338 B
Ἥφαιστος, Derivation of	.	312 C
θαρραλέος	.	359 C
θάρρει (parenthetical)	.	311 A
θᾶττον for τάχιστα with ἐπειδάν, etc.	.	325 C
θαυμάζω, Construction after etc., with genitive	.	312 C, 329 C
θαυμασίως γίγνεσθαι	.	325 B
θόρυβος	.	339 D
θρασύς	.	360 B

θρόνος (a master's seat)	.	315 C
θυρωρεῖον	.	314 C
ἰᾶσθαι (κακὸν κακῷ)	.	340 E
ἰδιωτεύειν with genitive	.	327 A
ἰδιώτης	.	312 B, 327 A
ἰέναι, Compounds of, used intransitively	.	336 A
Ἴκκου δεῖπνον	.	316 E
ἰλιγγιᾶν	.	339 E
ἱμάντες	.	342 B
ἵνα with past tense of indicative	.	335 C
ἴσος and κοινός	.	337 A
ἴτης	.	349 E
Ἶφις = Ἰφιγένεια	.	318 B
καθαιρεῖν	.	343 C
καθέδρα	.	315 C
καθίζεσθαι or καθέζ.	.	317 D
καί omitted after ἀλλά	.	319 D
intensive	.	315 D, 329 A
καὶ γάρ	.	328 E
κάλλος (beauty of form)	.	309 A
καλλωπίζεσθαι	.	333 D
καλός, sarcastic	.	319 A
complimentary	.	362 A
κάλων πάντα ἐκτείνειν	.	338 A
κάμπτεσθαι	.	320 A
κἂν εἰ	.	311 B
κάπηλος	.	313 C
καταβάλλειν, of wrestling	.	344 C
κατατείνειν	.	329 B
κατατιθέναι (of money)	.	314 B
κατατίθεσθαι	.	320 A
= "put away"	.	348 A
Κεῖος	.	341 E
κεκτῆσθαι or ἐκτῆσθαι	.	319 A
Κεραμῆς	.	315 D
κηλεῖν	.	315 A
Κήρυκες	.	311 A
κινδυνεύειν with infin.	.	313 A, 314 D
κλήω	.	314 D
κοινόν, τό	.	319 D
κοινός and ἴσος	.	337 A
κολάζεσθαι and τιμωρεῖσθαι	.	324 C
Κόλακες of Eupolis, p. 1		
κολούειν	.	343 C
κολυμβᾶν	.	350 A
κυνηγέσιον (metaphorical, of love)	.	309 A

INDICES

λακωνίζειν . . . . 342 B
λέγοις ἄν ("pray, speak") . 317 E
Λήναιον . . . . 327 D
λογιστική . . . . 357 A
λόγος and μῦθος . . . 320 C
λύειν (λόγον) . . . 333 A

μαίνομαι, εἰ μή . . . 349 E
μᾶλλον = plus iusto . . 346 B
μεγέθη . . . . 356 C
μειράκιον with masculine
  adjective . . . 315 E
μέλον, μεμεληκός . . 339 B
μέν omitted 310 A, 330 A, 331 B
  concessive . . . 313 A
  Repetition of . . . 313 B
  Original meaning of . 344 A
  unanswered by δέ 344 A, 347 E
μέντοι in questions . . 309 A
  = vero . . . . 339 E
μέσον (τέμνειν) . . . 338 A
μεταλαμβάνειν . . . 329 E
μεταπέμπεσθαι . . . 319 B
μετατίθεσθαι . . . 355 A
μετέωρα, τά . . . 315 C
μέχρι οὗπερ = "so long as" . 325 C
μή (μήπω), Verb omitted
  after . . . 311 A, 318 B
  or οὐ with infinitive after
  νομίζω, etc. . 317 A, 319 B
μή . . . ὅτι . . . 319 D
μὴ οὐ . . . . 352 D
  with indic. or subjunct. . 312 A
μηδὲν ἄγαν . . . 343 B
μήν . . . . . 344 A
μουσική . . . . 340 A
μῦθος and λόγος . . 320 C

ν (ἐφελκυστικόν) . . . 310 B
νέμειν = νομίζειν . . . 339 C
νέος (νεώτερος) = "untoward" 310 B
νοῆσαι and ὀνῆσαι confused . 328 B
νόσος, of a person . . 322 D
νύκτες, of the "watches" { 310 A
{ 310 D
νῦν δέ, followed by apparent
  aposiopesis . . . 347 A
νῦν δή . . . . 329 C

ξενηλασία . . . . 342 C

οἶμαι, introducing a paren-
  thesis . . . . 314 C
Ὀλύνθη . . . . 310 C
οἷον = "for instance" . . 346 A
ὅλον, adverbial . . . 361 B
ὅλος, in attributive position 313 B
ὁμοῖον ὁμοίῳ . . . 337 D
ὁμολογεῖν, ὁμολογεῖσθαι . 339 C
ὄν omitted with adjectives
  in accus. absolute . 323 B
ὀνῆσαι and νοῆσαι confused . 328 B
ὄνομα = "reputation" . . 335 A
ὀνομάζω with infinitive . 311 E
ὅπως (modal) or ὅπως ἄν . 319 B
ὅπως μή (with ellipsis of ὅρα),
  construction after . 313 C
ὁρᾷς, parenthetically . . 336 B
ὄρθριος agreeing with subject 313 B
ὅσον with infinitive . . 334 C
ὅ τι μαθών . . . . 353 D
ὅτι introducing or. rect. . 317 E
οὐ after εἰ (εἴτε) . . . 313 A
  Pleonasm of . . . 350 D
  with infin. after νομίζω,
    ἡγεῖσθαι, etc. . . 317 A
οὐ μέντοι for οὐ δέ . . 343 E
οὐ πάνυ . . . . 321 B
οὔ τι = ne . . . point . 317 A
οὐδενὸς βελτίων . . . 324 D
οὖν (εἴτ' οὖν) . . . 333 C
  retained in or. obl. . . 322 C
οὔτε . . . τε . . . 309 B
οὗτος in attributive position 313 B
  resumptive . . . 316 D
  pleonastic . . . 339 D
οὕτω recapitulatory . . 310 D
  displaced . . . 329 A
  orthography of . . 331 C
οὕτω δή = ita demum . . 310 D
οὐχ ὅτι . . . . 336 D

πάνυ οὐ . . . . 321 B
παρά . . . . . 325 D
παραδιδόναι . . . 320 A
παραιτεῖσθαι . . . 320 D
παραμυθεῖσθαι . . . 346 B
παρατάσσεσθαι . . . 333 E
παραχωρεῖν with genitive . 336 B
παρέχειν, Reflexive omitted
  after . . . . 348 A
  infinitive after . . 312 B

πᾶς (ἅπας) used adverbially 317 B
πάσσοφος . . . . 316 A
πέλαγος (λόγων) . . . 338 A
περί, after expressions of
  "fear," with genitive
  or dative . . . 322 B
περὶ ὀνομάτων ὀρθότητος,
  Lectures by Prodicus . 314 B
περιττοῦ, ἐκ . . . 338 B
πλεῖστον, ἐπί . . . 345 C
πολιτικὴ ἀρετή . . . 319 A
πολιτικὴ τέχνη, taught by
  Protagoras . . pp. 3, 11
  identified with ἀρετή p. 11, n. 1
πολλάκις after εἰ or μή . 361 C
πολλοί τινες . . . 315 D
πολυωνυμία . . . 358 A
πόρρω (with genitive) . . 310 D
ποτε = tandem aliquando . 314 E
πρᾶγμα . . . . 331 A
  of a person . . . 312 C
  in apposition to an abstract noun . . 326 E
πράττειν = "share in government" . . . 317 A
πρόθυρον . . . . 314 C
προκαλύπτεσθαι . . . 316 D
πρός with genitive . . 336 D
πρὸς λόγον . 343 D, 344 A, 351 E
πρόσθεν, εἰς τό . . 339 D
προσποιεῖσθαι . . . 323 B
προστῷα . . . . 314 C
πρυτανεῖον . . . . 337 D
πρυτάνεις . . . . 319 C
πρύτανις . . . . 338 A
πρωαίτατα with genitive . 326 C
πρῴην (day before yesterday) 310 B

ῥαβδοῦχος . . . . 338 A
ῥητορική = ὀψοποιική . . 314 A
ῥώμη = "determination" . 311 B

σκίμπους . . . . 310 C
σκοταῖος agreeing with
  subject . . . 313 B
Σκύθαι . . . . 319 C
σοφά, τά . . . . 312 D
Σοφισταί, alternative title
  of the dialogue . . p. 4
σοφιστής, Derivation of . 312 C

σοφιστής, wide application
  of the term . . 316 D
σοφός, Accusative after . 312 D
  and δεινός combined . 341 A
σπεύδειν with accusative . 360 E
συγγίγνεσθαι of master and
  pupil . . . . 313 B
συγκαθιέναι (intrans.) . 336 A
σὺν θεῷ εἰπεῖν . . . 317 C
συναγείρειν . . . 328 D
συνέδριον . . . . 317 D
συνειδέναι . . . . 348 B
συνεῖναι (συνουσία) of master
  and pupil . . . 313 B
συνεστραμμένος (of style) . 342 E
σχεδόν . . . . 348 C
σχηματίζεσθαι . . . 342 B
σχολῇ . . . . 330 E
σχόμενος . . . . 321 D

ταὐτὰ ταῦτα (adverbial
  accusative) . . 318 A, 344 D
ταὐτόν, Orthography of . 334 C
τε answering οὔτε . . 309 B
  Displacement of, 325 B, 336 C
  attached to first of two
  persons addressed . 336 D
τε . . . δέ . . . 317 D
τέμνειν (μέσον) . . . 338 A
τετράγωνος . . . 339 B
τέχναι = "lessons" . . 318 E
τί . . . εἰ ("what if?") . 312 D
τίμιος = "dear" . . . 347 C
τιμωρεῖσθαι and κολάζεσθαι . 324 C
τις, omission of 317 B, 318 E
  with article . . 349 E
τὸ δέ = " whereas " . . 344 E
τοι . . . . . 346 C
  with pronouns . . 316 B
τοιοῦτος . . . οἷος . . 330 C
τοξόται . . . . 319 C
τοσοῦτον or τοσοῦτο . . 314 B
τοσοῦτος = " so little " . 318 A
τούτου ἕνεκα . . . 346 D
τρέφειν . . . . 327 C
τρίβων . . . . 335 D
τυγχάνειν, Part. omitted
  after . . 313 E, 353 A
τύπος . . . . 344 B

υἱέος or ἱέος . . . 309 C

INDICES

ὑμνεῖν	. . .	317 A
ὑπειπεῖν	. .	326 D, 343 E
ὑπερβατός	. . .	343 E
ὑπερευρύβατος	. . .	327 D
ὑπό after active verb,	310 C, 337 E	
in composition	. .	309 A
	326 D, 349 C	
ὑπογράφω	. . .	326 D
ὑποδέω	. . .	321 B
ὑποκηρύσσεσθαι	. .	348 E
ὑπόλογος	. . .	349 C
ὑποπίμπλημι	. .	309 A
ὑποτείνω	. . .	326 D
ὑποφαίνω personal and impersonal	. .	311 E
φιλονεικεῖν with accusative	360 E	
φιλοσοφία	. . .	335 D
φιλόσοφος	. . .	335 D
φίλτατα, τά	. .	314 A
φόβος and δέος	. .	358 E
φοιτᾶν	. . .	314 D
φύσις and νόμος	. .	337 D
φωνή = "dialect"	. .	341 B
Χηνεύς	. . .	343 A

χορός, The tragic	. .	315 B
χρῆσθαι with adverbial accusative	. .	321 C
χωρίς as predicate	. .	336 B
ὧδε = δεῦρο	. .	328 D
ὥρα (beauty of colouring)	.	309 A
ὡς	. . .	327 C
modificatory, in combination with the infinitive	.	309 A
Position of, in comparisons	. .	337 E
with accusative absolute	.	342 C
= ὅτι οὕτως	. .	334 C
= ὥστε	. . .	330 E
ὡς . . . αὔτως and ὡσαύτως	313 E
ὡς δή (sarcastic)	. .	342 C
ὡς ἔπος εἰπεῖν	. .	317 A
ὥς	. . . 326 D,	338 A
ὥσπερ, Construction with	.	341 A
= "as it were"	. .	346 A
ὥσπερ ἄν εἰ	. .	311 B
ὥστε after an adjective	.	314 B
after δύνασθαι, etc.	.	338 C
ὦτα καταγνυσθαι	.	342 B

III

Table of references to passages from other dialogues cited in the notes. The dialogues determined to be spurious by the Zürich editors are marked with an asterisk.

Alcibiades I.	Protagoras.	Apology.	Protagoras.
105 A	. . 325 C	19 E	. 315 A, 327 C
109 B	. . 349 E	20 A	. 313 A, 315 D
109 D	. . 314 D	20 D	. 314 D, 335 A
113 D	. . 347 C	21 C	. . . 311 B
118 C	. . 316 E	23 A	. 311 E, 344 E
*Alcibiades II.		25 B	. . . 340 E
140 A	. . 348 C	25 D	. . . 345 D
145 A	. . 358 D	26 A	. . . 323 D
Apology.		27 D	. 317 A, 343 E
17 A	310 C, 329 C	29 B	. . . 318 E
18 D	. . 325 B	29 D	. . . 312 D
18 E	. . 311 D	33 B	. 312 B, 348 A
		34 C	. . . 325 C

Q

Apology.	Protagoras.	Critias.	Protagoras.
34 E	. . . 333 C	114 A	. . 354 B
36 B	. . . 353 D	119 D	. . 320 A
36 D	. . . 312 B	*Crito.*	
37 D	. . . 325 C	43 A	. . . 314 D
38 B	. . . 347 A	43 D	. . . 344 A
39 A	. . . 317 B		⎧ 328 E
40 D	. . . 319 D	44 D	⎨ 335 C
41 A	. . . 316 D		⎩ 353 A
41 C	. . . 329 B	45 D	. . . 353 A
43 D	. . . 315 C	46 B	. . . 330 C
		47 C	. . . 357 A
Charmides.		48 C	. . . 342 B
154 E	. . . 310 A	50 A	. . . 358 A
156 A	349 E, 359 C	50 C	317 E, 329 C
158 E	. . . 346 D	51 A	. . . 338 C
159 B	. . . 309 A	53 D	. . . 325 C
162 C	. . . 333 E	54 A	. . . 338 C
163 D	. . . 337 A	54 B	314 A, 325 C
164 D	. . . 343 B		
164 E	. . . 314 A	*Epistles.*	
169 E	. . . 350 D	vii. 324 B	. 325 C
Cratylus.		viii. 355 D	. 338 A
384 B	. . . 337 A	*Eryxias.*	
392 C	. . . 311 E	395 B	. 314 A
394 B	. . . 326 D		
395 A	. . . 352 C	*Euthydemus.*	
396 D	. . . 317 A	271 A	. . . 335 D
398 D	. . . 341 B	273 D	. . . 317 E
399 A	. . . 328 E	274 E	. . . 326 E
399 D	. . . 358 D	275 B	. . . 322 B
400 E	. . . 358 A	276 C	. . . 325 E
401 B	. . . 315 C	277 C	. . . 324 C
404 B	. . . 314 A	277 D	. . . 324 C
406 B	. . . 312 C	277 E	. . . 337 A
407 C	312 C, 313 C	281 C	. . . 328 E
407 D	. . . 326 C	283 B	. . . 311 D
408 D	. . . 326 C	283 E	349 E, 353 D
411 D	. . . 360 E	286 C	. . . 324 A
413 D	. . . 323 A	287 C	. . . 316 A
415 A	. . . 315 B	289 C	. . . 336 B
420 D	. . . 314 E	296 C	. . . 313 C
425 C	. . . 326 D	297 C	. . . 314 E
429 D	. . . 324 A	303 A	339 E, 341 B
432 B	. . . 328 B	304 B	. . . 347 C
432 D	. . . 329 B	304 E	. . . 335 C
432 E	. . . 327 D		
433 E	. . . 355 E	*Euthyphro.*	
Critias.		4 D	. . . 345 D
108 C	. . . 324 A	14 D	. . . 309 B

Gorgias.	Protagoras.	Gorgias.	Protagoras.
447 A	. . . 309 C	483 E	. . . 313 B
448 D	. . . 336 A	484 A	. . . 342 E
448 E	. . . 326 D	484 B	314 A, 337 D
449 C	. . . 334 E	484 C	318 E, 330 D
449 E	. . . 355 C	485 A	. . . 312 B
450 E	. . . 336 D	486 B	. . . 339 E
451 B, C	. . . 357 A	486 E	. . . 352 C
451 C	. . . 352 D	487 C	. . . 315 C
452 D	. . . 313 B	487 D	. . . 351 E
452 E	. . . 344 C	488 D	. . . 330 C
453 C	311 B, 343 B	490 B	. . . 349 E
454 A	. . . 312 D	492 D	. . . 345 D
455 C	. . . 315 D	493 C	. . . 355 A
456 B	. . . 348 A	493 E	. . . 344 B
456 D	. . . 318 E	495 C	. . . 323 B
457 C	. . . 310 D	499 B	. . . 342 C
457 C, D	. . . 360 C	502 B	. . . 313 E
457 E	321 B, 333 A	505 B	. . . 324 B
458 A	. . . 348 C	505 E	. . . 348 C
458 B	. . . 329 A	506 C	332 D, 360 D
459 C	336 D, 351 E	507 B	. . . 331 B
460 A	314 C, 349 E	508 A	331 B, 350 D
460 C, D	. . . 359 C	509 A	333 A, 361 E
460 D	{ 313 E / 325 B / 327 A }	509 E	. . . 345 D
		510 A	. . . 314 C
		510 B	. . . 337 D
460 E	. . . 310 D	511 D	342 B, 342 E
461 D	. . . 355 A	512 A	. . . 328 B
461 E	. . . 336 A	512 E	312 A, 345 D
462 B	. . . 329 C	513 A	. . . 314 A
463 E	. . . 354 C	514 A	. . . 354 B
464 B	. . . 320 C	514 D	. . . 313 A
464 D	. . . 355 D	514 D, E	. . . 313 A
467 B	. . . 358 B	514 E	. . . 342 A
467 D	314 A, 353 C	515 E	. . . 342 B
468 E	. . . 342 C	517 B	. . . 317 A
469 A	. . . 330 D	517 E	. . . 317 A
470 D	. . . 353 A	519 B	. . . 355 B
472 B	. . . 313 B	519 D	313 C, 336 B
472 C	. . . 352 D	519 E	. . . 329 B
473 E	. . . 328 E	520 A, B	. . . 312 D
475 D	. . . 348 A	520 B	312 C, 336 B
476 B	. . . 332 A	520 C	. . . 328 B
478 B, C	. . . 319 D	521 D	. . . 344 C
480 B	333 A, 351 C	522 A	. . . 341 A
480 C	. . . 348 A	522 C	. . . 353 A
480 E	. . . 333 A	523 A	. . . 320 C
482 C	. . . 336 B	523 B	. . . 314 D
482 E	. . . 337 D	524 D	. . . 328 D
483 A	313 A, 342 B	524 E	. . . 342 E

Gorgias.	Protagoras.	Laches.	Protagoras.
525 A	324 B, 342 E	197 B, C	. 320 E
526 A	. 317 A	197 D	. 337 A
526 B	. 312 A	198 B	. 358 D
526 C	. 342 E	200 B	. 312 A
527 A	. 339 E	201 C	. 317 A

Hipparchus.
		Laws.	
229 E	. 355 A	i. 630 B	. 343 B

Hippias Maior.
		632 C	. 323 A
281 A	. 362 A	634 C	. 324 C
281 C	. 335 A	634 E	. 314 A
282 C	. 335 D	638 B	. 341 E
283 D	. 358 E	644 A	. 348 C
284 A	. 342 C	648 E	. 343 B
285 B	. 315 C	650 A	. 314 A
285 C	. 339 A	ii. 664 A	. 320 C
286 A	. 347 B	iii. 678 E	. 315 D
287 E	. 336 A	682 A	. 339 D
288 B	. 324 A	682 B	. 315 D
297 B	. 360 E	683 E	. 329 C
300 A	. 313 E	686 C	. 310 E
		698 D	. 342 E

Hippias Minor.
		701 C	338 A, 343 B
365 D	. 345 D	iv. 709 D	. 338 C
367 E	. 315 C	713 C	. 316 D
368 B	. 347 B	717 B	. 333 A
368 D	. 339 A	718 E	. 340 D
373 B	. 341 A	719 E	. 329 C
374 A	. 344 C	v. 734 E	. 326 D
		739 A	. 314 A

Ion.
		741 A	. 345 D
536 B	. 316 D	747 D	. 336 D

Laches.
		vii. 793 A	. 338 A
179 B	. 361 C	793 E	. 325 B
180 A	. 314 C	808 A	. 333 C
180 D	. 316 E	809 E	. 325 D
180 E	315 E, 359 C	810 E	325 E, 338 A
181 C	. 314 D	817 C	. 336 B
184 B	. 316 D	818 A	. 345 D
186 E	. 311 D	820 C	. 314 A
187 B	312 A, 314 A	823 A	. 347 E
188 D	. 333 A	viii. 832 D	. 314 E
189 B	. 349 C	839 E	. 316 E
192 A	. 311 E	840 A	. 335 E
192 C	. 341 D	ix. 861 A	. 345 D
192 E	. 320 A	866 B	. 345 D
193 B, C	. 350 A	876 B	. 339 D
194 A	. 361 C	x. 886 E	. 355 D
194 E	. 359 C	889 E	. 337 D
197 B	. 360 B	898 A	. 314 D

INDICES   229

Laws.	Protagoras.	Meno.	Protagoras.
x. 903 D	. . . 314 A	89 D	. . . 350 D
906 B	. . . 355 B	90 D	. . . 344 D
xi. 913 C	. . . 320 A	91 A	. . . 318 E
916 B	327 A, 355 D	91 E	317 C, 325 C
921 D	. . . 314 B		⎧ 319 E
931 C	. . . 325 C	94 B	⎨ 324 D
934 A	. . . 324 B		⎩ 335 C
xii. 949 A	. . . 338 A	96 D	. . . 337 A
949 E	. . . 342 C	97 A	. . . 317 B
950 C	. . . 342 C	98 B	. . . 329 B
959 B	. . . 359 C		
959 C	. . . 335 C	*Parmenides.*	
962 A	. . . 329 C	126 A	. . . 348 D
968 E	. . . 314 A	137 A	309 A, 338 A
		164 C	. . . 323 A
Lysis.			
206 E	. . . 335 D	*Phaedo.*	
208 B	. . . 356 D	58 C	. . . 359 C
209 B	. . . 314 A	58 D	. . . 315 D
210 E	. . . 333 E	58 E	. . . 334 C
213 C	. . . 321 C	59 A	. . . 317 C
213 D	. . . 335 D	59 B	. . . 315 E
214 B	. . . 337 D	60 A	. . . 311 B
215 E	. . . 329 B	60 C	. . . 341 D
216 A	. . . 316 A	60 D	. . . 326 B
216 C	. . . 339 E	60 E	. . . 361 C
220 A	. . . 336 D	61 A	. . . 328 A
222 B	. . . 350 D	61 B	. . . 320 C
		62 A	. . . 341 B
Menexenus.		63 A	. . . 311 B
235 B	. . . 328 D	63 D	. . . 346 B
236 B	. . . 314 C	64 D	. . . 319 A
237 D	. . . 330 D	65 B	. . . 330 E
240 D	. . . 322 C	67 B	. . . 312 A
241 B	. . . 329 C	68 A	. . . 325 C
249 E	. . . 311 A	68 B	. . . 325 C
		71 E	. . . 314 D
Meno.		72 C	. . . 326 D
70 C	. . . 312 B	73 D	. . . 342 E
72 B	313 A, 314 A	75 B	. . . 320 D
72 C	. . . 311 B	78 C	. . . 313 B
74 B	. . . 311 B	79 B	. . . 353 C
74 D	. . . 318 B	79 C	. . . 339 E
75 E	. . . 337 A	79 D	. . . 345 C
79 C	. . . 361 B	81 D	. . . 317 A
79 E	. . . 354 C	83 B	. . . 318 A
81 D	. . . 361 B	84 C	. . . 328 D
82 E	. . . 352 B	85 A	. . . 343 B
86 D	. . . 313 A	85 B	. . . 346 D
89 A	. . . 344 E	85 C	. . . 335 C
89 C	. . . 312 A		

Phaedo.	Protagoras.	Phaedrus.	Protagoras.
	310 A	245 D	. . . 323 A
86 D . .	311 B	252 D • .	. . 336 D
	361 B	253 A .	. . 309 B
86 E . .	. 339 E	253 D .	. . 317 C
87 A . .	. 355 A	255 A .	. . 342 C
87 E . .	. 356 D	256 D .	. . 333 A
88 D . .	. 346 A	261 B .	. . 309 B
89 A . .	. 329 C	263 D .	. . 313 E
91 A . .	. 309 A	264 A .	. . 338 A
91 B . .	. 353 A	267 B .	. . 334 E
91 C . .	. 312 A	267 C .	. . 339 A
92 C . .	. 333 A	268 A .	. . 315 C
92 D . .	. 348 B	268 B .	. . 311 E
93 B . .	. 356 A	269 D .	. . 338 C
94 A . .	. 333 A	270 A .	. . 315 C
96 E . .	. 324 C	270 C .	. . 311 B
99 B . .	. 310 C	271 D .	. . 323 A
101 D . .	. 333 A	273 C .	. . 358 A
102 C . .	. 311 E	275 D .	. . 329 A
102 D . .	. 348 D	277 A .	. . 329 C
102 E . .	. 313 E	278 E .	332 A, 362 A
108 A . .	. 321 C		
108 C . .	. 320 A	Philebus.	
109 D . .	. 342 C	11 C .	. . 362 A
111 B . .	. 309 B	11 D .	. . 344 C
112 B . .	. 314 E	12 C .	. . 358 A
114 D . .	. 322 B	12 D .	. . 343 A
116 A . .	. 311 A	13 A .	. . 312 A
116 C . .	. 313 B	13 B .	311 E, 341 E
117 B . .	. 311 B	13 C .	. . 349 E
117 D . .	. 334 C	17 C .	. . 312 D
		20 C .	316 A, 324 A
Phaedrus.		22 A .	. . 352 B
227 B . .	. 309 A	22 E .	. . 339 E
227 E . .	. 316 E	23 B .	. . 342 E
228 D . .	. 322 C	26 B .	. . 310 E
228 E .	312 B, 336 C	27 C .	. . 333 A
229 C . .	. 356 D	30 B .	. . 325 C
230 D . .	. 329 A	32 C .	. . 341 D
230 E . .	. 340 A	37 D .	. . 344 D
234 C . .	. 352 B	38 E .	325 E, 326 B
235 A .	329 A, 339 B	41 C .	. . 355 B
235 B . .	. 312 E	41 E .	. . 356 C
235 C . .	. 343 B	44 A .	. . 336 B
236 A . .	. 341 E	50 D .	. . 310 D
236 D . .	. 333 D	53 C .	. . 314 C
237 D .	314 D, 343 B	56 D .	. . 330 A
239 A . .	. 329 A	57 C .	. . 314 D
242 A .	311 A, 358 B	61 A .	. . 344 B
245 C . .	. 341 A	62 A .	. . 321 C

INDICES

Philebus.		Protagoras.	Republic.		Protagoras.
64 C	.	. 314 C	i. 352 E	. .	. 356 D
			353 A	. .	. 329 C
Politicus.			353 B	. .	. 349 E
259 C	.	311 B, 316 A	354 B	. .	. 329 A
262 A	. .	. 310 D	354 C	. .	. 354 C
262 B	. .	. 338 A			⎧ 315 C
262 E	. .	. 357 A	ii. 358 C	. .	⎨ 317 A
270 D	. .	. 317 D			⎩ 323 B
274 C	. .	. 321 D	358 D	. .	. 329 B
275 A	. .	. 354 B	359 C	.	335 A, 341 E
283 B	. .	. 361 C	360 C	. .	. 356 D
287 C	. .	. 329 C	363 A	. .	. 360 E
295 A	. .	. 338 C	364 C	.	340 D, 347 E
295 B	. .	. 335 C	364 E	. .	. 316 D
296 E	. .	. 319 D	365 D	. .	. 338 C
297 C	. .	. 313 B	367 B	. .	. 329 B
304 A	. .	. 346 D	367 C	.	317 D, 324 C
307 C	. .	. 329 C	367 D	. .	. 329 C
308 E	. .	. 344 D	367 E	. .	. 335 D
310 D	. .	. 313 E	368 B	. .	. 321 C
			369 B	. .	. 313 E
Republic.			369 D	. .	. 353 C
i. 327 B	. .	. 314 D	371 D	. .	. 313 C
328 D	. .	. 337 E	376 A	. .	. 329 C
328 E	. .	. 329 B	376 B	. .	. 335 D
329 C	. .	330 D, 339 E	376 E	.	325 C, 340 A
329 D	. .	. 329 C	381 E	. .	. 318 B
331 B	. .	. 317 A	382 C	. .	. 356 D
332 D	. .	. 312 D	383 A	. .	. 342 C
333 E	. .	. 354 C	383 C	. .	. 345 C
334 B	. .	. 312 B	iii. 387 B	. .	. 320 D
334 C	. .	. 344 A	391 D	. .	. 339 D
336 A	. .	. 354 C	398 A	. .	. 356 D
336 D	. .	. 311 B	398 B	.	320 C, 340 A
336 E	. .	. 328 E	398 D	. .	. 326 B
337 C	. .	. 353 C	399 A	. .	. 358 B
337 D	. .	. 346 D	399 B	. .	. 333 E
338 A	. .	. 360 E	401 D	. .	. 326 B
339 B	. .	. 309 A	406 A	.	316 E, 322 D
339 C	. .	. 349 E	406 D	. .	. 342 E
340 D	. .	. 344 E	407 C, D	. .	. 319 B
341 B	. .	. 317 A	410 B	. .	. 356 D
341 D	. .	. 354 B	410 C	. .	. 351 B
343 A	. .	. 335 D	411 A, B	. .	. 342 E
345 A	. .	323 A, 338 C	411 E	. .	. 344 C
345 B	. .	. 355 A	413 D	.	319 D, 327 E
345 E	. .	. 342 C	414 A	. .	. 344 B
347 A	. .	. 319 D	414 C	. .	. 361 B
350 E	. .	. 336 B	414 E	. .	. 337 E
352 D	. .	. 331 C	. 416 B	. .	. 335 A

232 PROTAGORAS

Republic.	Protagoras.	Republic.	Protagoras.
iii. 420 C	. 354 C	vi. 497 C	. 324 A
iv. 421 C	. 321 C	498 C	. 320 A
423 B	. 344 A	499 A	. 330 C
424 C	. 316 A	505 D	. 313 B
424 C, D	. 326 B	505 E	. 313 B
424 E	. 327 C	506 E	. 317 A
426 C	. 342 C	508 B	. 335 A
428 E	. 311 E	508 D	342 E, 361 B
431 A	. 313 A	509 A	. 330 D
432 A	. 320 B	509 C	. 341 B
432 D	. 327 E	510 A	. 320 D
433 B	. 338 C	vii. 521 D	. 309 A
433 D	. 316 B	524 D	. 332 D
436 C	. 339 C	527 D	. 361 B
438 A	. 315 C	530 D	. 326 D
439 B	. 356 D	535 D	. 344 D
441 C	. 338 A	viii. 545 E	. 337 E
442 A	. 335 A	547 B	314 A, 355 B
445 A	. 325 C	547 D	. 349 E
v. 449 C	323 B, 331 C	549 D	. 317 A
450 E	. 359 C	549 E	. 345 D
451 A	. 312 A	557 C	. 327 E
451 B	. 346 A	559 A	. 344 B
451 D	. 313 A	560 D	. 334 A
451 E	. 330 A	561 D	312 B, 353 A
453 D	. 338 A	563 A	. 336 A
456 D	. 321 C	565 C	. 327 C
462 C	. 342 E	566 B	. 343 C
463 D	. 323 A	566 D	. 309 B
464 A	. 310 D	569 C	. 333 A
469 B	. 320 D	ix. 574 A	. 319 D
470 C	. 325 B	575 D	. 311 D
472 A	. 338 A	578 C	. 313 B
472 C	. 309 B	581 B	. 335 D
475 B	. 335 D	583 B	. 356 A
475 E	. 344 A	583 E	. 313 A
vi. 485 C	. 356 A	585 A	. 329 A
487 B	314 A, 335 A	586 A	. 342 E
487 D	. 346 A	587 B	. 314 E
488 E	. 315 C	587 C	. 335 D
489 B	. 356 A	589 D	. 335 A
489 C	. 315 C	589 E	. 325 C
489 D	. 319 D	591 A	. 319 D
490 C	. 315 B	x. 595 C	. 319 A
491 C	. 344 B	597 A	. 318 B
492 B	. 339 D	598 A	. 313 A
492 E	. 333 C	598 D	. 316 A
495 B	. 342 E	600 B	. 309 B
496 C	. 319 D	600 C	315 A, 325 C
497 B	. 327 E	600 D	. 328 B

INDICES

Republic.		Protagoras.	Symposium.		Protagoras.
x. 601 A, B	.	. . 317 A	178 E	.	318 A, 344 D
601 B	.	. 309 A	179 A	.	. . 315 E
602 C	.	. . 356 C	179 B	.	. . 312 A
602 D	.	342 B, 356 D	179 E	.	. . 341 A
604 B	.	. . 340 A	181 D	.	. . 335 C
604 C	.	. . 314 A	184 A	.	. . 339 E
606 B	.	. . 327 C	186 E	.	. . 316 A
606 C	.	. . 352 C	188 B	.	. . 342 E
607 E	.	. . 319 A	189 C	.	. . 341 A
608 C	.	. . 318 A	193 E	.	. . 348 B
609 A	.	. . 342 E	194 C	.	. . 312 A
609 B	.	. . 313 B	195 B	.	. . 337 D
610 E	.	330 E, 333 A	195 C	.	. . 333 A
611 C	.	. . 318 E	197 A	.	. . 342 E
612 D	.	. . 349 E	198 C	.	. . 335 D
613 C	.	. . 335 A	199 A	.	. . 355 B
614 B	.	. . 353 A	200 A	.	. . 341 E
615 B	.	. . 335 A	200 E	.	. . 332 D
615 D	.	. . 315 E	201 A	.	. . 353 C
616 B	.	. . 353 A	202 A	.	. . 333 C
620 B	.	. . 319 A	203 B	.	. . 343 C
620 C	.	. . 319 A	203 D	.	. . 349 E
621 B	.	. . 310 D	205 B	.	. . 315 C
			213 D	.	. . 314 D
Sophist.			214 B	.	. . 315 C
221 A	.	. . 344 A	215 C	.	. . 315 A
221 C	.	327 A, 329 C	217 D	.	. . 326 C
221 E	.	. . 330 A			⎧ 335 D
224 D	.	. . 313 C	219 B	.	⎨ 339 D
224 E	.	. . 355 B			⎩ 342 E
227 A	.	. . 339 B	219 D	.	. . 322 C
229 E	.	. . 355 B	220 C	.	. . 335 D
235 D	.	. . 341 D	221 B	.	. . 311 B
239 E	.	. . 335 A			
241 D	.	. . 329 C	Theaetetus.		
241 E	.	. . 320 D	142 A	.	. . 312 C
254 C	.	. . 327 C	143 D	.	. . 347 A
258 C	.	. . 326 D	143 E	.	. . 311 B
261 D	.	. . 333 A	144 A	.	. . 317 A
262 C	.	. . 342 E	144 E	.	. . 313 A
265 E	.	. . 338 B	148 C	.	. . 322 B
			148 D	.	. . 346 D
Symposium.			151 B	.	317 C, 348 D
173 B	.	310 A, 317 C	151 D	.	. . 352 D
174 D	.	. . 348 C	151 E	.	. . 330 C
175 A	.	. . 314 C	152 C	.	311 A, 316 A
176 A	.	. . 312 D	152 E	.	. . 313 B
176 B	.	. . 314 C	154 D	.	. . 341 A
176 D	.	. . 315 C	154 E	.	. . 336 C
176 E	.	. . 347 C	155 E	.	. . 314 D
177 E	.	329 A, 355 B			

Theaetetus.	Protagoras.	Theaetetus.	Protagoras.
157 B	. . . 336 D	180 A	. . . 342 E
158 A	. . . 329 B	183 D	. . . 340 A
160 B	. . . 311 E	185 E	. . . 333 A
160 E	. . . 314 E	191 A	. . . 348 A
161 B	. . . 329 C	200 E	. . . 324 A
163 D	. . . 313 A	203 A	. . . 330 C
163 E	. . . 309 A	207 D	. . . 359 C
164 C	. . . 341 A	208 E	. . . 335 D
167 D	. . . 320 C	*Theages.	
168 B	. . . 336 A	123 B	. . . 313 A
169 C	. . . 328 B	125 C	. . . 312 D
169 D	. . . 330 C	129 B	. . . 311 A
170 E	. . . 315 B		
171 A	. . . 313 A	Timaeus.	
172 B	. . . 337 D	20 A	. . . 327 A
172 D	. . . 327 E	23 C	. 320 C, 349 D
173 B	. 330 C, 341 A	27 B	. . . 337 E
175 A	. . . 329 B	31 C	. . . 322 C
175 E	. . . 342 C	32 C	. . . 339 C
176 B	. . . 330 D	42 E	. . . 320 D
177 B	. . . 342 E	59 C	. . . 348 A
178 E	. . . 312 A	61 C	. . . 313 E
179 D	. . . 326 D	79 A	. . . 337 E

THE END

www.ingramcontent.com/pod-product-compliance
Lightning Source LLC
Chambersburg PA
CBHW031743230426
43669CB00007B/459